三山葉氏家族及其文學研究

——以叶观国、叶申芗为核心

阮娟 著

高式熊題時年九十有一

上海古籍出版社

图书在版编目(CIP)数据

三山叶氏家族及其文学研究:以叶观国、叶申芗为
核心/阮娟著.—上海:上海古籍出版社,2011.9
ISBN 978 - 7 - 5325 - 5868 - 1

Ⅰ.①三… Ⅱ.①阮… Ⅲ.①家族—研究—福州市
②文学史—研究—福州市 Ⅳ.①K820.9②I209.957.1

中国版本图书馆 CIP 数据核字(2011)第 072585 号

校对人员:王怡玮 沈美琴等

三山叶氏家族及其文学研究
——以叶观国、叶申芗为核心

阮 娟 著

上海世纪出版股份有限公司
上 海 古 籍 出 版 社 出版
(上海瑞金二路 272 号 邮政编码 200020)
(1)网址:www.guji.com.cn
(2)E - mail:gujil@guji.com.cn
(3)易文网网址:www.ewen.cc
上海世纪出版股份有限公司发行中心发行经销
上海惠顿实业公司印刷

开本 890×1240 1/32 印张 13.625 插页 6 字数 400,000
2011 年 9 月第 1 版 2011 年 9 月第 1 次印刷
印数:1—1,300
ISBN 978 - 7 - 5325 - 5868 - 1
Ⅰ·2317 定价:48.00 元
如有质量问题,请与承印公司联系

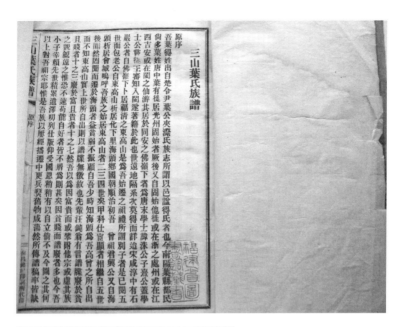

《三山叶氏族谱》，叶观国修，叶大焯续修，叶在玑重修，民国二十三年（1934）三山叶氏南昌铅印本（一册），原书尺寸18.7×12.8cm，藏于福建省图书馆。

光緒庚寅辛刊

三山葉氏祠錄

板藏本祠

族譜原序

吾葉得姓出自楚令尹葉公夾溁氏族志所謂以邑證得氏者也今南陽葉縣郡民尚多葉姓唐中葉有徙居光州固始著厥後又自固始徙他徙或在浙之處州或在江西吉安或在閩之仙游其居於同安之佛嶺下者為唐末學士諱洙公子焘公盖學士公嘗徙王審知入閩遂著籍於此也世遠地隔系次莫得而詳治宋咸淳中有石巖公者自佛嶺卜居福清之東高山是鴉吾始遷之祖禮所謂別子者是已閱五世而包老公自東高山析居化下里海頭鄉

國朝順治初吾

曾祖君興公又自海頭析居會城嗚呼吾族

《三山叶氏祠录》，叶观国修，叶大焯续修，叶在玑重修，清光绪十六年（1890）福州叶氏祠堂刻本（四册），原书尺寸22.2×15.8cm，藏于福建省图书馆。

叶观国《绿筠书屋诗钞》，原书尺寸17.3×13cm，藏于福建省图书馆。左为《续修四库全书》本（第1444册），影印乾隆五十七年（1792）刊本。下为清同治光绪间刻本。

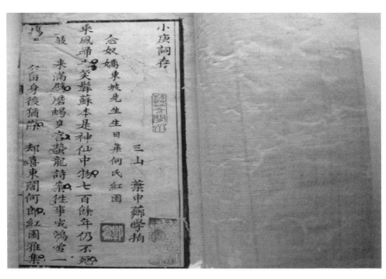

叶申芗《小庚词存》与《小庚诗存》，清道光八年（1826）福州叶景昌写刻本（二册），藏于福建省图书馆，原书21.6×10.6cm，书页有破损。

福州鼓楼区法海路34号叶观国故居外部、内部。叶家原居通津衢，乾隆三十一年（1766）秋迁居于此，现为民工租赁。（2010年6月2日摄）

福州三坊七巷之文儒坊景点导览图。乾隆四十二年(1777)春，叶观国迁居于今文儒坊52号。(2010年6月2日摄)

整修前的文儒坊叶观国故居前门（2009年7月12日摄）

整修中的叶观国故居前门（2010年6月2日摄）

整修后的叶观国故居前门（2010年12月26日摄）

福州乌山下"双榕书屋"，乾隆五十四年(1789)叶观国致仕归家后构筑，今为邓拓故居。(2010年6月2日摄)

福州阳歧叶大庄"玉屏山庄"石碑、外部、内部。玉屏山庄为大庄之父滋森晚年所筑，现为外姓居住。（2009年7月17日摄）

福州南后街叶氏民居（叶在琦故居）外部（2010年6月2日摄）、内部
（图片来源：福州新闻网），现为福建省非物质文化遗产博览苑。

目　录

序 ………………………………………………… 陈庆元 1
引言 ………………………………………………………… 1

上编:家族研究
第一章　三山叶氏家族的兴起与繁盛 ………………………… 8
　第一节　三山叶氏家族溯源及兴起 ………………………… 8
　第二节　叶氏兴起及繁盛的社会原因 ……………………… 15
　第三节　叶观国与叶氏家族传统 …………………………… 20
　第四节　叶氏家族对福州文化的推动 ……………………… 38
第二章　叶氏家族代表人物生平述略(上) ………………… 44
　第一节　福建近代慈善事业的先驱:叶申蔼与叶申万 …… 44
　第二节　"昌"辈代表人物:叶敬昌、叶修昌、叶仪昌 …… 54
　第三节　"滋"辈代表人物:叶庆熙、叶滋森等 ………… 59
第三章　从传统走向近代
　　　　——叶氏家族代表人物生平述略(下) ………… 66
　第一节　再兴叶氏之荣的叶大焯 …………………………… 67
　第二节　近代爱国文人叶大庄 ……………………………… 73
　第三节　近代闽诗唱和的中心人物叶大遒及
　　　　　"大"辈其他代表人物 …………………………… 82
　第四节　福建近代教育家叶在琦及"在"辈代表人物 …… 89

第五节　叶在馥、叶在钧、叶在畴、叶在宜等
　　　　专业化知识分子 ………………………… 92
第六节　叶氏家族兴衰沿革之启示 ……………… 101

下编：文学研究
第四章　叶观国及叶氏诗学研究 ………………… 106
　第一节　《绿筠书屋诗钞》的基本风貌 ………… 106
　第二节　叶观国诗风成因探析 ………………… 122
　第三节　文化意蕴深厚的记游诗 ……………… 133
　第四节　《榕城杂咏一百首》对福州文化的意义 … 139
　第五节　叶观国的诗学倾向与清中叶闽派诗风 … 148
　第六节　叶大庄、叶在琦与闽派同光体 ……… 159
第五章　叶申芗及叶氏词学研究 ………………… 169
　第一节　羁旅人多羁旅词 ……………………… 169
　第二节　叶申芗的写景咏物词 ………………… 180
　第三节　小庚词的艺术特点 …………………… 190
　第四节　叶申芗对闽中词学的影响 …………… 196
　第五节　叶庆熙与叶大庄之词 ………………… 205
　附论：小庚诗略论 …………………………… 213

结语 ……………………………………………… 220

附录
　三山叶氏世系图 ……………………………… 226
　叶观国年谱 …………………………………… 244
　叶申芗年谱 …………………………………… 321
　叶氏诗文词辑佚 ……………………………… 365

参考文献 ………………………………………… 409

后记 ……………………………………………… 422

跋 ………………………………………………… 425

序

　　阮娟的博士论文《三山叶氏家族及其文学研究》，5 月底通过答辩。6 月，三山（福州别称）叶毅庵（观国）后人的代表，约见阮娟，支持这篇博士论文出版。9 月，上海古籍出版社同意出版。毅庵后人和阮娟都希望我能为这部书作一篇短序。

　　我指导博士生已经十多年，今年获得博士学位的两位学生年龄是历届最轻的，其中一位就是阮娟。我的学生中，出版博士论文，年龄最轻的也是阮娟。当然，如果说我的学生在上海古籍出版社出版论文，阮娟就不是第一人了。

　　研究地域文学 20 年，家族文学一直在我关注的范围之中。学生中研究家族文学的已经有好几位。阮娟入学之后，很快就投入紧张的学习，她第一次和我讨论论文题目，我就说，你自己如果还没有选题，就选三山叶观国这个家族吧！过了些日子，阮娟读了我开的若干书目之后，对我说，就定这个题目了！我对阮娟说，做这个题目，除了文献资料之外，必须特别注意三点：一、叶氏是三山大族，当修有族谱，族谱是一定要看的；二、寻访叶氏故居，感受叶家昔日的生活环境和氛围；三、想办法拜访毅庵后人，或许能找到新的资料。

　　〔民国〕《福建通志·列传》卷三十七有《叶观国传》，紧接着是观国次子申菜、三子申蔚、四子申蔼、六子申万、季子申芗，孙辈有

1

修昌、仪昌,曾孙有滋昌、滋森,玄孙有大焯、大遒、大庄,共 13 人;附传者还有十数人之多,其中包括大焯之子在琦。请注意,这是一省的省志而不是一个县的县志或一个府的府志,近二百年的时间,一个家族,这么多人入省志之传,实在是不多见。据阮娟的统计,叶观国一族六代(辈分为:观、申、昌、滋、大、在),中过举人的有 45 人,其中后来又中了进士的 16 人。这个家族“累代甲科”(除滋字辈共五代)、“五子登科”(观国子 5 人)、“六子登科”(云滋子 6 人)、“五世八翰林”(父子翰林 2 例、祖孙翰林 2 例、兄弟翰林和叔侄翰林各 1 例),在清中叶和晚清科场内外传为佳话。家族的研究是家族文学研究的基础。没有什么科举功名的家族能成为文化世家的虽然有,但例子不一定很多;而累世科名的世家,必定是一个文化深厚的家族。阮娟研究三山叶氏家族,从科举入手,抓住了这个家族的关键。科举世家,必然也是官宦世家,阮娟研究这个家族的文化特征,除了长于文学之外,她认为三山叶氏家族累世为宦,都以清介称,以体察民瘼著名。这一家族另一个文化特征,是晚清为宦的叶家子弟,大多关心科技,热心西来之学,以至进入 20 世纪之后,随着科举制度的废除,部分叶家子弟不株守旧学,而是转向新学,转向科技,名享海内外,令人刮目相看。这虽然是后话,但可以看出这个家族的文化精神所在。

阮娟这篇论文,上编家族研究,下编文学研究。三山叶氏自观国以下六代,文士辈出,不少人有集。即便没有集,也有诗文传世,为了研究的方便,阮娟对叶氏家族的诗作了辑佚。当然,研究叶氏的文学创作,最重要的还是他们的诗文集。叶观国有《绿筠书屋诗钞》,叶申蔼有《荫余轩诗文集》、并辑周秦以来诗歌为《退食吟钞》,叶申万有《餐英轩诗钞》,叶申芗有《小庚词存》和《小庚诗存》,叶仪昌有《永阳游草》,叶滋森有《蝠岩仙馆诗稿》,叶大庄有

《写经斋初稿》、《写经斋续稿》、《写经斋文稿》、《小玲珑阁词》,叶在衍有《唐风集》,叶在琦有《稈悕诗钞》,叶在畬有《罗山咏事诗》等,至于其他杂著,一时难记其详。在这延绵六代近二百年的时间长河中,阮娟的论述以叶观国、叶申芗和叶大庄为中心。叶观国,作者在考察其诗时兼论清朝中叶的闽诗风,避免就诗论诗、就事论事的毛病。叶申芗是闽词中兴的重要推手,自己有词集,并且编就《闽词钞》、《本事词》、《天籁轩词选》、《天籁轩词韵》,对晚近词学的发展做出较大的贡献。谢章铤的《赌棋山庄词话》和其他著作,对叶申芗有许多很好的评价。叶大庄是晚近重要的词人,名列于"清词百家"之中;同时他还是"同光体"闽派的重要诗人。六代人,二百年,数十诗人、词家,阮娟对以上三人进行详论,大体上可以看出这个家族的文学风貌。当然,如果有可能,工作还可以做得更细致一些,关注的面还可以更宽泛一些,或许能更加全面地展现三山叶氏家族的文学风貌,以见出这个家族的文学特点。

阮娟这篇论文,有多种附录,其中包括《叶观国年谱》、《叶申芗年谱》两个年谱。叶观国、叶申芗的年谱是前人没有做过的,是研究这两位作家的基本材料,也是研究三山叶氏的基本材料。我指导硕士生和博士生写毕业论文,凡是他们做作家个案研究的,只要这个作家前人没有做过年谱的,我都要求他们先做一个年谱;前人已经做了年谱的,可以增补的,应加以增补;前人年谱有明显失误、错讹的应加以订正,然后再作进一步的研究。阮娟的论文做的是家族文学研究,叶观国、叶申芗又是其中两个关键人物,有这两个年谱,当然是非常好的。但是,由于是做家族研究,三山叶氏从乾隆至清季近二百年,主要人物至少十数人,如果从这个角度看,这两个年谱似乎又很难反映这个家族二百年的重要活动,依我个人的看法,将来如有可能,不妨再做一个《三山叶氏文学活动年表(清中叶至清季)》，或许可以较清晰地看清楚这个家族文学活动的概貌。叶观国有七子，七子即七房，这七房的延续和发展也是不平衡的。阮娟的论文有一小节专门探讨三山叶氏的兴衰。一个家族的兴起，是令人兴奋的，但是家族繁衍数代之后，随着人口的增加，各房之间的差异也就呈现出来了。早先，三山叶氏这个家族是聚族而居的，由于仕宦及其他原因，子孙后代有的便迁徙他处；不可讳言，有的也衰落下去，甚至破败了。当然，我们很不愿意看到衰落或破败，但是作为科学研究，又不能不正视这个问题。谢章铤《校阅余话》："一日，有书贾以旧藏十数种来售予，视之，皆叶氏物也。惊问之，则云：叶家骤落，资产皆以抵债，即书籍亦皆散失。予为之泫然，几至失声。"(《赌棋山庄余集》卷三)谢章铤几至失声，我也不觉为之嘘唏。这段话之前，说的是叶滋森和叶大庄父子之事，这样说来，叶氏这一支迁到阳岐，到了19、20世之交，到叶大庄却衰落了。在现实生活中，强势的人往往容易引起人们的注意，其实，我们更应该关注那些暂时处于弱势的人们。而家族文学的研究，同一个家族的文学家，无论其成员地位高低，家道如何，都同样值得研究；对他们的评价，重心在于他们文学创作的成绩。

阮娟考取博士时，我有点怀疑她能不能在三年内完成一篇像样的论文。硕士毕业，大家忙着找工作，阮娟也不例外，虽然她同时也报考博士，但是谁也不知道她能不能被录取。结果是，她以第一名的成绩被某师范学院录用为思政辅导员，又被福建师范大学录取为博士生。于是，她开始奔忙，有时为了上课，有时为了工作，她不惜花很多金钱去打车——其实，她并不是富家子弟。我很希望她能辞职专心读书，但是她有点舍不得那份工作；等到她想辞去那份工作，反过来，我又不太希望她离开那所大学，因为那所大学对她很看重，本科评估，她担任讲解员，深得专家组的好评；该校的闽台中心展览馆,她也是讲解员。我作为专家,还听过她的一次讲解。如果我是校长,一定会想尽办法把她留下。后来,阮娟对我说:我就不相信将来博士毕业,连个辅导员的工作都找不到。我为她的这句话所感动,也就同意她辞职专心读书了。阮娟终于如期完成了博士论文,而且在答辩时获得优秀的成绩。命运真会作弄人,凡是熟悉阮娟的人没有想到,她再次报考辅导员,居然落了榜!苦笑之余,觉得不去也罢。不久,阮娟相继被两所大学录用为教师,其中一所"211"大校招聘时开出的条件,要的是"211"或"985"校的博士,阮娟毕业的学校不是"211"、"985",而居然被录用了!借作序的机会,特拈出此事,无非是想说明:本来看似容易做到的事,有时办起来并不容易,你得正视它;而看似困难的事,只要你有真本领、真本事,也未必不能办到。一帆风顺,固然是好的;但是人难免会碰到这样或那样的困难,甚至还会碰到挫折。我非常相信,阮娟会一直勇往直前的。

阮娟说,她拜见过数位叶家人士,留下很好的印象。我没有会过三山叶氏,因此作此序时少了点感性的认识。晚清民初,福州一地聚集不少名门旺族。在写这篇序时,福建日报一位驻台记者送来台湾大学沈冬教授的一份小礼物——台湾大学某研究所的一个小记事本子。小本子古典的雅质,又带有一点现代的气息。1999年,在福建泉州召开的一次学术会议上,沈教授随同李亦园教授跨海而来,报告会,沈教授坐在我旁边。沈教授在国外留过学,讲一口流利的英语,谈吐高雅,气质不凡;穿着却有点古典,还戴着一对耳坠子。沈教授是晚清船政大臣沈葆桢的后人,大家闺秀。沈冬教授回台湾之后,为我复印了一大堆古籍文本。后来我还听说,沈教授除了早先获得的文学博士学位,又去读了一个音乐学的博士——因为她喜欢。阔别十余年,一面之交,沈冬教授千里送鹅毛,学者情谊之重如此。谢家弟子,衣冠磊落,名门大族的子弟有各自的名门的风范,百年来,三山叶氏子弟除了部分人仍然居住在福州,一部分则已经迁居北京、上海、广东、港台以至于国外,事业有成。我期盼着与叶家人士面晤,一睹名门之后的风采!

陈庆元

2010 年 10 月 9 日于福建师大华庐

引　言

福州人杰地灵,有2200年建城历史。宋代福州遍植榕树,有
"榕城"之称,又因城内有于山、乌石山、屏山三山鼎立,形成"山在
城中,城在山中"的独特格局,别名"三山"。自唐宋特别是清代及
近现代以来,福州人文繁盛,在各领域涌现出众多人才。其中许多
人出自名门世家,如陈若霖—陈宝琛家族;林则徐—林炳章家族;
萨镇冰—萨本栋家族;王庆云—王仁堪家族;梁上国—梁章钜家族
等等。这些家族多绵延数百年,名人辈出,往往集中在一个领域或
数个领域,对社会贡献卓著。各家族间又紧密联系,相互推动发
展,成为福州历史文化中一道独特的景致。

本书论述对象叶观国—叶申芗家族以科举盛名显赫一时,家
族中的代表人物在文学艺术上建树较高。叶氏家族先祖原居福清
东高山,第13世叶学桢清代顺治年间迁居省城闽县,又传4世至
16世叶观国,终于高中进士入选翰林,光耀门闾。叶观国以"申、
昌、滋、大、在、于、树、德"作为子孙命名排辈。六世中,叶氏家族男
性成员为356人,其中16名进士,29名举人(先中举人后中进士
者,只以进士计)。我们可以从古籍方志中寻觅当时之盛。《旧典
备征》卷四科名佳话,"累代甲科"条记叶氏六世甲科,"五子登科"
条记观国五子登科,"六子登科"条记观国曾孙、申万孙叶云滋六子

1

登科①。《闽县乡土志》"耆旧广录二·事功下"记叶氏家族十人②。叶氏家族被誉为"世翰林"③,五世八翰林现象被称为福州"科举史上的奇迹"④。虽然个人的成就不与科名出身成正比,但在以科举为选拔人才为主要途径的时代里,科考的成就足以成为衡量家族兴盛的标准。这一时期,叶氏家族人才辈出,在科考成绩上又呈现出较为稳定的态势。叶氏不仅是科举世家、翰林世家,还是文学世家、藏书世家,在造船、法律等科学领域也贡献卓著。

家族是中国古代社会重要的组成结构,甚至可以说,每一个家庭都可归入一个家族的范畴。人们聚族而居的生活方式是家族存在的外在形态,内在维系的则是家族文化,正是这种家族文化构成了中国传统文化的核心。近代社会以来,家族研究一直是社会学、文化学、史学界的热门话题。但在历史长河中,并非每个家族都具有个案研究价值,一个家族能成为"世家"必须具备三个条件:一是有代表性人物,二是有家族名人团队,三是对社会对历史有较大的贡献和影响。家族的优秀文化传统熏陶了个人,造就了个人,而个人的成就又充实了家族文化的意蕴内涵,推动着家族的兴盛,促进家族中更多优秀人才的诞生。

除了家族自身在中国传统文化中的重要作用,个人与家族之间相互的推动外,区域文化文学特别是福建文学研究也是笔者探讨叶氏家族文学的重要诱因。随着"文化热"兴起,越来越多的人

---

① (清)彭寿撰,何双生点校《旧典备征》,北京:中华书局,1982 年。

② 朱景星、郑祖庚纂,福州市地方编纂委员会整理《闽县乡土志》,福州:海风出版社,2001 年,第 134 页。

③ 陈衡铨《略谈叶观国和叶在琦》,中国人民政治协商会议福州市鼓楼区文史组编《鼓楼文史》(第 1 辑),第 121 页。

④ 曾意丹《科举史上的奇迹》,《福州晚报·文化周刊》,2007 年 10 月 15 日。

开始关注"身边的文化",区域文学研究逐渐受到重视①。吾师陈庆
元教授多年致力于福建区域文化及文学的研究,所著《福建文学发
展史》有开启之功。在研究上,"除了大家,还应注意到二三流甚至
不入流的作家"②。目前对福建区域文学的研究还大多集中在个体
或诗派、诗人群体的研究上,较少从家族文学的角度论及。叶氏家
族在清代及近代福州并非独一无二,总体来说,他们缺乏林氏家族
(林觉民、林长民)的革命气质,也不及陈氏家族(陈宝琛)在教育界
的声名显赫,他们主要以科举盛,以藏书盛,以著述盛。作为当时
著名世家之一,他们与同时代著名家族和一些名人如林则徐、陈宝
琛、陈寿祺、陈衍等关系密切,在社会历史的进程中属于较早适应
融合近现代生活的人群。他们中不乏一个时期福建文学的代表人
物或一个重要诗派的参与者,如叶观国以风土杂咏诗脍炙人口,叶
大庄为闽派同光体的早期倡导者。近人陈乃乾辑《清名家词》同时
收入叶申芗《小庚词》和叶大庄《小玲珑阁词》,叶申芗的词学成就
是可以走出闽省,走向全国的。

　　叶氏家族多居住于围绕着三坊七巷的福州府中心,这里精英
荟萃,名人众多。随着福州三坊七巷改造工程的逐步推进,这一福
州市乃至福建省的文化名片被越来越多的人知晓,成为旅游重地。
名人文化是三坊七巷文化的核心,林则徐、沈葆桢、严复、陈衍、林
觉民等早已声名卓著,而其他一些对福建或福州文化贡献突出的
人物却并不为人所熟知,如梁章钜、黄任、张经等。与旅游发展的
繁荣势头相比,对三坊七巷名人的研究是滞后的,以家族文化探析
三坊七巷文化更是少之又少。当文儒坊的叶观国故居、南后街的

　　① 张泉《试析中国区域文学史的现状及意义——兼谈北京区域文学史》,《北京社会科学》,2008年第1期。
　　② 陈庆元著《福建文学发展史》,福州:福建教育出版社,1996年版,第533页。

叶在琦故居以修葺一新的面目重新出现在世人面前,对叶氏家族作进一步研究探讨是十分必要的。

对叶氏家族及其文学研究涉及三个问题:一是叶氏家族的兴起、繁衍;二是该家族的家风、文风和家族价值观对个体的影响以及变化;三是叶氏家族成员的文学创作成就。本书试图将叶氏家族成员及其文学创作作为一个整体对象纳入研究视野,首先探讨叶氏家族成员个体创作与其家族背景的关系,其次通过个案研究与整体风格把握相结合,对其创作做较全面的分析,同时也以叶氏家族为社会细胞从一个侧面反映清代及近代福州区域的文学状况。

家族文学有自身的特殊性,不同于文学流派或者文学社团的研究,它是以血缘关系作为纽带的同一姓氏的居住地较密集的几代人的创作。在这些家族成员的成长过程中,长辈靠言传身教来教育影响子弟,其价值观与审美观会存在某些相似性,所以在一定程度上他们的创作会呈现某些共性,如相似的题材,共同的交际圈,或者成员之间相互酬唱赠答类的创作频繁出现等,这些都呈现出家族文学的"群体"的共性。另一方面,文学乃个性使然,因为先天的秉赋和后天的兴趣不尽相同,虽然共同生活在一起,享受大致相同的家庭教育,但作家在自己的成长道路中,往往又嬗变出"独立性"来,他们通过自己的审美体验,在创作中显示出独特的风格和使用某种偏爱的艺术手法,这就使得每个成员的创作在同中存异,风格迥异。本书将从整体观照下向单个作家渗透,既能对叶氏家族成员的文学创作形成整体性认识,又不废对家族成员创作的个性解读。

作为古典文学的研究者,我们更多从文学研究角度立论。然而叶氏家族或者研究一个家族的成就绝对不能仅仅以文学立论。"立德、立功、立言",品德与功业在人生中是居于立言之前,一个人的人生价值是以他的存在对社会的价值来衡量的,而非以是否有著作留世衡量。叶氏家族之所以能以一个"家族"的面貌成为值得研究的对象,不仅仅是因为他们有文集传世或个体文学成就,也因为这个家族以儒家积极有为的精神,不管官位高低,都期以经世致用。叶氏家族中有一批庞大的"知县"官员,知县离朝廷重臣相距遥远,是官场中较为边缘化的一员,也难以迈上历史风云际会的舞台,但他们直接面对百姓,处于政府社会机构的"基层",他们从政的热情、能力、绩效构成了一个社会、一个政府的基础。有为才能有位。纵观叶氏家族中为知县者,大部分均能在任期间有所作为,得到当地百姓的缅怀。他们的著作可能遗失,但并不减损他们"不朽"的功业,这是笔者不遗余力从县志方志中寻找捕捉他们踪影的用意所在。此外,叶氏家族并无一人真正以文字为生,个体的成就亦参差不齐,特别是近代以来他们从事的行业跨度很大,更不仅限于为官或著述,许多人飘洋过海,走出国门接受新式教育,在教育、法律、船政等各行各业,涌现出许多杰出人物,如全闽大学堂总教习叶在琦,中华民国司法院第一届大法官叶在均,先后留学英美,被称为中国造船巨擘的叶在馥等等,他们的成就同样值得关注。

需要说明的是,本书以福州古称"三山"称述叶氏家族,首先直接沿用《三山叶氏族谱》与《三山叶氏祠录》之名,其次也因本书的论述集中于"古代及近代"领域而不涉现代叶氏,所论及叶氏家族个体多出生于1900年之前。

笔者的研究仅是冰山一角,沧海一粟,在古代文学研究浩瀚的星空中光芒微弱,然在今日古典文学研究星河灿烂之时,期望众星共同点亮夜空。笔者以叶氏家族作为研究对象,若有更多学子研究福州家族,形成福州家族个案研究系列,将对福建区域文学和文化研究有极大裨益。此外,伴随中国社会近代化进程,战争、文革等社会动乱,叶氏家族与历史上的众多家族一样,流散衍播于中国各地,世界各方。他们的后人仍在各领域做出杰出贡献。由于时代观念的变更,传统的家族维系日渐淡薄,期望本书对今日的他们重新寻找祖先的印迹,凝聚人心,团结力量能有一定作用。

本书仍存在许多不足,如下编文学研究以叶观国、叶申芗为核心,对叶氏其他值得重点论述的人物叶大庄、叶在琦未能深入展开。受专业影响,本书侧重点在叶氏家族古代及近代部分,对现代叶氏家族的状况没有做进一步的查考与探寻。期望将来能有进一步的研究。学识有限,书中不足之处,祈盼读者指正。

上编：家族研究

第一章　三山叶氏家族的兴起与繁盛

第一节　三山叶氏家族溯源及兴起

一、溯源

三山叶氏家族兴起于叶观国(1720—1792),《三山叶氏族谱原序》①中对叶氏得姓及本家族源流迁徙有如下叙述:

> 吾叶得姓,出自楚令尹叶公,夹漈《氏族志》所谓"以邑谥得氏者"也。今南阳叶县部民尚多叶姓。唐中叶有徙居光州固始者,厥后又自固始他徙,或在浙之处州,或在江西吉安,或在闽之仙游,其居于同安之佛岭下者,为唐末学士讳洙公子熹公,盖学士公尝从王审知入闽,遂著籍于此也。世远地隔,系次莫得而详。迨宋咸淳中有石岩公者,自佛岭下卜居福清之东高山,是为吾始迁之祖,礼所谓别子者是已。阅五世而包老公自东高山析居化下里海头乡。国朝顺治初,吾曾祖君兴公又自海头析居会城。

"楚令尹叶公"指沈诸梁,字子高,春秋时期楚国左司马沈尹戌

---

① (清)叶观国修、叶大焞续修、叶在玑再修《三山叶氏族谱》,民国二十三年(1934)三山叶氏南昌铅印本,以下省称《族谱》。

之子,后被楚昭王封为叶邑(治今河南叶县)尹而始姓叶,成为叶姓的始祖。南宋郑樵(号夹漈先生)《通志·氏族略·以邑为氏》"楚邑"条载:"叶氏,旧音摄,后世与木叶同音。《风俗通》载,楚沈尹戍生诸梁,食采于叶,因氏焉。……宋朝为著姓。望出下邳、南阳。"①据《福州姓氏志》②,公元前223年,秦灭楚,战乱中,叶氏作为楚国贵族后裔,纷纷迁居河北河间、陕西雍州和江苏下邳等地。秦始皇统一中国后建立郡县制,叶邑归南阳郡管辖,南阳、下邳遂成为叶姓的郡望。唐宋时期叶姓迁徙频繁,或避唐末之乱,或在宋朝为官随宋室南渡,其中从河南叶县迁居光州固始、光山的一支对叶姓以后的流徙影响最大。此后又大量迁往福建、浙江、江西等地。唐龙纪元年(889),官朝散郎的叶洙(840—?)及其子叶熹由江西吉安泰和县射坪乡随王审知兄弟入闽,官拜唐三学士,五代时,佐闽王摄政,后择居于同安佛子岗岭下,为同安佛岭叶氏始祖。

《族谱》"远宗世系总图"列宋朝靖大夫叶襄为远宗始祖。至宋咸淳十年(1274),叶窦由泉州府同安县佛岭下迁福州府福清县东高山(今福清市高山镇),此为闽县叶氏家族"本支始迁之祖",《族谱》中的"本支世系图"和"本支世次录"便以窦公为第一世。叶窦,字迪儒,号石岩,家居时曾梦见一黄冠紫服的道士言:"东山之阳,金马玉堂。栖彼高冈,百世其昌。"醒后觉得奇异,于是"有卜居之志","然未知其地之何属也"。宋咸淳十年(1274)秋避战乱到福清,询问一耕者地名,得知为"东高山",想起所梦,于是定居。第二世叶樅,字伯侯,号云城,窦公长子,登宋宝祐四年(1256)文天祥榜进士,历官国子监礼部检点试卷官、湖南提刑。居官十五载,"廉

① (宋)郑樵撰,王树民点校《通志二十略》,北京:中华书局,1995年,第92页。
② 张天禄主编,福州市地方志编纂委员会编纂《福州姓氏志·叶姓》,福州:海潮摄影艺术出版社,2005年,第386页。

明正直,无所可徇","以言公田事,为当权贾似道所抑,疏不得上",遂乞归田,时同官以诗赠,有"十年忠节留青史,万里关山载白云"之句。第三世叶神,字存人,号菀斋,崧公三子,登元至正十一年(1351)文允中榜进士,授河南怀庆府武陟令。到官未几,梦到其父责备他:"吾食赵禄,尔事赵仇。不去,吾能为厉鬼抶尔去。"遂佯狂自废罢归。第四世叶寿,字培公,号南湖,神公四子,郡庠生,以诗经中明洪武三年(1371)乡榜第 18 名,授山东青州府安丘令,擢礼部主事,以奏疏忤触权贵,谪绥宁(治今湖南绥宁)主簿,永乐初起复原官,寻阶本部郎中,卒于官。第五世叶元燿,字克晃,有二子,长子叶进生于明嘉靖二十五年(1546),迁居福宁州。次子即叶氏六世祖叶包老,析居福清化下里海头乡。据《族谱》载,因元燿元配郑氏无子,性妒,妾陈氏怀孕五月被逐,寄居化下里,生包老,因居海头,为叶氏迁海头之祖。从叶包老再经叶红七、叶赐福、叶宏政、叶国威、叶世明、叶汝傅 6 世,至第 13 世叶学祯,字君兴,清顺治初迁居省城闽县,为叶观国曾祖。

二、三山叶氏家族之兴起

从叶学祯迁居闽县至叶观国光耀叶氏,中间历经两代。叶观国祖父叶仕辉(1659—1735),字允发,学祯公长子,年青时举业未售,中岁弃书学贾,晚归授徒乡里,以孙观国贵受封。叶观国父叶茂盛(1694—1765),字蘷园,原名朝瑞,号克勤,闽邑增生。《族谱》称叶茂盛"绩学砥行",却"屡踬场屋",雍正壬子科(1732)参加乡试,其试卷经房荐主司加墨笔浓圈,惜推荐太晚仍未中。后因子观国贵受封,便不再参加科举考试。叶氏两代遗憾终于在下代弥补。叶茂盛有三子,三子叶观成早卒,二子叶观海(1726—1795),乾隆十八年(1753)中举,后以大挑一等历任山东蒙阴、郓城、长山等县知县,甘肃安化县知县。而长子叶观国更由拔贡、科举至进士,入选翰林直至诰授资政大夫,封祖荫子,光耀门闾。五子登科后,一门乃显,族望大开,其后代延续前代之盛,人才辈出,成为福州著名家族之一。本书以叶观国为叶氏家族第一代人物,不包括闽县叶氏析派或别支。《清代人物生卒年表》中有叶观国家族 14 人①。《鼓楼区志》"鼓楼地区历代已知部分职官表"中记载了包括叶观国在内的 7 名叶氏家族成员②。《闽县乡土志》"耆旧广录二·事功下"记叶氏家族 10 人③。自观国兴至近代,三山叶氏家族约有两百年历史。

叶氏家族首先是科举世家、翰林世家。自叶观国起六世,叶氏家族共有 16 名进士,29 名举人(自观国后,叶氏子孙的命名顺序为"申、昌、滋、大、在、于、树、德"。六世叶氏家族男性成员为 356 人,先中举人后中进士者,只以进士计)。梁章钜《归田琐记》"兄弟进士"记观国三子同登进士第④。《旧典备征》⑤卷四科名佳话,"累代甲科"、"五子登科"、"六子登科"均载闽县叶氏家族科名之盛。"累代甲科"指叶氏六世中有五代先后登进士:叶观国,乾隆辛未科;观国子申万,嘉庆乙丑科;申万子敬昌,嘉庆己卯科;敬昌孙大焯,同治戊辰;大焯子在琦,光绪丙戌。"五子登科"即叶观国有五子登举人、进士榜:二子申菜,嘉庆壬戌科进士;四子申蔼,乾隆乙卯科举人;五子申苞,嘉庆戊午科举人;六子申万,嘉庆乙丑科进士;七子申芛,嘉庆己巳科进士。"六子登科"即叶云滋(申万之孙,敬昌之子)六子:长子大同,同治乙丑科进士;次子大堤,同治庚午举人;三子大泳,光绪丙子举人;四子大焴,同治壬戌举人;五子大焯,同治戊辰进士;六子大涵,光绪丙戌进士。而叶氏"五世八翰

① 江庆柏编著《清代人物生卒年表》,人民文学出版社,2005 年,第 107—112 页。
② 福州市鼓楼区地方志编纂委员会编《鼓楼区志》,北京:方志出版社,2001 年。
③ (清)朱景星、郑祖庚纂《闽县乡土志》,福州:海风出版社,2001 年,第 134 页。
④ (清)梁章钜著《归田琐记》,北京:中华书局,1981 年,第 77 页。
⑤ (清)朱彭寿撰,何双生点校《旧典备征》,北京:中华书局,1982 年。

林"更开创了福州科举的先河,被誉为"科举史上的奇迹"①。《国史儒林传·叶观国传》记:"自观国后,申万、申蔼、敬昌相继得馆选,故时称世翰林云。"②据考,清代全国累世翰林有93例,福建3例,其中一例即闽县叶氏家族,包括父子翰林2例、祖孙翰林2例、兄弟翰林1例、叔侄翰林1例③。五世八翰林指:叶观国,翰林院编修;子申万,翰林院检讨;申蔼,翰林院庶吉士;孙敬昌,翰林院庶吉士;玄孙大焯,翰林院编修;大遵,翰林院编修;耳孙在琦,翰林院检讨;在藻,翰林院庶吉士。

其次,叶氏家族是文学世家。叶氏著述丰富,并与当时闽县著名家族及文人来往唱和,具有一定的影响力。福州西湖宛在堂为八闽诗人纪念堂,叶观国、叶大庄、叶在琦均入祀。叶观国晚年归里,专事著述,有《老学斋随笔》四卷、《绿筠书屋诗钞》十八卷及《闽中杂记》行世。《绿筠书屋诗钞》为观国整理删削生平所作而集成。"乾隆三大家"之一蒋士铨《绿筠书屋诗钞序》云:"含咀英华,出入风雅,为后贤楷式。""凡密咏恬吟,隐然皆适于道。历唐宋之精华,写天真之情性,足以抗迹前贤,津梁后学,而闽中操觚之士奉为圭臬。"其中《榕城杂咏百首》可谓福建风土杂咏诗的代表。观国四子申蔼有《退食吟钞》二十卷,六子申万有《餐英轩诗钞》八卷,惜今已佚。词学上,申蔼、庆熙(原名滋沅)、大庄均有词名。七子申蔼"生平勤于学问,工于俪体,尤耽于有韵之文",著述颇丰,有《小庚词存》四卷、《闽词钞》四卷、《本事词》二卷、《天籁轩词选》六卷、《天籁轩词谱》六卷、《天籁轩词韵》一卷,另有《小庚诗存》一卷。叶申蔼重视词学文献整理和研究,精研词律、词韵,选词精当,有理

① 曾意丹《科举史上的奇迹》,《福州晚报·文化周刊》2007年10月15日。

② 《族谱》附录。

③ 叶振发主编,叶树凡审订,世界叶氏联谊总会《中华叶氏研究》编辑部编《叶姓史牒文萃》(第一集),香港:香港人民出版社,第2006年,第209页。

论,有创作,形成比较完整的词学体系,堪称"近代闽中词学第一人"。

叶观国耳孙叶大庄在文学上著有《写经斋初稿》四卷,《写经斋续稿》二卷,《写经斋文稿》二卷,《小玲珑阁词》一卷。大庄与陈书、陈琇莹等倡导学习厉鹗、金农、万光泰等人的浙派诗,是闽派"同光体"的重要诗人。申蔼与大庄均列"清词百家"。此外,在衍之《唐风集》,在琦之《穉愔诗钞》等均有可观。

再次,叶氏家族是著名的藏书世家。《福建图书馆事业志》附录"大事记"载清乾隆二十年(1755)前后,"闽县人叶观国及其后人叶申蔼、叶仪昌、叶滋森、叶大庄等世代藏书,累积达十数万卷,为清代中期一大人文景观"①。叶氏藏书始于观国,他好收藏,家有"绿筠书屋",藏书六万余卷。乾隆三十八年(1773),乾隆诏修《四库全书》,命各省采进遗书,观国应聘入局。他深入民间搜辑群书,为朝廷采集到不少古籍,同时还利用收集到的闽中资料撰成《闽中杂记》一书。又据郭白阳《闽藏书家考略》载:"叶申蔼,字惟和,号次幔。藏书三万卷,披诵不倦。子仪昌,号季韶,又号潜山。道光戊子举人。构芝石山房。拥书自乐。申蔼弟申万,字维千,又字芷汀。嘉庆十年进士,申万子敬昌,字芸卿。敬昌子云滋,字惠宇,合数世聚书甚富,居高节里。民国光复后,居宅及所藏均毁于大火。"②观国四子叶申蔼嗜书胜过其父,其一生致力于读书、藏书,建有"荫余轩书楼",藏书三万卷,卒后,所藏书籍大半毁于水火。大庄的祖父仪昌及父亲滋森均为嗜书之人,分别建有书屋"芝石山房"与"池上草堂",但此时的藏书已今非昔比。大焯为申万之曾

<hr>

① 刘德城、刘煦赞纂,福建省文史研究馆编《福建图书馆事业志》,北京:方志出版社,第 2006 年,第 161 页。

② 郭白阳《闽藏书家考略》,抄本,福建省图书馆藏。

孙、云滋五子,其斋名为"补拙",有《补拙斋藏书目》一册。叶家藏
书至大庄时再一次发展到高峰,达五万卷之多。《闽藏书家考略》
云:"父滋森,字与端,号补园。居南郊之阳崎乡,有田园林亭之乐。
中年簿书填委,收金石书画以自娱。大庄喜言考据,藏书甚富。颜
藏书室曰'玉屏山庄'。"①玉屏山庄藏书,主要为大庄一生辛勤搜
索所得。居家之日,闻人有异本,必辗转购录,任职江苏邳州,他曾
亲临各地藏书楼、书肆观书和购书。此外还多收购同乡陈琇莹、蒋
思源"小玲珑阁"藏书。大焯孙于沉民国期间寓居北京,藏书颇多,
1932 年曾将所藏书悉寄存北平图书馆(今国家图书馆),这批藏书
共计中文图书 378 种,3495 册,法文图书 67 册。其藏书处为"琴趣
楼",北平图书馆于 1935 年为他编有《闽侯叶氏琴趣楼寄存书目》
一册②。

　　此外,叶氏家族在其他艺术门类和科学领域也取得不菲的成
就。观国、申万、申芗、在琦、在藻均为有名书法家③。绘画方面,
《福建画人传》载叶修昌:"诗、古文词及书、画皆有名于时。"叶滋纯
为官上海时,"与沪上画家时相往来,而作为风气所囿,绝似吴伯
滔、吴谷祥"。叶大华也善山水。叶在宜,后改叶少秉,是近代岭南
画派的代表画家。法律方面,叶在均为中华民国司法院第一届大
法官。叶在畴一生历任多地审判厅推事、审判厅庭长、地方法院院
长。叶在琦,曾任全闽大学堂总教习,是福建近代教育史上的著名
人物。叶在馥(1888—1957)是我国著名的船舶设计专家和船舶学

---

　　① 玉屏山庄坐落于今福州市仓山区盖山镇阳岐村,叶大庄营建,是清末福州有名
的私家园林建筑群,因傍依玉屏山丘而建,故名"玉屏山庄",现为外姓居住,1983 年被列
为福州市文物保护单位。
　　② 王长英、黄兆郸编著《福建藏书家传略》,第 317 页。
　　③ 可参赵禄祥主编《中国美术家大辞典》(上册),北京:北京出版社,2007 年,第
248 页。

教育家,长期任职于江南造船所、交通大学,被称为"中国造船巨
擘"①。叶于沅曾与林纾合译法国作家克里孟索的《膜外风光》,热
心翻译法国文学。

叶氏家族中有一批庞大的"知县"群体,大部分均能在任期间
有所作为,甚至得到当地百姓缅怀。叶滋森任江苏靖江知县,重文
化、修水利,倡公益事业,孔庙、钟楼焕然一新,并重修《靖江县志》,
这部县志是靖江县旧志中最有价值的一部志书。光绪六年(1880)
离任时,百姓特建叶公亭缅怀。叶大同同治年间任惠阳知县,革除
夫役,倡捐款,恢复书院经费。再如叶申菜、叶申苞、叶旭昌、叶云
滋、叶滋澜、叶大琛等,仕途上虽仅至知县,却不掩其功绩。

第二节　叶氏兴起及繁盛的社会原因

一、乾隆时代与科举制度

王朝更迭,战乱频仍,传统家族特别是以官宦为组织结构形式
的家族往往解体,文化家族更易出现断层现象。新文化家族的产
生必有其滋生的环境土壤。以三山叶氏论,其兴起于清代乾隆年
间并非偶然。清王朝经康熙、雍正两朝,至乾隆时代,国家统一,国
库充裕,财力雄厚,经济、政治、文化事业都达到新的高峰。历经三
朝,满汉民族矛盾冲突也趋于缓和,大部分汉族知识分子基本认可
新朝的统治,已投身于国家统一建设进程中,对时代的发展也表现
出由衷欣喜。乾隆二十四年(1759)平定新疆回部大小和卓叛乱,
最后完成全国统一。叶观国《平西诗二十章》序言:"皇上仁育群
生,义征不憓,馨天亘地,悉土悉臣,是以御极以来,定金川,羁缅
甸,收准夷,自左右哈萨克、东西布鲁特、咸仰跂皇化,请吏受职,允

---

①　朱隆泉、孙光二《造船巨擘叶在馥》,《上海造船》2007 年第 4 期。

以德威震叠,迩狭者游源,遐阔者泳沫,怀生之类罔不举踵内面,惴惴然以弗奉声教为惧。……兹役也,事大而计深,倘非圣谟独运,睿断如神,乌能奏鸿烈迓景祜若斯之盛且神哉?"①这是一种由衷的赞颂!军事的全盛外,大兴文教,《四库全书》的编纂,乾嘉学派、吴派等学术流派逐渐兴起,书院遍布全国,府、州、县学体系化,这是一个文化繁荣的时代。正如叶观国所言:"承平文化涵濡远,定有英才焕物华。"②时代文化与人才发展相互推动,共生共长。社会安定,经济发展,文化繁荣正是保障个人、家庭、家族兴起的有利环境。

乾隆十六年(1751),叶观国中进士入翰林,由此标志三山叶氏的兴起。观国五子登科,是叶氏发展的第一个高峰。同治年间叶云滋六子登科,是叶氏发展的第二个顶峰。"五世八翰林"更是科举史上的佳话。叶氏正是凭借家族中不断有人取得科举功名而繁衍兴盛两百多年。叶氏之盛,首以科举盛。但在清代,以科举兴的家族不只叶氏,而是普遍存在于全国各地。

始于隋代的科举选官制度为大量中下阶层知识分子提供了进身途径。以科举考试来争取知识分子并不始于清代,但在清朝却尤为明显。清朝是以满洲贵族为主体联合汉族地主阶级建立的封建政权,尽管清朝号称以"武功治天下",但满族出身的清朝统治者很早就意识到科举制度的重要性,早在关外就把开科取士作为缓和满汉民族矛盾,笼络汉族知识分子,提高自身文化素质的重要措施。清入关后,不仅完全承袭了明朝科举取士制度,更采取措施不断调整、充实、完善,集历代之大成,把科举考试作为争取汉族地主阶级归顺清朝的有效手段。有清一代,除正常科考外,清政府还以

---

① 叶观国《绿筠书屋诗钞》卷四。
② 叶观国《绿筠书屋诗钞》卷五《奉命督学广西纪恩述怀六首》。

各种方式增加科举名目,扩大官吏选择面,为更多人入仕参政提供机会,如临时下诏,选拔特定人才的制科有博学鸿词科、孝廉方正科、经济科、召试。每逢国家重大庆典,如新皇帝登基,皇帝、太后寿诞等,朝廷都要增加乡、会试,称为"恩科"。此外,又有为皇族开设的宗室科目,为八旗子弟设的翻译科。清朝在乡会试数量上远远多于明代,如从入关算,立国268年,至光绪二十九年(1903)科举制度废,以三年一科计,应不够90科,而清朝实际举行乡、会试112科,共录取进士26391人①。

对于中下阶层知识分子而言,以科举入仕是有效且唯一的途径。清代兴科举,使整个社会教育演变成以科举为导向的教育模式。在个体家庭中,往往要经过数代人的辛勤努力才最终有一人得以科举入仕。以叶氏为例,叶观国并不是叶氏参加科考的第一人,他在《族谱序》中感叹:"吾族之始居东高山者二三四世矣,甲科仕宦,显者相继,自五世后阒然阕闻,而迁于海头者益贫弱不振。"叶氏本就是以科举为目标的读书家庭,这种"断层"更激励后人迈向科举,重振家风,顺治初迁居闽县亦然。观国祖父叶仕辉,年轻时"举业未售",观国父叶茂盛又"屡踬场屋",直至观国终于再续前代之盛。

个体家庭如此,对传统的家族组织而言,一旦族人中举或有人由"白衣起为卿相",为了保持家族的地位声望,必须有人不断地取得功名,这就促使家族特别重视教育。这些家族设族田、立族学、定族规,积极鼓励族人读书应考,由此在全国各地形成了不少世代应举、科名不断的家族。关于清代科举家族,张杰先生界定其概念为:"在清朝世代聚族而居,从事举业人数众多,至少取得举人或五

---

① 商衍鎏著《清代科举考试述录及有关著作》,天津:百花文艺出版社,2004年。

贡以上功名的家族。"①其中包含三个条件,一是世代聚族而居,凭借家族组织支持族人应试;二是从事举业人数众多,而且世代应举;三是至少取得举人或五贡以上功名的家族。如安徽桐城张英——张廷玉家族,河北直隶张权家族,福州螺洲陈懋鼎——陈若霖家族,这些家族繁盛少则二三百年,多则五六百年。可以说,叶氏家族以科举盛仅仅是清代科举家族一个小小的缩影。

叶氏家族与科举的密切关系还体现于叶氏家族代表人物的仕宦经历。叶观国从32岁入翰林后历官40年,除去家居十余年,二十余年中"八掌试事,三任学政",先后任河南、湖北、湖南、云南、四川乡试主考官,壬辰科会试、壬午科顺天乡试同考官,提督安徽、云南、广西学政。考官直接主持科考,学政则负责按期至所属府、厅考试童生及生员。观国本身就是取士之人,十分熟悉科举流程及科考内容,对于指导后代举业是极为有益的。他曾言:"吾历掌文衡,所委曲成全士指不胜数,后世子孙当有兴者。"后,四子申葆与六子申万于乾隆六十年(1795)同举于乡,此后兄弟甲科连翩继起,"人咸以为清德之报云"(参《叶申万行状》)。申万曾任嘉庆癸酉科湖南乡试主考官,申芗曾任嘉庆、癸酉、戊寅、己卯科云南乡试同考官,申葆曾任道光辛巳科江南乡试同考官。叶滋濬(1836—1893)曾任光绪己丑科云南乡试同考官。至大字辈再兴时,叶大同(1832—1878)曾任同治丁卯科、癸酉科广东乡试同考官,叶大庄(1844—1898)曾任光绪己丑恩科江南乡试同考官,叶大焯(1840—1900)为官履历几与观国同,先后任同治甲戌科会试同考官,光绪乙亥科乡试、丙子科会试磨勘官,光绪丙子科湖北、壬午科湖南乡试正考官,提督广东学政。叶氏家族正是利用已取得的文化优势不断地推进家族中人取得更多的功名。

---

① 张杰著《清代科举家族》,北京:社会科学文献出版社,2003年,第24页。

二、省城福州的文化氛围

由福清迁居闽县对叶氏的兴起繁盛是否有重大影响？关于封建社会城乡流动，潘光旦、费孝通先生在《科举与社会流动》一文中认为："以城乡的区别来推论社会地位的高下并不是完全正确的。""有些地方，较大地主并不离地入城，而依旧定居在乡间。……他们在闲暇可以读书，可以应试，可以入仕，并不迁动他们的世居。"[①] 这种观点，对于个体普通人或地主是适合的，但并不完全适用于文化家族。

并非说不迁居城市无法产生文化世家，但城市化对推动家族兴起的作用却是客观存在的。封建社会中的城乡差别，最突出的就是文化氛围，故文化家族多集中在文化沉淀丰厚的地区。这些地区形成的城市，往往是一个地方政治、经济、交通和文化中心。迁居城市，首先面临的是比乡间更高昂的生活费用，再者是竞争激烈，生存不易。但清代福州林则徐给同乡友人一封信中谈到留在京城做官说："不知都中地大物博，凡百技能，皆有进而愈上者，非如乡僻之无佛。"[②] 力劝他的同乡不要计较京官清苦，而应看到对个人能力的促进作用。京城是全国政治经济文化中心，而省城则是一省经济政治文化中心，压力固然存在，但城市的文化氛围却是乡间所无法比拟的，对家族的兴盛更有着重要作用。以福州永盛梁氏家族为例，梁氏有一支传衍到长乐江田，江田梁氏在农村，以后有一支又迁到福州北门，留在江田的梁氏虽也有些人才，但迁城后，北门梁氏却出现了梁上国、梁章钜等在历史及学术上较有影响的一些人才。再如福清东瀚林氏，自林燧迁居福州后子孙繁衍，后有桥梁专家林同炎，他是上海浦东开发的最早倡议者，其弟林同骥

---

① 潘光旦著《潘光旦文集》（第10卷），北京：北京大学出版社，2000年，第116页。
② 郭则沄著《旧德述闻》卷三，民国二十五年（1936）蛰园刻本。

则是著名的导弹专家①。即以叶氏论,迁居闽县的一支发展兴盛,而留在福清的一支湮灭无闻。水流则活,水滞则死,城乡岂无差别?

福州是一座历史文化名城,因城内有于山、乌山、屏山而称"三山",又称"榕城"。作为福建省会,福州历来文化昌盛,人文荟萃,曾有"海滨邹鲁"之称。对于科举家族,省城最大的优势在于有更多的教育资源。福州学校教育始于西晋,初兴于唐,从北宋至南宋,福州教育进入全盛时代,南宋吕祖谦描绘福州文化教育昌盛的情况云:"路逢十客九青衿,半是同胞旧弟兄。最忆市桥灯火静,巷南巷北读书声。"自两宋始,福州科举之盛已在全国闻名。清代康熙年间福州书院初起,中期渐兴,鳌峰书院、凤池书院、正谊书院、致用书院被称为"省城四大书院"。官办的府学、县学普遍建立,私人讲学的书院大量涌现,各乡里都有书社。清代福州除叶氏家族,著名的科举家族还有王庆云——王仁堪家族,陈若霖——陈宝琛家族,郭柏荫——郭柏苍家族等,充分的教育资源是促进科举家族产生的重要外因。

第三节 叶观国与叶氏家族传统

外因通过内因起作用,一个家族兴起繁盛不仅需要外部的社会原因,更需要家族内部的独特传统,才能保证家族的稳步发展。家族中往往有一个核心人物来凝定家族文化,构成家族的核心精神。叶氏家族的核心人物为叶观国。

一、叶观国生平

叶观国,字家光,号毅庵,晚年又号存吾,生于康熙五十九年

---

① 以上参 曾意丹、徐鹤苹《福州世家》之"永盛梁"及"东瀚林"。

（1720），卒于乾隆五十七年（1792）。观国生平可划分为五个时期：
一为青少年求学游历时期（32 岁前）；二为中进士入翰林院，出任
云南、广西学政时期（32 岁—53 岁）；三为家居及主讲清源书院时
期（53 岁—60 岁）；四是再度入京为官，任安徽学政时期（60 岁—
69 岁）；五是假归及致仕居家时期（70 岁—73 岁）。

　　据叶申菉等所撰写的行状，观国"幼颖异。五六岁，蓊园公授
以经书，皆成诵，九岁能属文。"①观国回忆年幼求学情形，《归途即
事咏怀一百韵》曾云："束身趋学校，结发事丹铅。砥节师黄宪，治
经慕服虔。灯黟还凿壁，衣冷未装绵。共笑坚如瓠，谁怜涩似
弦。"②入乡学刻苦向学，与何逢僖为好友。《哭何少宰念修同年七
十韵》云："总角同乡校，传家并宿儒。定交投缟纻，校艺指瑕瑜。
崔杜鞭齐下，曹刘轨共扶。书林抉根柢，文苑辟荒芜。入腕惊风
雨，探怀满贝珠。"③少年求学经历虽清苦，但与友朋相与论学，以文
字指点江山中充满着意气风发之气概。20 岁已有文名，当时宗室
德王督闽浙，下车观风，观国应试列第一，受到嘉许。不久学使于
北墅岁试福州，考试以"美成在久"命题，通场少有解者，而观国详
知源委，投卷时受于公大加赞赏，拔冠一军，补弟子员。此后每试
均取第一，于公器重，曾言："此生他日翰林也。"乾隆六年（1741）22
岁拔贡生。次年随于北墅北上廷试，在京口（今江苏镇江）停留月
余，与同行诸生极游览之乐。25 岁时与何逢僖同参加乡试，何中举
而观国未中，后两人相携游京洛吴越一带。十二年（1747）28 岁观
国中举人，次年与何逢僖同赴京应会试，均未中。两人分道，观国

---

　　① 叶申菉等撰《赐进士出身诰授资政大夫内廷供奉日讲起居注宫詹前翰林院侍
读学士加三级纪录八次显考毅庵府君行述》，《三山叶氏祠录》卷二。以下省称《毅庵府
君行述》。
　　② 叶观国《绿筠书屋诗钞》卷九。
　　③ 叶观国《绿筠书屋诗钞》卷八。

游江右,曾至浙江杭州、江苏苏州,渡扬子江,经扬州至高邮,再到安徽当涂、江苏无锡,江西南昌、庐陵、南康、湖口、九江等地。乾隆十五年(1750)再与同乡陈琛、林从直、钟兆相、陈荣榕相偕赴京应考,次年中进士,名次为二甲第二十四名,授翰林院庶吉士,开始为宦生涯。年少时期,观国已表现出吟咏山水风土的偏好。《绿筠书屋诗钞》卷一《台江集》为28岁至中进士前诗作,其中大半为游历时所作,喜用组诗形式,重视山水风土之中的人文意蕴。诗学观较为明确,反对明代七子和明代闽中诗派"诗必盛唐"的理论,主张转益多师,诗风上呈现出以文为诗、以议论为诗的宋诗风调。

庶吉士是清代翰林院"庶常馆"选新中进士优于文学书法者入馆学习。观国入庶常馆,每日屏谢酬应,如诸生时潜心向学,受教习陈星斋称赏。乾隆十七年(1752),33岁的观国散馆后授编修,参与修国史工作。次年出典河南乡试,是榜皆寒俊宿学,一时声誉大起。试竣回京复命,乾隆问询家世,称赏之,对左右言:"此人风度甚佳,盖有学问人也。"后便屡典乡试、会试。此年又任武英殿纂修官,两年后升武英殿提调官。二十一年(1756)出典湖北乡试,事竣回京途中即奉命督学云南,三年任满后还京。次年即25年(1760)出典湖南乡试,二十六年升赞善;二十七年(1762)与蒋士铨同任顺天乡试同考官,试竣,奉命督学广西。三年任满后,三十年(1765)父亲叶茂盛逝,自广西归里福州,后三年丁父忧家居。约是时,观国身体素质下降,患疟疾,视物模糊,因感年老,开始流露出暮年心态。服阕后于三十三年(1768)入都,时49岁,补官后充教习庶吉士。三十四年冬,何逢僖卒,两人少小相识,为一生挚友,故悲痛至深,《哭何少宰念修同年七十韵》不仅悼好友之逝,兼怀平生,又有《客怀六首》充满着惆怅孤独的感伤。三十六年(1771)出典云南乡试,次年以侍读任会试同考官,同年念及母亲年事已高,请急回籍奉母。

自三十八年(1773)至四十四年(1779)为观国家居时期。时乾隆下诏开四库修书，家居的观国应福建巡抚余文仪的聘请入局编订，任福建省局总校，搜集福州旧闻风物作《榕城杂咏一百首》，又集闽史闽事为《闽中杂记》。三十九年母亲林氏卒。四十一年(1776)起主讲泉州清源书院，前后凡四年。其间多次返榕，曾参与当时福州著名文社"读书社"活动，与孟超然、张甄陶、林乔荫等多唱和。四十四年秋，将生平诗作手自编定，名为《绿筠书屋诗钞》，共十一卷付印，蒋士铨为序。

观国服除后再入都，补官后奉命以原衔充日讲起居注官，是年60岁。此后与翁方纲、蒋士铨等多往来。四十六年(1781)受命入值尚书房侍阿哥讲读，赴直禁廷，"卯入酉出，虽酷暑严寒未尝一日间断"，行走多勤，得乾隆赏赐，并结识皇十一子永瑆。是年又任钦点武会试总裁。次年乾隆召入重华宫，赐宴和诗联句，又赏如意、端砚，此后便赏赐有加。四十八年(1783)六月出典四川乡试，在闱中即奉督学安徽之命。三年任满，五十一年(1786)返京后依原职为官。五十三年(1788)秋，乾隆秋狝木兰，观国随驾前往，是年70岁，欲回里省视先茔。时有内阁学士缺，将从闽省官员出，通籍在朝者无三品以上大员，观国资俸班次皆居首例。同朝诸公皆劝且缓乞假，观国仍坚持，请旨准给假一年，命下，朝士皆愕然，挽留不及。刚出都，同乡云门郑公即超升阁学。亲知都感到惋惜，观国却自恬然。一年假满后，因患足疾，遂在籍告请病假，不复作出山之想。次年乾隆八十寿，中丞徐君以观国精神尚健，亲为劝驾，观国也因感念皇恩，扶病束装赴京，随班祝贺寿辰，礼成仍复南还。同年五月，同郡叶大观编修以庶常引见，乾隆询及观国。许多人都说，"圣心方眷注，将有大用"，劝之勿引退，然观国以年老衰疾且初志已定，不欲改移，激流勇退，一时朝士皆服。晚年归里后，在乌石山东麓天皇岭下第一山鳞次台购建别墅，因该地有两棵大榕树，修葺后名为"双榕书屋"（今福州乌山下冠亚广场后邓拓故居处）。其生平藏书达六万余卷，因"拥书自乐"，晚年多整理旧时之作。五十七年（1792）九月初七日逝，享年73岁。

二、家族传统的建立与传承

家族文化是一种集体文化，除了核心人物，也需要家族成员的弘扬与传承，才能在家族内部形成一种文化场。叶氏家族的文化传统由观国奠定，经后代发扬，形成了相对稳定的文化传统。其体现有三：

（一）鲜明的家族意识和修谱的传统

叶氏修谱并不始于观国。据《三山叶氏族谱》载，第四世叶寿，生于明洪武年间，有《旧谱家范》十则、《谱例》十则、《家庙记》、《世系总记》，但到观国时早已散佚。叶氏迁居东高山后，曾出现"甲科仕宦，显者相继"的繁荣，但之后又寂然无闻，迁至海头的一支更贫弱不振。叶观国因而感叹："顾自吾少时，知海头为吾高曾之所自出，而不知东高山实上世所自出，则以谱牒无征故也。"观国在年轻时已不知曾祖来自东高山，此时叶氏虽也聚族而居，但因家族中缺乏核心人物，加上经济及社会地位不高，各支各房呈自然流散，后代子孙家族意识淡薄。顺治初叶学祯迁居闽县至观国一百多年间，与福清海头各房隔居，已不相往来，又有析徙他处，后代更难以详考。叶观国《三山叶氏族谱原序》论及修谱的缘由及期望云：

> 先辈汪钝翁有言："谱牒废于贫且贱者十之三，废于富且贵者十之七。"然吾以为因富贵而或攀附他宗，或虑其族之觊觎，远之惟恐不速，苟能自好者，皆不屑为则甚矣。因贫贱而谱废者多也，今吾小子幸赖先世积累遗泽，叨列仕版，仰受国恩，稍稍有以自立，倘不及今图之，其何以上对吾祖宗耶？惟是吾族以屡经播迁，中更兵燹，旧物咸荡然。所传谱稿率皆缺略简陋，而族之人耆年

有知识者又皆去世,无从咨访。今但就旧所传者,重为叙录,益以吾所逮事之王父母、父母事迹登诸副墨者。韩慕庐先生序王氏谱曰:"远之世系不可知,则以始迁为别祖而上世缺焉,至慎也。始迁之祖无识其名讳而事不可得详,详之自其父始,慎也。"今吾之谱亦若是焉。尔所望吾后之人,由是而晓然于水源木本所自来,于以兴起其尊祖敬宗收族之念,勿至如明允苏氏所讥"相视如涂之人"者,则吾区区之意也夫!

观国有感于叶氏"因贫贱而谱废",家族散佚,而今自己有所成就,便把修谱当作使命,作为重振家族的首要方式。他所期望的便是后代子孙不再"相视如涂之人",知家族源流,期望通过修谱达到"尊祖敬宗收族"的作用。这是一种鲜明的家族意识。

观国于乾隆五十四年(1789)70 岁时归里,晚年多整理旧作,同时收集资料,于五十六年(1791)秋倡修族谱,"但就吾所知者,载入谱中,至十六世而止"。其修谱态度是谨慎的,列泉州迁居福清的叶窦为本支始祖,为三山叶氏第一世,沿此至迁居闽县的叶学祯为第十三世,至观国为第十六世。"自十七世以后,但须载叙省城一派,不能更及海头各派也"。同时又排定自十七世起子孙以"申、昌、滋、大、在、于、树、德"八字为命名之序,以"惟、勤、与、恭、乃、可、保、宗"八字为表字之序,"逾此八世我后人当再为排次增入也"。三山叶氏由此从福清叶氏脱离出来,修谱的传统也从此定下。观国修谱时,由于资料难详,对先祖的叙述较为简略,其中难免有传闻成分,如记叶窦梦道士,叶神因父托梦而罢归。记三世祖叶神登进士第与其父登第相距 95 年,时间之差过长,可能误记或遗漏一代。同时,观国在世时,叶氏虽显,但子孙并不多,家族意识的凝固、修谱的工作还有赖于后人进一步传承。

迁居省城的叶氏中,观国一支逐渐突显,叶大焯《续修支谱序》

云:"顾自吾高祖而上以会城为本支,而东高山海头之分出皆别派也。自吾高祖而下以高祖为本支,而会城之分出又别派也。吾高祖而下逮吾曾祖之世为族七,又逮吾祖之世为族二十有五,综二十有五而倍蓰之。自高祖距今甫七传子姓之阜,俨然成聚。其会城分出之派族率微弱。以视吾本支丁口孳息,十不逮三四。盖先世积累之泽,既发越为吾高祖之身,而吾高祖之深仁厚泽,又益扩而笃之,故瓞绵椒衍流视其源而远也。"迁居省城的其他叶氏微弱不振,而观国一支由于观国的发迹却颇兴盛,观国儿子申字辈有七房,孙子昌字辈衍出二十五房,二十五房下子孙繁多。观国孙、申蔼四子叶仪昌曾欲重修族谱,未竟。光绪十四年(1888),后人出资修建了叶氏祠堂,叶在玑《续修族谱序》云:"叶滋棠、叶大湜董其事,左祠分支,右支节孝。"名为"三山叶氏支祠",同时修祠录定下祠堂规仪,并由叶大焯负责重修族谱。名"支祠"者,已不兼及省城其他叶氏。据《叶姓史牒文萃》,三山叶氏祠堂原位于于山白塔旁,祠堂中对联为观国与大焯所撰的叶氏辈序歌①。

从光绪十六年版的《三山叶氏祠录》中,可以看到叶氏已形成以叶观国为中心的严密的家族体系。祠录分为四卷,一为《恩纶录》,"恭录诰敕及题请、崇祠、旌奖各折奏以纪恩荣"。二曰《行谊录》,备录儒林、良吏、文苑各传并行状墓志。三曰《谱系录》,详载世系图,世次录以别支派。次四《祀事录》,详辑条例祠堂章程款目。继观国为子孙八代排名序之后,叶大焯又续增十六代名序,以"诵芬述祖,先志继从,贤以致用,宽自有容"十六字为名,以"长诒孙子,居业若农,永世作则,善积祥钟"十六字为表字,并规定"以后各依行辈取用,毋得参差。间有易名者,亦将原名登载"。在名字

① 叶振发主编,叶树凡审订,世界叶氏联谊总会《中华叶氏研究》编辑部编《叶姓史牒文萃》(第一集),香港:香港人民出版社,2006年,第222页。

中隐含着叶氏对后代子孙发扬先业的殷切期望和为人处世的教诲。

祠堂的管理也较为完善。当支祠告成，"宫詹公（即叶观国）手置有安泰铺店业一座、东门外民田 24 亩、鼓山边洲田四亩，原为宫詹公派下七房轮流收掌，为年间祭扫公业"。此时则由"七房公议，交出充作支祠祭业"，递年值轮由正副董事各一人负责，一负责收发款目，一办理事件。轮值者由"族中酌举勤慎者十余人派定轮值，未经举派者不能一概备轮"。在入祠条件上，昌字辈 25 人都立主，后代子孙众多，考虑到若"一概置立龛位，既虑难容，盛典亦邻于亵"，因而参照福州大姓"侯官林氏、螺江陈氏"，加以区别规定："凡族人之得设主入祀者，均以膺官爵、登科甲为断，所以昭限制、示鼓励也。其德行之选，必受朝廷旌奖，如孝、友、忠、义、节、烈显有实绩者，则不论官爵科第，皆祀，所以重品谊、防冒滥也。至于议年、议功，亦或并行并举。历考成矩，莫不皆然。"祭祀活动除了每月朔望值轮者要行香、元宵团拜外，每年有两次重大祭祀称为"春秋丁祭"，即在每年的二月和八月的丁日举行。

宗祠建成后，叶氏有多人倡修族谱，于是由叶大焯负责增辑。"先经后纬，挈吾高祖（指观国）之世次为之纲领，从吾重也，而高祖而上会城分出之派，其后可得详者别录之，亲吾高祖之所亲，不敢略也。而会城而上东高山海头分出之派仍旧谱所已录，其后不可得详者阙之，势难及也，遵吾高祖之谱例也。……凡生卒年月之讹舛者，悉审订之。凡族属名字之复叠者，悉改易之，而诰敕行状墓志铭之属又搜讨纪载，都为一书，昭家乘，垂无穷。自是而谱大备"。是谱主要叙观国一支，而他支为附录。叶大焯担忧后族分散，他再次以宋代苏辙"相视如涂之人"的话告诫后人："苏氏之意岂谓谱立而遂不相视如涂之人耶？夫谱，其权舆也，必贯之以不涂人之心，而辅之以不涂人之典，而吾谱乃不虚传，是固区区之愿所未能一日释然者尔。"叶大焯认为修谱只是方式,其中更重要的是凝聚家族人心。祠录编成后,规定:"自是而后,谱约十年一修,凡族间有生者应告于庙,殁者应讣于庙,正副董将其年月日存记,以备续修增补。"

叶大焯修谱后40余年,"族姓浩繁,生名卒葬年月有不可考者。"民国二十二年(1933),旅外的叶大澂、叶沂、叶在均、叶在畴倡议续修族谱,得到居闽叶氏诸人的支持,于是推选叶在玑负责,经三月搜集编成,次年付印,即今存世的《三山叶氏族谱》。此谱分四个部分,一收录《国史儒林传》中的叶观国传、《福建通志·良吏传》中的叶申蔼传、《福建通志·文苑传》中的叶修昌传。第二部分为世系图,在远宗世系总图、本支世系总图后,以观国七子为始分为七房世系图。第三部分为世次录,注出身、官阶、妻妾、子嗣、生卒、坟墓。第四部分为分支省城世系图与世次录。谱以观国七子为中心,共有"申昌滋大、在于树德"八世,最后入谱者为第24世叶德正,生于民国二十二年(1933)。

《三山叶氏族谱》的遗憾在于未详叶氏分布流播情况。据《福州姓氏志》,迁居省城的叶氏散居在北大、仙塔、道山、法海、乌山、小柳等地。29世叶在福、在旸、30世叶珍鑫等迁台湾,31世叶树铧侨居美国[①]。随着子孙繁衍众多,加之近代社会的风云动荡,叶氏后代流散各地,或衰落,或迁移,分布广泛,联系减弱,修谱的难度逐渐增大,"约十年一修"的期望很难实现。现今在世的叶氏多为于字辈、树字辈、德字辈。笔者有幸于2009年8月得遇叶氏第22世于敏、于曦、于晖、于春四姐弟,分别来自上海、北京、南京,奉其父叶在开(1913—1998)遗愿来闽寻根,为五房叶申苞之孙叶滋熊后代。1986年在上海的叶氏以叶滋熊为本支之始,以其子叶大铨、

---

① 张天禄主编《福州姓氏志》,福州:海潮摄影艺术出版社,2005年,第389页。

叶大镠为分支,以手稿形式增补了世系图,本支各房至今仍联系未辍,图中之人多在世,除一家在美国,其余现分布于中国各地。此图虽只是三山叶氏后代中的一小部分,却是距今最近的世系图,某种程度上延续了叶氏借修谱以"敬宗收族"的传统。

（二）勤勉谨慎的人生态度

观国从 32 岁中进士入翰林后,历官 40 年,除中间家居 10 余年,20 余年中"八掌试事,三任学政"。他以寒士起家,仕途通达,其中虽不失机遇,然而与努力及性格密切相关。

在翰林院庶常馆中,观国潜心向学,教习陈星斋每阅其馆课诸作时,"无不击节叹赏",曾对座师董文恪言:"近来学者登馆选后,便都荒弃学业,专事交游,叶君以青年登第,刻苦力学,卓然知所树立,其文深有根柢,未可量也。"《国史儒林传》载观国典试言:"所至操守清严,鉴别精审。时儒臣文衡称职,上结主知者,观国一人而已。"观国虽"身被顾遇之隆",然不矜傲,反而更加奋勉,"未尝一毫苟且",本性不求立异,曾对人说:"凡职内事,皆分所当为。吾司文衡之职,则登明选公,振兴风化,皆分内事耳。何必斤斤然求自表著于人以博名誉?"陈康祺《郎潜纪闻四笔》卷八"叶观国视学廉勤尽职"条载:"闽中叶毅庵宫詹,乾隆间屡司文柄,廉勤尽职,至老不衰。"[1]任云南学政期间,相国刘统勋视察至云南,见到观国高兴地说:"吾见馆阁诸君,一出学差,无不面丰体胖,今君如此清癯,半为校士辛勤,半为官厨冷淡,不愧为吾门下士矣!"乾隆三十年（1765）在广西学政任上,恰逢科考选拔之期,悉心考校,禁贿赂,杜情面。当时有一考生为权贵人婿,挟带一权要人的亲笔信,谆谆相托,观国得信,立即焚毁,不置一词。发榜时,该考生未中,全郡悦服。按

---

① （清）陈康祺撰,褚家伟、张文玲点校《郎潜纪闻四笔》,北京:中华书局,1990 年版,第 124 页。

试各郡,均轻骑减从,行李简陋,又约束家人胥役,不许沿途骚扰,经过各州县,无额外糜费。任满离开后,下任学政因地方供应之事酿成大案,一抚臣劾奏曰:"学政某按临之处,较前任学臣叶某,每处多派人夫七百余名。"在翰林院坐衙门,一般人都视为内朝官中最清苦的穷翰林,所藉以调剂生活的,便是派上学差,到各省城去典试,做选拔举子的工作。典试的学差是临时性出差,而提督学政是实职,是朝廷派往各省负责按期至所属府、州考试生员,管理全省学务的官员,与督、抚平行。一些人藉此中饱私囊,陈康祺曰:"余宰江阴,为学臣驻节地。时学使瑞安某,家丁胥役,狐假虎威,每出棚行李不过需夫一二百名,及回棚,多至十倍,虽庖丁、剃发匠,莫不满载而归,其关防可想。观宫詹旧事,不禁感慨。"观国之廉洁也难得!视学安徽时已年近七旬,比以前更加勤谨,珍惜晚年名节。试日漏三下,即披衣起,考生唱名毕,天犹未曙,每次得士子前后只用一天时间。昼则端坐堂上,终日无倦容;夜则烧烛披阅,直至深夜。名次弃取均亲自裁取,从不假幕宾之手。有次暑夜阅卷,留一僮麾扇,凡拟录之卷置放在桌几之右,拟摈弃卷居左,忽扇风灭烛,观国急以手压右卷,而手面有一卷飞来,及烛视之,则所摈卷者,其明察类如此。时有同人干以私者,观国谢绝:"若尚未知吾数十年素性硁硁乎? 不然是欲令白头媭妇以晚节败之耶?"其人惭愧谢退。此后观国更加谨慎,关防严密,弊窦肃清,远近无有闲言①。

古语有云:"勤以立志,俭可养德。"宋代苏颂曾言:"人生在勤,勤则不匮。户枢不蠹,流水不腐,此其理也。"勤勉是中国古代文化中的优秀传统,观国由白衣而起家,对此感受尤深,也因为没有强大的家庭背景,为人处世都较为谨慎。叶申菜等《毅庵府君行述》

---

① 事见《族谱》中《国史儒林传·叶观国传》。

回忆观国云：

> 同朝巨公闻府君名，莫不交相推重。性刚正不苟言笑，然与
> 人交殊蔼然可亲，无矜己傲物之色。故与其交者皆惮其严毅，而
> 尤乐亲其和霁也。操行廉介，不妄取与，虽身居丰腴，自奉恒澹如
> 也。尤习勤劬，遇事不辞劳瘁，每书"俭以养廉，勤以补拙"二语于
> 座右以自箴事。

观国的勤勉谨慎不仅反映在时人及儿子的评价中，也反映在
其诗歌创作中。《绿筠书屋诗钞》在内容上很少针砭时弊，间或愤
慨无奈也十分隐晦含蓄。观国为官清廉，从本质上说也是一种谨
慎的反映。如果说观国以勤勉而起家，那么谨慎则是他为官40年
皆坦途的性格之因。自散馆授编修（正七品），再任詹事府左右春
坊赞善（从六品）。宫坊之官仅备翰林编修、检讨之升转，并无实
职。十年后才擢侍读（从五品），十年升学士（从四品），又七年始晋
詹事府少詹事（正四品），加上其间任武英殿纂修官、提调官、日讲
起居注官、内廷供奉、上书房行走、教习庶吉士等，可谓白首翰林史
馆。升迁不快，官阶亦不算高，然"处之晏如，无一毫躁进意"。他
曾对儿子言：

> 自吾祖宗以忠厚传家，读书守法，未尝行一非分，作一害人
> 事，故吾得仰承家荫，忝沐国恩。今汝辈幸席余业，尤当以惜福谦
> 和为主，慎勿习为汰侈刻薄，自培根基也。（《行述》）

他以"申昌滋大，在于树德"和"惟勤与恭，乃可保宗"为子孙命
名排序，同样是通过强调"树德"与"勤勉恭俭"来教育子孙。

可以说，叶氏子孙不负观国所望。树德方面，叶申蔼可谓福州

近代慈善事业的带头人。申蔿晚年归里，广于布施，不仅慷慨解囊资助同族贫者，同时倡义局，积极参与资助寡妇的恤嫠会组织和敬节堂，又与申万捐义冢，助修圣庙。有人劝其退居不必劳累，申蔿言："吾居官则期有益于地方，居乡即期有济于乡邻，不亦宜乎？"道光十二年（1832）夏，福州大旱，米价上涨，申蔿组织集资买米，广助民众，赈恤灾民，又作长远计，率先筹钱千贯，广集重资，发帑招商。申蔿卒时，闾巷之人及小贩言之泪下。申蔿性格谦冲乐易，教子以"恭俭"为持身之本，并言："人必立品为先，其次通经致用，若科名迟速可不计也。"①。28 年后，即同治元年（1862），廖鸿荃、杨庆琛、林春溥、郭柏荫、林士傅、沈葆桢联名题请将申蔿入祀乡贤祠。梁章钜《叶次幔邑侯墓志铭》赞曰："君之嘉言善行始终不怠，诚无愧平日所自言者，是可为士大夫式矣。"

申蔿之子仪昌深受其父影响，任三明大田县学教谕期间，捐俸补刊前明旧臣遗稿。当地丧俗多停棺浅葬，于是敬昌又"捐置义冢，收埋露柩，择诸生之醇谨者主之"。叶滋棠《先考府君季韶行状》云："盖府君自甲午先大父捐馆，即遵遗训，于西关外后贤乡买山地十余亩，顷为义冢。"至是十余年所收瘗者凡三四百棺，而大田经仪昌提倡，遵行不怠。刺史郭古樵致信仪昌："闻阁下履任以来，自捐赏格招士子课文，以故来学者不少，如此教官，天下能有几人？我辈食禄敬事，只求称职，官无大小，此心同之。阁下为此，较之贤父母司牧民，岂有异耶？窃恐坐食厚俸，不顾民瘼之长官，登鳣堂而色报也。"省会敬节堂前经申蔿捐赏倡建，仪昌归里后承父志，于给恤、册查等事皆留心襄办。治家勤俭，要求子弟妇女燕居不得衣罗绮，冬布夏葛而已。

观国六子申万于嘉庆十年（1805）登进士入翰林，改庶常，亦潜

---

① 叶滋枢等撰《先考次慢府君行状》。

心励学，馆课皆高等，一如观国当年入馆。一生为官勤勉，颇有政绩。教子以"勤慎"居官，叶敬昌《显考芷汀府君行状》回忆云：

> 府君教子严，而于不孝责望尤殷，髫龄时即携往邵武。及馆庶常，自庆远邮书示之曰："三代翰林，君恩祖德不可忘也。其勉之。"不孝不克负先业，散馆改部曹，府君犹谆谆以勤慎居官为诫。不孝在吏部十余年，幸无陨越者，皆府君教也。

叶滋森为申蔼孙、伟昌长子，任江苏靖江县令期间，重修钟楼，兴修水利，铺路修桥，同时改变拐卖妇女的恶习，离任时百姓建叶公亭以缅怀。敬昌之孙、云滋之子叶大焯，归里后亦忙于乡里事业。叶在琦等撰《叶大焯行状》云："省城敬节、育婴、劝葬诸善堂经费出入，悉受其成。地方有所兴复，当事必挽府君出，又勤接诸生解惑辨难，常终日无暇晷。""论学主居敬，独居戒慎，终日俨然。"谢章铤《叶恂予墓志铭》云："生平善气迎人，议论不合，未尝疾言遽色，即甚异趣，亦难窥其喜怒。温厚和平，其天性也。"①叶在琦于光绪十七年（1891）官贵州，父亲叶大焯诚言："汝少年倖科第，今莅官，益当兢兢待士子，必以诚，有所为。勿苟姁。"又手录观国公传，寄在琦，并言："汝熟复此传于心，当常惺惺耳。"可以说，观国的一生即是叶氏子孙的模范。

虽然，一个家族成员众多，具体到个人，必然性格不一。行状与墓志铭的记叙也可能虚美隐恶，往往多褒扬而少言不足。但纵是溢美之辞，从叶氏后代对前人的肯定性评价中仍可看出，"德、勤、恭、俭"是他们共同推崇的品格。中国传统家族尤重"孝悌"，叶氏亦然。观国"以孝称，迎养官署时，校士之暇，饮食必亲自调和以

---

① 陈庆元主编《谢章铤集》，长春：吉林文史出版社，2009年，第141页。

进,甚得父母欢心"。申蔿侍母,"虽忧戚常若有至乐,饮食必自调和以进,酒醣辄作儿童嬉戏,以博欢笑"。申蔿兄弟间感情至深,晚年与六弟申万、七弟申芗同归里,"晨夕晤乐,皆以为暮年之幸"。但"孝悌"几乎是家族的共性。从"个性"上说,学习工作当勤勉,为人居官则谨慎,构成了叶氏家族的主要性格。

(三)嗜书好读的家风与著述的传统

观国《题傅翁在山遗像其孙秀才修孟从余游》赞傅氏云:"故知家学有渊源,世业青箱自绍缵。"①此言也适用于叶氏家族。

观国"生平无他嗜好,惟喜翻阅书史,僚直之暇,一灯荧然,夜分犹未辍。每有所得,以矮纸疏之,岁久盈筐箧。尤工为诗,上自铺扬盛典,容颂神功,鸾辂赓歌,虎帏属咏,以及星轺官道,云物家园,抒情言情,不下数千首"。青年时期的观国便喜藏书,以读书为乐。《绿筠书屋诗钞》卷一《秋斋集诗十二首》云:"我生属晦明,所业在文字。藏书虽不多,颇复盈箱笥。"又云:"万卷拟百城,亦足娱其身。"近花甲之年主讲泉州清源书院,以《炳烛集》命名诗集。汉代刘向《说苑·建本》载:"晋平公问于师旷曰:'吾年七十,欲学恐已暮矣。'师旷曰:'何不炳烛乎?……臣闻之少而好学,如日出之阳;长而好学,如日中之光;老而好学,如炳烛之明。炳烛之明,孰与昧行乎?'"观国以此命集,勉励自我老而好学之意。至晚年归里,筑"双榕书屋",藏书三万余卷,拥书自乐。部署后事时,"无一语及他,惟谕子孙等以诗集中第某卷第某字未妥,令改易之"。可见著述态度之严谨。

观国一再勉励子孙要勤奋向学。《新居示儿子》云:"挟持竟何具,享此书一束。肯构要儿孙,传家惟诵读。"《孟瓶庵郎中与林孝廉(乔阴、开琼、昆琼)昆季唱和为诗次东坡岐亭韵诗亦如其数仆从

---

① 叶观国《绿筠书屋诗钞》卷十一。

郎中斋头读之勃然有感辄次韵奉和寄呈郎中并简三孝廉兼呈张惕庵编修五首》其四云:

> 种松期作柱,种漆期取汁。当其封殖初,必审干与湿。把锄
> 芸人田,于我未为得。家有六男子,训课事最急。敢希龙与凤,莫
> 作猪及鸭。学堂利幽静,帘幕命遮羃。我家寡凭藉,所恃寸心赤。
> 仕宦二十年,未敢蓄黄白。有子不读书,愧此头上帻。

《寄示儿辈二首》再云:

> 退士投闲课子宜,舌耕仍遭别山茨。家无金穴惟资读,业在
> 青箱要及时。狗鹜低昂思马训,龙猪得失味韩诗。汝翁老觉童年
> 误,不厌丁宁教汝知。
>
> 疏竹寒梅野性邻,桂香橘烈总欣然。移从昨岁愁根浅,别到
> 经时想蠹穿。晓起连筒宜灌溉,闲来稚子莫攀牵。休轻眼底闲花
> 木,头白绕封树几拳。

观国认为,叶家并无凭籍,所赖的便是诵读传家,他勉励子孙要趁年轻勤奋读书,不受外物干扰,重视积累,才能有所成就。为此他亲自督促儿子学习,"退士投闲课子宜","家有六男子,训课事最急"。观国的家庭教育取得了显著成效。如申蔼"性亮识闳,束发受书便能贯彻诸家得其旨要"(廖鸿铨等《叶申蔼崇祠乡贤祠录》)[1]。申万"喜读书,公余一编自对,每至夜分。工隶书,好吟咏"(叶敬昌《行状》)。申芗"生平勤于学问,工为俪体,尤耽于有韵之文"(梁章钜《墓志铭》)。观国曾欲归里后与张甄陶编《国朝

闽中诗》,终未成。申芛辑《闽词钞》可谓承先辈未竟之业。观国七子均登科甲,由此确立了叶氏科举之家的地位,这与观国重读书、勤教育密切相关。

当一种积极向上的态度成为习惯,渗透至家族成员的生活,形成家风,便会对后人产生积极的影响。观国之孙仪昌一生科考曲折,自26岁中举后五应会试均未中,但仍不辍家庭教育:"教子孙以义方,尝撰《教子弟说》、《爱身说》、《儆俗四则》、《劝葬文》,至理名言皆可针砭时俗。"叶家时已设家塾,仪昌"集子侄甥婿,月课文艺常督至宵分时寝"(叶滋棠《先考府君季韶行状》),其重视若此。林鸿年评仪昌兄弟云:"昆季弟六人杯酒论文,有大被之风,于同祖兄弟,遇吉凶大事,每身先之。盖君考为次幔乡贤,家庭听受,渐渍日深,其修诸身、施诸家者有由来也。"(《季韶叶君墓志铭》)谢章铤与申芛孙叶滋沅善,尤以论词相交,评滋沅词时亦云:"辰溪之于词,家学也。"(《叶辰溪〈我闻室词〉叙》)①观国、申蔼、申万、敬昌、仪昌、滋森、大庄等均嗜书,经历代藏书,累积达十数万卷,成为藏书世家,亦是家风之所浸染。

观国一生嗜书好读,笔耕未辍,有《绿筠书屋诗钞》十八卷、《老学斋随笔》四卷、《闽中杂记》等。中国知识分子不仅把著述当作个人知识积累的记录,也将其视为一种不朽的人生追求。对于家族而言,读书著述更不仅仅是业余嗜好,也是提升家族文化知名度、展示家族文化素质的重要方式。今就所知,录叶氏第二代至第六代的著述:

第二代申字辈:叶申蔼《三礼集证》十卷,《春秋解》十二卷,《荫余轩诗文集》五卷,《退食吟钞》二十卷②,今佚。叶申万有《餐

---

① 谢章铤《赌棋山庄文集》卷一,陈庆元主编《谢章铤集》,第7页。

② 廖鸿荃等《叶申蔼崇祠乡贤祠录》,《三山叶氏祀录》卷一。

英轩集》八卷,已佚。叶申芗《小庚词存》四卷,《天籁轩词谱》五卷,《天籁轩词韵》一卷,《本事词》二卷,《天籁轩词选》六卷,《闽词钞》四卷,《小庚诗存》一卷。

第三代昌字辈:叶仪昌《永阳游草》一卷。

第四代滋字辈:叶云滋《弟子职书證》、《池上草堂笔记》、《尊香楼书画》、《识蝠严仙馆诗稿》,今佚。叶赞彤《明史言行录》七卷,《杞菊山房随笔》一卷。叶滋森修《(光绪)靖江县志》。叶滋钧笺注,清代曹维藩撰《历朝鉴略》一卷。叶滋澜修《(光绪)上犹县志》。叶滋沅《我闻室词》,已佚。

第五代大字辈:叶大焯《补拙斋藏书书目》一册,《补拙斋文钞》一卷,《补拙斋杂录》一卷,《正谊书院课艺》十六卷。叶大庄《礼记审议》二卷,《大戴礼记审议》二卷,《丧服经传补疏》二卷,《礼记遗说考》四卷,《闽中金石记》六卷,《闽碑存目》一卷,《退学录》二卷,《写经斋文》二卷,《写经斋诗》四卷,《诗续》二卷,《小玲珑阁词》一卷,另有《仓颉篇三种》。叶大遒与曾宗彦等编《榕荫堂律集》。

第六代在字辈:叶在衍《唐风集》一卷。叶在畲《罗山咏事诗》一卷。叶在琦《穉愔诗钞》一卷。叶在扬有《度量衡新议》[1]。叶在均有《刑法》[2]、《刑事特别法》[3]、《刑事诉讼法要义》[4]、《民事疑判》[5]。

叶氏家族的著述特点是:第一,从事著述活动在家族成员中具有普遍性。以上所录仅就今知,其余散佚不计,叶氏历代均有著书。第二,著述的丰富量与科举功名成正比。叶氏家族科举功名

---

① 叶在扬著《度量衡新议》,清光绪三十一年(1905)石印本。
② 叶在均编《刑法》(朝阳大学法律讲义十八种),朝阳大学编,民国油印本。
③ 叶在均撰《刑事特别法》,法官训练所,民国铅印本。
④ 叶在均、叶于绍编《刑事诉讼法要义》,上海昌明书屋,1947年12月。
⑤ 叶在均、林鼎章合编《民事疑判》,司法行政部法官训练所编,民国线装本。

高峰分别在申字辈和大字辈,著述高峰及个人成就也集中在这两代。第三,著述内容及形式丰富,突破文学范畴。叶大庄除诗词文外,经学、语言学著述颇丰,可谓身兼多学,其他或涉史学、笺注,或编修县志,至近代还兼及法律、经济等学科。

第四节　叶氏家族对福州文化的推动

叶氏家族通过自身的文化活动,进一步提升家族的文化素质,也推动了福州文化的发展,主要体现在三个方面:一是与个体文化名人的交游;二是科举家族间的联姻;三是参与文社。

清代福州府分闽县、侯官两县,其府城范围大致南至今南门兜,北至屏山山麓,东迫至晋安河,西至鼓西路西门兜①。叶氏迁居闽县后,原租赁他人屋居住,至叶茂盛晚年始购宅。观国析出,先迁往通津衢(今福州市鼓楼区津门路),后再迁往九仙山(即于山)旁法海路,后再迁文儒坊。叶氏居所正是围绕三坊七巷的福州府中心。这里精英荟萃,名人众多。明代有林瀚、张经、林廷玉,清代许友、黄任、林枝春、张际亮、郭柏荫家族、刘齐衔兄弟、陈寿祺、梁章钜、林则徐、沈葆桢、严复、陈衍等等,其中也包括叶氏家族成员。正是在这里,叶观国与何逢禧、黄任、孟超然、郑光谟、林广文、张甄陶等一批在文学、经学、藏书方面卓有成就之人结为好友。观国四子申蔼年少拜林茂春为师,同学有梁章钜、张经邦、郭龙光等。申蔼好友又有林庚焕、萨察伦,书信往来以论学论文。今申蔼《退食吟钞》已佚,所见几诗赖萨察伦《珠光集》所附唱和诗得以保留。值得一提的是梁章钜,晚年先后为申蔼和申芗撰写墓志铭。《小庚叶公墓志铭》云:"余与公家兄弟七人皆以文字交好,而公视余加亲,

① 黄荣春编著《闽越源流考略》,福州:海潮摄影艺术出版社,2002年,第266页。

往来迹独密。"《叶次幨邑侯墓志铭》回忆年少与申蔼交游又言:"余与君累世旧交,少同学于林畅园师之门,两家群从,乡会多同榜。"[①]可见梁家与叶家关系之亲近。近代名人林则徐与申蔼、申万、申芗均保持书信往来,又与申芗为姻亲。此外,陈寿祺亦"夙从诸昆季游习"。申万长子叶敬昌嘉庆年间移居光禄坊光禄吟台,改名玉尺山房,道光年间林则徐归里,常至敬昌处放鹤,因留"鹤磴"胜迹,曾赠敬昌诗云:"家世三传皆玉署。"申蔼四子叶仪昌与林鸿年同年举于乡,过从甚多。林鸿年《季韶叶君墓志铭》云:"相与上下议论时事之变迁,交游之衰谢。"申芗长孙叶滋沄与谢章铤年少以词相交,终生未缀,交情甚挚,谢章铤《叶辰溪七十寿序》评申芗词云:"每执卷,悠然恨不得奉其绪论。窃念假令旗鼓坛坫,或不无拔帜之一日。"[②]《叶辰溪〈我闻室词〉叙》评滋沄:"辰溪之于词,家学也。而余之词,则土音耳。"[③]对叶氏家学颇为倾心。滋森长子叶大庄为同光闽派诗人,与严复、龚易图等均有往来。陈宝琛与敬昌孙叶在琦同为福建近代教育家,亦交情不浅。

除交游外,叶氏还通过联姻方式进一步加强了与名人文士的联系。名人、家族间的联姻是扩大声名的有效途径,互为影响互为推动。被称为清代福州四大望族的廖氏、刘氏、萨氏、林氏历代均互有联姻,三坊七巷一带名人几乎也形成姻亲网络[④]。对一般家族而言,联姻或是提高政治地位,或是扩大经济实力。但"科举家族的婚姻行为,更重视的是双方的文化背景,在中间起决定作用的往往是家族的文化素养,而不是权力和财富。在相当大的程度上,科

---

① 《三山叶氏祠录》卷二《行谊录》。
② 陈庆元主编《谢章铤集》,长春:吉林文史出版社,2009 年,第 99 页。
③ 同上,第 7 页。
④ 参北北著《三坊七巷》附录"三坊七巷名人姻亲关系简表",长春:时代文艺出版社,2005 年,第 208 页。

举家族的婚姻行为,突出体现出一种文化行为"①。这个论断是较为恰当的。由叶氏来看,叶观国有四女,分别适林天椿、周大宾、张经邦、魏思源。其中张经邦为张甄陶之子。张甄陶(1713—1780),字希周,一字惕安,福建福清人。乾隆十年(1745)进士,曾任云南昆明知县,因事被罢官,潜心从事教育。任云南五华书院山长,移掌贵州贵山书院,晚以病归闽,主讲鳌峰书院,在经学上颇有造诣。观国曾欲与其共编《国朝闽中诗》。

申蔼妻何氏为刑部河南司主事何兆龄之女。何兆龄,清苑人,字幼之,晚号钮经老农。工诗文,尚气节,有任侠之风。申蔼有六子,长子传昌妻陈氏,兵部右侍郎陈霞蔚之女。次子修昌娶河南济源李氏江苏宜兴县知县李述三之女。三子伟昌妻林氏,贵州广顺州知州林庆章女。四子仪昌娶林钟英女,林钟英曾于嘉庆年间为灾民冒死告御状而著。五子倬昌娶刘氏,漳浦县学教谕刘照之女。六子偕昌娶浙江仁和汪氏淮扬余东场大使汪之选女。申蔼长女适太学生石亦光三子石上楷,嘉庆二十四年(1819)举人。次适薛朝煌三子薛嘉添,例贡生。次适嘉庆十三年(1808)进士,四川直录知州李桂林三子李赓咸。

申万长子敬昌娶李氏,乾隆二十四年(1759)举人李大瑛之女。李大瑛,字秋潭,闽县人,曾与赵在田、林芳春、林一桂、谢震等组织团体,研究学术,名为"殖榭"。二子斌昌妻邱氏,邱凌云女。申万有五女,陈寿祺指出:"择配皆名门。"长女早卒,次适浙江秀水知县陈徵芝次子陈延诠。陈徵芝,字兰邻,福建人,喜藏书,有目录学著作《带经堂书目》。申万逝时,三女字翰林院编修林春溥三子林懋熊。林春溥是福建著名学者,曾先后主讲于玉屏、南浦、鹅湖、鳌峰等书院,尤精古史,是清代著名史学家。林则徐是叶家姻亲,其

---

① 张杰著《清代科举家族》,第 208 页。

次子娶申万女,八妹嫁申芗子。陈寿祺在《芷汀叶君墓志铭》曾云:
"尝与君同社论文,又与小庚郡丞有连。"与申芗亦为姻亲。梁章钜
怀申芗云:"比年复申之以婚姻,乃以宦辙相歧,计自三十年来不获
一二见,而公遽逝矣,老怀其何以堪!"可见申芗也曾欲与梁章钜联
姻。申蔿四子仪昌正室林氏,林钟英女。侧室林氏,有一子滋棠,
妻郑氏,郑瑞凤女。一女,适林靖光次子林璜。孙子二,大钊,举人
出身,候补教谕,妻郑氏,郑虞女。大鉴,妻姚氏,姚宝铭女。孙女
一,适林贺峒长子林佩纶。长曾孙女二许字龚易图四子龚桢义①。
因史料未详,今难以得知叶氏全部婚姻状况,然从以上例子亦可体
察叶氏婚姻之概貌。随着观国为官,叶氏兴起,叶氏联姻已突破福
州一地,但在可能的条件下,仍以闽地特别是福州为首选,其择婿
标准尤重对方家庭的文化素养。通过联姻,叶氏进一步加强与其
他家族间的联系,融入了福州文化上层,保障了后代的文化素质,
是叶氏得以兴盛两百年不可忽视的一因。

此外,文人交往、唱和吟咏往往藉以文学团体组织或文化活动
呈现,故人文荟萃之地,往往文化团体也兴盛,文学活动也频繁。
清初闽省著名的文社当属平远诗派、光禄坊诗派两派,它们衰落之
后继之而起最有名的文社则是读书社。谢章铤《课余续录》卷二
载:"乾隆间,大兴朱石君(珪)以粮储观察管理鳌峰书院,拔时髦二
十八人,令联一社曰'读书社',授以治经作文之法,梁斯志上国、岱
岩上泰、梁九山上国、郑苏年光策、林畅园茂春、龚海峰景瀚、林樾
亭乔荫为领袖,叶毅庵观国、孟瓶庵超然、林醇叔昆琼昆仲诸先生
皆与焉。"②这是朱珪于乾隆二十五年至二十八年间初次官闽期间

---

① 参叶滋棠撰《先考府君季韶行状》,《三山叶氏祀录》卷二。
② 转引自陈世镕纂《福州西湖宛在堂诗龛征录》(下册),福州:福建人民出版社,
2007年,第769页。

所倡建。郑光策《林樾亭六十寿序》提及社事云：

> 方社之初建也，诸君皆里中豪隽，博学建文，以读书相切劘。……聚则各出所读，往复质正。……就中性情所近，或好宋儒，言性命之学；或好求经世之务；或耽考订训诂及金石文字；又或旁及二氏，如斯明、有美、允默，皆有选样之跨，而述善别尤喜手引吐纳家言，儒林、文苑之间杂以仙佛，命传啸侣，不名一格焉。

这种文人聚会切磋交流的氛围能够极大提高个体的文化素质和创作质量，而个体又以其成就推动浓郁文化氛围的生成。观国父丧归里时曾以长辈身份参予读书社活动，与孟超然、林乔荫、林开琼、林昆琼、张甄陶聚而唱和。《绿筠书屋诗钞》卷十一《孟瓶庵郎中与林孝廉（乔荫、开琼、昆琼）昆季唱和为诗，次东坡岐亭韵诗，亦如其数。仆从郎中斋头读之，勃然有感，辄次韵奉和寄呈郎中并简三孝廉兼呈入张愓庵编修五首》叙及当时唱和情形："闲居事醉哦，濡笔吮墨汁。唱予孰和汝，情性异燥湿。……同醉酒瓮香，各树诗帜赤。我来诵新句，一豁尘眼白。细字笼壁隅，就读碍巾帻。清辞意也消，苦语感应泣。俗学期速化，岂念风骚缺。谁为嗣坫坛，那复图主客？诸君扶雅轮，题襟哀成集。"虽然观国并非读书社主要成员，参与次数并不多，但对这类文社活动持积极肯定态度，并以师长身份勉励诸人重振风雅。

除读书社，清代福州其他大小文社也颇多，如殖社、逸社等。民国年间林孝曾等辑《闽百三十人诗存》八卷[①]，收录道光至民国初年福建作者诗共133家，其意义不仅以诗存人，且保留了清末福州花好月圆吟榭、旅越吟社、逸社、东社、慎诚律社的部分唱和之作，

---

① 林孝曾辑《闽百三十人诗存》(八册)，民国十八年(1929)逸社铅印本。

其中叶氏及诗作有：叶大琛 3 首、叶大章 10 首、叶大瑄 27 首、叶经 3 首、叶在畬 13 首，分别散见于各社吟唱中，从中可见叶氏参与福州文社情况。

叶氏的文化活动还延展至京城。乾隆五十一年（1786），叶观国奉皇十一子永瑆之意，编《上书房消寒诗录》一卷，收录乾隆年间每年冬上书房君臣唱和篇什。叶申万嘉庆年间在京为官，多与林则徐、梁章钜、杨庆琛、杨赟等同乡来往，举行文酒之会①。清代福州在京会馆称福州新馆，原为旅京福州籍名宦陈若霖舍宅而建，道光间梁章钜等捐款扩建，光绪末叶大遒、陈壁等筹资重修，并由叶大遒书写"福州新馆"的匾额。该会馆是近代闽籍在京士子文化和社会活动中心，林则徐、严复、林旭、曾宗彦等许多闽籍名人在此活动过。馆中最大的建筑物即正堂为"榕荫堂"，缘福州别称为榕城。据李景铭《闽中会馆志》载，榕荫堂有击钵吟社，活动频繁。"月三四会，会三四题，题数十首。先后刊刻《击钵吟集》九册，又有《榕荫堂律集》、《松乔堂律集》、《蛰园律集》问世"②，多收有叶氏诗作。《榕荫堂律集》收录闽籍 17 位文人，叶氏成员有四位：叶大遒、叶在琦、叶在廷、叶在藻，其中大遒是本集中年辈最长者，也是榕荫堂唱和的核心人物。

可以说，省城福州浓厚的文化氛围促进了叶氏家族的兴起繁盛，而叶氏家族又以其文化活动成为推动闽籍文化繁荣的重要力量。

---

① 来新夏编著《林则徐年谱》，上海人民出版社，1985 年，第 46 页。
② 李景铭编《闽中会馆志》，民国二十三年（1934）闽中会馆铅印本。

第二章　叶氏家族代表人物生平述略

（上）

　　自本章始，以叶氏世次为序，择叶氏各世代表人物，考其生平、成就、著述，兼及叶氏家族流播情况。观国七子，五子登第，七人均出仕，其中申蔼入府学与县学乡贤祠。申万、申芗亦为名宦，由此奠定叶氏名宦世家的地位。

第一节　福建近代慈善事业的先驱：叶申蔼与叶申万

　　叶申蔼(1769—1834)，字惟和，号次幔，为观国四子，生于乾隆三十四年(1769)九月二十四日。"少性亮直，器识闳达，束发受书便能贯穿诸传说而得其大意"①。后游林茂春门下，与梁章钜、福清郭龙光为同学。林茂春，字崇达，号畅园，闽县人，工诗，以经学著称，申蔼可谓师出名门，在与诸名士的交流中学问大进，"遂于对《三传》、《三礼》、《史记》、《汉书》等多所发明，丹黄斑驳满卷轴，见者咸服，其精以为老师宿儒所不逮"。廖鸿荃等《叶申蔼崇祠乡贤祠录》言申蔼："素与乡贤贡生陈庚焕为道谊交，辨论性理，娓娓千言。迨服官江左，仍以尺书往来，论治心经世之学。"可见申蔼之好

---

① 叶滋枢、叶修昌等撰《先考次幔府君行状》，《三山叶氏祠录》卷二。

经学。弱冠补弟子员。乾隆五十七年父观国卒,三年后释服,遂于次年恩科举于乡,后应会试屡不中。嘉庆十三年(1808)40岁的申蔼参加吏部大挑考试,获一等,以知县试用派发江苏,至江宁(今南京市江宁区)。时江苏官吏多尚奢靡,而申蔼寒素,制府长白铁公一见则喜。

申蔼代理萧县(时属江苏徐州,治今安徽萧县),时山阳令王伸汉侵吞赈款,申蔼受委派访查,至县廉后查知确有此事,将离开时,王伸汉苦苦挽留,申蔼觉有异,便潜出,自觅舟归。王伸汉追挽不及,又欲赠赀,申蔼拒绝,归后上报大府。申蔼因此事而名声起,众人赞其廉洁,又服其明哲保身①。后任铜山、山阳等县代理知县。

嘉庆十九年(1814),江苏大饥,申蔼负责上元、江宁赈灾事务,他剔除奸吏,贫民多得实惠。上级奏请奖励,留申蔼于江宁府清理积案。时白莲教方荣升事发,株连数百人。大府欲处置,申蔼却为他们平反,仅杀首领十余人。代理江浦知县,刚上任时便想疏通堵塞的内外濠沟,当时众议认为此事浩费巨大,十分困难。申蔼力排此说,亲自视察,估算节省,又倡议捐款。疏通濠沟后,县民称便。江浦县民不工织,申蔼买织机数百架,发到各乡,并请苏州、松江善纺织者来教导。申蔼在江浦代理知县仅六月,离任时当地士民相送,绵延数十里,诚可敬也。

嘉庆二十二年(1817),申蔼代理上元县事务。上元县为江苏省会,事务繁多。申蔼常披星出门,中午回来,下午察看案牍,往往至深夜。他善于分析案情,在任期间没有案件积压现象,时称"神君"。县中著名的秦淮河历久淤滞,两岸又多为民居侵匿,沙土填积几乎达河心,申蔼倡议清除淤塞,开通河道,他亲自划定河界,扩充十数里,将河道挖深,终成工事。二十四年(1819)任奉贤(今上

---

① 叶树发主编《叶姓史牒文萃》(第一集),第 208 页。

海奉贤区)知县,为政宽简,民风醇厚,两年田赋皆交纳,因加一级。当时文游、肇文两书院的学生膏火费缺乏,申蔼捐俸重兴,又购书籍数十部,帮助师生学习。道光初年,连年灾荒,申蔼至各处安恤灾民。所巡处,村民老少争相前来迎接。时江苏各处受灾,申蔼为第一个上报且坚请优恤灾民者。前后协筑海塘,分挑徒阳运河、吴淞江等处水利,受上级器重。道光元年(1821)任江南乡试同考官,期间患风湿病,两脚力乏,经常发作。恰好七弟叶申芗从云南入京经江苏,申蔼于是请三兄申蔚前来,相聚月余。

至道光四年(1824),申蔼调无锡知县。无锡为通衢大县,多巨族。然执法严明,申立条禁,豪强不避,一时境内肃清。无锡县城因道光三年大水,城墙被冲坏数十丈,颓废如短墙,周围也多破漏。申蔼一至,便派工人整饬修理城墙,未一月完成。又利用政务闲暇捐款整修文庙、崇正书院,及皇甫墩、锡山塔、泉亭等处,百废具举,耳目一新,大江南北传为盛事。道光五年(1825)嘉兴粮丁沿途械斗,所在罢市。申蔼命大开城门,戒市人无变,自带两仆至现场处理械斗事件,民众皆服。同年秋充乡试同考官,试竣毕以家中母老请辞归养。恰逢冬漕改由海运,法令更新,上级坚留申蔼协助办理,因再视事。次年(1826)任满,上级已面准提升,然申蔼坚辞归里。

申蔼自嘉庆十三年(1808)为官,19年间,善政颇多。凡有益民之事,必竭力为之。每遇讼牒,必亲自办理审讯,曾言:"勤于听断,不但省拖累,兼可治讼师。"曾有贵公子请托,申蔼退之,并致信其父。有豪强获罪,虽以千金,申蔼仍依法办理。工作勤勉,生活却俭朴。

申蔼尤孝,与母黄氏情感深笃。又重兄弟之情,归里后,六弟申万、七弟申芗也归家,"晨夕晤乐,皆以为暮年之幸"。申蔼一面奉母,又以母亲名义资助同族贫困者,或买田相送,或助理婚姻、丧事,广于布施,虽巨费不吝。此前,闽浙总督赵慎畛从福建移督云南,将行时捐千两白金作为抚恤无依靠寡妇的经费。闽人欲继其业,时申蓍在江苏,捐五百金以支持。归里后,申蓍引为己任,再捐五百余贯,垫二千余贯。在陈若霖、林则徐、梁章钜、廖鸿藻及六弟申万共同捐助下,敬节堂立,详立章程,按期分给寡妇,抚恤至480人①。又私下帮助贫寒儒士。一些贫寒之家遇卒不能殡葬,申蓍又倡建义局,买山为义冢,掩埋一些腐烂的尸骨以及停柩无力迅速下葬者②。郡学圣庙久损朽,众议重修,增扩墙宇,申蓍亦竭力帮助完成此事。当时福州府郡祠唐代常衮,以其为始兴学校者,却不知实始于李椅。申蓍首请增祀,合祠李、常二公,以补阙典。三坊口绿榕桥为南来通途,已建数年,申蓍再捐资,增高桥面二尺以防山水冲刷,往来者方便。或有劝者,退闲林下何必过于劳累,申蓍云:"吾居官则期有益于地方,居乡即期有济于乡邻,不亦宜乎?"

道光十二年(1832)夏四月,福州大旱,米价上涨,饥民哄闹要求平抑米价。申蓍联合绅宿向官府申请开仓抑价,并自愿筹米接济,官府应允,即日开仓,民情始定。一月后,形势好转,申蓍又请延期缓解民困。特别贫困的民众连平价米都无力购买,申蓍便组织集资买米,广助民众,赈恤灾民。时城中共设五厂,东西南北四厂由盐商、典商主管,中厂由绅士主管。因中厂捐资少,既顾虑支出,又担心滋事,士绅多观望,申蓍慨然负责,凭户籍核查实情,给照支领。众人先是议煮粥,后来直接分米,百姓欢悦。之后又进行核算,一些不够的再补,民众顺服。申蓍考虑到仓猝之间救荒,终非良策,欲谋划长远之计。本乡粮食多外界供应,商贩却因受到省

---

① 管新《光禄坊的古代慈善设施》,《福州晚报》,2007 年 10 月 29 日。

② 可参王尊旺、王筱《明清福建停柩不葬习俗述论》,赵麟斌主编《闽台民俗散论》,北京:海洋出版社,2006 年,第 235 页。

城商行商户的压制难以入城。于是率先筹钱千贯,广集重资,发帑招商,在城厢内外设官行,仿效社仓遗意,多以现资贸易计值,平价出售而不取利。不久,水灾再来袭,省城倚赖台运络绎而缓解困境,人均言招商转贩之效。规模初具,惜申蔼染病,先前足疾复发,后有痰积,病重期间仍询问外间米价,叮嘱家人再为敬节堂寡妇捐粥米。道光十四年(1834)四月十一日病逝,享年 66 岁。讣闻传出,"闾巷之间,虽负贩亦有裹足丛立,言之泣下者"。

据《福建通志·良吏传》载,申蔼卒后不到一月,"大水冒城郭三日,内外不通,斗米千钱,苦无市,官绅相顾,不知所为,而台商闻官行开,不抑勒,以数十艘适至,市价遂平。里人皆曰:'活我者,官行也。'然官行以申蔼卒,经理不得人,竟罢。于是益恨失申蔼也"。当时名人贤士皆称赏推重。梁章钜《叶次幔邑侯墓志铭》云:

> 时叶君次幔招商贩谷之议未行而卒,人皆曰:"惜不从君,早为筹之。台谷既至,晚稻有秋。"是年,大府奏设义仓捐廉俸,令民之殷者出粟以助,士大夫为之劝输,人众事繁,难与虑始,则又曰:"惜不得叶君起而振之。"盖君之力行善于乡,身没而人不忘也。……君列言江南利病十余事,多见施行。余由淮海监司再权苏桌,屡过君无锡治所,循声满衢路。考君行事,无不衷于道者。……呜呼,君之嘉言善行始终不怠,诚无愧平日所自言者,是可为士大夫式矣!

光泽高澎然为福建清代著名古文家,《叶次幔先生传》云:

> 论曰:"余闻先生疾笃,时时讯外间米价,临没遗命赈敬节堂嫠妇粥米,无他语。殆性于仁者欤!《孟子》曰:'举斯心加诸彼

曰善.'推其所为,然则先生之为良吏,吾知异于饰治收声者为之也."①

申蔼卒时,林则徐抚吴,五月初十接闽中家书得知,寄挽联云："棠邑系讴思旧治,犹传遗爱永梓邦.""敦任恤后贤,应继善缘深."(《林则徐日记》)②申蔼病中犹问外间米价,关心里党,殁身不衰.乡贤编修陈寿祺称其"勇于为义",诚为确论.

申蔼逝后 28 年即同治元年(1862),经廖鸿荃、杨庆琛、林春溥、郭柏荫、林士傅、沈葆桢联名题请,申蔼入祀福州府学乡贤祠,不久又入祠闽县县学乡贤祠(按:至光绪三十二年,清代入福州府学乡贤祠 24 人,入闽县县学乡贤祠 7 人)③.纵观申蔼一生,居官则有益于地方,居乡则有济于乡邻,官位虽不高,却以其品行德业而深入人心,是叶氏家族"树德"的典范者.

申蔼秉承观国嗜书好读之风,晚藏三万卷,贮于藏书室"荫余轩"中,诵读不缀.据《行状》载,曾集周秦以来诗歌,著《退食吟钞》二十卷,"大有别裁伪体之识.诗不多作,兴至成数篇,辄弃去".其子搜辑编成二卷,"皆真朴浑厚,不屑为靡靡之音".《退食吟钞》当是一部历代诗选.其子所编乃为其诗集.又廖鸿荃等撰《叶申蔼崇祠乡贤祠录》云申蔼"著有《三礼集证》十卷、《春秋解》十二卷、《荫余轩诗文集》五卷,悉心身有得之言".惜今均未得见.今仅从侯官萨察伦《珠光集》中辑出两首申蔼诗(参附录四).由"难买青春帐已抛,壶觞且自集花郊","将母归来绶易抛,遂初无计

① (清)高澍然撰,陈宝琛编《抑快轩文抄》,民国三十七年(1948)据陈氏沧趣楼选本铅印本.

② 《林则徐全集·日记卷》(第九册),福州:海峡文艺出版社,2002 年.

③ 朱景星修,郑祖庚纂,福州市地方志编纂委员会整理《闽县乡土志》,福州:海风出版社,2001 年,第 148、149 页.

住乡郊"等诗意知作于晚年归家之时。诗写故友相会,含人世沧桑之感,显得慷慨悲凉。

叶申万(1773—1831),字惟千,号芷汀,观国六子,生于乾隆三十八年(1773)二月。据《行状》载,申万"束发受书,安重如成人"①,后随父观国宦皖江,与诸名士游,业益进。乾隆六十年(1795)与四兄申蕙同举于乡。后五次入京应试,登嘉庆十年(1805)乙丑科三甲第一名进士,改庶常,潜心励学,馆课皆高等,一如观国当年入馆。十三年(1808)散馆,以一等第二名授检讨,充文颖馆纂修,参与编纂《全唐文》,任协修官②。时叶家经济并不丰厚,家计不足,申万入京往返应试曾易产为旅费,妻何氏又典卖首饰。官翰林院清职,俸禄亦无多,申万因教读于鲍树堂通政家,得束金寄归。

在京期间,申万与同乡林则徐、梁章钜、郭尚先、王道行、廖鸿藻、廖金城、李彦章等交往甚密。嘉庆十八年(1813)五月初,郭尚先典试贵州省,众人为其送行。五月十八,廖鸿藻任四川正考官,申万任湖南副考官。林则徐云:"刻下试差才放七省,吾闽已有三人,实为从来未有之盛。"③秋,申万至湖南,是榜得士最盛,"捷南宫者十余人",因以"知士"名显。后仍归京,约是时,与林则徐等人交往甚密④。十九年(1814)补山东道监察御史,转掌山西道,不久掌京畿道兼巡街道。陈寿祺《芷汀叶君墓志铭》载:"判讼牒,勘市廛,必躬亲之,不假手于胥吏。谏章辄自焚,故世甚少闻所知者。"对京控之案(按:清代官民有冤屈,经地方最高级官署审判仍不能

① 叶敬昌等撰《先考芷汀府君行状》,参《三山叶氏祠录》卷二。

② 参董诰等编《全唐文》卷首"编校全唐文诸臣职名",太原:山西教育出版社,2002年,第5页。

③ 《林则徐全集·日记卷》,福州:海峡文艺出版社,2002年,第4201页。

④ 来新夏《林则徐年谱新编》,天津:南开大学出版社,1997年,第73页。

解决时,可赴京向都察院及步军统领衙门控诉,谓之"京控"。)尤为认真。同年福建省东门外驻防兵白昼持刀杀民一案,多年悬而未决,申万闻知上奏,朝廷下旨逮捕首犯,绳之以法,民得以安。二十年(1815)申万上奏各省藩库借款,擅行挪借现象严重,易滋弊混,请旨严饬清厘。得嘉庆认可,同年七月下旨施行。二十二年(1817),福建布政使李庚芸被诬陷自缢一案,又赖申万上疏奏,诬陷者朱履中等才被相继罢斥①。掌京畿道时,本来街道厅恐商贾占官道,凡开设市肆都要报告,一些官吏却趁机与商贩勾结。申万亲自勘查,贿赂请托现象大减。二十三年(1818)九月授广西庆远府知府。广西虽偏远,但因母亲在云南(时七弟申芗任云南知县),迎养方便,申万颇悦。庆远地瘠民贫,申万宽徭役,教民耕垦,以是年岁有收。郡中有城垣坍塌处,便自捐俸禄修葺。当铺违禁取息,盐商重秤收盐,数十年无人管理。申万至庆远,严加裁抑,由是奸商敛迹。

道光元年(1821)申万授广东高廉兵备道。高廉是海疆重要边防,凡兵饷出入以及军流以下罪名都归之稽核。申万至,以安顿兵民、严缉奸徒为急务,以保甲之编检查水师巡警,留意整饬各属实力,查办按月报告,又利用每年巡视机会亲自察勘。高凉多沙田,春天刚过便旱,申万屡次亲往祈雨都灵验。三年,修缮高州府城。四年郡人请建亭于城东观山,名曰"则喜亭"②。约是时,与阮元交友,并参与编纂《广东通志》,担任提调③。又重修《高州郡志》,历时三年。高凉原有高文书院,申万再添建梅坡书院,增额百余人,经费不足,便捐金二千投资博罗、电白两盐场,收取息金为学生当

① 二事 据赵之恒、朱耕、巴图主编《大清十朝圣训之清仁宗圣训》,北京:北京燕山出版社,1998年,第5450页、第5389页。
② 陈兰彬等《高州府志》卷十二,台湾:成文出版社,1967年,第168页。
③ 王章涛著《阮元年谱》,黄山:黄山书社,2003年,第651页。

膏火费。由于申万重文化,高廉文风大振。陈寿祺在《墓志铭》中大加称扬:"自是科名踵接,吴川林芾南殿撰遂魁天下,盖粤东自番禺相国后八十余年再盛于斯也。"认为广东科名之盛中有申万一份功劳,诚不虚也。

申万履任八年,两郡肃清,曾言:"为政在认真,不在求异。寻常之事,勿以为易了,便自行之不尽耳。"政事闲暇,以奉母为乐,细心备至。因母亲在广东安居,申万也不想移宦他省。道光九年(1829)春任满,照例应入都改授他职,因母亲得脾泄疾,申万忧虑不欲成行。八月母曾氏病故,申万料理后事扶柩归里,然日夜伤悲,日渐消瘦。道光十一年(1831)春患舌蹇,三月,二子斌昌因痨疾殁于京都,申万大受打击,四月突然中风去世,享年59岁。

申万性严肃,盛暑家居也衣冠肃然。事无巨细,必亲为之。大度能容,不苛责人。兄弟友爱,晚年归里,与四兄申蔼、七弟申芎朝夕晤谈,以暮年兄弟归田聚首为至乐。在任时母亲得封,命子敬昌以五品封典赠长兄申蕃、三兄申蔚(七子中未科甲者),"以慰穷经未售之志"。二兄申菜卒于连山任上,无力归葬,停棺粤中十余年,申万竭资护送以归且为营葬。

申万好学,"读书之外无他好,公余一编自对,每至夜分。工隶书,好吟咏,著《餐英轩集》八卷,雄浑排奡,读者以为步响韩苏"。惜今未见。梁章钜《试律丛话》卷七云:"叶芷汀观察使(申万)诗喜作豪语,《汉高祖置酒沛宫》句云:'藏弓思猛士,击筑和儿曹。'又云:'楚猴空自弃,秦鹿岂能逃。'《帘外春寒赐锦袍》句云:'奇暖留春住,新恩入夜叨。笼凭鹦鹉羁,座拥鹔鹴豪。'绮丽、飞腾兼而有之。"①今辑其佚诗17首(参附录)。存于《(广东)茂名县志》中的

① 梁章钜著,陈居渊校点《制艺丛话 试律丛话》,世纪出版集团 上海书店出版社,2001年,第635页。

《铜鼓歌》为七言长篇排律，共60句420言，由庙中所见一铜鼓起兴，再咏鼓之形状、历史、声响，可谓穷形尽相，如其中一段咏鼓之由来：

> 古往今来年代多，沧桑变换几山河。
> 阵云喷薄蛮酋长，瘴雾熏蒸马伏波。
> 或云铸鼓由蛮长，数里闻声动戢戈。
> 兵以鼓进以金退，而乃舍革用金何。
> 亦有情同棘门戏，声集蛮女群婆娑。
> 金钗银钗作谈柄，大鸣小鸣供笑涡。
> 蛮方万事皆类此，往往不可以理科。
> 或云伏波征交趾，薏苡虽生明珠死。
> 鸢飞跕跕潦湿中，鼍响逄逄辛苦里。
> 蛮氛扫荡一朝空，铜柱功名千载峙。
> 遂乃变化出神明，骆越鼓形长已矣。
> 卖剑买犊渤海风，铸铜为马殿门揆。
> 铜鼓献自建武年，汉时南郡曾云然。
> 到今又阅千余载，是耶非耶初无传。

想象丰富，大气磅礴，动荡跳跃，确实有"雄浑排奡"之势。

观国其他五子为：长子申蕃(1765—1811)，字惟衍，号椒圃，乾隆五十一年(1786)优贡生，候选儒学训导，赐赠奉政大夫，吏部考功员外郎。次子申菜(1766—1808)，字惟芳，号莘畇，嘉庆三年(1798)举人，七年(1802)进士，历任广东镇平、连山等县知县。三子申蔚(1767—1823)，字惟文，号文石，嘉庆九年(1804)优贡生，后任泉州府学训导，赐赠奉政大夫，吏部考功司郎中。五子申苞(1771—1817,47岁)，字惟桑，号竹溪，嘉庆三年(1798)举人，大挑一等分发广东,历任仁化、西宁等县知县。七子叶申芗(1780—1842)将在后文详论,此不赘述。

第二节 "昌"辈代表人物:叶敬昌、叶修昌、叶仪昌

叶氏第三代"昌"辈共 25 人,其中两名进士(敬昌、承昌),三名举人(修昌、仪昌、旭昌)。敬昌居光禄坊,仪昌与兄弟分居后晚年居永阳(今福州永泰),可知叶氏自此辈始,并不集中居于省会。

叶敬昌(1791—1852),原名敏昌,字懋勤,号芸卿,申万长子,行五,嘉庆十五年(1810)举人,后任景山官学教习。二十四年(1819)进士,入翰林院充庶吉士,为叶氏家族第三代翰林。散馆后选吏部考功司主事,记名军机章京考功司员外郎郎中,掌文选司印,京察一等。后又任江苏松江府。道光十四年任湖北荆州府知府①。道光十五年十二月迁湖南永州府知府,林则徐《密陈两湖文武大员考语折》评敬昌:"才识俱练,办事实心,率属严明,并无沾染习气。审转案件,多所平反。南省知府中,该守最为出色。"②十九年(1839)任湖北盐法武昌道,署湖北按察使司、湖北布政使司。武昌盐法道不仅管辖湖北全省盐政,兼理省会驻地(武昌府)之政务。期间,张际亮曾依之③。

敬昌在闽居光禄坊光禄吟台,为三坊七巷名人之一。道光二十年(1840)购玉尺山房(在今于山)为别墅,并撰有《闽山记》一

---

① 林则徐著《林则徐全集·日记》道光十四年六月十四日:"阅邸抄,……又知叶芸卿拣发湖北知府。"中山大学历史系中国近代现代史教研组编,北京:中华书局,1962年,第144页。

② 参林则徐著《林则徐全集·奏折》,同上,第480页。

③ 参徐珂编《清稗类钞》(第二十一册)"义侠"(下册)"张亨甫急姚石甫难"条,北京:中华书局,1984年,第178页。

文,后构筑颐园。道光三十年(1850)夏,林则徐访敬昌于光禄吟台,于亭台放鹤,后人因重其人而凿"鹤蹬"两字纪其地①。

叶修昌(1798—1839),字宣勤②,号旬卿,申蔿次子,行十七。《福建通志·文苑传》载,修昌于嘉庆二十一年(1816)随父宦京师,援例入太学,以官卷应顺天乡试,得而复失,自是南北闱皆不遇。道光十九年(1839)主试为编修湖南何绍基,得修昌文,决为宿学,置第一。先是闽士无太学生领解首者,填榜之次,或以为疑。大府及学使者皆耳其名,遂不易。揭晓,士论翕然,而修昌已病,未一月卒,享年42岁。闻者惜之。

修昌嗜读书,工诗、古文、词及书画。《闽县乡土志·耆旧录》"刘存仁传"赞修昌与张际亮、林昌彝、林寿图等为"一时隽才"。"所著经史论说及金石文字辨证,皆未及编录,稿存于家"。曾与林昌彝等共同校注张甄陶《正学堂五经通解》③。又曾于福州西湖作壁画。刘存仁《忆湖上旧游》诗有"沉醉西风几酒杯,故人书画亦诗才"。诗注云:"湖上荷亭壁画十二幅,余友叶旬卿解元遗迹,渐就剥蚀矣。"④修昌少即文名盛,惜英年早逝,著作亦失。

叶仪昌(1803—1869),字定勤,号季韶,晚又号潜山先生,申蔿四子,行二十一,生于嘉庆八年八月。据其子滋棠《先考季韶府君行状》,仪昌年十一随申蔿至江苏任所,时叔父六人已登科第,文采风流,有名于艺林。仪昌闭门苦读,足迹不出外庭,一心向学。申蔿器之,前后延请名宿为其督课,如江苏吴达夫、广东黎刌庵、林蓼

---

① 参《乌石山志》卷二古迹"鹤蹬"条及卷五"沁泉山馆"条。
② 按,《族谱》作"勤宣",误。林则徐《致叶申芗》(道光二十二年)提及修昌榜后遽逝,称"宣勤"。当以后者是。
③ 阳海清编撰《中国丛书广录》(上),武汉:湖北人民出版社,1999年,第410页。
④ 何振岱纂,福州市地方志编纂委员会整理《西湖志》,福州:海风出版社,2001年。

怀、赵谷士等。仪昌经指授,学业日进。道光元年(1821)19岁回闽应试,因额溢,备取第一名,充佾生(清代朝廷及文庙举行庆祝活动时充任乐舞的童生,文执羽籥,武执干戚,合乐作舞。又叫"乐舞生",简称"佾生")。二年娶林氏,三年再应童试未中,五年(1825)乡试援例入闱房,无锡周味兰得仪昌卷,亟荐,然因第二场第五艺违式语,未录。七年,史望之督闽学,因国子生应乡试者多至数百人,恐扰乱真才,录科及录遗极力裁抑,送闱者不及十人。仪昌录科文为史所赏,取列第二年。八年(1828)乡试中举,时26岁。同榜中有侯官林鸿年(1804—1886),"齿相若,居相近,文酒之欢,昕夕无间"①。九年(1829)、十二年(1832)、十三年(1833)仪昌三次赴京参加会试,两经房荐,却均未中。十四年(1834)四月,父申蔼逝,极悲痛,与兄弟营办丧事,十五年葬父,十六年遵遗命与兄弟分产。十八年(1838)四应礼部试,又因得卷最迟额满见黜。次年即十九年(1839)二兄修昌乡试第一,榜后遽逝,年42岁,二十年(1840)三兄伟昌又因积劳去世,年41岁,仪昌伤心过后便忽忽不乐,渐无意于功名。二十一年(1841)五应会试未中,时39岁,后以省城工捐输议叙教谕。二十四年(1844)大挑二等以教职用。

仪昌先任光泽县学训导,到任后严月课,厚赏格,以读书立品为训。郡守中荫亭延请主杭州书院,不半年,士风丕变。后署汀州府学教授,郡有龙山书院,观国曾主讲席,郡人士祀之名师祠。仪昌拜谒后重加修葺,并访求所刊课艺板,补其残缺,印刷散给,以为肄业者准绳。道光二十九年(1849)自南平回榕,办文武闱事。三十年(1850)选授三明大田县学教谕,捐俸补刊前明名臣田钟台遗稿。大田俗多停棺浅葬,以致传染病盛行。仪昌捐置义冢,收埋无主露棺,择学生中品行端正者主持其事,自是遵行不怠,一改丧葬恶习。调南平县教谕，所有挚见礼（第一次见面礼金），他尽以捐置文庙祭器及乐器，余款则分散族人。刺史郭古樵颂仪昌云："闻阁下履任以来，自捐赏格招士子课文，以故来学者不少，如此教官，天下能有几人？我辈食禄敬事，只求称职，官无大小，此心同之。阁下为此，较之贤父母司牧民，岂有异耶？窃恐坐食厚俸，不顾民瘼之长官，登鳣堂而色赧也。"诚为实论。

咸丰二年（1852）母梁氏逝。先是，任大田时仪昌即欲告养乞休，梁氏以精神尚好促之行。仪昌闻母病，星夜兼程冒雨而归，抵家时母已逝两日，因不及亲视含殓，哀痛逾常，自后常因思母而不乐。次年葬母，服阕后为父母追请封典。九年（1859）赴南平县学教谕任所，教士子一如在汀邵大田时。权贵有所请托，均不受。收入多捐置祭器乐器，多者便分赡族人。不久便引疾归里，徜徉于山水之游，尤喜永阳（今福州永泰）山水，尝结茅方广岩之麓，访胜搜奇，累月不倦。龙泉册雁湖亦永阳胜地，仪昌爱其幽峭，常思卜宅为终老计，弥留前数日仍念念而言。

仪昌笃于宗族，同族兄弟先后凋谢，有子辈多未成立者，仪昌督教甚严，如同己出。申字辈25房中，遇有婚嫁丧葬，仪昌必厚赠之。急人之急，义之所在，必勉力为之。申蔼在世时捐赀倡建福州敬节堂，仪昌承父志，对敬节堂给恤、册查等事皆留心办理。亲戚好友中有临终以财物寄托者，仪昌代购产业垂20年，待其子女成立，为营婚嫁，仍以余赀还之。又有仅遗子女孑然无依者，仪昌迎至家，恩抚成人，迄婚嫁然后已。遗产薄田数十顷，庄佃负谷累累，仪昌知其力不能偿，集众悉焚其券，欢声如沸。咸丰元年（1851）郡学文庙灾，又捐置神主数百位，乡党有善举，恒倾囊相助，无难色。治家勤俭，子弟妇女燕居不得衣罗绮，冬布夏葛而已。仪昌承家学，重家庭教育，曾撰《教子弟说》、《爱身说》、《儆俗四则》、《劝葬文》勉励子孙为学。叶家有家塾，仪昌亲自督课，集子侄甥婿，月课文艺常督至宵分时寝。素敦友谊，早年与郭苾脩、谢秋槎交最善，曾绘《同舟图》，遍征题咏。郭古樵远宦川蜀为刺史，仪昌为之措赀挈眷完聚家室。母舅林梅甫官畿辅，仪昌择其次子林璜为婿，携归后就学、饮食、教诲靡不至。时郑桐村学叹曰："余阅人多矣，如君者不可数觏也。"

仪昌平生不喜酬应，引疾归后，构"芝石山房"，拥书而外，惟以吟咏自娱，同治三年（1864）刊《永阳游草》一卷，今存，多为山水之作。七年（1868）搜求父亲申蔼诗文稿，厘为两卷。后又自取前后所为诗，删定两卷，将付印，以病复辍。同治八年（1869）夏苦热，七月中旬患病，吐泻汗淋难止，进药后数日愈。十月忽患咯血之症，延医诊视不应，延至十一月初遽逝，享年67岁。

仪昌不幸，少思用世，勤恳向学，然一生科考曲折，五考乡试乃中举，此后又五应会试，竟未中。近四十，二位兄长先后逝，于生死之间体会人生无常，功名之心渐消。母梁氏逝，又悔未及离别，悲痛过后，心态愈加淡泊。林鸿年忆仪昌云："暇时得以过从者惟先生为多，相与上下议论时事之变迁，交游之衰谢，每感慨系之。先生性情恬退，早谢儒官，筑室于方广岩，所刻《永阳游草》足见志焉。"然其爱山水，非本性使然，乃是心灵欲化解人生苦难而向外寻找精神寄托的方式。《永阳游草》诗30余首，均为山水自然遣兴之作。《北岸风帆》："侵晓海潮生，向晚溪涨阻。风送故人来，高楼独延伫。"《坞云夕照》："日落西山西，沙迥曲水曲。树杪有鸣蝉，移情此间足。"清新简淡，平和悠然。《山居遣兴三十首》摹写山中岩竹、莳莲、白龙井等自然景物，步步写来，写景清丽，后半部分则声情激越，寄托遥深。江文铉云："遥吟俯唱，写景抒情，山林之生色，足见悠然其怀，世人得知其故。"王崧辰评："古体雕刻造化，孤峭幽深，得昌黎法乳，近体吐弃块尘，追踪陶谢诗境，如空山雨过，石气自清，此浑用力之迹而臻于化者也，必传无疑。"人生之坎坷转而为山水之沉醉，发而为古宕淡逸之诗作，"论者谓可追陶谢"，此仪昌一幸也。处逆境，虽不得志，始终以立品为先，曾自署联云："玩人丧德，玩物丧志；多见阙殆，多闻阙疑。"[1]又捐俸刻书助士子，捐冢设局助贫民，倡文风，改恶习，笃亲族，多义举，诚不失申蔼乡贤之风，此又仪昌之一幸也。

"昌"辈名有所显者又：

叶承昌（1784—1838），原名宸昌，字翼勤，号菊山，申蔚长子，行一，道光八年（1828）举人，十五年（1835）进士，历任贵州余庆、天柱知县。工书法山水。据清代林家溁、林汾贻所编《闽画记》，承昌"山水宗四王，偶写折枝，清淡饶雅味"[2]。

叶旭昌（1810—1871），字季勤，号庚孙，申芎四子，行二十五。咸丰元年（1851）副举人，建阳县学、台湾府学训导，历任江西建昌、余干、永修等县知县。

第三节　"滋"辈代表人物：叶庆熙、叶滋森等

第三代"滋"辈共55人，科名相对沉寂，无人中进士，仅五位举人。此辈多知县，不乏良吏，如叶滋森、叶滋钧。文化上，叶庆熙之《我闻室词》，叶滋纯之山水画，叶滋棠之藏书，均有名。此时，叶氏子孙繁衍较多，云滋仍居乌山玉尺山房颐园，而庆熙居福州北面西园，滋森居福州南郊阳歧，已逐渐散居。详如下：

叶庆熙（1821—1896），原名滋沅，字与苏，号辰溪，申芎孙，时昌长子，行十二。运同衔补用同知，历任浙江武康、长兴、寿昌、分水、昌化等县知县。据《建德县志》载，光绪元年（1875）七月任浙江

① 吴恭亨撰、喻岳衡校注《对联话》杂缀二，长沙：岳麓书社，2003年，第299页。
② 梁桂元著《闽画史稿》，天津：天津人民美术出版社，2001，第536页。

杭州建德县令①。据《桐庐县志》,光绪十年(1884)任杭州桐庐县令,然署为"侯官"②,误。据《(光绪)分水县志》,十二年(1886)任分水(今桐庐县分水镇)县令③。据《长兴县志》,同治六年(1867)七月任浙江湖州长兴县令④。庆熙著有《我闻室词》,惜今已佚。他与谢章铤交情甚挚,谢氏《赌棋山庄文集》及《赌棋山庄词话》多有论及。庆熙是叶氏词学中上承申苪,下启大庄者,详参本书第五章第五节。

叶滋森(1823—1883),字与端,晚号补园。申蔼之孙,伟昌长子,承嗣传昌,生于道光三年(1823)。据其子叶大庄撰《叶府君墓志铭》,滋森生父伟昌为国学生,早卒。传昌督课读,卒后滋森服表。传昌为县学生,滋森补之,食廪饩。咸丰三年(1853)选授仙游县学训导,时年31岁。仙游多械斗,令不能治。滋森召集诸生,加以教育劝导,屡次平复,归所掳人口和所掘之尸骸无算,县令甚感其德,遂详报上级,得受推荐,改知县,分发江苏。

同治二年(1863)署震泽,四年(1865)补靖江,调江浦。任震泽时,刚上任便裁减冗役四百名,举漕事,行政果决,并捐养廉银二千两开吴淞港。任江浦时,因太平天国战乱刚过,朝廷改定漕额、典籍帐册尽失,田赋又混淆,布政使蒙混之,滋森力争不可,并详加区别,滋森的方法后成为江宁各地准则。

据《靖江县志》,滋森分别于同治六年(1867)、同治十年(1871)、光绪元年(1875),三任靖江知县,前后共十年。在任内,亲

① 建德县志编纂办公室《建德县志》,杭州:浙江人民出版社,1986年,第536页。
② 范樟友主编,桐庐县志编纂委员会编《桐庐县志》,杭州:浙江人民出版社,1991年,第469页。
③ 臧承宣等修《(光绪)分水县志》,台湾:成文出版社,1975,第191页。
④ 长兴县志编纂委员会编《长兴县志》,上海:上海人民出版社,1992年,第891页。

士民，民亦喜之。重修钟楼，并为记；兴修水利，会同如皋、泰兴疏浚五大港；又捐资修官署、仓廒、书院、坛庙、桥梁、道路等。又设局修县志，亲自为之作序，今仍存，被认为是靖江旧志中"最有价值的一部志书"（《光绪五年〈靖江县志〉今译》前言）①。当时靖江境内尼庵很多，自战乱之后，江南缺少妇女，各处媒贩到靖江觅买，往往借尼姑为引线，将良家妇女拐卖到江南，为此告状打官司的甚多。同时，尼姑又和和尚狼狈为奸，诱骗妇女，演出许多伤风败俗的丑闻。为铲除这一不良社会风气，滋森命令对尼庵和尼姑登记造册，查清城乡共有庵堂34所，老少尼姑107人。命尼姑一律蓄发还俗，有家可归的回家，愿意出嫁的出嫁。在近城留一总庵，将没有依靠的尼姑合并居住，按口授粮，以终天年。对清出的690余亩庵产田和345间房屋全部充公，作为地方公益事业的经费来源。一时众人称善。

靖江地气潮湿，滋森居久得风痹疾，便告假归家。在此之前，靖江邑有施韶祥之妻施氏，与缪春仁奸通，两人相约私逃。施氏已被获，施韶祥将迁往泰兴以避，临行已将屋售与邻人柳荣安，定期备款赎还。期尚未至，而施来索屋，荣安按约不还，施愤甚，自缢于树下，经滋森往验，案已结。而常州知府某以小事与滋森有怨，遂教管门人嗾使施韶祥兄弟，以荣安谋杀报请验骨。验时，滋森不往，告巡抚云，如误验，罪无可辞，请常州知府自行往验，自己则听候部参。巡抚了解案情后，知滋森受诬。滋森遂归，光绪六年（1880）离任。靖江百姓在县城南门外建叶公亭以资缅怀。据郭寿明《叶公亭》一文载，该亭以麻石建之，正面楹联为："载石想高风，南海至今传陆氏；冷泉留胜迹，西湖从此属坡公。"以名宦陆绩和苏轼赞滋森品格及政绩。背面楹联为："一代循良留德水；千秋遗迹

① 叶滋森修、褚翔等纂《靖江县志》十六卷，光绪五年刊本。

补文峰。"①

据《福建通志》本传,滋森归家后,居福州侯官南郊阳歧乡(今福州市仓山区盖山镇阳歧村),筑玉屏山庄,有田园林亭之乐。陈衍《石遗室诗话》云:"玉屏山庄者,叶损轩(大庄)之父作宰江南,买玉屏山,以万金卜筑焉。池馆幽致,有陶江书屋、归来草堂、偕寒堂、写经斋、玲珑阁诸胜。山庄外,田园果树,几占一乡之半。"②(按:今阳歧玉屏山庄前,福州市政府1983所立石碑以玉屏山庄为滋林子叶大庄所建,误。实乃滋森所建,而大庄居之,后大庄将自己的书命名为"玉屏山庄丛书",诗、词集名又多以其中建筑命名。)读书,治《尔雅》《说文》,收金石书画以自娱,著有《弟子职书证》、《池上草堂笔记》、《尊香楼书画识》、《蝠严仙馆诗稿》等③。惜今均佚。今存一阕《满江红》,悲慨迭宕,想见其人。

叶滋钧(1827—1887),字与衡,号准屏,修昌子,行二十七,广东知州,历任粤盈库大使,罗定州州判,和平县知县,化州德庆州知州,军功赏戴蓝翎随带加三级。笺注曹维藩所撰《历朝鉴略》一卷。清光绪四年闽中叶滋钧写刻本,广州合成斋刻版,今福建省图书馆藏。李家瑞《停云阁诗话》卷九记滋均及其诗云:

> 叶准屏参军滋钧为宫詹毅庵先生曾孙,少年倜傥,工书善骑射。闽邑应童子试者约三千人,君文战尝冠其军。嗣入成均,授藩掾需次岭南,为劳辛阶制府、李星衢中丞所器。生平敦友谊,重然诺,人乐得而亲之,所著《盘涡小草》未梓行。记其《山居杂咏》

---

① 丁兴国、陈新宇主编《马洲印记:靖江地名文化撷萃》,北京:中国文史出版社,2006年,第214页。

② 钱仲联编校《陈衍诗论合集》(上),福州:福建人民出版社,1999年,第66页。

③ 陈衍等纂,魏应麒续纂:《(民国)福建通志》总卷34,分卷37,民国间修印本,第11页。

云："荒村错落两三家，流水无声略彴斜。失怪远山有晴雪，隔林飞白是梨花。""一溪春碧弄潺潺，几树桃花夹水湾。逢着渔郎须问讯，仙源或只在人间。"诗笔亦不俗。①

可知滋钧有《盘涡小草》集，今佚。

叶滋纯（1831—1898），字与粹，又作雨穗，号朴夫，栋昌次子，承嗣荣昌，行三十六，监生，运同衔，曾任浙江义乌、金华等县知县。据《金华县志》，滋纯于光绪二十年（1894）任金华令②。张鸣珂《寒松阁谈艺琐录》卷三载，滋纯"工山水，与蔡公重友善"。"官上海，与沪上画家时相往来，而作为风气所囿，绝似吴伯滔、吴谷祥"③。《竹间续话》、《中国画学全史》、《福建画人传》、《中国美术家大辞典》等亦记之。

叶滋棠（1837—1906），字与苕，号苕南，仪昌子，行四十四，邑庠生，五品衔，署崇安县学训导。据《福建藏书家传略》，滋棠亦好藏书，其藏印为"古闽叶氏苕南珍藏"④。今存《春日至湖上作》诗一首，为五言长篇，历叙福州西湖沿革变化，议论、散文以诗歌形式出之。

"滋"辈又有：

叶云滋（1812—1846），字慧与，号惠宇，又号绛音，敬昌长子，行五，道光二十四年（1844）举人，拣选知县。因六子登科，诰赠资政大夫，翰林院侍读学士加五级。居玉尺山房颐园。今存云滋题

① （清）李家瑞撰《停云阁诗话》卷九，清咸丰五年（1855）侯官李氏刊本。
② 金华县志编纂委员会编《金华县志》，杭州：浙江人民出版社，1992年，第442页。
③ （清）张鸣珂著，丁羲元校点《寒松阁谈艺琐录》，上海：上海人民美术出版社，1988年。
④ 王长英、黄兆郸编著《福建藏书家传略》，福州：福建教育出版社，2007年，第306页。

粟海庵居士《燕台鸿爪集》诗一首。

叶滋燮(1818—1887),字与调,号竹孙,行九。国学生,诰赠中宪大夫。刑部直隶司主事,广东茂名县知县。

叶赞彤(1824—1886),原名滋欀,字与绍,号雨岫,伟昌次子,行二十二。浙江盐经,历署三江场、曹娥横浦场大使。据《乌石山志》,赞彤曾参与敬节堂推广事宜①。有《明史言行录》七卷行世,并将平日读书所见佚章小事44篇辑为《杞菊山房随笔》一卷②。

叶源滋(1826—?),字澂与,号澄宇,斌昌子,行二十五。浙江盐大使,诰赠朝议大夫。翰林院编修,广东分巡高廉钦兵备道。

叶滋东(1828—1878),字与苍,号雨村,偕昌子,行二十三。咸丰九年(1859)副举人,同治九年(1870)举人,历任永定、台湾凤山县学训导,龙岩州学正。据《重修台湾省通志》,光绪三年(1877),滋东负责重建了凤山县儒学内明伦堂、朱子祠、奎楼、名宦祠、乡贤祠、教谕宅、训导宅各建筑③。

叶滋熊(1829—1899),字与璋,号小莱,栋昌长子,行三十一,同知衔,署江西瑞金县知县,宁都州知州。

叶滋春(1832—1886),字与聪,号绍香,本昌次子,行三十七。光绪元年(1875)举人,六年(1880)挑取誊录,诰赠中宪大夫。刑部直隶司主事,广东茂名县知县。

叶滋琳(1832—1869),字与奇,号雨畸,行三十八,同治六年(1867)举人。

叶荃原(1833—1879),原名滋淦,字与荃,号肖庭,行三十九,同治元年(1862)恩科举人,候选训导。

---

① 郭柏苍《乌石山志》卷二"古迹",第73页。

② (清)叶滋欀辑:《明史言行录》七卷,《杞菊山房随笔》一卷,民国抄本。

③ 刘宁颜总纂,台湾文献委员会编《重修台湾省通志·文教志·教育行政篇》第6卷,台湾省文献委员会,1994年,第74—75页。

叶滋浚(1836—1893)，字与哲，号槐轩，栋昌三子，行四十二，同治九年(1870)举人，光绪六年(1880)庚辰科大挑一等。据《洱源县志》载，滋浚光绪八年(1882)署云南浪穹(今云南洱源县)知县①，次年二月，因县内乡民焚烧法国教堂杀司铎张若望一案被革职②。光绪十一年(1885)任云南乡试同考官，十三年(1887)知姚州，《甘孟贤遗稿》载："天资长厚，洁己爱人，课试生童，校艺精审，奖给优渥。莅姚一载，四境清平，年谷丰稔。"③十七年(1891)任文山县知县④，后授云南禄劝县知县。

叶晋祺(1836—1904)，原名滋枋，字与逵，号眉生，伟昌四子，行四十三，同治六年(1867)举人，历任宁洋、晋江、永定县学训导。

叶滋枏(1838—1883)，字与樊，伟昌五子，两淮候补盐知事。

叶滋澜(1838—1894)，字与苌，号瀛舟，旭昌长子，行四十七。同知衔，历任江西上犹、德化、高安等县知县，修有《上犹县志》⑤。

叶焘滋(1844—1893)，字敦与，敬昌次子，行五十，郡庠生，赐封中宪大夫。

---

① 云南省洱源县志编纂委员会编纂《洱源县志》，昆明：云南人民出版社，1996年，第705页。

② 参杨敬怀、杨文高主编，洱源县民族宗教事务局编《洱源县民族宗教志》，昆明：云南民族出版社，2006年第369页，《浪穹教案始末公文摘录》一文。

③ 转引自杨成彪主编《楚雄彝族自治州旧方志全书·姚安卷》(下)昆明：云南人民出版社，2005年，1365页。

④ 云南省文山县志编纂委员会编纂《文山县志》，昆明：云南人民出版社，1999年，860页。

⑤ (清)叶滋澜修、李临驯纂《上犹县志》，光绪十九年(1893)刻本。

第三章　从传统走向近代

——叶氏家族代表人物生平述略(下)

　　1934 年叶在珝再修《三山叶氏族谱》,共载"大"辈 109 人,子孙众多,行一的叶大同出生于道光十二年(1832),行一百零二的叶大湭出生于光绪二十一年(1895),前后跨越 63 年,族谱修时,此辈还有部分人在世。《族谱》载"在"辈 158 人,行一的叶在浩出生于咸丰元年(1851),行一百四十九的叶在荣出生于民国二十二年(1933),相差 80 多年。"于"辈 145 人,行一的叶瀛出生于光绪四年(1878),行一百三十八的叶于钰出生于民国二十四年(1935)即修谱同年。"在"辈与"于"辈均有未出生者,"树"辈已出生 51 人,行一的叶树棠出生于光绪二十六年(1900),"德"辈已出生 6 人。修谱时,叶氏子孙中 19 世纪 80 年代后出生的大多在世,民国后出生的则还在青年时期,成就未显,年龄幼者只载名字。子孙繁衍,随着时间的推移,同一辈年龄差距越来越大,前后代相叠加,考察家族的发展变化便无法笼统以辈份为观察点。总体说来,"大"辈代表人物的活动主要在咸丰(1851—1861)、同治(1862—1874)、光绪(1875—1908)三朝。"大"辈幼者、"在"辈的大部分及"于"辈长者的活动主要在光绪、宣统(1909—1911)、民国(1912—1949),甚至建国以后。为行文集中,叙述清晰,本章主要集中于"大"辈与"在"辈,兼及个别"于"辈人物。仍以辈份为序,同一辈中,代表人物先叙,其余以生年为序。选叙标准有四,一是举人、进士叙之;二是"大"辈官宦显者叙之,非举人进士出身,官位不显者如候补知县、候补县丞、候补典史、候补教谕等均不叙;三是有一定文化成就或著述者叙之,举凡文学、绘画、书法或其他领域有专长者叙之。四是第一意义者叙之,如第一个进入法政学校,第一个从事某一职业者均叙之,并尽可能爬梳史料,考证并补充其生平。

第一节 再兴叶氏之荣的叶大焯

叶大焯(1840—1900),字迪恭,号恂予,云滋五子,行十三。据叶在琦撰《叶大焯行状》:"幼聪慧,容止端重,七岁父丧,尽礼如成人。"①时祖父敬昌退居在家,延请萨大文为孙之师。萨大文,字肇举,号燕坡,为闽中萨氏诗人世家萨玉衡的长子,著有《荔影堂诗抄》二卷,萨大文馆于叶家十年。叶家年幼者别有一师,待属文,再从萨氏。大焯年十三援笔成篇,辄与诸兄具举业,闲暇时好为诗古文辞。年十八补博士弟子员,咸丰九年(1859)20岁举于乡。同治七年(1868)成进士,改庶吉士,十年(1871)散馆授编修。长兄大同于同治四年(1865)任官宦粤东,时得邑东莞,一家生计仰其俸禄。大焯邸居刻苦,资于粤有度,每岁起居数十函,无一语及缓急。名所居斋曰"补拙",读书其中,日有课程,所经目必札记。

同治十三年(1874)大焯充会试同考官,光绪元年(1875)大考翰林詹事二等,升用赞善,充同治帝实录纂修官,自开馆至告成,往往晨入暮归。光绪二年(1876)擢洗马,充湖北丙子科乡试正考官。四年(1878)七月长兄大同卒,十月母亲又逝,大焯连遇两丧,哀恸不已。营葬后渡海入粤,为大同解决官事。先前,大同调首邑握篆

① 叶在琦等撰《叶大焯行状》,清光绪闽县叶氏福州刻本。

仅数月,公中度支,挪贷盈万,大焯往始筹措,得无事。光绪七年(1881)服除,入都补官,逾月迁左春坊左庶子,旋升侍读学士,充日讲起居注官、咸安宫总裁,同年妻顾氏卒。八年(1882)典湖南乡试,即于闱中拜视学广东之命,入境简供张,首裁州县过站陋规,下车萧然,无敢以私谒者。九年(1883)转侍读学士。大焯在广东,釐弊至密,而待士至优。大焯认为,学政职责便在陶育人才,振兴风纪,因极力推举诸生有行谊者与有著述者。十年(1884),11岁的梁启超至广州应学院试,考中秀才,得大焯垂青,并应请为其祖父写了《镜泉梁老先生庆寿序》一文,今仍称为佳话①。

十一年(1885)三月,大焯因涉惠州科考舞弊案被革职。谢章铤《叶恂予学士墓志铭》记此事云:"君视学粤学,适当闱姓弛禁之初。闱姓者,赌场重利,试场大蠹,垄断纷纭,染及学幕。君欲自劾,委幕中人于有司,而其中有萨先生之子在,君迟回不忍发。查办邸抄至,君叹曰:吾负国恩矣。卒不自明。嗟乎!弃官为友,匪独不死其师矣。难哉!然予固信之于素也。"②此谓大焯乃为保护受业师萨大文之子被罢。此案当时影响甚大,清廷曾派张之洞确查。商衍鎏《清末广东的"闱姓"赌博》③一文详叙此案始末,据载,案发后有多本上奏,或言大焯与匪徒通同作弊,贪得无厌;或言大焯明知而充耳不闻,听之任之;或言舞弊者与幕友家丁勾结,甚至有厨人暗进巴豆汤,致学臣无法阅卷。众说纷纭。与大焯同朝的何刚德在大焯逝后有诗怀之,其中亦记此事,《话梦集》卷下载:

> 叶恂予学士大焯,公科分较前,然对余仍执晚亲礼。余亦以

---

① 参李喜所、元青著《梁启超传》,北京:人民出版社,1993年,第23页。
② 谢章铤《赌棋山庄余集》卷一,陈庆元主编《谢章铤集》,第142页。
③ 中国人民政治协商会议全国委员会文史资料研究委员会编《文史资料选辑·合订本》(第5册),北京:中国文史出版社,1986年,第223页。

其令弟子翔与余乡榜同年,互相敬让焉。公声华藉甚,迭得试差、学差,居京日少,自粤归后,即不复相见。……余丙午到京,见其形容萧瘦,甚忧其不寿。出京不多时,即得其讣,殊可恸也。"南横街畔旧同居,俭让风规每起予。公衣履简朴,气度谦和,余甚佩服之。侍直八砖听禁漏,承恩两度出轺车。河鱼疾笃衔冤日,公督粤学,粤中闹姓弊重,幕友以巴豆鸩公,得腹疾,因而舞弊,事发,被劾去职。雏凤音清吐气余。肖韩(按:即大焯子在琦)年少得馆选,旋督黔学,人人称快,以为忠厚之报。声价鲤庭依样重,新阴桃李满乡间。公归主讲鳌峰,肖韩奉讳归,亦笐凤池讲席"①。

由是可知大焯性格之温和谦恭。然与谢章铤所记又有出入,事实难详,今存而不论。

大焯归家后,适六弟大涵亦于家,兄弟相聚甚欢,一家群从,戚属子弟皆来受业,"每讲论环厅坐,左右皆满"。掌教凤池、正谊书院,并任正谊书院山长,"九年教人读书,首发明大义,衡文艺以说理平实为上,文采次之"。学生中有林纾等。后编学习习作及教师范文为《正谊书院课艺》十六卷。又多为公益事,济乡里。"省城敬节、育婴、劝葬诸善堂经费出入,悉受其成。地方有所兴复,当事必挽大焯出,又勤接诸生解惑辨难,常终日无暇晷"。又与陈宝琛共同组织福建戒缠足会。

光绪二十四年(1898)五六月间,大焯省仓粜谷,冒暑往返,劳苦备至,身体瘦减。至十一月大焯口齝患作,适六弟大涵卒,大焯闻凶讯,悲哀不遑疾。是年戊戌百日维新变法失败,时世动乱,大焯每每念及,对子在琦言:"汝且出闻消息以告我。"二十六年

---

① (清)何德刚著《话梦集·春明梦录》,北京:北京古籍出版社,1995年,第43—44页。

（1900）六月，福州又大水，城乡流民久未复，大焯倡捐平粜助官赈，命在琦随诸长者习其事。入腊，气力顿乏，顾精神尚湛然，又多问在琦时事，然终于十二月遽逝。

叶在琦《行状》记大焯云：

> 府君冲粹之养，于毁誉得失处之坦然，急人之急，忧人之忧，凡遇贫苦号呼，莫不黾勉，而自奉俭约，积数十年如一日，此非考寿之符券耶？……论学主居敬，独居戒慎，终日俨然。与人交，乐易多恕，终始不渝，称人之善如弗及，有过失必掩覆之。处事不矜剸断，虚己听纳，唯善是从，见义勇为，莫有能挠夺牵系者。福州自台湾外属，民食大半仰苏沪。大焯心忧之，曰："和局未可恃海上，设有事运不继，将奈何？吾退居，谋不及天下事，吾乡事无大筹米者，立常平厚藏储，吾辈与有责焉。"病既笃，犹频言之。……

谢章铤亦云："生平善气迎人，议论不合，未尝疾言遽色，即甚异趣，亦难窥其喜怒。温厚和平，其天性也。夫处人以礼易，饮人以和难，性情之地，明道不计功。予于《行状》之外多旁及，欲表微以为浮嚣者戒耳，是隐德也。"谢章铤为大焯表叔，其言非徒美饰。大焯入翰林，修国史，充日讲起居注官。前后任同治甲戌科会试同考官，光绪乙亥科乡试、丙子科会试磨勘官，光绪丙子科湖北、壬午科湖南乡试正考官，又提督广东学政，官至侍读学士，其为官经历几与高祖观国同。谢章铤《叶恂予六十寿序》云："闽县毅庵叶先生以词臣叠掌试事，鉴空衡平，造就人才，积福垂裕于其后昆，世世勿替，皆纯嘏炽昌。似先公遒越，在于今，则恂予学生其最矣。"

在此兼叙陈宝琛与大焯、在琦父子之交谊。陈宝琛（1848—1935），字伯潜，号弢庵，闽县人。光绪年间任翰林侍读，为"清流四谏"之一。曾撰修《穆宗本纪》，重修白鹿洞书院；任福州鳌峰书院山长、福建铁路总办。宣统年间，任内阁学士兼礼部侍郎，授山西巡抚，为溥仪之师，是近代史上传奇人物之一。据郭肇民《我所知道的陈宝琛》一文①，陈宝琛与叶大焯同年登馆选，同授翰林院编修。叶、陈互换兰谱，陈以兄事叶。同官北京，共治应制文字，每月必四、五会，闽人同年邵积诚亦在其内。初期以淡退远利相策励，并醉心于宋明唯心哲学。见面则谈清代掌故，辨析正谊堂书籍。陈宝琛好作危言激论，大焯常以勿多忤俗相规劝。不久，陈宝琛以内阁学士出典江西乡试，试罢，奉命提督江西，大焯则以翰林学士出典湖南乡试。至大焯提督广东，革职回乡，任正谊书院山长后，陈宝琛亦落职回乡，任鳌峰书院山长，每由螺洲进城，必前往晤叶，招侣呼俦，赋诗饮酌，终叶大焯一生，未曾间断过文酒之会。《行状》亦载，晚年大焯病，陈宝琛入城视疾，"相对唏嘘语时事，忘所苦"。《大焯行状》即陈宝琛所填讳。大焯逝后，其子在琦由翰林院检讨任贵州提督学政，任满回籍，未及 30 岁。1902 年，福州设立学校，在琦丁父忧在籍，任全闽大学堂（后改为福建高等学堂）第一任监督，那时陈宝琛正任全闽师范学堂第一任监督。后在琦进京任御史，未久即逝，距父大焯逝不及七年。陈宝琛两为痛哭父子。谢章铤《叶恂予墓志铭》云："君与陈伯潜阁学同门同年，称莫逆交。阁学任事慷慨，君辄以柔道济之。阁学时对予言，深受君益。君卒，阁学为作诔，极沉痛，呜呼可感已！"今录陈宝琛所撰诔文，有俾于对大焯生平、为人及两人交谊之理解。

《叶恂予同年哀诔》（光绪二十六年）②

夫钟音辍响，牙弦废流水之弹；郢垩云亡，匠石斫丧斤之质。

---

① 中国人民政治协商会议福建省委员会文史资料委员会《福建文史资料选》(第5辑)，福州：福建人民出版社，1981 年，第 73 页。
② 陈宝琛著，刘永翔、许全胜校点《沧趣楼诗文集》，上海：上海古籍出版社，2006 年，第 460—462 页。

自非冥契，谁可至言？矧乃京洛为墟，瞻玉堂而如梦；流亡在路，过通德而不歌。悼往念来，悲何极耶！故翰林侍读学士叶君恂予吾兄，与余积世通家，同师相友。既列朝籍，俱为史官。醇醪之醉滋深，金石之交斯在。中更睽隔，旋复合并。我之疏戆，放弃其宜；君以宽敦，失官何憾？云龙井里，十有六年。松陵唱和之篇，洛阳真率之会，以至维桑规画，当路咨询。余曰我友印须，君曰将伯予助。所谓芝兰同臭，胶漆比坚者非欤？曩以振饿翳桑，出陈廪粟。偶婴暑疾，重遘弟丧。虽亦驾游写忧，诵诗愈疟；而亡琴弥恸，行乐弗瘳。今岁夏秋间，北门致寇，南国为鱼。闻笛有吕嵇之哀，望郊无郭李之捷。犹复焦心泛粟，引领回銮。绵惙再期，膏肓益进。以光绪二十六年十二月二十六日卒于正谊书院讲室，春秋六十有一。呜乎！江湖忧国，谪居见此老之心；名德在人，乡社致先生之祭。顾惭同调，循省遗言。不托情文，曷抒忉怛？乃作诔曰：

茫茫世宙，萧萧里门。我心如醉，一恸临君。弱龄相知，驰骋文艺。同年同官，重以兄事。历壮及老，情洽迹比。审君生平，舍我谁最？门内之行，孰与君敦？天秉之性，孰与君醇？慈良谦默，夷旷粹温。贞不矫俗，和不失身。人海乐群，寥寥数子。我故澹交，君亦慎始。风雨勿渝，韦弦互砥。埋照市朝，哜真文史。同光之交，厝火将然。我直其钩，而危其冠。君为我忧，棘中踬颠。我虽弗悛，言在肺肝。驰轺国门，隔岭相语。三年归来，一握尔汝。君心如日，人言如土。谁谓梦梦，有子绳祖。既闲且旷，何游非夫。联吟醵饮，访刹寻泉。友昆壶榼，童丱图编。君乐其志，人式其贤。潭潭精庐，英英孝秀。范行模文，砭顽箴陋。妇孀君赒，殴娩君彀。常平君筹，仍饥君救。嗟命靡常，寿不副德。君疾之繇，发棠攸得。矧悼人琴，孔怀墨墨。天醉宁闻，陆沉太逼。山阳之悲，新亭之泣。蛰蛟凭城，哀鸿嗷泽。家国百端，刀圭无力。呜乎哀哉！疾亟前夕，神湛心长。睠闵銮跸，厪论社仓。善我符契，念我行藏。手书在几，人也则亡。呜乎哀哉！六十平头，去年今月。我文寿君，君酒我酌。白首相要，名山有托。奈何老成，一个又弱。呜乎哀哉！陵谷如此，彭殇几何？浮休谁适，寿辱孰多？君今大觉，夫我则那？凋年急景，素馆山河。呜乎哀哉！

大焯乃于正谊书院课席上遽然而逝。此文在悲痛悼友中总结了大焯的一生，也包括着陈宝琛本人深沉的人生感慨。以钟子期与俞伯牙、匠石与郢人为喻哀知音之逝，文末仍"呜乎哀哉"四度，悲痛萦绕难消，交情之深挚可见矣。两人有"松陵唱和之篇，洛阳真率之会"，大焯当不乏诗作，惜今均未见。陈以"君心如日，人言如土"评大焯落职事，对其人品笃信矣。

大焯工书法，好读书藏书，"生平所为文章，议论常近人，而隐括性情，根据义理，识者常以为不可及"。当时士子多喜从大焯游。今福建省图书馆藏有叶大焯的《补拙斋藏书书目》一册[1]，此目录分经部、史部、集部、缺子部。《补拙斋文钞》[2]不分卷，文34篇，多为义理之论，以及为他人所写的传记、寿言、碑诔、诗序、族谱序等。《补拙斋杂录》一卷，多为平日随手所记。又有《叶恂予日记（光绪九年至十一年）》存世，不分卷，福建省图书馆为缩微胶卷本。

第二节　近代爱国文人叶大庄

叶大庄（1844—1898），字临恭，号损轩，又号逊父，申蔼曾孙，滋森长子，行二十。滋森好读书藏书，良好的家风学风使大庄少年时期便博览群书。谢章铤为滋森好友，学识渊博，大庄尤喜与其交往。同治三年（1864）年，21岁的大庄随父宦至靖江。次年，谢往山

---

① 　叶大焯编：《补拙斋藏书书目》，民国七年（1918）福建修志局抄本。
② 　叶大焯撰《补拙斋文钞》，民国福建通志局抄本。

西经靖江,大庄迎其于苏州天平山范公祠堂,"挽留作十日欢,赋诗尽别"。在赠诗中,大庄回忆年少读书情形云:"十年荷掖持,捧卷床下拜。每谭及读书,博之使一快。波澜百川汇,花雨千佛界。玉楮搜毫芒,金屑杂瞽欸。矧以资葹魂,遽比琳琅蒫。"同时对当时"大雅无人扶,庙堂品珤玠。百年议作者,吾道一何隘"的现象深感担忧。又云:"故乡思典型,斯文叹无寄。怨啼滋猿鹤,错起杂麖帜。公首痛之深,慨论非一致。正轨翻奇佹,诸家析同异。谓余理行箧,著述拟编次。是役敢辞劳,分当校文字。"谢章铤云:"其时闽中专治经史实学书院尚未萌芽,且无人提起,而临恭后半诗意,便以此一席相期许,可见其读书知根本,而位置人才之审矣。"①因而十分看重大庄才学,《赠叶临恭大庄临恭,与端之子,嗜学有俊才》云:

> 江南烟水区,吴会文章壑。辄经丧乱余,顾复伤萧索。叶子方妙年,矫如云中鹤。师资倘自求,古人讵不作?炼才先惜气,养精贵存锷。宅静若天羁,激奋或鬼博。起灭夺烟云,丹缋森楼阁。肯以独秀峰,俪彼万石错。况乃侍簿书,过庭皆先觉。华国抉其源,众妙鼓一橐。凭吊六朝山,寓公当不恶。吾衰未足言,大业于子托。②

谢章铤赞大庄年少而有才华,对其寄予大望。是时大庄已流露出对诗学、经学方面的强烈兴趣和使命感。约是时,谢章铤告诫大庄,"人不可太聪明,聪明当内敛,此用晦之道也"。大庄因而易字为"损轩"。

① 谢章铤著《赌棋山庄余集》卷三《校阅余话》,陈庆元主编《谢章铤集》,第165页。
② 谢章铤著《赌棋山庄诗》卷八,陈庆元主编《谢章铤集》,第271页。

同治十二年(1873)大庄参加乡试,中举,援例为内阁中书,改靖江知县。此时大庄诗名已显。陈衍《石遗室诗话》卷五载:

> 损轩少负才名,与芸敏(陈琇莹)并以院试《会昌一品制集序赋风檐寸晷》,下笔二三千言,为济宁孙莱山学使毓汶所赏识。光绪初年,以中书舍友称诗都下。损轩往来吴山、浙水间,所为诗心摹力追于石湖、后村。集中《西溪》一卷,最为幽秀。①

光绪九年(1883)父叶滋森逝,十年(1884)大庄丁忧归籍,适逢中法马江海战,大庄深忧国事,协力办团练,组织乡人抗击法国侵略,战后论功补用同知,升知府。是时,大庄居于福州南郊阳歧玉屏山庄,当时龚易图喜其园林,欲重金购买而不得。在时代动乱的情况下,大庄在玉屏山庄过了一段较为闲适的家居生活,谢章铤《校阅余话》载"与乡里通缓急,群情歌颂,居之甚安"。一方面,他与福州同乡龚易图、陈宝琛、陈书、郑孝胥等"以诗相切劘,酬唱几无虚日"②。如十一年(1885)正月二十八日,诸人聚于大庄精舍作诗钟。次日,大庄灯下出诗请郑孝胥阅,郑以为"其诗于樊榭为近"。后大庄以诗卷请郑孝胥删定,郑允应并为题后。两人常相互往访论诗③。陈书为陈衍长兄。同治末年,陈书就与大庄、徐葆龄、陈琇莹等结社倡导学宋,为"清幽刻削"之词。陈宝琛在鼓山筑听水岩,"时集二三知友如损轩(大庄)、荔丹、含晶(龚易图)、兰君(王崧辰)、可斋诸君信宿其中。瀹茗赋诗,叠为酬唱"。陈宝琛曾为大庄

---

① 陈衍著《石遗室诗话》(一),沈阳:辽宁教育出版社,1998 年,第 59 页。
② 徐世昌编,闻石点校《晚晴簃诗汇》卷 156,北京:中华书局,1990 年,第 7207 页。
③ 杨萌芽著《清末民初宋诗派文人群体活动年表》,开封:河南大学出版社,2008年,第 30—32 页。

《不二门图》题诗。听水斋所来诸人中，"以损轩之来最多，诗亦最多"①。

　　居家期间，大庄也开始进行《仪礼》、《礼记》等经学研究，陈衍《石遗室诗话》："时吾闽方有马江之败，损轩方读礼，招伯兄避害兵陶江。陶江一名阳崎，伯兄居上崎楞岩，损轩居下崎玉屏山庄，中隔一水，日夕过从，两人外皆田夫野老也。"伯兄者，陈书也。陈书有《答损轩》诗，云："写意虫鱼非注雅，惊心山海不温经。……落向水村觅秋兴，止宜同醉莫同醒。"(《木庵居士诗》)②大庄《和先伯兄》云："敝庐校礼稿垂成，同谷羌村梦屡惊。只算寒山寻拾得，一无人处两人行。"至光绪十三年(1887)秋，大庄再度出山从政为官，从此开始了"年无闲月，月无闲日，日无闲时"的忙碌生活。大庄先在上海为官，何职难以查考。十五年(1889)曾任己丑科江南乡试同考官。光绪十六年(1890)七月，陈衍来到上海入刘麒祥幕府，与大庄过从甚密③，有《题损轩吴门集后》云：

　　　　解吟得雨彻宵听，判牍还来坐讼庭。苦笋亦多螃蟹有，只除少个冷泉亭。

又有《次损轩韵》云：

　　　　扬州司理王贻上，书了公事夜接宾。过江入吴诗百首，十旬于役太湖滣。后来司理官久废，大邑谳吏斯甚伦。君今奉檄谳斯

---

　　① 陈立鸥、张允侨著《闽县陈公宝琛年谱》，第51—52页。
　　② 转引自陈世镕纂《福州西湖宛在堂诗龛》(下册)，福州：福建人民出版社，2007年，第889—890页。
　　③ 可参林东源著《坚守在荒寒之路：陈衍评传》，福州：福建教育出版社，2006年，第69—71页。

邑，淞滨繁会争辖辖。都厅悬知满颂系，无暇渔洋为替人。……
还山夜谈觅祖约，投辖此地谁陈遵。君言听讼有常晷，尚可啸傲
余昏晨。昨携行卷副腰腹，肩舆鼎来江之滨。卷中便是《入吴
集》，压尾林际望春申。菰芦寂寞赖君辈，脱衫苦笋科斩断，君看
经师出大令，金坛曲阜双嶙峋。

由两诗中"坐讼庭"、"司理官"、"听讼"等词，大概大庄所任为
司法官一类官职。上海为"淞滨繁会"，事务繁多，为官不易，然大
庄处理妥贴。此时，大庄正研究训诂，陈衍《石遗室诗话》云："叶损
轩为江南牧令，喜言考据，要余赠诗。"因有"君看经师出大令，金坛
曲阜双嶙峋"两句，指的是段玉裁、桂馥这两位清代治《说文解字》
的大家，他们都当过县令，段是江苏金坛人，桂是山东曲阜人。同
时大庄还作诗不缀，"过江入吴诗百首"，"尚可啸傲余昏晨"，与诗
友相唱和。此时诗风有所变化。《石遗室诗话》载："损轩官江南，
见实甫（易顺鼎）《魂东》诸集，喜之，顿改故步。《续稿》、《又续
稿》，七律诗十居八九，惟求裁对工整，视旧作若出两人矣。"此时大
庄相往来者又有：郑孝胥、沈瑜庆、易顺鼎、沈曾植、缪荃孙、刘家
立、刘家荫、叶昌炽、余诚格、梁鼎芬等①。

据《靖江县志》载，光绪十七年（1891），大庄主持建魁星阁②。
可知大庄此时再任靖江知县。二十一年（1895）大庄曾还乡，时严
复回闽省参加考试，二人结伴同行。抵籍后严复借住于玉屏山庄。

光绪二十年（1894），时任两江总督的张之洞委沈瑜庆总办筹
防局。经沈推荐，大庄与郑孝胥同入江宁张之洞幕府，充文案要

---

① 可参杨萌芽著《清末民初宋诗派文人群体活动年表》光绪十五年至二十年，开
封：河南大学出版社，2008年。
② 靖江县志编纂办公室编《靖江县志》，南京：江苏人民出版社，1992年，第17页。

员,参与协助洋务与军务。张之洞幕府建立于抚晋时期,发展于督
粤时期,至督鄂及署理两江总督时已达到鼎盛,已有大量知名人士
和中外人才在其中,如汪康年、樊增祥、易顺鼎等①。与大庄同时在
幕府且较亲近者有沈瑜庆、黄遵宪、柯逢时、梁鼎芬、郑孝胥等②。
他曾与黄遵宪夜谈,黄有《偕叶损轩大庄夜谈》一诗(《人境庐诗
草》卷八)③。1895年4月17日《中日马关条约》签订后,日本已占
领辽东半岛,京师的屏障不复存在,北京处在危险的境地,迁都事
宜成为朝野关注的问题。清廷内部在战局紧张时曾有"西狩"的方
案,即将首都暂时转移到西安,待时局稳定之后再迁回北京,这一
方案虽然有助于化解京师的困境,但并不能从根本上解决问题。4
月22日,大庄与郑孝胥同时向张之洞上说贴,郑孝胥提出迁都毁
约,大庄称西狩不如南巡,且请张之洞合各督抚如合纵连横之势以
动朝廷。23日夜,张之洞与幕僚们面商诸事,大庄再申论南幸之
旨,欲连衡以迎天子,张之洞笑其迂而并未表明自己的态度。但张
之洞显然已意识到京师危机,在7月19日上书中建议清廷在陕西、
山西等地建立行宫④。

　　光绪二十二年(1896)正月,张之洞委派大庄至上海设立升科
局,查勘上海吴淞等处新涨滩地,会同上海、宝山两县清理。不久,
张之洞回任湖广总督,大庄亦退出幕府。这段幕府经历使叶大庄
的交游进一步扩大,诗名更著。同时他直接参与了国家大事,他对
这段经历颇难以忘怀。李宣龚《题叶损轩写经斋诗后》:

---

　　① 可参黎仁凯《张之洞督鄂期间的幕府》一文,陈锋、张笃勤主编《张之洞与武汉
早期现代化》,《人文论丛》特辑,北京:中国社会科学出版社,2004年,第85—92页。
　　② 蒋英豪著《黄遵宪师友记》,上海:上海书店出版社,2002年,第159页。
　　③ 陈铮编《黄遵宪全集》(上),北京:中华书局,2005年,第139页。
　　④ 以上事参劳祖德整理《郑孝胥日记》第1册,北京:中华书局,1993年,第483—
486页。

其一："半为樊榭半诚斋，玉椀诗钞记旧题。当日威仪犹不损，一车伯厚有鸡栖。"诗注云："光绪乙未、丙申，君在南皮（张之洞）幕府，尝冬夜传见。君语太夷（郑孝胥）曰：'弟子命重玉椀，不能不稍忍须臾耳。'后君摄松海防同知，意得甚。照旧例，海防出城便可鸣驺、打道入租界也。"其二："猫窝风雪百忧身，司马如灰杂怒嗔。莫诩州官灭门手，汉帜长令属何人。"诗注云："丙申和议定，新宁（刘坤）回任两江，南皮仍督湖广，还镇武昌。君逢人便愤愤不平。暾谷（林旭）诵山谷诗语'司马寒如灰，礼乐卯金刀'以戏之。一时闻者莫不绝倒。"[1]

可以想见大庄退出幕府后的失落和愤慨。

约二十二年（1896）年八月，大庄因事失官。黄遵宪是年八月二十五日《致汪康年梁启超函》中，有言："叶损轩因何失官，幸详言之。"[2]陈衍评大庄亦有"蠖屈微官以终，差相似矣"之语（《知稼轩诗序》）。然不知具体何事。沈瑜庆《得损轩书作此贻之》（《涛园集》）一诗中有云：

我生七尺躯，随时宁俯仰。近觉世议隘，周旋终勉强。外争晋楚衡，内划牛李党。使君一往心，好直乃见枉。策奇主弗谅，计拙技苦痒。到官五月余，四野净伏莽。诰诚鉴悬书，流亡集负褚。何来贝锦言，夺我抚字长。寇借借有期，公归劳梦想。保身在明哲，群吠正狙犷。江水东西流，至诚通胕蠡。苍狗与白衣，初意恐悄悦。我心有真宰，胡越如指掌。主奴惕方来，鸡虫况已往。大官盛鼎钟，蚯蚓饮槁壤。倚伏未可知，国乱本无象。新诗虽有作，

① 转引自陈世镕《福州西湖宛在堂诗龛》（下册），福州：福建人民出版社，2007年，第890页。
② 陈铮编《黄遵宪全集》，北京：中华书局2005年，第392页。

> 未必逢真赏。中立观诸侯,此意为君广①。

诗中似有为大庄鸣不平之意,国家动乱,内忧外患,"使君一往心,好直乃见枉"云云,大概大庄的策谋违逆当权。沈瑜庆是大庄入张之洞幕府的举荐人,然在当时情势下也委婉劝告大庄明哲保身。

二十三年(1897),大庄出任邳州(今江苏邳县)知州。邳州位于江苏北部,与上海相比,远离繁华的政治中心。又"民情强悍,号称难治",然大庄以为"性尚质直,理谕服从,人言一味用猛,殊不然也"。一到达邳州,他就察看情形,"以视南人之刁,尚为易于感动"。他担心的是:"惟地方竟无出产,土货极少,粮食太贱,每人日廿文可以果腹,以此弱者习为懒惰,强者则起而为窃为盗矣。"因而希望"清江一路铁路开行,可以救此一方生命"(《致汪康年书札》)②。并不因居敝州而气馁,相反仍积极用事。时邳州大雨,平地积水尺余,庄稼颗粒无收。饿殍遍野,人民纷纷外出逃难,乞讨谋生。大庄积极向朝廷奏明灾情,争取钱粮,赈济百姓。并在州内广筹资金,购买麦粮,亲自运送灾户,及时赈济。特别是对受灾严重的邳南六社(今邳州南部、睢宁北部、豫宿东北、新沂西南)十分关注,亲赴现场,调查了解灾情,亲送钱粮到户。邳州黄河南的河南十三营,邳州、睢宁长期争执不休,有利益就争夺,遇困难就推诿。大庄主动承担十三营的救灾,对六社十三营一视同仁,"冬抚贫户,春办工赈",使逃者得归,馁者得食。

在邳州,大庄仍关心时局进展。是时汪康年已与黄遵宪、梁启超创办《时务报》。大庄与之通信往来,得知《时务报》"馆务日宏,忻慰之极",便赠金资助,帮助汪康年寻觅"汴省派报之人",给汪多

---

① 转引自陈世镕《福州西湖宛在堂诗龛》(下册),第889页。
② 上海图书馆编《汪康年师友书札》(三),上海古籍出版社,1986年,第2433—2434页。以下与汪康年相关的材料均来源此,不再标注。

种建议。光绪二十三年（1897）八月，曾任署台湾布政司使的闽人陈季同与其弟陈寿彭在上海创办《求是报》，大庄好友陈衍受聘任主编。大庄尤为关切，他再次致信汪康年问询："叔伊（陈衍）《求是报》出能风行否？尚未得见。"因自己"僻处穷山，都无所闻"，又问"人言鄂中节署亦有行报之举，纂稿均早聘定，确否？"可谓身在一州，而心忧天下矣。

邳州任上，大庄倾注了极多心力。他在寄好友陈衍的诗中云："螺女江归陈学士，猫儿窝属叶邳州。"（《猫儿窝在邳之东可对吾乡螺女江因寄陈阁学》）陈学士谓陈宝琛，为福州仓山区螺洲镇人。猫儿窝位于邳州东部运河镇。当时陈衍言："螺女故事已不甚高妙，至猫儿窝有何好处，必欲据为己有耶？"不幸成为诗谶。二十四年（1898）二月二十九日，大庄身体不适，然仍扶病解运赈济物资往猫儿窝，冒雪渡河，忽狂风大作，船将倾覆。他镇静如常，劝慰从者说："勤死王事，固吾所适。"归后便感头昏欲晕倒，然仍坚持亲自发赈粟。而后病重，有诗《二月二十九日渡运河风浪大作自念无生理晚抵猫儿窝借周防营土室病卧两夜》："晓雨春流利似泷，献花不借儿女窗。招魂我在猫窝里，门对长河入大江。"拖病回邳州官邸，不数日溘然长逝，终年 55 岁。（以上事参陈衍《石遗室诗话》、张鹤龄《叶大庄墓志铭》）大庄卒时，邳州百姓"挤堂恸哭"。其子叶在彝等回忆大庄云：

先君自丁亥秋后出山，计至今春二月，凡三千七百八十日有奇，年无闲月，月无闲日，日无闲时，靡不以地方吏事为自任。寓居稍暇，则理董旧业，并治官书，往往爇烛待明不能自己，所有摄事地方以及襄办幕府帮审诸差，大江南北均有称善者。（《叶在彝、叶在衿、叶在稷致汪康年书》）

可谓鞠躬尽瘁,死而后已。

大庄不仅勤于治事入世,且勤于著述,诗、词、文、经学、金石、小学等均用力,著作等身,是叶氏中著述最丰且留存最多者。陈衍《石遗室书录》云:"损轩肆力为诗,而亦喜治考据,有《礼记审议》二卷,《大戴礼记审议》二卷,《丧服经传补疏》二卷,均已刻。《礼记遗说考》四卷,《闽中金石记》六卷,《闽碑存目》一卷,均未刻。《退学录》二卷,《写经斋文》二卷,《写经斋诗》四卷,《诗续》二卷,《小玲珑阁词》一卷。均已刻。"所著《礼记审议》、《大戴礼记审议》、《丧服经传补疏》为礼学文献。《退学录》(一名《偕寒堂校书记》)二卷为校勘学著作,杂校古籍,明其训诂,计有《穆天子传》、《大戴记》、《国语》、《六韬》、《孙子》、《司马法》、《尸子》、《牟子》、《韩诗外传》、《琴操》十种古籍。《闽中金石记》则保留福建地区众多碑刻金石资料。《仓颉篇三种》则是清代训诂学研究的代表著作①。

第三节　近代闽诗唱和的中心人物叶大遒及"大"辈其他代表人物

叶大遒(1845—1916),字敷恭,号铎人,申万曾孙,源滋长子,大焯之弟,行二十四,同治三年(1864)举人,同治九年(1870)大挑一等,分发四川知县,光绪六年(1880)进士,翰林院庶吉士,散馆授编修,任国史馆协修、武英殿协修,京察一等。光绪二十四年(1898)戊戌变法期间,朝廷允许司员士民不受限制向皇帝上书,时任翰林院编修的大遒曾两次上书。七月二十日,光绪下旨修北京

---

①　可参马重奇《福建语言研究文字概述》,《福建论坛》(文史哲版)1998 第 2 期,第 35 页。

道路河道。大遒上书中提出，修理北京河道街道聘请西人"估计比较"。两天后该上书交总理衙门，命其"议奏"。八月初十，大遒条陈内患急于外患，请加意练团①。

同年大遒外任至广东，任督粮道、高廉钦兵备道，提倡学术，奖饬士风，拨道库余款，于旧有正课、附课生外，添设膏火额 20 名，改名曰"内课外课附"。是年考选入院生徒，报考者数待业人，榜发多知名之士，由是高州"文风丕变"。每逢月课，大遒亲自阅卷改文，士子更加奋励。其时高文书院大门存有其署联曰"观山钟秀气，学海助文澜"。堂联为"爱之能勿劳，不啻父兄教其子弟；学而优则仕，须知经济发为文章"。后调补雷琼(今海南)兼琼军统领。任上兴教办学，革除弊政，练兵备战，严防法军入侵②。时法国水师提督高礼睿正率舰队占领雷州附近炮台，逼迫中国租借广州湾，雷琼道周某为法舰扣留。督办大臣苏元春束手无策，大遒整团练修兵备，只身上法国军舰交涉，经周旋，索回雷琼道周某③。后因染瘴病归医。稍愈，大府延请主正谊书院讲席，不久书院改为学堂，大遒即杜门不出而终④。

大遒善书法，"雅好临池，宗颜真卿，沉雄稳健，精华蕴藉"⑤。

大遒是近代闽诗唱和的中心人物之一。何刚德《话梦集》卷下载：

> 叶铎人观察大遒，公恂予之从弟，亦余之晚弟也。性情肫厚，

---

① 茅海建著《戊戌变法史事考》，上海：三联书店，2005 年，第 364 页、第 410 页。

② 张天禄主编、福州市地方志编纂委员会编《福州人名志》，福州：海潮摄影艺术出版社，2007 年，第 45 页。按，此书大遒任"广东督粮道，兼三水关监督"，不知何据。

③ 曾意丹《福州世家》，第 318 页。

④ 《叶姓史牒文萃》(第 1 集)香港：香港人民出版社，2006 年，第 209 页。

⑤ 叶兴松主编《近现代闽侯书画集》，福州：福建美术出版社，2006 年，第 22 页。

而稍近拘。在社年较长，丁酉《击钵吟》九集、十集，既其所选。余所选，亦即前数年之诗，在赣选刻稍迟，故名为十一集。公外简广东琼州道，乞病归。余适奉讳旋里，见之，颓唐已甚，不久即下世。公长公子乃谨孝廉在延，次秀文太史在藻，文才茂美，皆不获永年，尤可珍惜。

　　廿载宣南社约循，吟边数典每断断。公诗有被摈者，必数典辩论。千金享帑殷勤甚，两集持衡检校真。粤海兵备劳跋涉，里门慰病剩吟呻。庭阶玉树双柯陨，同赴修文更怆神。①

宣南诗社活动主要在嘉庆道光年间，而大遒则主要生活于光绪年间，"在社"非言宣南诗社，而指清代福州在京会馆的诗社即榕荫堂诗社活动，"廿载宣南社约循"意谓榕荫堂诗社延续宣南诗社之风。据李景铭《闽中会馆志·福州新馆》载，北京的福州会馆又称福州新馆，原为旅京福州籍名宦陈若霖舍宅而建，道光年间梁章钜等捐款扩建，光绪末叶大遒、陈璧等筹资重修，并由叶大遒书写"福州新馆"的匾额。福州会馆是近代闽籍在京士子文化和社会活动中心，林则徐、严复、林旭、曾宗彦等许多闽籍名人在此活动过。馆中最大的建筑物即正堂为"榕荫堂"，缘福州别称为榕城。榕荫堂有击钵吟社，活动活跃。"月三四会，会三四题，题数十首。先后刊刻《击钵吟集》九册，又有《榕荫堂律集》、《松乔堂律集》、《蛰园律集》问世"②。榕荫堂唱和是以客于都下的闽籍士子为主体的诗社活动。侯官杨庆琛等于道光年间辑《击钵吟》一至七集，是书所收，均道光间诗人③。由何刚德所叙，可知叶大遒曾辑《击钵吟》九

---

① 何刚德著《话梦集 春明梦录》，北京：北京古籍出版社，1995 年，第 49—50 页。
② 李景铭编《闽中会馆志》，民国二十三年(1934)闽中会馆铅印本。
③ 杨庆琛等辑《击钵吟》(一至七集)，有清道光二十五年(1845)刊本十二册；清光绪年间闽人辑本六卷五册，均藏于福建师范大学图书馆。

集、十集，所收当为光绪年间唱和诗作，今未见。另有《榕荫堂律集》①，收录叶大遒、曾宗彦、郭传昌、郭曾炘、蔡琛、黄曾源、郭曾准、魏秀琦、郑叔忱、林怡、林钺、叶在琦、叶在廷、陈懋鼎、叶在藻、郭则沄 17 位闽籍文人共三十题唱和诗作，大遒为年辈最长者，也是榕荫堂唱和的核心人物，几乎每集都有大遒的诗作。所收多次诗会的题目，都与前朝兴亡有关。如第十六集"费宫人"："国殇谁复能为厉，燐火随风空自飘。"第十七集"鸡台梦"："亡国管弦犹靡靡，幻空楼阁忽阴阴。"第十八集"花石纲"："要知淮水千艘挽，不值骊宫一炬焚。"多悲亡之调，隐约传达出清代末年日益深重的国家政治危机给文人士大夫带来的忧疑、失落、苦闷情绪。

再叙"大"辈 28 人：

叶大同（1832—1878），字协恭，号穆如，云滋长子，行一，咸丰九年（1859）举人，同治四年（1865）乙丑科三甲进士，同知衔，历署广东南海、东莞、潮阳、高要、归善、惠阳等县知县。同治六年（1867）丁卯科、十二年（1873）癸酉科广东乡试同考官。据《高要县志》，大同任高要令期间，苛征赋役，曾发生乡民抗粮事变②。任惠阳令，革除夫役，与富商绅士倡捐款，恢复观澜书院经费。

叶大湜（1835—1907），字苣恭，号澹如，云滋次子，行四，咸丰十一年（1861）拔贡，同治九年（1870）举人，以侍读衔内阁中书，任国史馆誉录，候选知县。

叶大泳（1836—1914），字恩恭，号子翔，又号楚生，云滋三子，行六，光绪二年（1876）举人，六品衔，历任永安、龙溪县学训导。据其现存的乡试硃卷履历载，大泳居住于南后街，乡试中式为第二十

---

① 叶大遒等撰《榕荫堂律集》，清光绪福州林士灿刻本，福建省图书馆藏。

② 高要县地方志编纂委员会编《高要县志》，广州：广东人民出版社，1996 年，第 751 页。

名。(《福建乡试硃卷履历汇订·叶大泳》)①今存《人日沁泉山馆》诗一首。妻郭问琴,为郭柏苍之女,亦能诗。

叶大钦(1837—1894),字克恭,号让溪,行八。同治元年(1862)举人,同治十年(1871)大挑二等,历任诏安、大田、长汀、同安县学训导,晋江、武平县学教谕,建宁府学教授,五品衔掌教丹诏、凤山书院。

叶大焴(1839—1882),字煜恭,号朗如,云滋四子,行十一,咸丰十一年(1861)拔贡,同治元年(1862)恩科举人。

叶大涵(1843—1898),字恢恭,号渊如,云滋六子,行十七,同治六年(1867)举人,国史馆誊录,宗室官学右翼汉教习,分发试用知县。光绪十二年(1886)与族弟大琛同榜进士,工部都水司主事,奏改知县同知衔,广西怀集县知县,署平乐县知县。据其乡试硃卷履历,大涵居省城高节里。

叶湛恩(1846—1890),原名大彬,字质恭,号筱坪,滋钧长子,行二十五,清五品衔,蓝翎,翰林院待诏。

叶大佑(1847—1882),字受恭,号仲觊,滋森次子,行二十八,同知衔,光禄寺署正,惜早卒,年仅36岁。

叶大烜(1849—1898),字韵恭,号炳如,源滋次子,行三十一,光绪五年(1879)举人,九年(1883)进士,刑部河南司主事,奏改知县,安徽当涂县知县,署休宁县知县,保升直隶州知州。

叶大久(1850—1880),字悠恭,号希朱,行三十六,光绪元年(1875)副举人,八年(1882)举人。

叶大琛(1850—1927),字献恭,号观瑜。滋纯长子,行三十八,光绪八年(1882)举人,十二年(1886),与族弟叶大涵同榜进士。工部虞衡司主事,奏改知县,历任浙江宁海、武义、上虞等县知县。现

---

① 福建省图书馆辑《福建乡试硃卷履历汇订》,清刊本。

存大琛的会试硃卷履历,其乡试为第 34 名,会试第 241 名,又载"世居省城文儒坊"。妻林氏,林德澜孙女,林寿殷长女①。大琛晚年归里,主要从事福建文教工作,曾受聘任全闽大学堂、福建省立第一中学、外国语专门学校国文教员②。1916 年,民国《福建通志》设局开办,又入局任分纂③。此外,大琛还参与当时旅越吟社、逸社等文社活动,今存其和诗两首。

叶大杞(1851—1898),原名大根,字友恭,号伯珩,行四十,光绪八年(1882)举人。

叶大铨(1855—1931),字秉恭,号丙公,行四十六,五品衔,广东龙川十一都司,连山、宜善司,顺德都宁司巡检。

叶大钊(1859—1891),字元恭,号莲龛,滋棠长子,行六十,光绪五年(1879)举人,候选知县,大挑二等,候补教谕。《福建乡试朱卷履历汇订》收有其乡试朱卷履历,其居住地为东街厂巷口。妻郑氏,郑廷珪孙女。

叶大华(1860—1923),字黻恭,号淑常,滋春子,行六十二,光绪十九年(1893)举人,三十年(1904)进士。四品顶戴,刑部直隶司主事,审录司主稿,特授广东茂名县知县护理,高州府知府。善山水。

叶大章(1860—1925),字平恭,滋楷三子,承嗣滋琳,行六十三,光绪十七年(1891)举人,三十年(1904)进士,历任浙江山阴、缙云等知县,浙江杭州府署文案、抚署发审委员、藩署文案,曹娥茧捐局总办、塘工委员,湖南岳常、澧道署文案,福建南平县知事,福建

---

① 顾廷龙主编《清代朱卷集成》(61),台湾:成文出版社。
② 福建省政协文史资料委员会编《文史资料选编》(第 1 卷 教育编),福州:福建人民出版社,2000 年,第 157 页,第 292—294 页。
③ 林枫、郭柏苍、郭白阳辑撰《竹间续话》卷四,福州:海风出版社,2001 年,第 83 页。

民政司秘书,政务院印铸局公报总编辑,福建高等学堂福建经学会教习,陕西官产处坐办,陕西印花税处会办兼代处长,北京航空署秘书,陇秦豫海铁路督办公署秘书,河南印花税处会办,河南卷烟特税处科长,外交部特派河南交涉署秘书。

叶大鋆(1863—1913),字均恭,号莲仲,滋棠次子,行六十六,光绪十九年(1893)举人,同知衔,候选知县。

叶大瑄(1864—1933),字温恭,号玉如,行六十九,光绪十一年(1885)举人,内阁中书衔,永定、晋江县学教谕。

叶大壎(1864—1929),原名大乐,字韶恭,行七十一,监生,安徽寿州正阳关盐场。

叶大柽(1865—1924),字和恭,行七十四,监生,三明将乐县盐务局局长。

叶大澄(1869—1901),字叙恭,号小淑,行七十九,光绪十七年(1891)优贡,朝考二等,候选训导,署归化、宁化县学教谕。

叶大镠(1869—1917),字靖恭,号祖仁,行八十一,广东法政学校毕业,署广东合浦检察厅检察官,广州地方审判厅书记官。

叶大复(1872—?),字祇恭,号筱芸,行八十四,历任漳平、宁洋等县盐务分局长、福州盐务溪梅局课长。

叶大林(1873—?),字壬恭,一字仁公,号荷先,滋潏次子,行八十七。清花翎三品衔,云南候补知知府,特授晋宁州知州,历署黑盐井提举司提举,寻甸州知州,昆明、蒙自等县知县。民国年间历任黑盐井盐务总办兼盐兴县知事,云南巡按使秘书参事,云南省长公署内务科科长,选举事务所所长,特别法庭审判官,云南全省水利总局局长、路政局局长、自治筹备处参事,云南省政府内务司参事、民政厅秘书,云南历届文官考试主考襄试、监试委员,历届县长考试、襄试、襄校委员,云南全省赈务处坐办,防疫处会办,云南村自治条例委员会、县制审查委员会、特别市制委员会委员。1934年在玑修《三山叶氏族谱》时,大林任云南省政府参议兼云南单行法规编审委员会专任委员。简任职存记三等嘉禾章,三等文虎章。

叶养龢(1874—?),原名大杨,字直恭,行八十八,江苏候补县丞,安徽巢县烟酒事务分局局长。

叶大澂(1878—?),原名大桓,字礼恭,号文侯,又号问鸥,滋康三子,承嗣庆熙,清浙江官立法政学堂毕业,考取高等警官,历署浙江海盐、余杭等县警务长,考取县知事。历任定海县执法官,温州洋广货捐局局长,浙江茧捐驻沪稽查局局长,协署浙江平阳、乐清等县知事兼警察所所长,福建高等检察分厅监督检察官,执政府秘书厅第一科科员、秘书上行走,国民政府任命为财政部总务司司长兼税务整理委员会委员,行政法院评事。

叶大瀗(1890—?),字见恭,行九十九,福建警察学堂毕业,任福州省会公安局督察员。

叶大鑫(1890—?),字恭滋,行一百。云南高等学堂毕业,历任建国联军总司令部训练处中校参事,驻粤建国滇军第二师财政处处员,湖北特税处平地墕南津关各所所长,任云南兴源煤矿公司总理。

第四节　福建近代教育家叶在琦及"在"辈代表人物

叶在琦(1866—1907)为福建近代教育家,著名诗人,字乃珪,号肖韩,又号穉愔,敬昌曾孙,大焞长子。据陈宝琛《叶肖韩侍御墓志铭》,在琦"幼颖异嗜学,未冠即有声名"。"性冲粹,与人乐易,文采倾朋辈"。在琦于光绪十一年(1885)中举,十二年即高中进士,充庶吉士,散馆授翰林院检讨。十七年(1891)任贵州提督学政。三年后任满回籍侍父,二十六年(1900)大焞逝,在琦丁父忧,"留连不遽出,里居十年"。

光绪二十七年(1901),各地兴办新式学堂,在琦与乡绅闻知山西等省都已设立"省立大学堂",培养新学人才,亟向当局建议将"凤池、正谊两院合并",得闽浙总督许应骙支持,在福州创办首所公立新型学校"全闽大学堂"。1902 年 3 月正式开学,在琦任学堂监督,以福州东街三牧坊正谊书院旧址,划三分之二改建学堂,仿山东办法,分设正斋、附斋。次年三月,堂舍落成,在省应举贡生童中择优选第一批学生入学。第二批学生入学后,又以凤池书院旧址增建讲堂、宿舍,添置仪器、标本,分科兼习中西学。六月,选送第一期学生九人入京师大学堂。十一月遵学务纲要所定,改名为福建高等学堂。光绪三十年(1904)六月,派教员蒋仁、陈遵统赴日本统察教育。十一月,闽浙总督魏光焘考派学生赴日本,福建高等学堂有多名学生入学。时新学初兴,在琦着意培育人才。每值月考,必亲自校阅试卷,拔优奖励,平日训导学生,殷勤恳款,一如家人子弟。

除在省城推动教育,叶在琦又与潘炳年、陈宝琛等鼓励支持泉州巨绅翰林陈棨仁、进士黄谋烈、黄抟扶等人在泉州筹办中学。此外,还在福州倡立妇女蚕业馆,"凡里党善举皆助"。光绪三十一年(1905),因入都辞去学堂监督一职,由陈宝琛继任。入都后补掌安徽道监察御史,两年后病逝于北京,年仅 42 岁①。诰授奉政大夫,晋封中议大夫。叶在琦是闽派同光体的代表诗人,是叶氏家族入祀福州西湖宛在堂诗龛的第三人,著有《稊愔诗钞》。故居在今福州三坊七巷南后街 176 至 177 号②,今辟为福建省非物质文化遗产博览苑。

叶在鎏(1857—1914),字乃陶,号仲冶,行二,光绪十五年

---

① 以上事参陈宝琛《清赐同进士出身诰授奉政大夫晋封中议大夫掌安徽道监察御史叶君墓志铭》,叶在琦《稊愔诗钞》卷首;周邦道《近代教育先进传略·叶在琦》(初集),中国文化大学出版部,1981 年,第339—340 页。

② 张作兴主编《三坊七巷》,福州:海潮摄影艺术出版社,2006 年,第 110—113 页。

(1889)恩科举人,同知衔,安徽休宁县知县,江西瑞昌县知县。

叶在泗(1859—1921),字乃滨,号叔洙,行五,光绪十五年(1889)恩科举人,二十四年(1898)大挑一等,同知衔,江苏试用知县,署兴化县知县。民国元年(1912)十二月任福建屏南县知事。据薛少铨等《民国时期屏南历任县长简介历任》一文,在泗"性端庄,作风民主。长于诗词,公余常吟咏自遣"。注重教育,每次发给教师薪俸,必用红纸包封,以表尊重。曾派遣佐治何某教授小学英语,介绍西学①。

叶在衍(1860—1914),字乃用,号季菁,敬昌曾孙,大泳长子,行六,清光绪十一年(1885)副举人,十五年(1889)恩科举人,候选教谕。《福建人乡试硃卷齿录》存其乡试履历。工诗,好吟咏,居福州南后街,室名为"花南砚北之斋"。嗜茶,《武夷茶市》诗序云:"余有茶癖。"在衍以文学为避世俗而求"不朽"之途径,光绪二十三年(1897)丁母忧间,"检旧稿十之四刊之,其咏史咏物填砌故事者,概未就录"。"性好读唐,署为《唐风集》"②。《鼓山艺文志》收其诗两首。

叶在琮(1862—1928),原名在枢,字乃员,号斗丞,行八,光绪八年(1882)举人,二十四年(1898)大挑二等,候选教谕、会典馆眷录,分发试用知县。

叶在彝(1863—1922),字乃铭,号陶云,大庄长子,行九,江苏候补州判,历充江南道署文案、松江府娄县区官前下盐场查缉所所长。

叶在诚(1864—1933),字乃凝,号贻玖,又号乐西居士,行十,

---

① 中国人民政治协商会议屏南县委员会文史资料编辑室《屏南文史资料》(第2辑),第43页。

② (清)叶在衍撰:《唐风集》,清光绪二十三年(1897)三山叶氏福州林士灿刻本。

光绪十九年(1893)恩科举人,浙江龙头场盐大使。

叶在溍(1864—1900),字乃闻,号味箭,行十二,光绪十七年(1891)举人,内阁中书衔,大田县学教谕。

叶在廷(1869—1929),字乃谨,大遒长子,行二十,光绪二十八年(1902)举人,度支部主事。

叶在坻(1870—?),字乃宛,号绍庚,行二十六,清附贡生,考取第三届知事,分发河南,代理郏县、偃师县署理、池县知事,三等嘉禾章。

叶在汶(1871—1906),字用闾,号希闵,行二十七,清附贡生,光禄寺署正。

叶在樵(1871—?),字乃樵,号田孙,行二十八,清国学生,候选盐知事,历充温州、乐平玉盐税,镇霞关闽盐进口稽征处处长。

叶在鋆(1873—?),字乃明,号子煜,行三十,郡庠生,广东琼海关监督、石门石厘总办。

叶在藻(1875—1901),字乃彬,号肖文,大遒三子,行三十六,清光绪二十年(1894)顺天乡试举人,二十四年(1898)进士,翰林院庶吉士。在京多与父大遒、族兄在琦参加榕荫堂诗社活动。

第五节　叶在馥、叶在钧、叶在畴、叶在宜等专业化知识分子

一、船舶业

叶在馥(1888—1957),字乃芬,大铨次子,行八十三,我国近代造船专家,著名船舶设计者和船舶学教育家。1888 年 2 月 12 日生于广东番禺县。少时求读私塾,15 岁入广东黄埔水师学堂航海科驾驶班,1906 年毕业后到北洋舰队"通济"号练习舰实习。1908 年调至"海圻"舰当见习官,巡行南洋群岛。1909 年被选进京受试,录

取后随筹办海军大臣萨镇冰至英国考察，1912 入格拉斯哥大学攻读造船工程。1914 年第一次世界大战爆发，奉命调至美国纽伦敦监造潜艇。1915 年转入麻省理工学院军舰研究院学军舰设计与制造，1917 年夏毕业，同年秋回国，到海军江南造船所工作。1918 年被提升为技术员，此后曾倾注于川江轮船的设计建造。1920 年任副工程师，设计了隆茂、江庆、新蜀通等船，1922 年任工程师，设计了民元、民本等川江轮。1926 年，掌管江南造船所生产技术大权的英国人摩根退休回国，叶在馥被提升为该所主任工程师兼造船课主任，成为掌管江南造船所的第一个中国人。至 1937 年，共设计完成大小船舶 299 艘。

抗日战争期间，应聘入川，任重庆民生机器厂设计室主任。1939 年升任总工程师，主持设计建造和改造川江客货船 20 余艘，为战时后方运输作出了积极贡献。为培养我国的造船人才，他参与当局筹建国立重庆商船专科学科 。1943 年该校并入重庆国立交通大学，叶在馥任造船系主任，这是我国第一个造船系。次年兼任同济大学造船系主任。1943 年当选中国造船工程学会理事。抗战胜利后，应民生实业公司总经理卢作孚聘请，率领民生机器厂部分工程技术人员回上海分公司，任总工程师，兼任上海交通大学、同济大学造船系主任、教授。1948 年叶在馥设计的我国最大的川江轮"民裕"号建成。1949 年出席第一届全国政协会议，1950 年任大连造船厂建厂委员会总工程师，1952 年回上海工作，任华东重工业部船舶工业局船舶产品设计室技术顾问。1956 年当选第一届上海市人大代表。1957 年 10 月 6 日病逝，葬于上海龙华烈士陵园[①]。

---

① 生平参叶于曦先生提供《叶在馥简历》。又：朱隆泉、孙光二撰《叶在馥：造船巨擘，教育先驱》，王宗光主编《老交大名师》，上海：上海交通大学出版社，2008 年，第 218—226 页。又《中国舰艇工业历史资料丛书》编辑部编纂《中国近代舰艇工业史料集》，上海：上海人民出版社，1994 年，第 916 页。

叶在秘(1889—?),字乃珍,大铨三子,行九十,毕业于湖北汉阳兵工厂机械科。历充广东兵工厂一等校佐,河南开封兵器制造厂工程师,广东军事委员会海军局造舰处少校监造员,国民政府军事厅舰务处造舰科建造股少校股员,广东虎门要塞司令部军械员,粤汉路广韶段机务处工程师,国民革命军第一集团军舰队司令部技术处少校技士。

二、法律界

叶在均(1885—1954),字乃崇,号实斋,行六十八。生于光绪十一年(1885),求学于清京师法政学堂,日本早稻田大学。曾任清大理院书记官,京师地方审判厅推事庭长,京师高等审判厅推事庭长,大理院推事,币制局秘书兼银行法规委员会委员,修订法律馆顾问兼民法起草委员,财政部法律顾问,国立编译馆编译员,主讲《检察制度存废问题》。受聘为北京商业专门学校、北京法政大学、朝阳大学、中国大学、民国大学教授。国民政府司法院第一届大法院司法储才馆导师兼教授,南京中央大学教授,法官训练所教授,宪兵军官讲习所教官,司法官成绩审查委员会专门委员,覆审查律师惩戒委员会委员,首都卫戍司令部法律顾问。1928年12月至1929年6月任国民政府最高法院推事,1930年12月到1932年6月任最高法院庭长,并担任宪兵司令谷正伦的高级法律顾问。1941年11月任高等考试再试典试委员。1942年任高等考试司法官临时考试再试典试委员。抗战胜利后担任最高法院刑事第一庭审判长,审判周佛海、陈公博、诸民谊等案。1949年后曾受时任政务院总理周恩来之邀,因体虚未受职。1954年10月逝世。叶在均是中国法学界最有影响力的学者之一,著有《刑事特别法》(法官训练所编,民国铅印本)、《刑法》(朝阳大学法律讲义十八种之一,朝阳大学编)、《民事疑判》(与林鼎章合编,司法行政部法官训练所编,有民国线装本)、《刑事诉讼法要义》(与叶于绍合编,上海昌明书屋,1947 年)①。

叶在畴(1894—1951),原名在畯,字乃城,行一百零四,福建公立法政专门学校法律本科毕业,江苏、上海地方审判厅推事,吴县地方检察厅检察官,丹徒地方审判推事,福建莆田地方审判厅推事,晋江地方审判厅庭长,龙溪地方审判厅庭长,代理莆田地方审判厅厅长,江苏、上海地方法院推事庭长,江苏高等法院第二分院推事,山东济南地方法院首席检察官,1934 年时任江西南昌地方法院院长,后任贵阳地方法院院长。1945 年 3 月出任最高法院检察署检察官。1946 年 9 月改任甘肃高等法院院长。1947 年 12 月任司法行政部监狱司司长②。

叶在瑜(1873—?),字乃瑾,号稚元,行三十二,清附贡生,浙江候补县丞。福建法政学校毕业,琯头盐局长,高等检察处书记官。

叶在冉(1887—?),字乃垣,行八十,北京法政专门学校法律科毕业,历任山东济南地方审判厅庭长、山东高等审判厅庭长、福建、江西、湖北各高等审判厅推事,福建莆田地方审判厅厅长,京师地方审判厅、河北北平地方法院、上海租界临时法院、江苏高等法院第二分院推事。

叶于佑(1883—1933),字可膺,号仲英,行八,福建公立法政学校毕业,司法筹备处总务科科长,闽侯地方法院检察官,长乐分庭检察官。

叶履平(1894—?),原名于泰,字可廉,号心民,行二十七。福建商业专门学校毕业,历充京兆怀柔、良乡、固安各县公署科员,广西高等审判厅书记官,福建高等审判厅书记官,江西西岸榷运局科

---

① 生平参叶于曦先生提供《叶在均简历》,又:张宪文等主编《中华民国史大辞典》,江苏古籍出版社,2001 年,第 549 页。刘国铭主编《中国国民党百年人物全书》,团结出版社,2005 年,第 366 页。

② 刘国铭主编《中国国民党百年人物全书》,团结出版社,2005 年,第 366 页。

员,国民革命军第三路总指挥部上尉书记官,江西绥靖公署上尉军法官,湘鄂赣三省边区剿匪总指挥部少校执法官。

　　叶在增(1912—1994),字乃腾,号韫斋,叶大华五子,行一百三十七。福州三木坊中学高中毕业,北平朝阳学院法律系本科毕业。南京宪兵教导队中校法律教官,九江法院见习书记官,江西省高等法院书记官,江西省保安团政训班学员、政训处科员、秘书,保安十一团第二大队五中队政治指导员。叶在增所在的江西省第十一保安团和第三保安团,奉命阻击日军,掩护薛岳、张发奎两大兵团安全转移,然后退守庐山,牵制日军西进。第十一团团长胡家位要求全体官兵:"抱必死之决心,以保护主力部安全转移。"两个保安团退守庐山后,在日军的重重包围封锁下,孤军坚守庐山。1939年春突破日军封锁,辗转在赣西北绵亘数百里的深山老林中,于8月中旬抵达泰和。不久,叶在增被任命为江西省第十行政专员公署兼纵队司令部书记官,江西省保安处上尉科员,江西省行政干部训练团学员,信丰县教育长,定南县教育长,并任教于大余师范学校,上犹县继春中学。抗战胜利后任国防部审判战犯军事法庭上校军法官。他作为当年南京审判日本战犯军事法庭法官之一,先后审判日本战犯100多名,其中最著名的有南京大屠杀案的元凶——日本侵华第六师团中将师团长谷寿夫、华北司令酒井隆、华北方面军参谋长高桥垣、日本海军中国舰队海军司令福田良三、日本派遣香港的总督矶谷廉介、侵华日军总司令冈村宁次等以及较多的日本宪兵队长、特高课长。如上海的崇明"二虎"和浙江嘉善的"嘉山之虎"——松本洁等,还提审过臭名昭著的川岛芳子。叶在增不仅是南京大屠杀首恶谷寿夫案的承办法官,而且还是《战犯谷寿夫判决书正本》的拟稿人。1949年后历任九江市机关干部补习学校代课教师,武宁县清江乡仓库保管员。一度无业拉板车送煤,至江西制氧厂子弟学校、九江一中任代课教师。后任江西省人民政府文史

96

馆馆员,九江市政府参事室终身参事,九江市第七、八、九届政治协商会议常务委员。1994 年 4 月 2 日卒①。

三、军事领域

叶在熿(1891—?),字乃煌,行九十五,天津陆军军医学校毕业,陆军第十四混成旅炮兵营军医长,福建陆军第二师炮兵团副军医官,福建陆军第二师漳州分医院院长,福建陆军第二混成旅军医处处长,陆军第六混成旅军医处处长,国民革命军第十八军第三师军医处处长、第十七师军医处处长,陆海空军总司令部兵部总干部卫生处副处长,陆海空军总司令部江西路兵站监部卫生处处长,驻赣特派绥靖主任公署上校参议,军政部第二重伤医院院长,军政部第十五陆军医院院长。

叶在翰(1886—1923),原名在垌,字乃臧,行七十四,清邑庠生,浙江候补盐大使。福建军需学校毕业,福建陆军十一混旅少校军需长。

叶在毓(1886—?),字乃秀,行七十六,二等军医正,国民革命军第五路总指挥部军医处处长。

叶在瑞(1887—1913),原名在璲,字乃祥,行七十八,保定军官学校北京陆军军需学校毕业,陆军步兵科中校。福建省立农业商业暨各业学校教员,陕西陆军第一混成旅见习官,国民革命军独立第四师粮服股股长参谋,十一军二十四师司令部参谋。军事杂志社少校编纂委员,财政部税警总团司令部中校参谋。惜英年早卒。

叶在黼(1893—1913),字用新,行一百,广东海军学校工业班毕业,通济军舰见习生,民国二年殉职,通济军舰晋职海军中尉。

叶在廖(1896—?),原名在搏,字乃颂,行一百零九,国立北京法政大学法律本科毕业,历充农工部主事,农商部佥事、编辑处主

---

① 生平参叶于曦先生提供《叶在增简历》。

任,河南印花税处会办,平绥铁路局课员,兼职工委员会委员、平绥路特别党部委员,河北印花税处总局检查主任,天津市营业税征收处调查长,兼征榷主任、评议委员会事务主任,中国大学教授,交通部邮政局秘书,绥远全省烟酒事务总局秘书主任兼第一科科长,总稽查长兼代局长,陆军第五十五军司令部少将秘书长兼军需处长。

叶于飞(1884—?),字可鸣,行九,荐任职,历署平潭县、顺昌县知事,代理海澄县知事,奉天警官补习所教务长,内务部警官学校管课主任兼教授,海军舰队驻京办事处秘书,海军陆战队第一混成旅军法长。

四、岭南派画家叶在宜

叶在宜(1896—1968),号少秉,后以号行,大铨五子,行一百零十,生于广州番禺县。少时求读私塾,后入广州市立师范学校,曾任广州市第廿一国民小学、第八高等小学、佛山小学、季华女子学校教师,佛山商业学校校长。好绘画,师从天风楼主高奇峰,是岭南画派重要画家,与赵少昂、容漱石、周一峰、何漆园、黄少强共称"天风楼六弟子"。少秉专花鸟虫鱼,工于写生,"用笔沉雄,纵横恣肆",代表作《柳鹭》、《画荷》均获国际大奖。后迁往香港,于私立学校任教,并与天风七子之一何漆园在香港设岁寒画社。1952年回大陆后在广东省文史研究馆当馆员,任广东省政协委员。1958年完成三十丈巨画百花手卷。60年代初期,支持创办广州市文史夜学院,并担任中国画花鸟课程。1968年病逝,葬于广州市革命公墓①。

五、经济、财政及其他

叶在扬(1861—1908),字乃显,号显廷,行七,清五品衔,江苏

① 生平参叶于曦先生提供《叶在宜简历》。又:冯有权《岭南派画家叶少秉传略》,中国人民政治协商会议番禺县委员会文史资料研究委员会编《番禺文史资料》(第5期),1987年,第159—163页。

候补县丞。历充广东鱼雷局、江苏苏州中西学堂高等学堂测绘、天算、法文等教授，著有《度量衡新议》一卷，清光绪三十一年（1905）石印本，北京大学图书馆藏。

叶希先（1874—?），原名在沂，字乃曾，号义仙，行三十三，清五品衔，候选盐大使。民国分发两广，任用盐知事，历任广东督配总局、海陆丰运销局、平柜运销局局长，平南运销缉私总局总办，福建盐务专员，诏浦盐务监督，湖南盐务统捐特派员，湖北鄂岸榷运局副局长，扬子总栈栈长。

叶在纶（1879—1928），字乃常，行四十八，清邑庠生，福建印花税处科员，财政厅科员，穆源区警察所所长。

叶在枚（1881—1924），字乃干，号实丞，行五十四，清五品衔，广东候补县丞。按察司狱监狱学校毕业，民国记名荐任职任用，历任广东大洲场、乌石场知事，甲子关廉州关总办。

叶在畲（1882—1943），字乃菑，伟昌曾孙，大瑄长子，清郡庠生，日本明治大学商学士，福建省议会议员，财政厅交代主计股股长，福建商业学校校长。有《罗山咏事诗》一卷①，多咏时事之作，如《避乱辞（辛亥九月福州光复）》、《制置府》等，记录福州革命前后情况，可资史料之考。

叶在玑（1883—?），字乃搏，号敏斋，行五十八，福建印花税处科员，福建全省水上公安局督察员。1934 年负责再修《三山叶氏族谱》。

叶在畯（1884—?），字在畇，行六十三，福建全闽高等学堂修业，日本同文学校毕业。后任闽侯砖瓦捐局局长，福建财政厅厘金股抵拨股科员，福建全省茶税总局股员，盐运使署科员，福清江阴公安分局局长。

叶在壬（1886—?），字乃璠，号杰，行七十三，日本明治大学商

---

① 叶在畲《罗山咏事诗》，1962 年传抄本，福建省图书馆藏。

学士。

叶在滇(1893—?),字乃昆,号真源,又号澄秋,行九十九,云南高等学堂、上海美术学院毕业,南京民国大学铁道科修业,全国经济委员会筹备处技术股股员,福建泉州党政军民联欢社总干事,福建晋、惠、溪、同四县屠宰税局总稽查,同安县屠宰税局局长、牲畜营业税征收所所长。

叶在稷(1894—?),字乃穀,号怡庵,行一百零三,福建高等学堂毕业,北京东方时报编辑,北京五点钟晚报、中国通讯社天津新闻编辑,北平民言报社会晚报总编辑,吉长铁路局总务处办事,北平全民报总编辑。

叶在泽(1898—?),原名在畎,字乃勋,行一百十三,福建全省水上公安局课员,福建高等法院书记官。

叶在铤(1898—?),字乃伟,行一百十五,交通大学、北京铁路管理学校毕业。四郑铁路车务科办事,派往南满铁路练习,历充四洮铁路车务处科员,钱家店开通四平街洮南各站站长,车务第四分段长兼车务传习所教务长,京汉铁路车务段长,浦信铁路督办公署秘书,沈海铁路事务课长、代理车务处处长,吉长铁路文书课长兼总务处长、代理局长。

叶弼(1879—?),原名于弼,字可基,号伯奋,行二,日本商学士,交通部科长。

叶于纲(1882—?),字可常,号明谛,行五,清郡庠生,福建高等学堂福建公立学校别科毕业,清理财政局科员,通津小学校校长,福建财政厅调查员,闽侯地方审判厅书记官,福建省长公署科员,福建民政厅科员。

叶于绥(1884—?),字可安,行十,清国学生,广东方言学堂毕业,第二届考取县知事,分发浙江。历充丽水统捐局长,吉林吉长铁路管理局科员,沈阳奉山铁路管理局科长。

叶于沅(1887—?)原名于銮,字可立,在琦长子,瑞士罗山大学毕业,商科学士,福建建设厅第三科科长,曾与林纾合译法克里孟索的《膜外风光》。

第六节　叶氏家族兴衰沿革之启示

叶氏家族自叶观国乾隆年间兴起,经四代至"大"辈再现了曾祖"申"辈的科举辉煌。其中进士8人:大同、大焯、大涵、大逎、大烜、大琛、大华、大章。举人10人:大湜、大泳、大钦、大熻、大庄、大久、大杞、大钊、大鋆、大瑄。观国五子登科,云滋六子大同、大湜、大泳、大熻、大焯、大涵登科。大焯入翰林,多次掌试事,任学政,官职几乎与叶氏之祖观国相同。大庄才名早盛,著作等身。此时的叶氏与福州其他家族的联系加强,叶氏家族出现了第二个高峰,进一步巩固了叶氏作为福州世家大族的地位。时鸦片战争已经爆发,中国进入半殖民地半封建社会,近代化的进程已经拉开。作为传统的文化家族,这一代人走的仍是勤读诗书以科举入仕的道路,谨慎的家族教诲也使他们在近代化进程中稍显落后。然而时代毕竟发生了巨大的变化,异族入侵,国家的生死存亡与个人命运息息相关,与叶氏家族关系密切的人中也不乏时代的先进者,如林则徐。这个传统家族也开始接受新事物,甚至参与其中。叶大庄中年入张之洞幕府,参与洋务活动,晚年资助汪康年办《时务报》,关心陈季同、陈衍所办的《求是报》。从他们的变化中又可折射出时代的变化,如叶大章(1860—1925)由科举出身,其一生官职由前期的知县、文案到中期的各种委员、知事、秘书,再到晚期的官产处坐办、印花税处长、航空署、铁路办、外交部等秘书。叶大林、叶大澂等一生所历官职均变化明显。而叶大镠(1869—1917)毕业于广东法政学校,后任检察官、书记官,是叶氏中第一个进入近代专业化学校者。

伴随着子孙众多,近代化转型,人口流动频繁,至"在"辈叶氏各支发展不平衡,联系已不如父辈密切。有一些仍居省城,家族名声仍显,如叶在琦与陈宝琛、邵积诚、林炳章(林则徐曾孙)被称为当时福州四大家族①。有一些则衰落,如居福州南郊阳歧的一支,大庄逝后,其家骤落,玉屏山庄被卖。易顺鼎《见叶临恭写经斋诗追念旧事感赋示陈木庵》云:

> 挑灯重读写经诗,欲向天涯一哭之。华表归魂君已鹤,泥涂曳尾我方龟。却从蓬累偷生日,转忆苫庐誓死时。满目海山波沨沨,抱琴去访水仙师。

陈书《追和实甫同年有怀临恭见示之作》:

> 始终不合坐谈诗,君学渔洋,余初不谓然。厚爱扪中想见之。同居一方,大暑祁寒,未尝三日不见过。故里宅迷王榭燕,园池竹木今皆易主。小园床伏子山龟。人生到此宁论道,君见诋愤极,辄置日无道。薄宦如君未失时。乙未丙申之间,大府怜才,君亦异常感奋。惟有哭盦还念旧,刺船竟去塾吾师②。

两诗当作于大庄逝后不久,非隔多年而作。由"园池竹木今皆易主"可知玉屏山庄已非归叶氏。陈衍《石遗室诗话》载:"严氏则几道(复)久客于外,令子伯玉(璩)以三千饼金典叶氏玉屏山庄,小住又去。"严复曾购置一宅为三子严叔夏举办婚礼处。其余却不知

---

① 《我所知道的陈宝琛》,中国人民政治协商会议福建省委员会文史资料委员会《福建文史资料选辑》(第5辑),福建人民出版社,1981年,第75页。
② 两诗均见易顺鼎著,王飚校点《琴志楼诗集》(下),上海古籍出版社,2004年,第903页。

易给谁人。谢章铤《校阅余话》则载：

> 一日，有书贾以旧藏十数种来售予，视之，皆叶氏物也。惊问之，则云：叶家骤落，资产皆以抵债，即书籍亦皆散失。予为之泫然，几至失声。回念往事，作两绝以写予哀："曾寻福地乐三余，穿穴书堆作蠹鱼。我羡石林工点勘，大男才调冠吾徒。与端有《校书日记》十余卷，临恭诗笔近韩孟。今父子皆作古人矣。""宅置江乡隔市廛，心清常到古人边。咸丰初，闽大乱，与端迁阳歧江上，独得安居。然其父子亦相继出山矣。那知一瞬沧桑梦，不及四十年。邺架飘零满眼前。"

大庄卒于 1898 年，谢章铤逝于 1903 年，短短不过两三年时间，叶氏便家道中落，后人以典卖书籍资产抵债，叶氏几代辛勤经营的藏书流失殆尽，玉屏山庄亦易主，正是"物是人非事事休，欲语泪先流"，诚让人心痛，可叹可泣也！

叶氏家族有一些离开福建，移居他省。在各种介绍叶在馥的文章中均言其为广东番禺人，个别注明"祖籍福建闽侯县。"在馥、在宜兄弟为五房申苞一支后裔，其父为叶大铨（1855—1931），祖父叶滋熊，曾祖叶栋昌为申苞三子。同支中的叶大琛，其父滋纯，本为栋昌次子，滋熊之弟，后承嗣栋昌二兄荣昌。在叶大琛的会试硃卷履历中，其籍仍为"闽县"，可见本支滋字辈仍居福州。据叶氏后人叶于曦①所言，叶滋熊于清咸丰、同治年间携夫人及子女同往江西瑞金县、宁都州赴任知县、知州，后长子叶大铨赴广东任龙川十一都司、连山宜善司、顺德都宁司巡检，携父母及弟大镠同往。叶

---

① 叶于曦（1941—），字可鞠，五房申苞后代，在开之子，出生于四川省重庆市，毕业于上海交通大学船制系，中国船舶及海洋工程设计研究院高级工程师，上海科学院院长助理，2001 年起先后任上海市徐家汇工程师学会副理事长、理事长，现任上海新创船舶科技发展有限公司技术总监。

滋熊卒后葬于广州,是后大铨、大谬及后人仍以大家庭形式共同生活。这是三山叶氏中较早脱离福州的一支。

"在"辈活动主要在光绪、宣统及迈入民国时期。欧风美雨已逐渐来袭,西方文化传入,传统人才结构和流向发生了根本的变化,更多的叶氏后代进入专业化学校,如法政学堂,水师学堂等,进入了教育、法律、工商、船政、科技等各领域。有些人甚至走出国门接受西方教育,叶在畬入日本明治大学攻读商学,叶在馥留学英美,是中国近代著名造船专家;在钧、在畴是法学界泰斗。女性也出现在族谱的"于"辈中,这是时代思潮变化在个体家族的折射。如果说以大焯、大庄为代表的叶氏仍是封建家族,以大章、大林、大镠等"大"辈以及"在"辈的长者在琦为代表的叶氏处于转型期,那么以在畬、在馥、在均、在畴为代表的叶氏已开阔了视野,活跃了思维,已是近代型知识分子,并推动了中国近代社会的进程。只有与时俱进,融入时代社会的潮流才不会被遗弃,才能发展。个体如此,家族如此,民族亦如此!

尽管如此,这种转型并不代表着对传统的遗弃,叶氏家族的文化传统积淀仍是相当浓厚的,叶氏后辈在文学、书法、绘画上仍颇有成就。《中国美术家大辞典》收入叶氏家族仅"大"字辈者就有大同、大华、大观、大章、大烜、大涵、大琛、大焯、大遒 10 人[①]。大遒、在藻、在廷等多参加闽省以及京城福建士子的文社活动。在琦不仅是福建近代著名的教育家,也是同光体闽派的诗人,并入祀福州西湖宛在堂诗龛。在宜(少秉)为岭南派重要画家。在衍有诗集《唐风集》。在畬 t 攻读商学,亦好吟咏,有《罗山咏事诗》行世。笔者在与叶氏后人的交流通信中也深深体会到其深厚的文化修养。可以说,丰厚的文化积淀作为传统仍留存在叶氏家族的后代中。

---

① 赵禄祥主编《中国美术家大辞典》(上),北京:北京出版社,2007 年,第 246 页。

下编：文学研究

第四章　叶观国及叶氏诗学研究

第一节　《绿筠书屋诗钞》的基本风貌

　　叶观国《绿筠书屋诗钞》现存十一卷和十八卷两种版本。十一卷本为乾隆年间稿本,存于福建省图书馆,所收诗至乾隆四十四年(1779)六月,是时叶观国60岁。十八卷本为乾隆五十七年(1792)刻本,四册,福建省图书馆、福建师范大学图书馆、国家图书馆均藏,《续修四库全书》第1444册,《四库未收书辑刊》第10辑第15册又收入。卷十二起于乾隆四十四年(1779)七月,首诗为《刻诗钞成因追怀饶霁南吴云岩沈钦伯三同年二首》,可知十一卷本为叶观国是年手自编定付印,蒋士铨于次年为之作序。又有署“清同治光绪间刊本”一册,福建省图书馆藏,当依十八卷本再刊刻,然仅存1—5卷,未全。卷十七系年至观国逝去的前一年乾隆五十六年(1791),卷十八未系年,然据诗意可推知为观国末年所作。叶申蒆等撰《毅庵府君行述》云:“尝自删削为《绿筠书屋诗钞》十八卷刻成。”又记观国逝去前,“部署后事,一一如常时。易箦时,无一语及他,惟谕不孝等以诗集中第某卷第某字未妥,令改易之”。可知,十八卷本的后七卷仍为观国亲自整理,其逝后,其子补入十一卷本并于同年即付刊印,本文研究依此本。

"绿筠"为观国书斋名，因爱竹，故名之。卷八《题李咸丰上舍岩竹图小像》云："我性苦爱竹，书斋署绿筠。"自注："余家小斋名绿筠书屋。"又云："乞得东邻栽，种向北牖亲。再期根叶遂，一一翠阴新。坐我碧纱窗，岸此乌角巾。都忘五月暑，况识六街尘。自从辞故园，倏度四岁春。时时入我梦，平安报莫申。"此诗作于乾隆三十七年(1772)，叶观国丁父忧服除还京后四年，为李光垣题《岩竹图》而回忆故园。可知绿筠书屋非在京书斋，而是在闽省书斋。

《绿筠书屋诗钞》十八卷共收诗 1089 首，分集系年，除卷十八外，各卷首均以小字注明写作起讫时间，为说明其创作情况与生平经历，列表如下：

卷数卷名	起讫时间(乾隆年间，原以干支纪年)	年龄及主要经历	诗作数量	备注
卷一《台江集》	起十二年(1747)，讫十五年(1750)。	28 岁—31 岁，中进士前。	79	"台江"为福州地名。唐代王审知入闽，在福州筑夹城，登南城翘望，有台临江，因名。以此命集，盖表出身之地也。
卷二《瀛洲集》	起十六年(1751)，讫二十一年(1756)。	32 岁—37 岁，中进士入翰林，授编修，升武英殿提调官，其间出典河南、湖北乡试。	36	瀛洲，原指传说中的仙山。《新唐书·褚亮传》载，唐太宗为网罗人才，设置文学馆，任命杜如晦、房玄龄等 18 名文官为学士，轮流宿于馆中，暇日访以政事，讨论典籍，又命阎立本画像，褚亮作赞，题名字爵里，号"十八学士"。时人慕之，谓"登瀛洲"。以"瀛洲"命集，含有受朝廷眷顾感恩之意。

续表

卷三《滇南集》	起二十一年（1756）十一月，讫二十四年（1759）。	37岁—40岁，任云南学政（三年）。	44	"滇南"即云南。
卷四《瀛洲二集》	起二十五年（1760），讫二十七年（1762）九月。	41岁—43岁，在京为官，其间曾典湖南乡试，升赞善，并任顺天乡试同考官。	47	
卷五《岭右集》	起二十七年（1762）十月，讫三十年（1765）六月。	43岁—46岁，任广西学政。父逝，自广西急归里。	82	"岭右"指广西。
卷六《垂橐集》	起三十一年（1766），讫三十二年（1767）。	47岁—48岁，丁父忧家居。	36	"垂橐"，垂着空袋子，谓空无所有之意。以此名集，有感慨无可作为之意。
卷七《瀛洲三集》（上）	起三十三年（1768）三月，讫三十四年（1769）。	49岁—50岁，服除还京，补官后充教习庶吉士。	104	
卷八《瀛洲三集》（下）	起三十五年（1770）至三十七年（1772）五月。	51岁—53岁，在京为官，曾出典云南乡试，后又任会试同考官。	70	

卷九《循陔集》（上）	起三十七年（1772）六月，讫三十八年（1773）。	53岁—54岁，请急回籍福州侍奉母亲。四库馆开，应巡抚余文仪聘请，任福建省局总校。	44	《诗·小雅》有《南陔》篇。《毛传》谓："《南陔》，孝子相戒以养也。"其辞失传，晋束皙据毛传为之补作。《文选·束皙〈补亡诗·南陔〉》："循彼南陔，言采其兰。眷恋庭闱，心不遑安。"李善注："循陔以采香草者，将以供养其父母。"后因称奉养父母为"循陔"。
卷十《循陔集》（下）	起三十九年（1774），讫四十年（1775）十月。	55岁—56岁，母逝，丁忧家居。作《榕城杂咏一百首》。	137	
卷十一《炳烛集》	起四十一年（1776），讫四十四年（1779）。	57岁—60岁，往泉州主讲清源书院，前后四年。返榕期间参与福州"读书社"活动。自编诗集十一卷付印。	101	汉代刘向《说苑·建本》："晋平公问于师旷曰：'吾年七十，欲学恐已暮矣。'师旷曰：'何不炳烛乎？……臣闻之少而好学，如日出之阳；长而好学，如日中之光；老而好学，如炳烛之明。炳烛之明，孰与昧行乎？'"后以"炳烛"比喻老而好学。以此命集，有勉励自我之意。
卷十二《瀛洲后集》	起四十四年（1779）七月，尽四十五年（1780）一年。	60岁—61岁，入都补官后奉命以原衔充日讲起居注官。	82	

续表

卷十三《得槐轩集》	起四十六年（1781）二月，讫四十八年（1783）五月。	62岁—64岁，受命以侍读学士入值尚书房。	31	古以"槐宸"指皇帝的宫殿，以"登槐"指登上三公宰辅之位。历代的国子监内外都广植槐树，亦以"槐市"指国子监。以"得槐轩"命集，有进一步深受皇恩的自得满足感。
卷十四《蜀道集》	起四十八年（1783）六月，讫九月。	64岁，出典四川乡试。	26	
卷十五《江左集》	起四十八年（1783）九月，讫五十一年（1786）。	64岁—67岁，任安徽学政（三年）。	28	"江左"指安徽。
卷十六《得槐轩后集》	起五十一年（1786）十一月，讫五十三年（1788）九月。	67岁—69岁，返京依原职为官。	53	
卷十七《人扶集》（上）	起五十三年（1788）九月，尽五十六年（1791）。	69岁—72岁，请假一年回里省视先茔。假满，以足疾乞致仕。	69	"人扶"谓年老。
卷十八《人扶集》（下）	原未系年。	72岁—73岁，九月逝。	20	

由于《诗钞》经观国生前手自编定，整体风格还较统一。卷一《台江集》为中进士前青年时期作品，基本特点已显现。总体说，《绿筠书屋诗钞》有以下特点：

一、题材上，多记游诗与题赠酬唱诗。

《诗钞》中的记游诗以游历或宦迹为线索，清晰地展示了诗人行踪及为宦经历。不管是青年时期的游历，自闽县赴京，或为官后出典乡试，任学政时按试各郡，或山水或访古或当地风土，多有吟咏，这类诗往往直接以地名或古迹为诗题，几占《诗钞》三分之一。卷一《台江集》多记青年时期的游历，如《春暮同人登钓龙台》、《钱塘怀古》、《渡扬子江》、《维扬舟次杂咏八首》等，江苏高邮、安徽当涂太白酒楼、江苏无锡惠泉、苏州虎丘、江西南昌滕王阁、庐陵文天祥墓、鄱阳湖南康爱莲池、湖口县石钟山、庐山、九江、琵琶亭等均入诗题。卷三《滇南集》几乎所有诗题都有地名，展示了诗人由湖北赴云南，以及云南学政任上按试各郡路途所历。卷五《岭右集》多以广西地名为题。卷十四《蜀道集》26首俨然为四川游记系列。卷十五《江左集》则多安徽地名或古迹。其他如《瀛洲集》中记出典湖北乡试沿途所经，《瀛洲二集》中记出典湖南乡试路途所历。叶观国创作的高峰期多集中在出典乡试或外任学政的路途中，或登山临水，或闻古迹历史，或睹风俗民情，乃至途中因风雨难行或自身疾病事件均入诗。可以说，"路途中"是叶观国诗歌创作的一个基本情境，而路途中的所见所闻所历则成为其诗歌创作最直接的来源。

题赠唱和诗是叶观国诗歌创作中的又一主要部分。如果移除含有地名、古迹、风土的记游诗，那么《诗钞》几乎相当于一部题赠唱和诗集了。这类诗有三百多首，往往以"赠""酬""呈""上""简""次（韵）""奉和""题""奉题……画像""同……作""寄送""寿""赋谢"等为题，其中仅为他人画像题诗就有一百多首。特别自乾隆三十二年(1767)服除入都后,随着交游的扩大,题赠唱和诗作骤增。卷七《瀛洲集》仅人物题画诗就有26首。卷十《循陔集》(下)除《榕城杂咏一百首》外均为他人创作的诗作。卷十六《得槐轩后集》则附录了入值尚书房与皇十一子永瑆及其他官员的消寒唱和诗32首。

叶申菜等撰写的《毅庵府君行述》言叶观国的诗歌:"上自铺扬盛典、容颂神功、鸾辂赓歌、虎帱属咏以及星轺官道、云物家园、抒景言情,不下数千首。"诚然,《诗钞》内容比较庞杂,上自国家大事,如乾隆二十年平定伊犁,二十六年平定回部大小和卓木叛乱,观国有《圣武远扬平定伊犁大功告成恭成》(卷二)、《平西诗二十章》(卷四)颂扬战功等。他如以"赴吏部恭候……""奉命""恩恭赋""恩述"为题的记授官、上任、奉命典试之作以及读书咏史、感怀悼亡亦多,以至目昏、疟疾、耳鸣,咏物如火盆、矮几、挂瓶,昆虫如黄蜂、蟋蟀等均入诗题。但总体说来,重记游及酬唱的题材倾向却是明显的。

二、体裁上的有意尝试。

除传统的五七言绝句和律诗外,叶观国有意尝试各种体裁。《维扬舟次杂咏八首》、《大理杂咏十首》、《永昌杂咏八首》、《柳枝词二首》、《郁林杂咏五首》、《榕城杂咏一百首》等以竹枝词的形式咏风俗民情。拟古诗有《拟古二首》(卷一)、《拟古辞》(卷二)、《古别离曲》(卷八)。乐府歌行体有《邪许行》(卷五)、《铜盆歌》(卷十一)等;《秋斋集诗十二首》(卷一)、《秋日集诗十首》(卷七)以集诗的形式论诗记事抒怀;《哀屈吟》(卷十一)则以楚辞体的形式抒发对屈原的悼念之情。此外,更有三言诗《五杂俎九首》(卷五)和六言诗《秋院闲吟》(卷十二)。以下举例分析,如《拟古辞》:

饥不啄腐鼠肉,渴不饮乌头汁。乌头乍可吞,腹溃肝摧嗟何及？人生腰领亦足怜，蔓菁脆骨难重联。卢仝诗："脆骨有似春蔓青"。短布单衣，可以御寒。蓬头厉齿，聊喜团圆。好马虽云多，不能骑两匹。胡椒八百斛，啖用何年毕？东怜鹤盖晓盈盈，博士方裁剥啄行。

诗表达一种纵使穷困中亦不同流合污，减却志向的高洁之态和安贫乐道的生活态度，起句是坚决的否定，再是毫无疑问的反问，情感力度掷地有声。这种坚决的情感表达在叶观国诗中是较少见的。

再如《邪许行》：

> 撑舟上水如上天，进难退易停滩前。凭仗双篙作手脚，齐声一力争登先。初如鹤啄腰折磬，终作马踏身仆舷。岂无长缆不得用，一丝袅袅层崖巅。破衫汗浃风已凛，秃鬈霜染贫谁怜。问渠岂不惜筋力，受佣已得官家钱。只伤蚕作尚枵腹，敢惮效命从赪肩。官人梦回一欠伸，只嫌邪许声闻喧。

此诗作于广西学政任上，因途中积雨难行而见纤夫劳作之苦。此诗摹拟乐府古诗，又自创新题。"邪许"，本为拟声词，为劳动时众人一齐用力所发出的呼声，传达出众多纤夫拉纤的场景。诗先对雨中拉纤艰难进行直接表述，次云纤夫之努力，后以"鹤啄腰折磬"、"马踏身仆舷"比喻纤绳下纤夫弯曲的身形，再描绘一个凛风中身着破衫的白发贫老纤夫的形象，接着以对话揭开"受佣已得官家钱"，最后用从梦中醒来呵斥纤夫的官员形象与纤夫的劳作形成强烈的对比，表达出对纤夫艰难劳作的深切同情和对压迫纤夫官员的愤慨。两汉乐府诗多有此类"饥者歌其食，劳者歌其事"的作品，此诗是叶观国一千多首诗中难得一见直接以下层劳动人民疾苦为内容的诗作,意义也难得,其选择乐府歌行形式并非偶然。

再看《五杂俎九首》:

> 五杂俎,绣衣裳。往复还,江上航。不得已,离故乡。
> 五杂俎,金车裀。往复还,古渡津。不得已,逢恶人。
> 五杂俎,清溪石。往复还,大道驿。不得已,见俗客。
> 五杂俎,绮罗縠。往复还,转碌碡。不得已,修边幅。
> 五杂俎,花蝴蝶。往复还,长廊屟。不得已,乞米帖。
> 五杂俎,上林花。往复还,宫中鸦。不得已,在人家。
> 五杂俎,旌旗闪。往复还,回纹簟。不得已,转笑脸。
> 五杂俎,铜山铜。往复还,汲水筒。不得已,称老翁。
> 五杂俎,流苏结。往复还,谮妇舌。不得已,犯风雪。

"五杂俎"是杂体诗的一种。严羽《沧浪诗话·诗体》:"论杂体,则有风人、藁砧、五杂俎(原注:见乐府)、两头纤纤、盘中、离合,虽不关诗之重轻,其体制亦古。"[1]本是乐府古题,反映战士对战争的厌倦情绪,是三言诗的代表之一[2]。叶观国此诗为仿作,结构上三言六句,奇句沿用成句。在表意上成句"五杂俎"为诗体标志,但"往复还"与"不得已"则参与表意。九首诗以组诗表达离乡游宦在外遇到的种种不如意,传达出一种惆怅和无可奈何的情调。

《秋院闲吟三首》则是一组六言诗:

> 绕砌虫声唧唧,流空璧彩粼粼。四年澂圃如昨,书院旧为施氏澂

---

① 严羽著,郭绍虞校释《沧浪诗话校释》,人民文学出版社1983年版,第100—101页。

② 参杨琳《从五杂俎诗到杂俎文———谈杂俎体诗文的发展过程》,《古籍整理研究学刊》,2006年第4期。

圃别业。一院秋光又新。

无日有风茂树，少尘多水清池。寂寞此时不免，萧闲他日方知。

西园爱客人少，南浦别君感多。不是归云无那，重新出岫为何。

此诗作于泉州清源书院时期，观国此年 60 岁。首句以动衬静，描绘出一幅寂静清冷的秋夜虫声图，奠定了悲伤惆怅的情感基调。再言节序如流，在书院已度过四年时间，澂圃如昨，秋光依旧，人却在时光飞逝中老去。虽萧闲却不免"寂寞"，景与情的融合十分自然，末句在表达重新入朝期望时又传达出一种淡淡的惆怅和迷茫的意绪。

这些尝试在《诗钞》中只是偶尔出现，但与整体风格相比，显得新颖独特，颇值得注意。

三、形式上，多组诗。

《诗钞》中二首至四首的组诗有 130 组，五首至七首的组诗有 21 组，八首至十首的组诗有 12 组。而十一首以上的组诗有 7 组，分别为《秋斋集诗十二首》（卷一）、《奉命典试滇南道中杂咏二十首》（卷八）、《榕城杂咏一百首》（卷十）、《秋斋暇日抄辑汉魏以来诗作绝句二十首》、《和曹中丞习庵（仁虎）寒斋十二咏用元韵》（卷十二）、《消寒唱和诗三十二首》（卷十六）、《杂诗三十首》（卷十七）。以组诗写诗可谓叶观国的习惯表达。

叶观国写组诗，有时是唱和的需要，如《八虫诗和郑明经慎人（王臣）作八首》分咏黄蜂、蝴蝶、蝉、蛙、蜻蜓、萤、蜘蛛、蟋蟀。《消寒唱和诗三十二首》辑录了自己入值尚书房时期每年冬的唱和之作，均以"赋得"为题，后云"限某字"，如《赋得米心雪（限心字）》、《赋得太平鼓（限声字）》，基本为命题咏物之作。这类组诗虽在同一题下，但只是平行排列，内容又偏琐碎，多形象有余情感不足。

以组诗形式写诗，更多是为拓展诗歌的表现容量，充分地展现描述对象，表达观点及抒写情感。其组诗最成功的是风土杂咏诗。《榕城杂咏一百首》百首绝句或记榕城文物胜迹，或记佚闻旧事，或记民俗民风及闽地物产，内容十分丰富。《题台海见闻录十首》、《大理杂咏十首》、《郁林杂咏五首》记台湾、云南、广西等地风物民俗，多侧面反复吟咏。《秋斋集诗十二首》、《秋斋暇日抄辑汉魏以来诗作绝句二十首》则是论诗诗，一一评价历代诗歌及得失，非组诗不足以表达。

组诗也有利于抒写回环往复的情感，表达复杂矛盾的心态，如《客怀六首》（卷七）：

（一）客里时时问盎储，几回弹铗叹无鱼。正平但自从文举，钟毓何曾识魏舒。晚倚清风修笛谱，闲消长日勘医书。窗前飘荡杨花影，自笑生涯欲类渠。

（二）帘阁凉生雨气新，绿阴青子景宜人。客从昨岁投三馆，夏入今朝又六旬。纂纂枣花垂屋重，田田荷叶贴波匀。近传到处飞甘澍，好为蛮乡洗战尘。时方征剿缅甸。

（三）筋力初衰辈行陈，逢迎懒慢岸冠巾。眼中高树垂垂老，塞上晴云片片新。犀首正当无事日，押衙空作有心人。晚来洗盏邀明月，花似红妆草似茵。

（四）闲来辜负好年华，折脚铛边自煮茶。八尺风漪新事业，一盂荬粥旧生涯。拳毛久已惭骐骥，袖手谁从别镆铘。剩有雄心托何处，渔阳三弄醉余挝。

（五）东华重到踏松红，壮岁风光昔梦中。海燕寻春同社散，林鸟觅树旧巢空。余旧有寓宅在宣武门外，今已售他姓矣。因缘休问三生石，意绪浑怜半死桐。郭、孙两宜人久皆谢世。洗足掩门奚何事，年来弥勒一龛同。

（六）作茧悠悠未有期，蓼虫食苦许谁知。心如风悬初降日，身似江舟不系时。成佛已惭灵运后，学仙终笑远游痴。<small>吴远游，北宋人，屡见东坡诗集。</small>尚余一着昂藏处，待策吟功替左司。

这组诗写于 50 岁任教习庶吉士时，此时较清闲，景物虽悠然，但是多病感伤，自感身世如杨花无处着落。年光已老，"逢迎懒慢"。少壮雄心消磨尽，忆两位逝去的妻子，倍增感伤，甚至萌生求仙问佛之心，带着对一生回顾的意味。诗中反复抒写落寞孤独，百无聊赖，无所作为的惆怅，是显示叶观国中晚年心态的重要作品。

组诗的形式也使抒情的诗歌带上叙事的色彩。如《奉命典试滇南道中杂咏二十首》，从首诗的"踟蹰驱轻传，透迟宿近郊"叙离开京城出发；次首的"昨夜黄村雨，徐河水乍肥"记途中遇雨；第三首"晓上天宁阁，高临鼓子墟"标明路途；再至最后记到达云南时"登麓星初落，下山日已昏"，宛如以《云南行》为题的日记，步步写来。

四、题注与诗注的广泛运用。

《诗钞》中有大量的诗注，可分为题注与诗中注。题注有交待地理位置的，如《宿万年庵次吴荆山宗伯韵》注云："地属蒲圻县。"《望华亭》注云："在青阳县，望九华山如咫尺。"有进一步交待人物的，如《赠柳卓》注云："湖南人，精篆刻。"《赠李鼎先明府》注云："名梦登，上杭人。"《题蔡先生（可远）遗像三首》注云："少宗伯，文勤公季弟，康熙甲午举人，官桐乡令。"《曾孝女诗》题注云："孝女，济南人。母久病风痹，奉事惟谨。一日，火燎其居，抱持母不肯去，遂殉母，死于火。"有交待创作背景的，如《秋日集诗十首》注云："时在都下候补官。"《书局即事四首》注云："乾隆壬辰，有旨求天下遗书，各直省设局搜辑恭进。"有时直接对诗题作说明，如《为友题空空图小影四首》题注为"图作侧面照,大方镜,就镜中写正面,镜用两美人捧之,傍挂宝剑一具"。

诗中注比题注更广泛运用,在《诗钞》中比比皆是,如本文前已举的《拟古辞》、《秋院闲吟三首》、《客怀六首》均有自注。总体来说,诗中注比题注更详细具体,直接补充诗意。如《奉命典试滇南道中杂咏二十首》第十七首诗末注:"诸葛洞在施秉县,巡抚周人骥凿之,迄无成功。飞云岩,在黄平州。"不仅交待地点,还交待其由来。再如《赠张编修惕庵(甄陶)二首时编修为贵山书院山长》注云:"编修在贵山掌教近七年,巡抚又奏留之,尝著有《正学堂五经通解》。"这个诗注几乎相当于张甄陶的小传。在交待创作背景与感慨由来方面更具体,如《奉命典试蜀中纪恩述怀四首》其一:"乡赋抢才又一时,承恩重忝校文司。淋漓诏墨名皆首,济楚班行齿独衰。"注云:"是次奉旨简用者十人,观国名适居首。""同辈中余科分最前。"

有时诗注的内容甚至超过诗,《榕城杂咏一百首》体现最为明显。试举两例:

> (十一)八族衣冠集胜流,冬郎垂老落闽州。红巾凤蜡承平物,秋馆无人拭泪收。自注:韩偓卒后,温陵帅闻其家藏箱笥颇多,而缄镝甚固。启视,则皆为学士时所得烧残龙凤烛及金楼红巾百余条,见郑文宝《南唐近事》。

> (六二)满天风雪半江潮,金锁矶边系短桡。海鹤不争鸡鹜食,王伾辛苦远相招。自注:唐黄子野幼随父贾杭州,尝于罗刹江拯王伾之溺,后变姓名隐居方山。伾既贵,遣人入闽物色,于阳歧江上得之。子野谬与为约,诘旦遁去。事载《晋安逸志》。满天风雪,用子野歌中句。

两诗中的注解交待历史故事及出处,以及化用的诗句,实际上是把诗歌的吟咏对象展现出来。叶观国的诗注是其诗歌创作中不可或缺的一部分,是其学者思维的体现。诗句以抒情,注解以叙事或说明,补充了诗意,拓展了诗歌表现范围和容量。从阅读及认识的角度看,有利于读者的理解和体会,研究者了解诗人的生平事迹。然而从另一面看,好的作品往往是能传达出人们普遍共有的情感,易引起共鸣的作品。这些类似当今学术论文注解的诗注大量运用,典故的说明,背景的详细交待恰恰说明叶观国诗歌的抒情性有所依赖,使其中一些作品缺乏内在的鲜活生命力,甚至使读者的注意力转到诗注而忽视了诗歌本身。

五、平和典雅的诗风

蒋士铨《绿筠书屋诗钞序》评叶观国诗云:"含咀英华,出入风雅,为后贤楷式。……凡密咏恬吟,隐然皆适于道。"梁章钜《试律丛话》卷七云:"叶毅庵詹事观国《绿筠书屋》古近体诗温柔敦厚,为诗学正宗。"①徐世昌《晚晴簃诗汇》卷八十云:"诗圆匀熨贴,几见功力。"②出入风雅、温柔敦厚、圆匀熨贴等词均言观国诗风之平和典雅。

这种诗风首先体现在诗作中情感的平和。《诗钞》中很少情感激愤之作。而占绝大多数的记游诗和赠答唱和诗,指向的对象是外在的客观世界,情感往往多喜少忧,如《岳阳楼集范文正公记十韵呈孔考功》:

> 巴陵标胜状,浩浩洞庭湖。巫峡云峦杳,潇湘烟水纡。际涯南北断,气象万千殊。未睹朝晖丽,偏逢霡雨濡。潜形山岳隐,排浪樯樯孤。岸芷青青遍,沙鸥点点铺。讥谗前代有,悲感盛时无。忘宠心何敢,怀乡意或俱。渔歌声近槛,猿啸日将晡。把酒洋洋

① (清)梁章钜著、陈居渊校点《制艺丛话 试律丛话》,上海:上海书店出版社,2001年,第624页。
② (清)徐世昌编、闻石点校《晚晴簃诗汇》,北京:中华书局,1990年,第3352页。

喜,人和况可娱。

此诗虽集韵而作,但摹洞庭既有壮阔的气势,又不乏清新细腻。在范仲淹《岳阳楼记》中,不仅有"心旷神怡,宠辱皆忘,把酒临风"的喜洋洋之情,更有迁客骚人"忧谗畏讥,满目萧然"的触景生悲。而观国则云"悲感盛时无",登楼未忘宠,眼中所闻的渔歌和猿声听来是如此悦耳,纯是一派喜悦。

其次,多典故,常化用前人诗句。观国嗜书史,知识渊博,又曾奉命搜辑群书,对历史典故及前人诗句了然于心。如《琵琶亭二首》:

> 楼上庾公动高兴,江头司马赋愁歌。荣枯事与悲欢别,莫笑青衫染泪多。
>
> 兜律长归那可求,香山诗:"海山不是吾归处,归即应归兜律天。"荻花犹见古时秋。布帆席帽经年客,不听琵琶也泪流。

两诗均从白居易《琵琶行》生发而来,直接化用"浔阳江头夜送客,枫叶荻花秋瑟瑟"与"座中泣下谁最多,江州司马青衫湿"诗句。再如《石钟山》:"南钟声函胡,北钟音清越。"化用苏轼《石钟山记》:"南声函胡,北音清越。"咏怀诗《醉歌》开头:"有口莫啖于陵李,有足莫穿东郭履。"《史记·滑稽列传》载:"东郭先生久待诏公车,贫困饥寒,衣敝,履不完。行雪中,履有上无下,足尽践地,道中人笑之。"此处以"东郭履"形容处境窘迫。纵是咏物诗,典故的使用也是常态。如《八虫诗同郑明慎人(王臣)作八首》之《蛙》:

> 喧哓谁复问官私,跳踯终嫌汀淖卑。废沼草深天雨后,平畦稻满月明时。清泉白石言为近,拖紫纡青分岂宜。鼓吹未成败笙

120

磬，为渠翻覆咏韩诗。昌黎《食虾蟆诗》："跳踯虽云高，意不离污淖。"又云："端能败笙磬。""清泉白石"本《艾子杂说》。"拖紫纡青"本卞彬《虾蟆赋》。

首联"问官私"典出晋惠帝事。《晋书·惠帝纪》载，晋惠帝秉性愚蒙，曾在华林园闻虾蟆声，谓左右曰："此鸣者为官乎？私乎？"侍臣贾胤对曰："在官地为官虾蟆，在私地为私虾蟆。"令曰："若官虾蟆，可给廪。"后常以"官虾蟆"戏称蛙。诗中注又标明三个典故。全诗除颔联描写蛙生长的环境外，其余句句是典。

再次，多典雅、书面化、文人化的用词与借代手法。如《赴吏部恭候宣旨蒙恩授官翰林庶吉士恭二首》其一：

> 诏科殊选重词林，槐省宣麻上宰临。骥骒自宜趋锁闼，菰芦何意厕华簪。芸香心喜窥中秘，藜照情仍惜寸阴。月俸优饶厅馆丽，若为持报国恩深。

首联与颔联叙自己由寒士中进士入翰林馆事。"殊选"为破格选拔特出的人选。"槐省"，代指三公的官署。唐宋拜相命将，用白麻纸写诏书公布于朝，称为"宣麻"，后遂以为诏拜将相之称。次句"锁闼"，镌刻连琐图案的宫中小门，此代指朝廷。"骥骒"，良马也；"菰芦"，菰与芦苇，生长于水野，借指隐者或民间之士，二者均是观国自指；"华簪"，华贵的冠簪，为贵官所用，代指显贵的官职。颈联和尾联抒情，表达心中的喜悦及努力报国的期望。"中秘"，本是中书省和秘书省的合称，又指宫廷珍藏图书文物之所，此代指翰林馆。"芸香"和"藜照"均为阅校馆阁文字的典故。同一诗，同一指示对象，却用如此多的借代，其表达方式可谓委婉曲致。

最后，叶观国诗风的意蕴深厚还集中体现于风土杂咏诗中，陈庆元《福建文学发展史》评《榕城杂咏一百首》："尤注重于文化的积淀,注重于一种文化现象内蕴的挖掘,落笔处虽在乾隆之时,但大多可以追溯某种历史上的渊源。"①再如《大理杂咏十首》,不是着眼于眼前境内一景一物,而是追溯云南发展,插入唐代和戎、九姓兴亡、精卫填海等历史典故。第四节将详论风土杂咏诗,暂不多述。

第二节 叶观国诗风成因探析

文学是呈现人的心灵的艺术形式,文学家通过自己的作品来抒发感情,发表议论,叙述他们眼中的世界。作品往往能集中表现作者的主体意识,是走近作者思想内心最直接的途径。然而,有时,文未必如其人,作品只是文学家自我呈现的一面,是创作主体心灵化的世界。这种呈现是一种选择的结果,在呈现的同时可能有所遮蔽。探讨文学家的内心世界,不仅要从作品入手,也要结合其生存的实际,故知人不可不论世。诗人与社会的关系是亲近还是疏远? 外在的现实及个人经历如何影响到诗人的心态并进而影响其创作风貌? 这便是本节所要探讨的问题,即通过《绿筠书屋诗钞》,结合叶观国的生平和时代考察诗人心态,并探析其诗风成因。

一、"讥谗前代有,悲感盛时无":盛世中通达的仕途与对朝廷的感恩

叶观国生活的乾隆时期国力强盛,士人心态相对平和。昭梿《啸亭杂录》卷一载:"纯皇帝即位时,承宪皇严肃之后,皆以宽大为政。罢开垦,停捐纳,重农桑,汰僧尼之诏累下,万民欢悦,颂声如

---

① 陈庆元著《福建文学发展史》,福州:福建教育出版社,1996 年,第 420 页。

雷。"①袁枚《武英殿大学士太傅鄂文端公行略》云："乾隆元年，每行一政，下一诏，海内喁喁，拜泣歌舞，以为尧、舜复出。"②叶观国从32 岁中进士入翰林后，历官四十年，除去中间家居十余年，二十余年中"八掌试事，三任学政"。虽然升迁不快，官阶亦不算高，但没有遭受较大的磨难与挫折，仕途是较为顺畅通达的。他一生白首翰林馆，从事的工作是修史、编书、掌科举、教习等，是个典型的文人，生活无忧，但与社会底层较少直接接触。又曾几次受到乾隆当面称赏，河南乡试竣毕返京，乾隆曾称其"此人风度甚佳，盖有学问人也"。中晚年入值尚书房侍阿哥讲读，因行走多勤屡得赏赐，又与皇十一子永瑆等皇子多往来唱和，关系密切。时代与个人经历的融合，使叶观国的诗中缺少杜甫那样对社会现实沉痛的反思，也没有李白故作潇洒的放纵和苏轼在人生磨难中的超脱情怀，更不可能出现辛弃疾词中的悲剧英雄与战争意象。他的心态是平和的，对乾隆对朝廷是感恩的，对盛世的歌颂是自觉的。

　　这首先反映在《诗钞》中一系列的纪恩诗，如《赴吏部恭候宣旨蒙恩授官翰林庶吉士恭二首》、《奉命典试河南纪恩恭赋（癸酉）》、《奉命典试湖北纪恩恭赋》、《使旋至真定恭闻有督学云南之命纪恩口占二首》（卷二）、《蒙恩升授赞善恭纪》（卷四）、《奉命督学广西纪恩述怀六首》（卷五）、《辛卯元日赐宴太和殿恭纪二首》（卷八）、《补官未久蒙恩擢授侍讲学士志感成咏》（卷十二）、《初直上书房作二首》、《端午恩赐物品恭纪九首》（卷十三）、《奉命典试蜀中纪恩述怀四首》（卷十四）《阁中奉恩命督学安徽恭纪》（卷十五）、《恩赐貂帽沿恭纪》（卷十六）。从入选翰林馆，奉命典试，至各地任学

---

　　① 　上海古籍出版社编《清代笔记小说大观》（五），上海：上海古籍出版社，2007年，第 4378 页。

　　② 　袁枚《小仓山房文集》卷八，王英志主编《袁枚全集》（第 2 集），南京：江苏古籍出版社，1993 年，第 151 页。

政,升赞善、侍读、侍讲学士,入值上书房,受赏赐等,叶观国均以诗"纪恩"。在这些诗中多"承恩""奉恩""君恩""国恩"等字眼,如《奉命典试蜀中纪恩述怀四首》:

> (其一)乡赋抡才又一时,承恩重忝校文司。淋漓诏墨名叼首,是次奉旨简用者十人,观国名适居首。济楚班行齿独衰。同辈中余科分最前。蜀国炳灵怀哲彦,剑门奇观称心期。却须料理生花眼,莫遣玄珠咫尺遗。
>
> (其四)壮赋皇华使节频,癸酉、丙子、庚辰、辛卯皆忝与典试之役。沧江归卧涤衣尘。流光纪岁重逢卯,宠命从天忝再申。持鉴敢夸高眼具,饮冰性仗寸心真。琴台轶事吾无取,恐有元文未售人。

诗中充满着身承重任的感动,对朝廷的感激和勤勉工作不负国恩的决心。

叶观国自觉地歌颂盛世,并以之为自己的使命。《平西诗二十章》序言:"臣职在珥笔,仰睹麻明,窃冀导扬光烈,传之来许,不敢以文辞谫陋为嫌。"《圣武远扬平定伊犁大功告成恭成》《官军平定大小金川凯旋二首》等歌颂平定伊犁、大小金川、回部和卓等战功;《敬承堂耆年宴会诗》《秋仲扈驾木兰王学士春甫(懿修)叠如字韵》《海拉苏台恭观圃猎》《庚戌秋仲恭祝圣寿礼成出京四首》等直接颂乾隆设耆年宴、秋狩木兰、八十寿辰事。试看《圣驾南巡江浙恭纪四首》(卷五)中描述三十年乾隆南巡事:

> (其一)望幸欢声遍草莱,六龙行处即春台。青旗影共阳和动,紫诏恩随淑景开。南国湖山千倍色,东风花柳一时催。苍黎何幸生吴越,四见天容语笑来。
>
> (其三)直教民隐彻天扉,风雨星齐拱紫薇。入境问年频驻

辇,随方咨岳切求衣。尽知禹德兼勤俭,难颂尧功到荡巍。一曲
濩汾徒快意,宸游那为玩芳菲。

诗中一片升平欢歌景象,还把乾隆比为尧舜禹,为其南巡涂上层层
光环。三十八年,四库馆开,《书局即事四首》(卷九)云:"升平盛
事古难逢,签轴新增四库供。"《元日次除夕韵二首》(卷十一):"新
恩山左当春沛,今春圣驾巡幸山东。余糵川西指日芟。征剿金川不日大
兵凯旋。省有鸣鸾常奏瑞,田无硕鼠岂忧馋。"闲居除夕在家,也不
忘对时事的关切和歌颂。《校士郁林有诸生杨子龙年八十精强如
五六十岁人此他时人瑞也诗以纪之二首》:"自是升平人献瑞,不须
磊药服银筒。"只要有颂世的机会,叶观国毫不吝啬自己的喝彩和
掌声。

以"盛世"之心观物,物便皆著"盛世"之色彩,笔下所写,眼中
所见,抒情写景,往往多喜少忧,一片祥和太平。正如《岳阳楼集范
文正公记十韵呈孔考功》一诗所言:"讥谗前代有,悲感盛时无。"他
登上岳阳楼的感受便全然不同于范仲淹的忧愁,而是"渔歌声近
槛,猿啸日将晡。把酒洋洋喜,人和况可娱"。传统猿声意象已转悲
为喜。写于入值上书房时的《晓起见隔院梨花》(卷十三)云:"春
归先到玉皇家,次第园英坼嫩芽。一树白梨残月下,隔墙遥认是梅
花。"连洁白的梨花也选择先来帝王之家。再如《临湘道中即景叠
喧字韵》(卷四):

清绝湘滨地,稀逢车马喧。浦帆云叶度,溪碓日轮翻。淳朴
田家俗,升平圣主恩。老农晚无事,相对话柴门。

《道上观获再叠喧字韵》(卷四):

> 紫稻临秋熟,新晴刈获喧。霜镰声窸窣,风笠影翩翻。滞穗孕蟏蛸,余粮鼠雀恩。如云归压担,稚子各迎门。

田家老农是如此悠然闲适,农家秋收是如此欢欣快乐,镰刀划过稻子的声音如同大自然谐奏曲一般悦耳,风中戴着笠帽忙碌的农人则是一个个翩跹起舞的身影,更有余粮让田鼠飞雀都沐浴人间的恩泽,使人不禁想到杜甫以"鹦鹉啄余香稻粒,凤凰栖老碧梧枝"来描绘盛唐升平景象。

叶观国创作大量的风土杂咏诗也受到"盛世"心态的影响。《阳朔舟中》(卷五)云:"古时称恶地,今日尽仁里。我来采风谣,胜概寄游履。"他记游迹以展现各地江山,记风土民俗则带着自觉的"纳风谣"入诗的意识,《榕城杂咏一百首》的出现,并非偶然。

二、"刚柔齿舌判存亡,李下瓜田要忖量":文化压制的时代与谨慎内敛的性格。

乾隆时代既是个文化繁荣的时代,也是个文化压制的时代,清代文字狱之多创历代之最,其中又以乾隆一朝为最。乾隆在位60年,曾兴70多起文字狱,较康熙、雍正两朝更为惨酷。简列几件叶观国生活时期的事件:

时间	事件	叶观国年龄及经历
乾隆十七年(1752)	查办孙嘉淦伪奏稿案,牵涉浙江、松江等处官员书吏多人。	33岁,自翰林院庶常馆散馆后授编修。
乾隆十八年(1753)	伪奏本案结案,主犯抚州卫千总卢鲁生、南昌卫守备刘时达处斩。江西生员刘震宇著《治平新策》,被斩决。禁小说译为满文。	34岁,编修任,出典河南乡试。

续表

乾隆二十年 （1755）	胡中藻《坚磨生诗抄》案起，又引发鄂昌案。禁满人与汉人文字来往。	36 岁，任武英殿提调官。
乾隆二十一年 （1756）	朱思藻以《吊时语》文被杀。	37 岁，出典湖北乡试。
乾隆二十六年 （1761）	沈德潜进《国朝诗别裁集》，因首列钱谦益诗，获遣。	42 岁，升赞善。
乾隆三十四年 （1769）	命销毁钱谦益诗文集。	50 岁，前年服除还京，任教习庶吉士。
乾隆四十二年 （1777）	新昌举人王锡侯以删改《康熙字典》论斩。	58 岁，讲席于泉州清源书院。
乾隆四十三年 （1778）	浙江徐述夔以《一柱楼诗集》被戮尸，牵连族人。曾为徐诗文作序或办案不力者或革职或流放。	59 岁，丁母忧期间，仍在泉州。
乾隆四十四年 （1779）	石卓槐以《槐芥圃诗钞》案，凌迟。祝庭净以《续三字经》案，戮尸。冯王孙以《五经商咏》案，凌迟。戴移孝和其子戴昆因诗集，戮尸。	60 岁，上半年在泉州。秋赴京，入都补官后奉命以原衔充日讲起居注官。
乾隆四十六年 （1781）	湖北生员程明湮因文被斩。	62 岁，受命入值尚书房侍阿哥讲读。

时代及社会对个人的影响有大有小，有深有浅，并不能以简单的必然性来推论。但叶观国已在朝廷之上，又掌文臣之职，不可能不知这一次次针对文人的残酷杀戮。问题在于，这种高度压制的文化氛围对他产生了怎样的影响？又如何影响其创作？是否与诗中的"盛世"色彩相矛盾？

叶观国本身是个谨慎内敛的人，温和低调而不张扬。《绿筠书屋诗钞》中几乎看不到李白式"仰天大笑出门去，我辈岂是蓬蒿人"和"大鹏一日同风起，扶摇直上九万里"的狂放和高度自信。相反，他往往以谦逊的态度评价自我。叶观国以寒士起家,诗中常以"菰芦"自喻,如"骥骣自宜趋锁闼,菰芦何意厕华簪"(《赴吏部恭候宣旨蒙恩授官翰林庶吉士恭二首》其一),"闲云恋松桂,旧雨记菰芦"(《哭何少宰念修同年七十韵》),"忆别菰芦待禁垣,雪鸿踪迹了无根"(《移居六首》其六),"自念菰芦贱,深惭樗栎全"(《归途即事一百韵》)。菰和芦苇,都是生长于浅水边的野草,没有扎于土地的深根,出身是贫贱的;樗栎,是不材之木,无所可用。《庄子·逍遥游》云:"吾有大树,人谓之樗,其大本拥肿而不中绳墨,其小枝卷曲而不中规矩,立之涂,匠者不顾。""深惭樗栎全",不仅是自谦才能低下,也包含着忧惧过后得以"保全"的庆幸。五十生日,李光垣赋诗为寿,他回复:"廿年簪笔厕清班,素食长惭职守间。宠命几番充使节,游迹真欲遍人寰。梦其梦笑半生妄,材不材居二者间。回首儿时似初日,高春今已近西山。"(《生日李上舍咸丰(光垣)辱诗为寿,次韵以酬》)面对自己的画像,他说:"已愧蜀川为像供,况期麟阁作图夸。沐猴且喜衣冠好,跨犊先辞组绶华。儿女莫须相叹讶,还将自祭学陶家。"(《自题画像》)毫无骄矜或不满之态,而是知足平和。

这种谨慎内敛不仅来源于性格,更来源于其为宦的体验,《客怀六首》(卷七)云:"作茧悠悠未有期,蓼虫食苦许谁知。心如风悬初降日,身似江舟不系时。"《有感》(卷五)一诗云:

> 刚柔齿舌判存亡,李下瓜田要忖量。预恐伯仁招物忌,果看冯衍挂弹章。归愚渐与夷途近,守默偏于偶俗良。折臂成医言有味,从来宦海叹望洋。

"刚柔齿舌"言口舌非议,"李下瓜田"谓避免嫌疑。曹植《君子行》云:"君子防未然,不处嫌疑间。瓜田不纳履,李下不整冠。"在"刚者易折"的环境下,处世为人必须慎之又慎。东晋周伯仁虽救了王导,却因其狂傲而被杀(事见《资治通鉴·晋纪》);东汉辞赋家冯衍多抒发愤懑而遭人谗毁,被废于家。宋代李复《依韵酬朱公掞给事》:"飘零铩翮感鸾悲,绳墨呈材愧樗散。须思汲古得修绠,却步归愚识夷坦。"葛立方自题草庐:"归愚识夷涂,游宦泯捷径。"并名其集为《归愚集》。《老子》云:"知其白,守其黑,为天下式。"反思前人,唯有"归愚"、"守默"才能保全自我,合乎世俗,包含着弱者无可奈何的感叹。末句以"折臂成医言有味"比喻为官经历,心酸而凄楚。《左传·定公十三年》:"三折肱,知为良医。"屈原《九章·惜诵》:"九折臂而成医兮。"人们往往只看到或夸赞"成医"即成功的一面,却忽略了折臂的代价和痛苦,宦海沉浮的艰辛唯有自知。叶观国仕途是较顺畅的,这种体验主要来源于"有话不敢说,有话不能尽情说"的无奈,试看《蒋千之编修招同罗侍御徽五(典)周大理立崖两同年小饮再次清虚堂韵赠编修》(卷七):

> 万人生身埋泥沙,正坐东方溺殿衙。本昌黎《读东方朔杂事诗》。异时长怪韩夫子,狂言惊众霏天花。文人掉舌无不可,讵必诗礼绳儒家。编修轩轩老雕鹗,肯觑攫肉荒田鸦。有时抗论破语阱,如启夕秀披朝葩。徐邈每中圣人酒,汲黯正似君子茶。东坡诗:"建溪所产虽不同,——天与君子性。纵复苦硬终可录,汲黯少煎宽饶猛。"我拙且懦百无用,闭门往往思自挝。鹪鸠翅短抢枋起,蟾蜍脚钝绿沙爬。闻君快语心眼豁,长言不足还咨嗟。平生有口作何用,但从君饮斗流霞。

此诗写于与蒋良骥、罗典、周立崖三位同年饮酒之后,可看作借酒吐真言。诗中表达了他对文人言论的态度,他以韩愈为例,认为文人言论是可以,但"讵必诗礼绳儒家",即不必尽合儒家规范。他在赞扬并羡慕蒋良骥"快语长言"的同时,自嘲拙懦,"有口无用",只是徒然饮酒斗文,在自嘲的背后透露出一种无可奈何和自我否定的悲哀。可见,清廷的文字狱在叶观国的心中并不是没有阴影的,加上他的谨慎,影响他的创作,主要有两个方面:

一是在题材选择上,较少批判现实或反映民生疾苦之作。《诗钞》中仅有《邪许行》与《建舟叹》两首诗摹仿白居易新乐府的形式,描写纤夫、建舟郎生活的艰辛疾苦,寄寓着同情和对贫富分化、官民差异的愤慨。这两诗是因路途中积雨难行,停滞于舟中,亲眼目睹感慨而作。在更多的情况下,则是"才微胆弱不轻作"(《题卢霁渔(遂)孝廉》),并不轻易发表对现实的看法,《此生》(卷十一)云:

> 此生漫浪信遭逢,较短论长老更慵。呼便应之庄叟马,好非真者叶公龙。苦吟世岂无裴说,识曲今谁及蔡邕。得失寸心事千古,端应未始出吾宗。

他已懒得"较短论长",不如"呼便应之",个人对政治的态度在无人知的情况下未必要表达。《绿筠书屋诗钞》是诗人生前手自删定的,最终呈现最多的是记游诗和赠答酬唱诗,这两类题材面对的对象也是外在客观的或他人化的,而不是内心的深情的,更多发挥的是诗歌的记事、描写或实用功能,是可以游离于政治之外的表达方式。

二是对其情感抒发的影响。文学毕竟是心学,诗毕竟是抒情的艺术。钟嵘《诗品》言:"感荡心灵,非陈诗何以展其义?非长歌何以骋其情?"当现实促生感慨不能自已时,叶观国也非直接渲泄,往往借物抒怀,情感表达隐晦曲折。试看《感怀二首》(卷十三):

驱驉睨蛩蛩，有难负之走。鹡鸰一小鸟，在原常先后。哀哉人不如，急难莫相救。俯仰愧庭荆，欸歔伤釜豆。恨无长羽翼，衔汝越重岫。

遇虎莫挦须，画蛇忌安足。君看偃鼠微，饮河且满腹。利途戒重往，暝路须秉烛。奈何渭济清，同坐泾河浊。颇忆少游言，逆耳乃忠属。

此两诗是叶观国笔下少见的愤懑之作。驱驉（又作距虚）与蛩蛩是古书中相类似而形影不离的两兽。《吕氏春秋·不广》："北方有兽，名曰蹶，鼠前而兔后，趋则路，走则颠，常为蛩蛩距虚取甘草以与之。蹶有患害也，蛩蛩距虚必负而走。"《诗·小雅·常棣》："脊令在原，兄弟急难。"后常以"鹡鸰在原"比喻兄弟友爱之情。"釜豆"源出曹植《七步诗》，喻兄弟相残。诗中抒发了对世态炎凉、袖手旁观的愤慨和自己无能为力的悲痛。第二首"虎"指代权贵者，又反用"画蛇添足"寓言。《庄子·逍遥游》："偃鼠饮河，不过满腹。"诗中告诫不可贪心，不可自以为忠言而挦虎须。诗题为"感怀"，诗情悲愤，定是有感而作，由诗意推测，可能是某位友人因"忠言逆耳"得罪了权贵或朝廷，却遭受亲近之人的陷害而受难，但其中只抒情未涉及事件，又用种种动物和典故来反衬现实。

这种借物以抒怀是诗人展现自我情感最习惯的方式，如《即景感旧二首》其二（卷十一）：

小草何心竞物荣，偶霑春露蔚苔茎。而今每到看花地，回首当年似隔生。

小草无心竞争，只是偶霑雨露，不意如花绽放，回首中有恍如隔世之感，小草正如诗人的影子。再如《倦鸟》（卷十七）：

　　倦鸟因风刷羽翎,兴阑一夕下青冥。常怜初服撞冒杵,怕与时人作眼钉。换手覆羹良自厌,胶弦鼓瑟欲谁听? 只应归向沧江卧,寄傲南窗守砚屏。

此诗作于晚年归家闲居,以倦鸟归巢自喻,在闲适中仍有回思过去的忧惧感。

　　值得注意的是咏怀诗最多的《炳烛集》(卷十一)。此卷作于57 至 60 岁家居及主讲泉州清源书院时期,前后四年。生活多闲暇,对嗜书好读的叶观国本该是乐事,以《炳烛集》命名,本意是勉励自己老而好学。然而这个阶段的诗作却反复出现一个孤独落寞的抒情主人公形象,如《独坐》:"旧事总成空里影,闲情难断藕中丝。此生有恨无人识,月白风疏独坐时。"《十六夜见月院中独饮》:"观觅同工曲,聊成独酌谣。"其他如《池上》、《岁暮书怀》、《野庙》、《此生》等等均落寞而惆怅。分析其因,一是叶观国仍期望有所作为,在京为官虽忙碌却充实,正如他自己所说:"归田本异张衡意,钓水难谐李愿心。"闲居并非他所愿,在给隐居厦门的黄日纪答诗中,他表明:"愧我红尘缘未断,焚枯把袂待何年?"(《次韵酬寄黄叶庵职方》)。二是年龄渐老,自感身体慢慢衰弱而产生的暮年心态。《岁暮书怀》云:"衰龄急景叹奔梭,怕听黄鸡一曲歌。曩日片衫驰叱拨,只今药里问伽陀。"《听歌》云:"及未聋时著意听,聋来空费锦缠头。"对年老体衰只有担心无奈。这种心态影响到创作,正如他所言"漫道诗因穷后工,穷来诗思苦无多",以前每至一处,必咏当地风土人情,了解当地历史,对山水表现出浓厚的兴趣。而在泉州四年,写及当地风土诗作甚少,除了友朋应酬赠诗、为他人画像题诗外,抒发一己情怀之作最多,使这个时期的诗歌呈现出与其他时期明显不同的风貌。其情虽并不明朗,也几乎未直言心境,表达隐晦,然而在反复出现的孤独落寞形象与"谁识此时心"的吟叹中仍可感受到诗人此时的心境。

可以说,盛世中通达的仕途与文化压制下内敛的性格,热情地歌颂盛世与畏惧而回避批判,多喜少忧与曲折抒情,如一枚硬币的两面,作为一对矛盾共同体共同体现在叶观国及《绿筠书屋诗钞》中。

第三节　文化意蕴深厚的记游诗

记游诗是《绿筠书屋诗钞》中最多的作品,清晰地展示了诗人一生的行踪。卷一《台江集》多青年时期的游历;卷二《瀛洲集》中既有初入仕途与同年的游览之作,又有典试河南、湖北一路所历;卷三《滇南集》全是记赴云南的经历;卷四《瀛洲二集》中有出典湖南乡试的痕迹;卷五《岭右集》为任广西学政所作;卷六、卷七因丁忧及在京,记游诗数目少;卷八《瀛洲三集》因出典云南乡试而再有记游诗;卷九至卷十三或奉母家居或在京为官,几乎无记游诗;然后因出典四川乡试再有卷十四《蜀道集》;任安徽学政而有卷十五《江左集》;卷十六《得槐轩后集》中有几首记随乾隆秋狩木兰;卷十七《人扶集》有若干首记赴京为乾隆贺寿所历。

可以看出,叶观国的游历几乎没有"为游而游"的"自助旅行",而是与为宦经历紧密联系,徐世昌云:"毅庵五典乡试,三督学政,乘传成吟,几于一官一集。"[1]如果没有出京典乡试、任学政,便没有记游诗。他的记游诗虽多,却并非好"游山玩水"的诗人,《阅〈桂海虞衡志〉作六首》(卷十七)引言云:"曩余视学广右,有衡文之务,按部之限,役役竟年,每便道遇佳山水,一为停桡下舆,流览片时即

---

① 《晚晴簃诗汇》卷八十,中华书局,1990年,第3352页。

去。若在会城,则无故未尝一出院署也。顷阅范石湖所撰《桂海虞衡志》,纪述桂城山川岩洞之奇,不觉低徊者久之,悔往日之弗克违俗而揽胜也。"诗中感叹:"惭愧三年官八桂,不曾安桨向西湖。"由于典试、学政之职较为忙碌,一到任所,叶观国往往勤于工作或多读书,平日无故并不游览山水。路途所历,宦海奔波,往往十分匆忙,常常望山而不得登,想水而未亲至。叶观国的记游诗并非为描摹山水景物而作,如《彭蠡阻风》、《浔江阻风即事四首》、《积雨叹》、《溪行阻雨二首》多记途中遇风雨滞留难行;或因途中疾病而感慨,如《疟疾》、《旅次病中作》;或途中以诗代书寄友人,如《次韵和陈西曹见寄时余自镇远登舟西曹陆行》、《有疑余与西曹驿程暌异为不相能者适得来诗次韵奉答并以解惑》、《雨滞莆城以诗代书寄怀林编修南池(兆鲲)》等。这些诗与外在景物并无必然关联,而是更侧重个人情感的抒发。

叶观国记游诗的代表是写景记游诗。古语云:"读万卷书,行万里路。"他平生较为得意之事便是一生游迹几遍全国,因在诗中屡屡提及。《生日李上舍咸丰(光垣)辱诗为寿次韵以酬》(卷七)云:"宠命几番充使节,游迹真欲遍人寰。"《奉命典试蜀中纪恩述怀四首》(卷十四)云:"平生豪事数游迹,六诏烟岚五岭峰。"《初至金陵信宿前发》(卷十五)云:"惭谢官人说幽讨,也应游迹冠平生。"《武夷山志序》亦云:"记忆生平所经,于豫章览匡庐、白鹿之胜,于河洛望太、少二室之高,南登北固、金焦,北瞰西山、居庸,循岱宗之麓,过太行之下,其于游览亦足以豪矣。"又引吴莱的话说:"胸中无万卷书,眼中无天下奇山水,其人未必能文。"从青年的游历到宦途的辗转,记游诗之多不仅是山川景物、风俗人情、古迹历史触发诗人的诗情,也是诗人有意识从自然山川汲取创作灵感的结果。

叶观国写景记游诗的最大特点是重视挖掘景物中的历史文化意蕴。首先,叶观国明显偏重于对文化古迹的吟咏。《诗钞》怀古诗众多，直接以"怀古"、"咏古"为题的诗作就有《钱塘怀古二首》、《黔中怀古四首》、《昆仑关怀古》、《颍州怀古》、《淮阴咏古五首》、《箬岭咏古》、《玩鞭亭咏古》、《咏隋史六首》等。他还有意识地访谒名人祠庙、墓地、故里、古迹等，如《荆轲故里》、《吕翁祠》、《谒屈贾二公像》、《谒蔡忠毅祠二首》、《谒伏波将军祠》、《杨妃井》、《谒罗池庙》、《谒刘司户祠》、《介休三咏（介山、郭有道墓、文潞公祠）》、《沔县谒诸葛丞相祠》、《少陵草堂》、《皖城谒余忠宣祠》、《皋陶祠》、《观鱼台》、《庄子墓》、《游醉翁亭》、《谒岳忠武祠》。可以说，每到一处，首先触发诗人诗情的是此地的历史，体现出诗人对历史浓厚的兴趣和丰富的学识，如《黔中怀古四首》咏王昌龄、王守仁、邹元标、蔡复一事。即便不是有意寻访，只是在道中，他也能联想起古人古事。他经安徽箬岭，箬岭古道始建于隋朝，是当地郡守征调民众开辟的通往沿江、中原的战略要道。《箬岭咏古》开头便是"大业昔丧乱，割据群雄起。越公南土豪，奋迹寄戎垒"。诗为五言长篇，均咏隋唐越国公汪华事迹，一字未写景。

叶观国怀古咏史诗往往直接切史，少景物描写，常针对吟咏对象融化前人成句，如《颍州怀古》：

> 聚星堂古动遐思，贤守风流彼一时。北渚琴樽饶胜事，西湖觞咏记清诗。子将月旦今谁嗣，仲举榻期世所师。十顷玻璃依旧否，尘缨也拟镜鬟眉。

北宋欧阳修中年曾来颍州（治今安徽阜阳）为守，爱颍州风土，晚年致仕居此。首句指欧阳修在颍州多于聚星堂聚诸多名人唱和。颔联指欧阳修爱颍州风物特别是西湖，多有吟咏，如《采桑子》组词十首均咏西湖。"十顷玻璃"则化用欧阳修《初至颍州西湖》"平湖十顷碧琉璃，四面清阴乍合时"句。再如《少陵草堂》云："再拜杜鹃常迸泪,两开丛菊几回肠。"化用杜甫《杜鹃》"杜鹃暮春至,哀哀叫其间,我见常再拜,重是古帝魂"及《秋兴八首》"丛菊两开他日泪"句。

诗人借古抒情,表达对历史的看法,往往不执着于眼前一景一物,有意翻新。《淮阴咏古五首》分咏胯下桥、千金亭、淮阴祠、刘伶台、徐夫子(徐节孝)庙,《胯下桥》云:"带剑空长大,心甘胯下侮。如何尊宠后,羞与哙为伍。"一般人都赞韩信能受辱,但诗人联想到韩信晚年羞与樊哙同列之事,在对比之中批评韩信晚年的高傲,也隐含着对韩信招祸身亡的感叹。

自然山水类的写景记游诗也多渗入浓重的"怀古"情结,甚至形成了"记游—写景—怀古"的模式。不管是春日游山,还是秋日登高,或是途中停泊,他在描绘眼前景物后往往追溯历史,怀想其发展变迁,怀古的成分常常超过对景物的描绘。如《春暮同人登钓龙台》(卷一):

> 峭磴危栏逼玉宸,开轩铺席饯归春。江连海色通吴粤,地辟欧基溯汉秦。旧冢已迁骑马客,荒台空忆钓龙人。独怜槛外梁山好,百六青峰雨后新。郭璞《迁城铭》云:"迁插欧基。""相公骑马来骑马去",闽僧对忠懿王语。

诗本记游,首句交待暮春登高。钓龙台古迹,位于今福州市闽江旁大庙山上(今仓山区三县洲桥北侧福州四中内)。相传闽越王无诸孙东越王余善曾在此钓得一白龙,因名。额联上句写登高所望,江指"闽江",下句开始转入历史的回溯。"地辟欧基"句,言福州城历史的久远。欧基,相传春秋时期著名冶炼家欧冶子曾在福州冶炼剑。郭璞《迁城铭》以"迁插欧基"代指福州。颈联上句指五代时期闽王王审知事,《新五代史·闽世家·王审知》:"审知为人状貌雄伟,隆准方口,常乘白马,军中号'白马三郎'。"王审知后唐同光三年卒,原葬凤池山,长兴三年迁葬莲花峰南麓的斗顶山,故云"旧冢已迁骑马客",以对"荒台空忆钓龙人",抒发古今兴亡之叹。此诗源起是游春登台,却涉及福州三个历史阶段。本诗约作于28岁,年轻时期的写景记游诗已具浓重的怀古成分。

再来看叶观国描绘风土民俗的记游诗。《诗钞》有几组以竹枝词民歌形式吟咏风土的杂咏组诗。《维扬舟次杂咏八首》咏扬州;《郁林杂咏五首》咏广西郁林古迹;《永昌杂咏八首》咏云南永昌;《大理杂咏十首》咏云南大理。这些组诗一般作于初入当地时,诗人对风土的关照也常从历史入手,如《大理杂咏十首》分咏唐代和戎、九姓兴亡、逻凤残碑、六诏战争、精卫填海等历史典故。

记游诗多作于宦途奔波中,路途匆忙不可能尽情登山临水,常常经过而未能亲临,《诗钞》中有一批以"望"为题的写景记游诗,对象多为名山,如《望匡庐》、《望南岳二首》、《望中条山》、《登万寿阁望华岳》、《宁国孙郡守(述曾)置酒北楼望敬亭山即席赋赠》、《舟中望青山二首》、《望华亭》、《望龙眼山》、《乙巳夏仲歙郡试毕归途重望黄山》、《青阳道中望九华山》,这些诗多表达"修途每怅成牵迫,俗驾终惭阻接攀"、"欲访化城暂未暇,临岐惟有重回头"的遗憾。本来未亲临是较难摹山范水的,但叶观国写景本就少从自然山水感悟出发,诗人或直接从文化落笔,或运用想象,这类诗也能展开铺叙,如《青阳道中望九华山》一诗共融化李白、刘禹锡、梅尧臣、王安石、林滋五人咏九华山诗句。

叶观国记游诗深厚的文化意蕴还体现在他描绘了一些独特的风物景象。他经湖南西部辰溪县时,见濒江皆石崖,壁立高数十仞,中有洞,不知深浅,洞口有巨木纵横,似楼阁,当地谓为仙人房,洞杳难至,不知何置。观国感其异,因作《仙人房》(卷八)长诗,描摹"仙人房"奇观,据诗意,此仙人房类似福建武夷山之悬棺。再如

《自郁江抵丽江舟中作》云："异俗睚盱连犷猱，沧波潆漾纳滇黔。秋花更比春花艳，冬日长如夏日炎。"诗写出西南地区独特的自然风情。《发宝鸡县》描绘途中山之高险，又云："北客乍来应掉胆，闽人初到似还乡。"显示出南北地区的差异，抒发了诗人的独特感受。

《诗钞》中也有一些作品直接描绘风俗或眼前景物的作品，由于用典少，没有刻意追溯历史，反而显得清新细腻。试看《莆阳道中口占》（卷十一）：

> 莆中风物昔人谈，几度经过我最谙。丹荔黄柑真海国，红栏绿浪似江南。旧有小江南之称。如弦官道连秋穗，胜画名园对晓岚。便欲诛茅来此住，木兰陂上纵歌酣。

丹荔、黄柑为海国特产，秋日仍有红花绿草，如画中胜景。诗为经莆田道中即兴而作，表现出对莆田风物的赞赏与喜爱，甚至萌生居住于此的向往，诗风清新而情感真切。再如《行中条山下次前韵》："依岩结尘断风尘，菜圃瓜畦露气新。"《灵渠》："缥缈船真天上坐，空明人在镜中行。"《登万寿阁望华岳》："嶂含新雨翠，厓借夕阳红。落雁凭栏外，苍笼决眦中。"但整体上看，这类自然清新之作并不多。

叶观国写景记游诗重历史文化意蕴，源于他追根溯源、穷经本义，重视内在意义的学者思维。他为董天工所作《武夷山志序》云："吾闽山水之秀甲天下，而武夷尤据闽中之最胜。昔人叹为'千岩竞秀，万壑争流。美哉江山！真人世之希觏'。……然则谓为仙灵窟宅，群真受馆，岂妄也哉！若夫高人逸士卜筑于兹，自顾野王、刘道元而外，代不乏人。而宋季杨、胡、朱、蔡诸大儒，皆尝讲学于其地，则兹山又不仅如天台、雁荡、九华、峨眉之雄跨一方已也。海内士大夫之客吾闽者，莫不期一蹑丹梯，领略胜概。"人们一般认为，武夷以仙道即"仙灵窟宅,群真受馆"为名,叶观国认为更重要的是高人逸士如顾野王、刘道元及宋代闽中理学诸大师均讲学于此,是武夷之所以超越天台、雁荡、九华、峨眉诸山之处,这种人文意蕴才是武夷山吸引"海内士大夫之客吾闽者"的真正魅力。这种观照山水的方式使他对客观世界的描绘不是满足于感官可及的"视觉所见",而进一步深入感官不可及的"理",或历史或文化或思考,由注重呈现变为注重演绎、说明和议论。这一方面使他的记游诗有厚重的文化底蕴,但有时也因刻意的追溯而显得个人情思不足。

第四节 《榕城杂咏一百首》对福州文化的意义

叶观国《榕城杂咏一百首》(卷十《循陔集下》)是以竹枝词形式描绘福州史事风土的长篇组诗。榕城,为福州别称。序云:"昔高太史青丘尝作《姑苏杂咏一百首》,国初朱竹垞亦有《鸳鸯湖棹歌百首》,皆因屏居无事,叙述其乡故迹风物,形诸吟咏。余自壬辰请急,里居多暇,又时有修辑邑志之役,搜摭旧闻,偶有所感,辄写以短章,不依伦次,积成截句一百首。题曰《榕城杂咏》,不敢上拟二公,亦聊以缀缉轶事,自备遗忘云尔。"详细交待了创作背景。民间歌谣竹枝词源出巴渝地区,经中唐刘禹锡等文人仿作后风行文坛,明清时期更是广泛普及,成为歌咏风土的常见形式,多为组诗,少则数首,多则数十首甚至百首。明代高启《姑苏杂咏一百首》咏姑苏,清初浙江朱彝尊以《鸳鸯湖棹歌》题咏家乡秀水(嘉兴)风土,影响较大,和作、补和、续和等不断。叶观国擅长七绝,年轻时就表现出对风土杂咏诗创作的兴趣,卷一《台江集》所收为31岁中进士前诗作,其中,《维扬舟次杂咏八首》分咏扬州史事名胜。《题台海见闻录十首》虽是为好友董天工《台海见闻录》一书所作的题辞,未题"杂咏"或"竹枝词"。但这十首七言绝句基本一首一题,涉及台湾地理、风俗、古迹五妃墓、植物水果等物产以及与台湾关系密切的姚启圣、施琅、蓝鼎元等历史名人,实可视为咏台湾的风土杂咏诗。以后典试或任学政至他处,叶观国也多有创作风土杂咏诗或类似的组诗,如《初至滇中作四首》《大理杂咏十首》《永昌杂咏八首》(卷三)、《郁林杂咏五首》(卷五)、《奉命典试滇南道中杂咏二十首》(卷八)。这些创作,除了风土诗的盛行外,也与他自觉的"采风"意识有关,《阳朔舟中》云:"古时称恶地,今日尽仁里。我来采风谣,胜概寄游履。"自《诗经》便有"采诗以观民情"之说,叶观国生活在相对安定繁荣的乾隆时代,仕途通达,难免有纳风谣入诗以颂盛世的想法。

乾隆三十七年(1772),53岁的叶观国请急回籍奉母,六月回榕家居。次年,朝廷下诏开四库修书,他应福建巡抚余文仪的聘请入局编订,任福建省局总校,搜集遗书。叶观国本就对故土历史有较深的情感,入局修志进一步加深了他对闽史闽事的了解,不到一年时间,他就创作了长达百首的《榕城杂咏》。杨钟羲《雪桥诗话》云:"乾隆壬辰(1772),闽县叶毅庵宫詹里居修志,缀缉轶事,成《榕城杂咏一百首》。……于其乡故迹旧闻搜摭甚富,亦青丘姑苏杂咏之类也。"①法式善《梧门诗话》卷五云:"余特嗜其《榕城百咏》,缀辑遗轶,陶写性情,不减青丘姑苏诸作。"②陈衍《石遗室诗话》卷二二云:"叶观国《绿筠书屋诗钞》有《榕城杂咏百首》,孟超然《瓶庵居士诗钞》有《福州竹枝辞十八首》,述福州风土颇详。"③今人郑丽生

---

① (清)杨钟羲撰集,刘承干点校《雪桥诗话三集》,北京:北京古籍出版社,1989年,第310页。
② (清)法式善著,许征整理《梧门诗话》,乌鲁木齐:新疆大学出版社,2006年,第65页。
③ 陈衍著,郑朝宗、石文英点校《石遗室诗话》卷二十二,北京:人民文学出版社,2004年。

辑《福州竹枝词》，共 24 家 326 首，《榕城杂咏》百首均收入①。《中华竹枝词全编》亦收，然多字词讹误②。与叶观国其他的风土杂咏诗不同，《榕城杂咏一百首》（以下简称《杂咏》）并非路途中信手采风的记游之作，而是有意系统整理而成，数量多，反映范围广，内容丰富，字里行间洋溢着诗人对故土家园深沉的情感。

首先，《杂咏》以精心的结构高度融合了福州风景中的历史文化。叶观国对历史掌故十分熟悉，又多亲至山水古迹，故吟咏历史时能兼叙当下，描绘现实时又能回溯渊源。他以现存的名胜古迹为切入点，以历史或名人遗闻佚事为面，既相互交错又相互结合。这种贯穿历史，勾连古今的方式不仅展示了福州历史的发展变迁，又揭示了大至名山胜景、小至古迹遗存中的文化底蕴，彰显了榕城处处是历史，处处有文化的城市风貌。

福州历史的起源在冶山，汉代闽越王无诸于此建冶城，为福州最早的城池。《杂咏》便以此为开端：

> （一）泉山侧畔汉时都，旧迹依微指绿芜。一自欧基迁插后，如鸾重看景纯图。原注：迹冶山，一名泉山，见《前汉书》。"迁插欧基"、"如鸾似凤"，皆郭璞《迁城铭》中语。

冶山，又名泉山，今位于屏山南麓鼓屏路中段。相传春秋时越王允常聘铸剑名师欧冶子铸剑于此，因名。无诸为越王勾践六世孙，因越国为楚所灭，后代入闽，在战国后期自称闽越王。秦王削其号，降为君长。秦末，佐汉伐秦灭楚，汉高祖五年（前 202）封为闽越王。无诸即在冶山周围建城池作为王都，因山名"冶城"。西晋武帝太

---

① 郑丽生辑《福州竹枝词》，郑丽生自写本，1992 年辑写，福建师范大学图书馆藏。
② 《中华竹枝词全编五·福建卷》，第 244—252 页。另，《全编六·广西卷》收《郁林杂咏》；《全编七·云南卷》收《大理杂咏》。

康三年(282)始置晋安郡,首任太守严高见冶城狭小,迁城于越王山(今屏山)之南,新城称子城。时郭璞撰有《迁城铭》云:"其城形状,如鸾似凤。"故福州又名"凤城",此诗上溯福州最早的城池又兼及其变迁。由本诗中的"汉时都"与"欧基"又引出以下两首:

  (二)一旅曾传汗马劳,千年遗庙在江皋。入关豪杰知多少,逐鹿群中识汉高。闽越王无诸庙,在钓龙台西。

  (三)欧冶名成去不还,亭前古水伴云闲。纯钩神物谁能见,时有池边旧剑环。冶山下有欧冶池,宋郡守程师孟建欧冶亭其侧。唐元和中,僧惟干浚池得钢刀剑环数枚,送藏武库。

第二首咏开闽始祖无诸助汉高祖伐秦灭楚的功劳,赞赏了无诸正确的历史选择。无诸在闽江边山上建台接受汉高祖册封,因称"越王台",后人又建"闽越王庙"纪念,俗称大庙,山因称"大庙山"(今福州四中所在)。相传无诸之子余善曾在旁垂钓,得一白龙,养于井中,因留下"钓龙台"、"钓龙井"古迹,闽江此段又称"白龙江"。第三首咏欧冶子炼剑及古迹欧冶池(今冶山路省财政厅内)。这三首的结构安排是由历史及人,再由人及古迹。

  历史是由众多人物创造的,《杂咏》通过吟咏人物高度概括了福州重要的历史事件,如第七首咏南朝梁代陈宝应,本已"裂土封侯",乃"闽中四姓豪"之主,却欲再霸浙江,未纳虞寄之谏而被杀。第八首咏唐末福建观察使陈岩乾符年间以九龙军保障乡闾之功。第九首云:

  岩头矢口谣终验,剑影砖文事竟神。辛苦卅年贤节度,闭门应恨后来人。王潮未至时,闽人谣曰:"潮水来,岩头没,潮水去,矢口出。"剑影指拜剑跃地事。王氏甃城日,令陶砖者印钱文其上,后地入钱氏,人以为先兆云。

此诗涉及多件历史。王氏三兄弟在南安发动"竹林兵变"杀王绪后，军中无主，诸将拜剑选帅，至王审知拜剑，剑跃起，然审知推长兄王潮为王。王潮来闽，取代原观察使陈岩，王潮死后，由王审知代之，后接受唐朝廷任命，为威武军节度使。梁开平三年（909）封为闽王。王审知治闽 29 年间，"宁为开门节度，不作闭门天子"，保境安民，发展生产，推动了福州政治、经济、文化的全面发展。第十首接"后来人"，咏继之者王延翰、王延钧、王继鹏骄奢淫逸宠溺女色，第十二首咏九仙山（今于山）九仙观，即王继鹏迷信道教时所建。

《杂咏》展示了名胜古迹中深厚的文化底蕴。福州多名山胜景，叶观国以乌山、九仙山（今称于山）、越王山（今称屏山）等闽山为核心，吟咏了诸多湖泊亭台、庙祠寺观、题刻碑记、古迹遗存等。他较少从山形地貌等自然形态入手，而多关注其历史文化。第十九首至第二十三首咏西湖，除咏澄澜阁有"千顷晴波碾湿银"的描绘外，其余分咏李纲读书的松风堂、辛弃疾游西湖事，明代傅汝舟所建的宛在堂，曾发生历史事件的浮仓山与熊兵桥。闽中之山更是处处有历史文化，咏乌山提及曾巩《道山亭》记，宿猿洞是宋湛郎中俞隐居处；九仙山则咏何氏九仙跨鲤升仙及越王无诸旧迹，又有王继鹏所建三清台、宝皇宫；越王山则有龙腰护脉巨碑；金鸡山下的桑溪是文人雅集故地；胭脂山是忠懿王郡主梳妆楼所在；马牧山是五代李仁达与南唐兵鏖战处；东山的榴花洞是《闽中实录》记载的蓝超遇隐处；凤丘山是宋鹤林真人彭耜修炼处，又有朱熹"凤丘鹤林"题刻；宋少帝航海时则驻兵于平山；唐黄子野曾拯王伾之溺，后变姓名隐居方山；元处士陈亿翁种桃千树于高盖山；鼓山题刻最多，又有涌泉古寺；明代陈元凯则家于藤山梅花坞。其他古迹如闽王所建的甘露堂，庆城寺之忠懿王庙，宋代程师孟吟咏过的光禄吟台，闽王王昶避难的梧桐岭，传说中柳七娘所建的马尾罗星塔，为元代帕帖穆尔小女儿所建的柏姬庙，陈友定别业平章池，莲花峰的忠懿王墓，明许黄门天赐墓，祀明林氏三代五尚书的世忠祠等等。可以说，榕城的名胜古迹几被叶观国吟咏殆尽。

《杂咏》中有一系列专咏闽诗文人，或诗作，或故居，或传闻佚事，不仅说明榕城浓厚的文学氛围，也保留了诸多史料。第八十四首咏陈鸿，第八十五首咏闽中十子，第八十六首咏沈野与曹学佺交谊，第八十九首咏明代陈週别业万玉潭亭和徐熥书室绿玉斋，第九十首咏徐𤊹藏书楼红雨楼和宛羽楼，第九十二首咏高毂，第九十三首咏林鸿与闺秀张红桥事，颇可资。难得的是，第九十四首咏青衣能诗：

> 澄江枫叶清辞擅，古墓梨花好句稀。绿鬓泥水谁似汝，不须长羡范青衣。"澄江枫叶老"，陈香初句。"古墓梨花鸧鹒两"，陈竹逸句。二人皆许氏青衣。又有郑兰子一人俱能诗，周栎园、朱竹垞极称之。"泥中双绿鬓"，徐文长句。王弇州有范青衣诗。

连青衣亦能诗，充分展示了榕城文风之盛。

《杂咏》涉及了一些在清代已不存的古迹，如宋代的九楼七塔，唐代建的乾元寺，唐刺史裴次元所辟的球场。他还多交待古迹历史的变迁及"现状"，如第十八首咏宿猿洞，注云："今南城外豹头山是其旧处，久已夷为丛冢矣。"第二十二首咏西湖宛在堂："无钱那望草堂成，异代仍标宛在名。也是傅高少清福，可怜烟水石阶平。"注云："明傅山人汝舟，拟于西湖开化寺旁筑宛在堂，招高石门偕隐，后竟不果。今湖心有宛在堂，乃国朝康熙初年所建。"第五十七首咏光禄吟台，注云："在法祥院，今为民居。"第六十八首咏元代处士陈忆翁种桃树，注云："今高盖山桃溪是其处。"诗中也常常表现出一种盛衰兴亡的感叹。如第九十七首：

> 胜绝西峰旧草堂，卅年小别径全荒。不须更说前贤事，眼底荣枯似戏场。西峰草堂在西峰里，明曹能始故宅。国朝乾隆初年，同年陈大炳居此，极水木之胜，尔辈时时宴集其地，距今三十许年。宅已易主，渐就颓废矣。

此诗通过亲身经历交待了西峰草堂颓废的现状，转眼之间，诗人的过往也成历史，感慨遂深。这些吟咏及叙述对研究古迹发展变迁，进一步了解榕城文化特色极为有益。

身为榕城人，叶观国深为骄傲。第五十首云："山川秀发从西晋，科第联翩自李唐。乡里至今夸巷陌，凤池坊对桂枝坊。"第五十一首云："深闺解说韩凭事，下里能得黄鹄歌。西出迎仙北遗爱，两行乌楔路旁多。"在叶观国笔下，榕城的一山一水，一坊一巷，一砖一瓦都有自己的历史。文化现象上，科第联翩、文人雅事自不待言，青衣能诗，深闺知礼，下里能歌，文化底蕴深深融入榕城的每个角落和每位成员身上。

其次，《杂咏》吟咏了诸多岁时风俗，展示了榕城独特的风情，保留了清代福州民众鲜活的生活画面。第三十一首咏立春前迎土牛，以占农耕早晚与岁之丰瘠："登盘生菜绿丝柔，又见银幡晓上头。欲问今年年岁好，行春门外看春牛。"第五十四首咏忠懿王庙又云："见说年年春节到，一丸泥向庙前掀。"注云："《闽小记》载，每岁春，必于忠懿庙前乞土，作土牛始成。"这种风俗直至民国才废止，体现了福州民众对农业生产的重视。有些风俗，在清代似已不盛行，如第三十四首所咏明代中秋士女多登乌石山进香。再如第三十六首与第四十首均咏元宵：

> 看场开处赏元宵，坠履遗钗涌夜潮。千点银灯万枝烛，多应供照转三桥。旧俗，元宵妇人从数桥上经过，谓之转三桥。见谢在杭《五杂俎》。

闽山庙里看灯回,火齐冰纨满案堆。怪道临风三弄好,开元寺买纸箫来。旧俗灯节,神庙中各出珍奇,故谚有"闽山庙斗宝"之语。相传开元寺纸箫甚佳,品在好竹之上。

"妇女转三桥"与"闽山庙斗宝"在乾隆时期已成"旧俗",但依然可见元宵之繁华盛景。通过《杂咏》,可以想见清代榕城民众二月游西园,元宵灯节,六月瓜莲会祀闽越王无诸,重阳登乌石山等场面。叶观国还指出民俗中的讹误,"瓜莲胜会夏晴初,刲豕烹羊夸里闾。野老爱谈钓龙事,错将余善认无诸"。瓜莲会用六月赛神庆典,本祀无诸,钓龙事乃无诸之子余善事,民众却多误会。一些风俗也独特,第三十六首咏九日放风筝:"笺香台畔送风筝,万里春光碧落晴。远客乍看惊节物,重阳遮莫是清明。"注云:"纸鸢,俗谓之风筝,常于清明前后放之。……独闽俗以九日节。笺香台在乌石山。"

又有生产习俗。第四十二首本咏龙眼,提及"唱龙眼"习俗。周亮工《闽小纪》载:"龙眼枝甚柔脆,熟时赁惯手登采。恐其恣啖,与约曰:'歌勿辍,辍则弗给值。'树叶扶疏,人坐绿荫中,高低断续,喁喁弗已。远听之,颇足娱耳,土人谓之'唱龙眼'。"再如第三十七首:"候近入梅先惮暑,旬逢出液始成冬。两潮水到乌篷集,四序花开翠馆秾。"注云:"俗以立夏后逢庚日为入梅,芒种后逢壬日谓之入液,至小雪出液,见《稗史汇编》。"不仅说明了榕城节气特征,也展示了渔业发达,四季如春的南国景象。第九十六首:"松云窄袖小舟篙,解唱新声杨白花。郎生踏土侬踏浪,港北港南是处家。"注云:"台江有南、北、中三港。'踏浪不踏土',坡公句。"诗中描绘了当时台江渔女穿着、生活状态,也可见福州多港口的特征。

再次,榕城物产亦均为《杂咏》吟咏对象,经济作物如早熟稻金洲、晚稻占城稻、番薯、茶叶,瓜果蔬菜如虎掌瓜、绿藕、荔枝、龙眼、青梅、朱橘、轻消梨、春柚，海错如黄瓜鱼、江瑶柱、银羹鱼、水母，花如茉莉、梅、栀子花，动物如杜鹃、竹鸡、蛙，几可成为《榕城物产志》。咏物产时非单纯摹物，而多与生活画面相联，亲切如画。如咏茉莉：

> 花务名花种种强，不如茉莉十分香。棕篮满贮楼前过，尽上奁台助晚妆。旧有百花务，在今花巷内。昔人谓果有荔支，花有茉莉，皆天下所无。

可见当时妇女插茉莉之俗。茉莉为福州市花，清香淡雅，直到现在，街上卖茉莉花者犹随处可见。再如声名远播的闽茶，第七十四首咏官茶及蔡襄"苔泉"遗迹，第七十五首则咏饮茶方式："红盐青子脆含霜，玉指频拈近绿觞。爱点新茶花盏底，余甘添作口脂香。"而荔枝则多与文人有缘，第四十一首云：

> 蔡谱何如徐谱详，红云社上列筠筐。佳人休怨沙叱利，配与将军十八娘。徐兴公撰有《荔支通谱》三十卷。又尝作飨荔会，名红云社。将军、十八娘，皆荔名。

文人飨荔之会宋代已有，陆游《老学庵笔记》已有记述，蔡襄著《荔枝谱》，明代徐𤊹喜荔枝，既著《荔支通谱》，又集红云社，荔枝与文人结缘在闽省犹盛。

除自然物产外，《杂咏》还兼及民间艺术，如闽绣、寿山石、木雕、宋砚。咏寿山石云：

> 艾绿瓜瓤劚远岑，两篇《观石》录瑶琳。贵人总爱田坑好，幽洞曾愁斧凿寻。国朝高处士兆、毛太史奇龄，皆撰有《观石录》。

叶观国是较早吟咏寿山石的诗人。"田坑"指田黄石,乃寿山石最优良的品种之一。由于达官贵人爱田黄石,工匠们便苦苦寻觅。这已不止咏物,而涉及社会现象了。

艺术上,这百首诗多通俗清丽,融化典故也较自然。诗后的注解不仅是对诗作的释读,本身又如一篇篇风土小记,颇有韵味。内容上,数量多,范围广,全面吟咏了福州的历史、古迹、文人佚事、岁时风俗、物产等,几可为"榕城文化概览",可资为方志学、社会学、民俗学、文人研究的史料。对历史文化深刻而全面的挖掘使《榕城杂咏一百首》显示出比其他福州竹枝词更深的文化意蕴。

第五节　叶观国的诗学倾向与清中叶闽派诗风

蒋士铨《绿筠诗钞序》评叶观国诗:"历唐宋之精华,写天真之情性,足以抗迹前贤,津梁后学,而闽中操觚之士奉为圭臬。"徐世昌《晚晴簃诗汇》云:"毅庵……诗圆匀熨贴,几见功力。其七律专学东坡,盖亦闽中博雅之才,傅汝舟、谢在杭之流亚也。"①皇十一子永瑆则评:"匠心经营,千锤百炼,无一隙可抵,当今作手非先生而谁?"②陈衍《石遗室书录》:"毅庵先生与孟瓶庵先生,一时有两庵之称。诗亦相伯仲。"③《石遗室诗话》则云:"福建诗人,名不甚著,集不甚显者……叶观国《绿筠书屋诗钞》有《榕城杂咏百首》,孟超然《瓶庵居士诗钞》有《福州竹枝辞十八首》,述福州风土颇详。"④

---

① 徐世昌编,闻石点校《晚晴簃诗汇》卷八十,北京:中华书局,1990 年, 第 3352 页。

② 叶申荣等撰《毅庵府君行述》。

③ 转引自李厚基等修,沈瑜庆、陈衍等纂《(民国)福建通志·艺文志》卷六十五,民国二十七年(1938)刻本。

④ 陈衍著,郑朝宗、石文英点校《石遗室诗话》卷二十二,北京:人民文学出版社,2004 年。

陈衍指出叶观国"名不甚著"，这是基于全国范围。叶观国当时与孟超然并称，虽称不上全国一流诗人，但作为闽省代表诗人是绰绰有余的。陈庆元《福建文学发展史》把叶观国作为康熙乾隆间闽籍诗人创作风土杂咏诗的突出人物①。除此之外，叶观国的诗学倾向也典型体现了清中叶闽诗的发展方向。

明代闽诗以闽中诗派为代表，取法盛唐。而清代闽诗却以宋诗为宗，至近代产生了重要的流派同光体闽派。这一过程与整个清代诗坛由唐而宋的诗风转向一致，不乏受到全国大环境的影响，但在闽地这一特定区域范围内却自有其暗转、衍生、发展的进程。清初，黎士弘、李世熊、许秘、许友、张远等诗人逐渐脱离明代闽中诗派学唐的藩篱，开启宗宋之风。他们虽受宋诗范型的影响，却并没有鲜明的宗宋意识，也未形成特有的时代风范②。那么叶观国的诗学倾向是沿袭清初闽诗人，还是有所突破呢？

叶观国诗学观的集中体现是《秋斋集诗十二首》（卷一）中的若干诗，以及卷十二《瀛洲后集》中的《秋斋暇日抄辑汉魏以来诗作绝句二十首》（以下非特别说明，均出此组诗）。后者作于60岁，组诗以绝句的形式专论汉魏以来各代诗歌、代表诗人，兼及闽诗。第一首可视为序，"作诗尤易作诗难"，表明自己并非随意成论。第十九首和二十首可视为总结。其余十七首以时代先后为序，基本梳理了汉魏以来诗歌发展的脉络。总结其观点，主要有以下几点：

一、强调诗歌源流相继，反对"诗必盛唐"说，主张广泛学习。

崇尚规仿盛唐的诗歌理论产生于闽地，宋代严羽《沧浪诗话》论唐诗有初唐、盛唐、大历、元和、晚唐诸称，在福建及全国产生了

---

① 陈庆元著《福建文学发展史》，福州：福建教育出版社，第416—420页。

② 可参看贺国强、魏中林《论清初闽派宗宋诗风的衍生》，《江西社会科学》2006年第3期。

广泛影响。明初以林鸿为代表的闽中诗派,号"闽中十子",其中的高棅编纂《唐诗品汇》分唐诗为"初、盛、中、晚",此后为馆阁之士所宗,奠定有明一代尊唐的基础,至前后七子出,倡言"诗必盛唐",把宋诗视为仇雠,极力贬抑宋诗,尊唐之风可谓愈演愈烈。

叶观国反对这种偏执一端的说法,首先把唐诗的源头直接溯至汉魏齐梁,第二首云:

> 汉魏先河世共知,齐梁蝉噪语堪疑。君看徐庾阴何作,尽是王杨李杜师。

诗的发展汉魏开其先河,而初唐王勃、杨炯,盛唐李、杜乃师承齐梁徐陵、庾信、阴铿、何逊诸人而来。

其次,反对唐诗四分说,第九首云:

> 龙纪景龙同一姓,四唐甄别漫纷挐。纵饶沈宋称先觉,也合韩韦是作家。

龙纪为晚唐昭宗年号,景龙为中唐中宗年号。初唐沈宋对律诗定型有重要贡献,但并不能因此抹去晚唐韩偓、韦庄等作家的成就。不应将唐诗各阶段强分高下。

再次反对唐后无诗说,第十一首云:

> 唐后无诗语太偏,常新日月古今悬。苏黄自有英韶曲,何必咸池叶雅弦。

这就打破了"诗必盛唐"的藩篱,正是在此基础上,他把宋、元、明诗置于与唐诗平等的地位。第十五首论元诗:

　　直接唐人恐未然，丽贞庞蔚自堪传。清容松雪俱宗匠，何独
虞杨四子贤。原注：徐兴公云："元诗直接唐响。"欧阳原功云："中统之文庞以
蔚，至大、延祐之文丽而贞。"

中统,元世祖忽必烈年号,至大、延祐,分别是元代中期武宗、仁宗
年号。元诗自有特色,不必附于唐诗。除了"四大家"虞集、杨载、
范梈、揭傒斯外,袁桷、赵孟頫也可称大家。这种对元诗的高度评
价可谓少有。难得的是,叶观国反对七子的理论,但并不因此否定
他们的诗歌创作成就,第十七首云:"弘嘉骚雅见班班,二李称雄七
子间。早有雌黄分两祖,讥弹宁独在虞山。"《题郭明府六宰诗集二
首》(《诗钞》卷七)亦云:"七子声华首李何,淮儒大复尚嵯峨。瓣
香不远能私淑,又见新编俊语多。"诗中郭明府为叶观国典河南乡
试时所取士子。叶观国称赏郭之诗,并认为其瓣香七子。第十九
首云:

　　椎轮大辂渐华精,楚曲吴歈等性情。若向周京吹苇籥,也应
南雅是新声。

《秋斋集诗十二首》之六云:

　　诗家建旗鼓,惑众为大言。中晚不足学,何况宋与元。虎贲
虽貌似,不返中郎魂。岂知九派江,同出岷山源。燕环各有态,岱
华均言尊。多师是汝师,杜陵诗句存。但当择珉玉,勿事区篱藩。

可见叶观国最反对是各立门户,只执一端的现象,注重的是诗歌本
身的发展进程,宋诗、元诗与唐诗乃同出一源,如肥环燕瘦各有姿

态,均是整个诗史发展过程中不可或缺的部分,各有特色却不必强分高下。因而他赞同杜甫"别裁伪体亲风雅,转益多师是汝师"的学习态度,在选择历代诗歌精华的基础上广泛学习。

二、学古主张弃貌得神,反对得形遗神的因袭模拟。

试看以下诸诗:

其三论陶渊明:

> 太羹风味出尘寰,一卷斜川句绝攀。适俗韵多真想少,如何陶令满人间。

其四论杜甫:

> 诗圣真堪百世师,摩天巨刃苦难追。黄河不害容沙石,未要笺家曲笔为。

其五论李白:

> 瞥汉神鹰振羽翰,粲花生颊骨珊珊。金丹不落平人手,吮笔空摹蜀道难。

其六论王维、孟浩然:

> 疏越遗音正始亲,枯弦索寞品非真。莫将优孟当王孟,却是便宜不学人。

其八论韩愈:

杜陵埋骨替人难，弃貌传神独有韩。试诵五言今体作，不同余子具衣冠。

除了第一首批评盲目学陶诗者，其余均是在论述唐代诗人的同时讽刺因袭模拟者要么是"吮笔空摹"，要么是优孟衣冠，缺乏"真想"，其针对尊唐、袭唐之风的意味十分明显。

三、虽没有明确的宗宋之说，但偏向宋型诗。

叶观国论述唐代李白、王维、孟浩然时强调其不可学，而论及韩愈却言"杜陵埋骨替人难，弃貌传神独有韩"。韩愈承杜，主要是散文手法和以议论入诗。再如论白居易："香山广大语非阿，俗句些些隽句多。漫苦沙中拣金屑，可从机上看龙梭。"不反对诗趋俗，而从日常生活琐事取材和以文为诗，以议论为诗正是宋诗的典型风貌。他对宋代诗人评价颇高。《次韵寄酬黄叶庵职方》（卷十一）评苏轼、黄庭坚云："苏黄声望本齐肩，清绝诗篇叶雅弦。回雪流风神自远，施朱著粉质非妍。"《绝句二十首》第十二专评苏轼："才思泉涌万斛同，精深华妙老逾工。"第十三论曾几与陆游："茶山门下有宗工，萧范犹难与角雄。却怪遗山疏凿手，论诗不及渭南翁。"

叶观国的宋诗倾向主要体现在其创作实践中，如多赠答之作，以诗代书，充分发挥诗的实用功能，有论诗诗与论书法诗，多以议论表达观点。题材上，有专写目昏、疟疾、耳鸣等身体不适的，咏物如火盆、套杯、酒筹，昆虫如黄蜂、蟋蟀、蚊蝇等等，不仅将生活所见均入诗题，且热衷于反复探究。如《目昏》一诗从"我生今年四十五，渥丹变尽颜如土"开始后，先追溯眼睛敏锐的历史人物，然后叹自己老眼昏花，而后思考疾病原因，"吾闻眼者身之镜，视烦镜昏眼则病。得非尔来日阅三千牍，坐使五轮失清净。又闻目与肾相连，号称银海字英元"。再感叹一番后，最后归结为"会当服硔砀起衰顽，不然还恐白日熟视眯泰山"。句法多散文化，如《游勾漏洞》：

"北流茂宰语通元,约我往游循东阡。"

最集中体现其宋诗风格是"以学为诗"的鲜明特点。青年时期的作品《赠柳卓》(卷一),柳卓精篆刻,诗从"六书缪篆作印章",到"后来兼用大小篆",再到历史上著名篆刻者,以及如何篆刻为优等,简直可视为一篇精简的篆刻发展史。再如作于晚年的《长生无极瓦砚歌(邱编修芷房庭潍所赠)》(卷十八):

> 瓦当文字录者谁,百十二种形模奇。《秦汉瓦当文字》一卷,近人程君敦辑。长生无极乃其一,云是阿房旧宫之所遗。自从铜雀香姜收作砚,鼍矶龙尾名空驰。埏埴况在汉魏上,笔法颇疑丞相斯。编修校士向关陇,轺车来往骊山陲。蕲年兰池访陈迹,但余瓦砾萦荆茨。偶然拾自清渭湄,制为墨沼苍璆姿。匣装毡裹远饷我,重之奚翅十朋龟。我闻羽阳之瓦出荒垄,流传艺苑如韩碑。甘泉一枚夸创获,当年群雅留歌诗。岂意神物兴有时,珠联璧合何累累。纷纶延寿益寿字,郑重亿年万岁辞。瓦有"延年益寿"、"延寿万岁"、"亿年无疆"、"千秋万岁"诸种。秘文吉语为国瑞,何异器车银瓮祥姚姬。我为墨磨双鬓丝,无多来日徒嗟噫。晴窗拂几看砚背,死籍可落应轩眉。冷金细拓侑石鼓,《御制重排石鼓文》有敬摹为缩本,榻表成轴者,其径圆式,度正类所获瓦头。井华新汲研隃糜。老来懒事虫鱼注,持写《黄庭内景》师杨义。

徐世昌编《晚晴簃诗汇》、陈世镕辑《福州西湖宛在堂诗龛征录》均收此诗。诗中既有对瓦当来源的叙述和猜想,又有对其形状的描摹,再论及文人对瓦当制砚,加上诗中的注解,几可资为清代瓦当文化研究之史料。其他如《视太学石鼓》(卷二)、《自题所藏墨》(卷五)、《翁学士覃溪(方纲)以所刻汉石经残字见贻赋谢》、《次韵题坡公天际乌云真迹为翁覃溪学士作九首》(卷十二)、《越王石歌》(卷十八)，写石鼓、绘画、书法、石经等均长篇铺排，或追根溯源，或反复议论，极富知识性。

这种"以学为诗"与叶观国渊博的学识及学术观密不可分。他嗜书好读，又曾负责搜集遗书，积累颇深。在学术上倡导追源溯流、穷经本义的方法和严谨求实的态度，《秋斋集诗》(其二)云：

> 祖龙燔帝竹，六籍飏为灰。汉氏求遗书，宝重逾琼瑰。矻矻西京儒，传注大义该。论功准开国，栉沐披草莱。五星聚东井，宋贤起后来。微言阐性命，突奥弥宏恢。奈何末俗偏，本末少取裁。烝尝享祖祢，高曾斥不陪。郑笺及贾疏，高阁生尘埃。

此诗论儒学的源流问题，认为汉儒在秦始皇焚书、六籍遗失的基础上重新传注各书，十分完备，其功劳之大可比开国。宋代理学是在汉学的基础上向深微和宏大两方面发展。汉学为本，宋学为末，因而不满于"末俗"学宋而遗汉，本末倒置，将郑玄之笺、贾谊之疏束之高阁，犹如只祭祀先祖和祖父，而将高祖和曾祖及远祖排斥遗忘。《呈张惕庵编修五首》其五亦云："沟浍涸复盈，微流仰雨汁。江河苟一决，千里焦原湿。为学贵讨源，自叩惭所得。"不难看出，叶观国的诗学观与学术观的相似性。或者说，其诗学观正是受了学术观的深刻影响。

需要说明的是，叶观国虽以学为诗，但并不像翁方纲那样直接把学术考据问题作为表现内容写入诗而引以为傲。不管是他好用典、喜议论、多组诗，还是记游历、叙风土注重挖掘风俗的来源和意蕴，抑或是人物题画诗远处落笔和背景烘托的模式，更多是一种追根溯源，穷经本义的学者思维在诗中的渗透和不自觉的迁移。

四、反对神韵说的空寂、性灵说的反议论、格调派的固执拘泥，希望重振风雅精神。

《秋斋集诗十二首》之七云：

> 国风微而婉，二雅乔以皇。体裁固自殊，难可尺寸量。圣人均手录，圭臬存篇章。奈何谈诗家，所见拘隅方。上乘贵妙悟，科律严且详。使事犯指戒，太尽来谤伤。偶然涉议论，嫌与性情妨。嘤咿敲细响，宵默搜枯肠。于风或有取，雅材嗟已亡。

《绝句二十首》末首总结云：

> 格调区区胶柱弦，读书万卷是为贤。平生不信沧浪语，六义惟参妙悟禅。

在叶观国看来，神韵说讲妙悟太空泛；格调派又把诗歌当作传达儒家思想的工具；倡性灵为讲性情一味反对议论，均是不足取的。神韵派、格调派、性灵派和肌理派一向被认为是中国古代四大诗学派别①。那么叶观国是否是肌理派呢？钱仲联《万首论诗绝句前言》云："俞犀心、叶观国、翁方纲都是反对妙悟和神韵的。"②这话也易让人误解。《秋斋集诗十二首》为中进士前作品，是时叶观国与翁方纲还未结识。如果说反对"诗必盛唐"是反对切割文学自身的历史，那么反对三种诗说则是期望更为圆融更为通达的诗歌创作。翁方纲以"肌理"倡诗，但叶观国的指向却是"诗经"代表的风雅精神。《赠张编修惕庵（甄陶）二首时编修为贵山书院山长》（卷八）亦云："风雅吾师是，酸咸我嗜偏。"他以"风雅"为师，并与张相约归老后编辑《国朝闽中诗》。卷十一《孟瓶庵郎中与林孝廉

---

① 可参陈文新《中国古代四大诗学流别的纵向考察》，《文学遗产》2003 年第 3 期。
② 郭绍虞、钱仲联、王蘧常编《万首论诗绝句》，北京：人民文学出版社，1991 年。

（乔阴、开琼、昆琼）昆季唱和为诗次东坡岐亭韵诗亦如其数仆从郎中斋头读之勃然有感辄次韵奉和寄呈郎中并简三孝廉兼呈张惕庵编修五首》亦云："俗学期速化，岂念风骚缺。谁为嗣坫壇，那复图主客？诸君扶雅轮，题襟衰成集。"他是以诗骚为诗之圭臬，期望众人重振风雅。

叶观国的诗学观是在闽诗的土壤中生成的。虽然他入仕后与蒋士铨、翁方纲、纪昀、蒋良骐及皇十一子永瑆等多有往来，相互影响是可能的。比如翁方纲好为东坡寿并集诸人宴诗，《诗钞》中与翁方纲唱和的几首诗"学问味"确实比较浓厚。但《秋斋集诗十二诗》传达的诗学观在年轻时就已形成，此其一。其二，涉及论诗观点的诗作多是在与闽诗人的唱和往来之作体现，如福州的黄任、张甄陶、孟超然、厦门黄日纪等。其三，《诗钞》中多有对闽诗的论述。如《绝句二十首》第十首论唐代闽诗：

> 雄诗滋赋重当时，籍甚翁承赞黄滔海国奇。不及探龙徐正字，金书合写苦吟辞。原注：詹雄、林滋、郑诚同登会昌三年进士第，时称"雄诗、滋赋、诚文"，为闽中三绝。徐夤，莆田人，著有《探龙钓矶诗集》，勃海国人皆以金书写其《斩蛇剑》、《御沟水》、《人生几何赋》于屏障。

诗提及唐代闽诗人徐夤诗流传之广泛。再如第十八首论清代闽诗：

> 正声未坠数闽风，圆熟偏贻口实同。才力何尝非伯仲，訾敖正坐学唐工。

诗中对闽诗是极为自信的。再如评黄任："海内诗家山谷在，汉廷循吏颍川贤。诛茅种秫高情遂，启秀披华好句传。"（《诗老黄丈莘田(任)昨岁壬午年登八十重与鹿鸣之宴为梓里盛事寄赠长句兼简心庵(惠)同年四首》)以黄庭坚比黄任,给予了高度评价。

　　总的来说,叶观国继承了清初张远等人的宗宋之风,并彻底地脱离了学唐的藩篱,然而他在理论上多批驳,立论不足,并没有明确高扬宗宋的旗帜,如果说其中包含着对宋诗的辩护,也是从与唐诗同源中立论,他更多反对专事盛事或拘于门户对其他诗歌风格排斥的态度。他强调诗歌的源流相续,反对当时各立门户的现象,追求重振风雅的更为圆融更为通达的创作氛围,却并未提出可行的方法。在创作实践上,由于学术观的影响和学者思维的渗透,使他的诗作带上了浓厚的"以学为诗"的特点,这一点恰与当时闽诗的发展方向相一致。乾隆末年侯官人郑杰辑录的《国朝全闽诗录初集》是第一部搜采表彰全闽清诗的总集,其中录诗最多者为康熙间闻名全国之诗人黄任(99首),其次为林澎蕃(86首)、叶观国(83首),丁炜(68首)。其中论观国时云:

　　　　昔刘知幾有云,史有三长:才、学、识是也。窃谓诗品宜然,而识尤不可少。苟无卓识,虽裒成巨帙,不过嘲风弄月之词,譬之过眼烟云,旋来旋生,亦旋生旋灭,非不朽之盛事也。毅庵先生学力深邃,本其生平所得,发为诗歌,故持论迥超流俗。夫自前明悬房书为标准,而天下不知有文章;颁大全于学官,而天下不知有经济。至于言诗,非惑于严沧浪"诗有别才非关学"一语,即泥于高廷礼"初、盛、中、晚"之分,溺于所闻,毁所不见,数百年于兹矣,可胜叹哉!先生《秋斋杂诗》有云:"奈何末俗偏……"又有云:"上乘贵妙悟……"又有云:"诗家建旗鼓……"云云,皆非俗学所能窥见。吁!以此提倡后进学术,其庶有夸乎?岂特风雅不坠云尔哉！①

郑杰反对专学盛唐，主张以学问为诗，甚至以史家之才、学、识为诗人之必要，他推崇叶观国，正是针对"以学为诗"而言。乾嘉时期，福建出现一批学者兼诗人，如龚景瀚、萨玉衡、谢震、陈寿祺等，他们的诗被称为"学人之诗"，开启近代闽派之先河②。在这一风气的转变中，叶观国也是重要的代表。后来的叶大庄、叶在琦为闽派同光体代表人物，其中的家学渊源不可忽略。

第六节　叶大庄、叶在琦与闽派同光体

叶大庄诗词兼工，是叶氏家族继叶观国后入祀福州西湖宛在堂诗龛的第二人。诗集为《写经斋初稿》、《写经斋续稿》。《初稿》四卷，自序云："仆少耽吟咏，颇好泛览诸家，故屡变其格，又不欲随举世风会所趋以为派别，每有所作，居恒不欲示人。近年编集付刊顾旧作甚少，岂后之果胜于前哉？殆如葛稚川所云：'直所览差广，而觉妍媸之别而已。'故不曰集而曰稿者，示未定之词也。"诗集为自订本，编年排列，收录自咸丰十年（1860）迄光绪十九年（1893）年诗作 510 首，两年后付于刊刻。《续稿》为光绪二十七年（1901）即大庄卒后两年刊于武昌，其中《淞水集》124 首，《峄阳集》100 首，均有自序，当亦是生前自订，又《峄阳续集》50 首可能为后人补录。

叶大庄中年家居，与陈书、陈宝琛、龚易图、郑孝胥等往来密切，以诗相酬唱，一生与诸人交游未缀，这些人正是同光体闽派的早期倡导者和代表作家。陈衍《石遗室诗话》卷一载：

---

①　郑杰《国朝全闽诗录初集》卷十五，光绪八年（1882）刻本。
②　参陈庆元《福建文学发展史》，福州：福建教育出版社，第 443—454 页。

（余）十余岁时，……时闽人诗极陈腐，袭杜之皮，而木庵先兄，年二十余，出语高隽浑成，绝无师承，天才超逸然也。……同治季年，乃与叶损轩中书、徐仲眉副将（徐葆龄）、陈芸敏编修（陈琇莹），倡为厉樊榭、金冬心、厉拓坡、祝芷塘辈清幽刻削之词。京师净名，社降神移。至闽，剑池、冶亭、乌石山、双骖园、陶江、玉屏山庄，时时夜集骖鸾，倡和集动厚盈寸。①

　　同光派是近代诗歌史上的重要流派，学者研究颇多，论闽派一般以陈衍、郑孝胥、沈瑜庆、林旭、李宣龚为代表。吾师陈庆元教授《论同光体闽派》一文指出："假如同治中后期没有陈书、叶大庄清幽刻削之词的倡导并在福州结社推广，陈衍后期能否打出'同光体'旗号也就很难说了。"②叶大庄作为同光体闽派的早期诗人，论及者不多，实际上当时诗名颇显。陈衍《知稼轩诗叙》云：

　　　　吾乡人之常为诗者，余识叶损轩（大庄）最先，次苏堪（郑孝胥），次弢庵（陈宝琛），又次乃君常（张元奇）……之数子者，身世皆略如其诗。③

作为宗宋的早期倡导者，大庄诗作体现出鲜明的宋诗风格。《（民国）福建通志》云："大庄能为诗，自谓赝宋，喜言考据。效高邮王氏之学，多破碎不求贯串。"④徐世昌《晚晴簃诗汇》评："生平服膺樊

　　①　陈衍著，郑朝宗、石文英校点《石遗室诗话》，北京：人民文学出版社，2004 年，第 19 页。
　　②　陈庆元著《文学：地域的观照》，上海：上海远东出版社、上海三联书店，2003 年，第 114 页。
　　③　陈衍著，郑朝宗、石文英校点《石遗室诗话》附录，第 808 页。
　　④　转引自陈世镕纂《福州西湖宛在堂诗龛征录》（下册），第 889 页。

榭,故句律皆研炼刻琢,绝无甜俗语犯其笔端。"①大庄诗多有议论,如《芸敏同居法源寺累月初夏余先出都作此为别》一诗:

> 四月南风雨新霁,麦花初飞柳条曳。短衣匹马走关河,回首
> 舣棱在天际。故人落落金闺彦,横槊论才雄一世。手校华林《七
> 录》书,石渠轮笔先承制。国家右文迈前古,汉学经生持诣。旷
> 代承明著作家,卢钱王纪今谁继。佛楼灯光暗高树,日日绳床坐
> 谈艺。诗派商量摘句图,碑林校证题名例。明知春尽将首涂,强
> 为藤花三日憩。吾穷去矣固其所,断亸湖天叫凄戾。君胡亦复厌
> 长安,金爵月明怆分袂。无田栖栖安得归,不饮兀兀甚于涕。帛
> 槌茶磨清江居,自酿社钱作春祭。早晚题诗寄水庄,仅禺绝忆我
> 家弟。潦倒残吟冷醉身,寥天海气吹妖哎。

此诗为赠诗,不是营造意境以景抒情,而是大量叙写友人日常行
为,叙事与议论的成分远远大于抒情成分。大庄宗宋并非一味仿
宋,《村居书事四首》云:"东越分明两传垂,风流老辈是吾师。谁能
有意翻闽派,不赝唐诗赝宋诗。"首句指唐代福建两位成就最高的
诗人欧阳詹和黄滔的传文。杜甫《戏为六绝句》云:"风流儒雅亦吾
师。"诗中的"闽派"是指明代宗唐为主的旧"闽派"。大庄虽学宋
诗,但也反对赝体宋诗,以为不必有意去翻旧"闽派"之案。

大庄诗风又有一变化过程。陈衍《石遗室诗话》卷五云:"损轩
少负才名,与芸敏(陈琇莹)并以院试《会昌一品制集序赋风檐寸
晷》,下笔二三千言,为济宁孙莱山学使毓汶所赏识。光绪初年,以
中书舍友称诗都下。损轩往来吴山、浙水间,所为诗心摹力追于石

---

① 徐世昌编,闻石点校《晚晴簃诗汇》卷一五六,北京:中华书局,1990 年,第 7207页。

湖、后村。集中《西溪》一卷,最为幽秀。"又云:"叶损轩郡丞为诗三十年,寝馈于渔洋、樊榭,语多冷隽。……未几,损轩官江南,见实甫《魂东》诸集,喜之,顿改故步。《续稿》、《又续稿》,七律诗十居八九,惟求裁对工整,视旧作若出两人矣。"《知稼秆诗叙》云:"损轩少喜樊榭(厉鹗),继为后村、放翁、诚斋,蠖屈微官以终,差相似矣。"①大庄早期一些诗作不事对仗,在诗味上稍显不足。整体风格则多明白如语,通俗朴实,淡而有味,如《桐江舟中漫成》:

> 水远山平去路长,梦残拥被晓天凉。平生听遍江南橹,第一关心是富阳。

此诗是诗人途经桐江时所作,抒写了诗人途中的感慨和希望早到富阳的迫切心情。"水远山平",两岸辽阔乃舟中所见;拥被而卧,天晓觉凉,乃舟夜所感;平生飘泊江南,听惯了船浆的声音,但此次最关心的是何时到达富阳,语言平实,情感真切。再如《江船喜雨》:

> 雨自吴淞海外来,满天凉意一船开。入江直过松寥顶,飒飒萧萧又几回。

诗写船中遇雨的喜悦心情。因雨一扫炎热,江行之人已感到欣喜。后两句写雨势,进入吴淞江后直至松寥阁顶,雨还接连不断地下了几回,更增添了喜悦。这类诗信笔道来,看似不经意,却显得情深隽永。

　　大庄常写乡居生活,能将最为普通的日常生活小事或景物写

---

① 陈衍著,郑朝宗、石文英校点《石遗室诗话》,第74—75页,第808页。

得生动而有韵味。《溪堂闲居六首》其六：

> 微波无力不生鳞，却似将春尚未春。只好入诗休入画，画来愁绝水边人。

前两句写景，刻画了微风轻拂，水不生波的景色，指出这是春天将要来到的象征。后两句以议论抒情，诗人认为这种景色只能作为写诗的题材，而不能作为入画的意境，如果有人画下这种将春未春的景色，会使诗人感伤愁绝。此诗写日常小景，但又融入主观感情色彩，深寓理趣。其他如《村居书事》（其四）："田券山租讼县堂，乡人俎豆愧难当。一弓怕占邻翁地，不遣藤花覆过墙。"《往游洪塘即目》："荔子深冬绿不凋，酸风昨夜送吟艖。横江两塔如针小，分压洪塘上下潮。""寒漪风定不生波，一派芭篱带女萝。半是渔郎半花匠，此村怪得熟人多。"这类诗即景而写，多用白描手法，具有浓浓的闽乡风俗色彩。

叶观国有风土杂咏组诗《榕城杂咏一百首》歌咏榕城古迹、风俗、佚事，叶大庄亦有《阳歧杂事诗五十首》歌咏福州郊区阳歧的竹枝词。与高祖喜用典，挖掘历史意蕴不同，这五十首杂咏或记风俗，或写居处玉屏山庄前后的风景，或咏物产，或直接描绘劳动场面，甚至写及时事，多即景即事而写，融入一己生活，更有民歌清新自然风味。试举其中三首：

> 玳梁海雨燕双飞，竹马同居愿不违。乡礼新婚人贺岁，春筵留等送灯归。自注：乡俗惟新婚者拜年，妻党必流连款接，将近元夕买灯相送，并载而返，闽语呼灯为丁，取添丁意也。
>
> 渔郎生小陆家船，省识茶经与酒笺。卖橘贩花饶事业，何曾分我买山钱。自注：三十六垞人多佃余家，给事有年。卖橘贩花，皆有薄赀，余

亦常过其家,妻子治具,村叟咸至,欢饮弥日。

　　甲申七月马江风,雪浪翻天叫鬼雄。雨夜避兵来卜宅,楞岩一角属诗翁。自注:法人马江之役,俶玉(陈书)移家出避,余以舟迎之,因宅于上崎楞岩之下。俶玉以改其号曰濑岩。明年事定始去,顷来沪上话曩事,甚悔结邻不终也。

第一首写阳歧乡新婚拜年送灯的风俗,颇为独特。第二首写佃农卖橘贩花贴补家用,既是当地农业与小工商业相结合的一个小小侧影,又绘出民风之淳朴。第三首本写友人遭遇,却体现出甲午中法马江海战,人们纷纷避难的战争灾难。这类诗可资史料之用。

　　大庄写景贴切,来源于他丰富生动的想象,能以朴实的语言表达自己独特的感受,如《题听水斋》:"云借无多地,泉居最下层。"《塔湖初夏》:"有田忧水冒,无井怕泥浑。"《土牛溪屋》:"松毛尽落编覆棚,蔗尾初干捆堆锉。"《崔家庄》:"小屋雪深炊饼大,孤村风劲酒旗偏。"《秋夜》:"开门谒我惟山色,卧榻娱人自雨声。"诗中不乏结构精巧之作,最著名的是《吴江舟中》其三:

　　　　孤月溶溶波底生,繁星点点林外荧。二更三更无人行,水际萧槭多秋声。秋声忽远复忽近,汀雁樯乌不定鸣。曼吟幽啸孤亭发,细听非笛亦非筝。悄然吹竹作裂帛,秋坟叶落诗魂惊。西风满城水拍岸,湖灯散尽天将明。

诗人用白描手法展现了一幅吴江秋夜图,其中有秋月、秋星、秋声、秋鸟、秋叶、秋风、秋水、秋灯,这幅多彩而宁静的画面极富感染力。艺术结构上,首两句以入夜的视觉感受,铺叙了一个秋夜宁静幽暗的环境氛围。而后以听觉感受进行描绘,在"多秋声"的引导下,大雁、乌鸦的啼叫,孤亭的曼吟,裂帛的箫声,落叶的声响,以及江水拍岸、秋风掠江,秋夜的一切都通过秋声表达出来,烘托了浓浓的秋意。在这秋夜秋声秋意之中，渗透着诗人情绪上的惆怅落寞，却又无从落实，更无所具指。诗以拂晓的听觉感受归结为一夜的宁静幽暗，迎来明天的早晨。全诗首尾以时间呼应，以视觉落墨，而以听觉束篇，结构巧妙。

《写经斋稿》中一些诗作直接关切现实时事，忧国事，心悲痛。如《沪上夜巡作》：

> 萧寺无眠听刁斗，朱墨狼藉污满手。我军昨报抵中和，属国壶浆迎马首。士气骄腾将心锐，朝食何能灭此丑。牙山元戎突围出，万死偏师能断后。帑金两万颁孤城，动地健儿泣拜受。蚕丛平壤峤中间，月圆之夕忽不守。陈涛虽痛无此惨，谋国不臧执其咎。天意何年能悔祸，人心忧愤匪滕口。夜来对事谁主名，切责戎机累佳耦。墥水人居幕府山，析津地异彭田埠。海军退舍叹如鼠，粉饰捷收诳谁某。风声比复过南洋，起占太白在户牖。

此诗咏光绪二十年（1894）甲午战争中的平壤保卫战事。杨钟羲《雪桥诗话三集》引大庄此诗云："时费县左冠廷总戎进兵平壤，倭据险，不得前。因以牛数百头，束香炷于其角，夜驱而上。贼方并力来遏，而我兵已间道出其后，遂压隘，直至中和援叶军出。及八月之望，倭数万扑平壤。冠廷转战而前，深入三十里。叶、卫诸军坐视不援，且先溃。冠廷中三炮，犹力战二日乃殉焉，谥忠壮。"①左宝贵（1847—1894），字冠廷，山东费城人，与邓世昌并称"甲午双雄"，是甲午战争中清军高级将领壮烈殉国的第一人。此诗高度概括了这场战争，对清军的惨败沉痛涕泣。《闻牙山覆军作》、《海房

---

① （清）杨钟羲撰集、刘承干参校《雪桥诗话三集》卷十二，北京：北京古籍出版社，1991年，第545—546页。

营次夜作》《去秋丧练伏处凄然适丁马江之变似玉避地来居以诗相挑不敢奉和今乃追答来意二首》均有感于甲午战事而作，悲愤满怀，可称"诗史"。王闿运《洞庭归舟同叶损轩吴中赠别》云："石林才子文章伯，暂学陶潜出彭泽。……郑公子、陈翰林，外台三妙成知音。……君家传经比贺、刘，岂但诗句凌沧洲。"（《湘绮楼集》）将叶大庄与郑孝胥、陈宝琛合称为"外台三妙"①。汪辟疆《光宣诗坛点将录》云："地周星跳涧虎陈达陈书，一作叶大庄。叶损轩大庄《写经斋诗》，有初集、续集，冷隽有远韵，最负盛名。"钱仲联《近代诗评》云："叶写经大庄如一意孤行，独成谊士。"②同光诗坛上，大庄之诗占一席之地，值得关注。

叶在琦是叶氏入祀福州西湖宛在堂诗龛的第三人，亦是同光体闽派的代表诗人，著有《稗悕诗钞》（又题《叶侍御诗钞》）一卷，有民国间福州安民巷口中西印务局铅印本，福建省图书馆藏。陈衍《石遗室书录》云："肖韩诗笔清峭，用思曲至，盖服膺于黄、陈者。惜其不永年，见其进未见其止也。"《石遗室诗话》卷五云："叶肖韩侍御与珍午齐名，而珍午则对客挥毫，肖韩则闭门索句。""力避流易，笔意简炼，惟结处往往工力不逮。"珍午者，侯官张元奇，著有《知稼轩集》③。陈宝琛《叶肖韩侍御墓志铭》亦评："君诗近后山，矜峭不苟作，亦少所许可。"居家日多与陈宝琛、谢章铤、龚易图、陈书、张元奇等人唱和，侯官林孝颖曾辑这些唱和诗为《速成折枝诗录》一卷，1927年写本，未刊，其序云："兹录所选，皆前二十年诗草，维时螺江太傅养晦家居，叶肖韩侍御适在籍，二公提倡风雅，月凡

① 转引自陈世镕《福州西湖宛在堂诗龛征录》（下册），第889页。
② 转引自钱仲联主编《清诗纪事·同治朝卷》第17册，南京：江苏古籍出版社，1989年，第12063—12064页。
③ 陈世镕纂《福州西湖宛在堂诗龛征录》（下册），福州：福建人民出版社，2007年，第927页。

数集，集成晚钟，三唱为度，故名曰速成，历年积稿盈筐，不忍焚弃，僭加削择，得数百联，不名一格，惟其工，庶前辈不予诃，后辈不予诟乎？”[①]在京期间又多参与榕荫堂诗社活动。汪辟疆《光宣诗坛点将录》将在琦与郭曾炘、张元奇并录[②]。

《稺愔诗钞》存诗一百余首，笔意简练。《冶城重午曲》其二云："吮笔当筵染酒香，诗人题午索枯肠。"可见其苦吟之诗法。集中多有与亲人友朋赠酬，以诗代书，足见其心曲，如《奉寄献恭叔父》：

> 寒澌缓缓回春流，闸河不任浮轻舟。空斋腊去六十日，短梅疏花为客留。梅花留客看春雪，三月西湖有此不？浙中山水风缘重，官辙过处皆曾游。昔未趋庭不竭郡，潇洒题诗入咏楼。今未下车榆父老，邻邑人识新君侯。中年最乐奉亲事，况自官舍涓兰修。愉愉门内涤榆器，善气已动舆人讴。对也弱岁从诸父，僧舍灯火春徂秋。栖鸦暮满窗外树，斜月照见低枝谬。依街此景但畴昔，辗转人海嗟萍浮。新岁岭外有消息，阿叔捧檄归梧州。仲兄聪聪别数月，踪迹尚滞藤溪头。惘然当别念家事，未敢孟浪干时忧。都门送人已屡屡，居者不去宁无求。颇思十亩有收获，胜似朝市为身谋。高堂康健慰游子，宁赡邸费无归休。亲慈自望可树立，力薄欲进途无由。求才甚欲汰冗长，太仓鼠雀能勿羞？还家温凊师群秀，何有郁郁思八驺。

此诗写给叔父叶大琛，既寄之思念，又回忆过去，自叹身世，情感深切。适逢中国内忧外患风雨飘摇之时，在琦一生致力于教育兴国，忧时伤世感慨则融注于笔间，《题林文忠公京师日记》云："沧桑胡

① 福建省政协文史资料委员会编《文史资料选编》第3卷（文化编），福州：福建人民出版社，2001年，152页。

② 沈云龙主编《近代中国史料丛刊续辑》第29册，台湾文海出版社影印。

变为人迁,终古蓬瀛在日边。远想严徐供奉盛,犹居李郭中兴前。委蛇初若无音节,忧乐于时属大贤。自省虚庸曾窃禄,后生坠涕读兹编。"感叹世事沧桑之变,阅林则徐日记而泪流。《罂粟》一诗为集中最长作品,痛斥鸦片给中国社会带来的各方面毒害,沉痛悲愤。集中大量羁旅记游之作,写景冷峭,《滹沱晓渡》云:"薄阴黯淡过滹沱,唤渡声中劳者歌。十里寒沙秋草尽,数家野屋午烟多。远云欲坠溪湾树,凉雨新添棹尾波。回首中兴谈麦饭,河冰一夕下弓靴。"他如《芦沟晚眺》、《千秋亭》、《襄阳吊杜工部》、《古意》等,在"衰柳"、"晚秋"、"寒烟"、"浓阴"的一再描绘渲染了末世凄凉的心境。徐世昌编《晚晴簃诗汇》选在琦诗十五首,并云:"中多有物之言,非仅欲以词章名世。使天假之年,所造正未可限量也。"①所言诚不虚。

---

① 徐世昌编,闻石点校《晚清簃诗汇》,北京:中华书局,1990 年,第 7684 页。

第五章　叶申芗及叶氏词学研究

第一节　羁旅人多羁旅词

　　叶申芗(1780—1842)一作维彧,号小庚,自称小庚子,一号其园①,又号培根。观国季子,与申万同为曾孺人出。生于乾隆四十五年(1780)五月初六。据梁章钜《小庚叶公墓志铭》,申芗"幼即倜傥,声如洪钟,稍长作诗文,辄有惊人语"。弱冠补弟子员,嘉庆六年(1801)拔优贡生,时22岁。九年(1804)中举,十四年(1809)成进士,选翰林院庶吉士,入词垣。十五年(1810)留都散馆。十六年(1811)七月散馆。秋,出任南昌府武宁县知县,后改知云南富民县,时好友萨察伦有《题二乐图送叶培根申芗改官滇南》送之,其诗云:

　　　培根太史吾老友,藉酒浇书书下酒。生平只此博真乐,魂磊胸中复何有? 少年射策金马门,承恩珥笔登词垣。秘府有书窥万卷,玉堂有酒醉千樽。先生得官真得意,谓可行吾昔所志。高吟纵饮正酣嬉,滇南忽报须循吏。帝云循吏宜醇儒,不许书生安酒

---

　　① 杨廷福、杨同甫《清人室名别称字号索引》,上海:上海古籍出版社,1988 年。

徒。一朝檄下教出宰,麴车经笥驱长途。士元才岂止百里,醉眠且为苍生起。宰相原须用读书,以治一邑无难耳。或喜所治称富民,民既富矣官宁贫。君言但得买书买酒足,留与清风对故人。①

时申芗 32 岁,正当盛年,正欲有为,因而意气风发。林则徐曾赠申芗联云:"人自玉堂来,吏亦称仙原不俗;神从金马至,民能使富莫忧贫。"亦赞其风神潇洒和宰县富民之效。后又历知昆明县,东川府巧家同知,署曲靖府、广南府知府。曾三任云南乡试同考官,"所拔士如朱侍郎嶟、陆都转荫奎、罗观察士青,其尤也"。

道光九年(1829)母逝,申芗丁忧归里。服阕复出,改选浙江绍兴府、湖州府同知、宁波府知府。因史料难详,未知申芗在任具体事迹。梁章钜评曰:"其令滇中,丞浙中,皆以廉明强干称。所到祛夙弊,疏滞狱,核荒政,制乱萌。大府倚若左右手,以卓荐擢洛阳。益殚心报称,涖洛未满秩,而吏畏民怀,为前后所仅见。"可见申芗为官作风,有益于民事。

后任河南府知府,护河陕汝道。申芗曾自题府联云:"郡望旧京畿,金谷豪奢函谷险;物华真秀丽,伊川山水洛川花。"又客座联云:"芸馆忝题名,三纪声华留日下;莎庭闲坐啸,六年宦绩在天中。"②可知申芗守洛六年。二十一年(1841)开封河决,流民至境者无虚日,申芗劳来安集,不为畛域之分,所全活无算。道光二十二年(1842)三四月间,林则徐被遣戍伊犁途中经洛阳,申芗留其小住。六月初一,申芗因劳而卒于洛阳任上,享年 63 岁。林则徐挽联叹云:

---

① 萨察伦《珠光集》卷二,清宣统二年(1910)福州萨氏一砚斋刊本。
② 李伯元《南亭四话》卷六,上海书店影印本,1985 年,第 406 页。

郡秩六年周，问洛水津梁，尽是使君留惠泽。

衙斋三月别，恨怡园花木，不教词客驻吟身。

申芗既是良吏，又是著名词客，自幼即好填词，《天籁轩词谱·凡例》末云："芗素不谙音律而酷好填词，自束发受书，即窃相摹拟。"①梁章钜《叶氏小庚墓志铭》评云："生平勤于学问，工为俪体，尤耽于有韵之文。"一生致力词学，著有《小庚词存》四卷。《沁园春·潘星斋藤花馆填词图》云："自惭衰柳婆娑。也曾为、填词著了魔。"中年后自称"词颠"，屡屡提及填词之"癖"，颇费心力。《蓦山溪·自题庚午雅集新图》云："故人知否。天意怜憨叟。且许作词颠，……"《定风波·董镜溪茂才妻梅仙馆词稿》云："大抵钟情惟我辈。君最。笑余垂老学词颠。"《花心动·除夕守岁用壬辰除夕韵仍索柳东再和》："窃叹词颠未懒。况酬唱依然，鸳湖昔伴。"《小庚词存》，有道光八年（1828）福州叶景昌写刻本一卷本；道光十四年（1834）叶氏天籁轩刻本和光绪二十年（1894）叶氏刊本四卷本，内容一致。近人陈乃乾辑入《清名家词》，不分卷。

小庚词共 271 首，大体以时间先后编排，各卷首以干支标注本卷起讫时间，如卷一为"起乙丑迄丁亥"，即嘉庆十年乙丑（1805）至道光七年丁亥（1827），申芗 26 岁至 48 岁词作 57 首。卷二为道光八年（1828）49 岁至道光十三年（1833）54 岁词作，有 74 首。卷一卷二多为云南时期所作，多羁旅行役之叹。卷三 37 首，卷首仅标注"甲午"，即道光十四年（1834）。然卷中《花心动·除夕守岁用壬辰除夕韵仍索柳东再和》当是十五年乙未除夕所作，又有《浪淘沙·丙申夏仲去浙有怀石敦夫》、《最高楼·丁酉人日雪后登文峰塔》、《金缕曲·戊戌春仲晦日大雪盈尺赋此志异》等词，本卷词作

---

① 《天籁轩词谱》卷首，道光十四年（1834）《天籁轩五种》本。

当至道光十八年(1838)59岁时,多在浙江所作。卷四101首,题为《寄园百咏》的一百首咏花词,末首为总结,为道光十九年(1839)60岁时在洛阳府署所作。

小庚词内容上大体分为两类,一是抒情词,多抒发心志,表现个人情感意绪,重内在心灵之词,包括众多羁旅行役词、赠酬词以及个别借物抒怀之作;二是写景咏物词,特别是大量的咏花词,多重外在客观形象的描绘,或主体写景,景中含情。

通读《小庚词存》,整体情感基调悲伤惆怅、落寞无奈。这首先体现在众多羁旅行役词,特别是卷一卷二中,除了个别艳情词、咏物词外,其余各词均涉及羁旅行役之叹。所谓羁旅,乃指长久寄居异乡,不得归乡;行役,则是因服役或公务而奔波在外。羁旅行役之作,主要抒发游子长期在外奔忙的辛苦劳碌,以及由此而生的怀乡、怀人之思。羁旅思乡是中国文人的普遍情思,北宋柳永、周邦彦就大量抒写羁旅行役之词,融入人生之叹。叶申芗大量创作羁旅行役词,与其个人经历相关。他于嘉庆十四年(1809)中进士,入词馆。两年后即嘉庆十六年(1811)七月,散馆改外,本任南昌府武宁县知县,后改知云南富民县,时年32岁。由翰林出任知县已有"屈尊"之感,云南又在边境,距京都与家乡福建都相对遥远。他无法踌躇满志地上任,而是充满着失落无奈。《金缕曲·落花》云:

> 命莫如花薄。叹年年、一番春尽,一番漂泊。孤负东皇栽培意,生受封家恶剧。况更有、许多做作。飞上锦茵能有几,但吹来、藩溷真无著。回首视,孰清浊。　　红嫣紫姹何如昨。想都因、未除结习,俗缘难却。琪树琼花神仙品,一染红尘便错。空怅望、蓬瀛楼阁。此别钧天成小谪,也有人、说道人间乐。身世事,杳难托。

落花随风漂泊,正如人不能自主命运,身世难托。"蓬瀛楼阁"代指翰林院,此去以后只能"空怅望",怜花正是自怜。谢章铤《赌棋山庄词话》卷一评此词云:"时太守由翰林改县,故不无玉堂天上之感。"①。来到云南后,富民县地僻事简,加之孤独无友,愁思难以排遣,仍时时萦绕于心。《满江红·壬申九日累前韵》为九日重阳之作,"每逢佳节倍思亲",他感叹:"宾客少,无游迹。簿书简,多余隙。笑直须卧治,清闲已极。"嘉庆二十三年(1818)冬,申芗由富民知县改任东川府巧家(今云南昭通市巧家县)同知,他仍兴致索然。直到道光十四年(1834),他才改任浙江,署宁波府知府,此时55岁,早已年过半百,羁旅愁思有所减弱,年老之叹却不免涌起。云南之任虽非仕途上的挫折,申芗却表现出难以掩饰的失落,显示出类似贬谪的情怀。小庚词中有几组词汇反复出现,有直接点明羁旅的"羁思、羁愁、旅思、长征、征衫",有表达行役的"远宦、拙宦、宦辙、薄宦、宦情减、宦海波涛",有感叹离家远的"万里、天涯",感叹时光飞逝,年光渐老的"驹隙、头颅如许、鬓影、半生、半百",有比喻式的"萍踪、萍聚、萍迹、蓬萍",均加重其羁旅愁思。人的心境与性格密不可分,同样的境遇,不同的人会唱出不同的心曲。刘禹锡与柳宗元,"二十年来万事同",但诗心却是一外扩一内敛,一个相对昂扬,一个相对低沉。从小庚词的悲伤情调不难看出他相对柔性的文人化性格。当然,词本身又是比诗更适宜表现人们细致复杂的心境意绪,也是叶申芗多以词而非诗抒发心曲的原因。

依抒情内容表达方式的不同,叶申芗的羁旅行役词大致有以下几种模式。一是以旅途所遇之事直接生发羁旅之情。或以途遇风雪难行等感叹,如《摸鱼儿·东阿阻雪》:

---

① 陈庆元主编《谢章铤集》,第523页。

最无端、昨宵风雨。偏将寒月吹去。轮蹄历碌刚过半,喜把来程暗数。翻又住。算难事、人间难莫如行路。问天不语。更费尽工夫,装成玉戏,六出舞飞絮。　男儿志,堪笑儒冠多误。浮名肯把人妒。酒阑欲拟鵁鹣赋,多少壮怀谁诉。拚醉舞。从吾愿、此身愿化陶家土。休论甘苦。但块垒须浇,醉乡频到,此外少佳处。

又如《解语花·晓行》:

残星带雁,落月啼乌,画角催天曙。鞭声铃语。轮蹄乱、迤逦客程分去。冲烟披雾。望初日、瞳昽将吐。霜力浓、卯酒全消,瘦马凌竟步。　试问为何羁旅。被名缰利锁,勾引如许。不辞辛苦。奔波状、历碌那论寒暑。宦游更误。念孤负、香衾无数。算几人、暖阁黄袖,高卧听衙鼓。

上片以时间顺序展现了凌晨出发的情形,先以晓星、落月、啼乌营造出静寂的氛围,次以鞭声、铃语、乱蹄构成出行时慌乱的场面,再写出发时主人公的情态。下片感叹宦游奔波不易,是小庚词典型的途中即事抒情之作。由于他浓重的羁旅愁思,途中听到的雁声、音乐声等均易惹起感伤怀乡之情。如《金缕曲·旅枕闻隔院琵琶》:

何处红楼女。隔墙儿、轻拢慢撚,哀音如许。多少悲欢恩怨事,都入轮袍新谱。但只恋、温柔乡住。此日尊前金买笑,弹指间、半是浔阳妇。推复引,转凄楚。　倦游念我长羁旅。印鸿泥、天涯踏遍,几经辛苦。孤枕寒衾眠未隐,那惯更听弦语。十五载、青衫尘土。潦倒使君痴绝甚,枉替人、细把衷情诉。呼烛起,题长句。

漫长的旅途之夜,孤枕寒衾,夜不能寐,凄婉的琵琶声隔墙传来,词人心中产生强烈的共鸣,不由地发出羁旅倦游的感叹。

二是直接抒写羁旅愁苦,并上升为人生落拓无奈的感叹。《金缕曲》:

> 游宦成羁旅。问当时,谁人投笔,谁人誓墓。笑我频年牛马走,依旧头颅如许。休更忆、金闺故步。万里携家从薄禄,又那堪、千里抛家苦。离思积,向谁诉。　　愁来难觅高阳侣。镇无聊、编篱穿沼,移花栽树。敢学鱼湖同鹿柴,运甓漫消闲绪。但可惜、流年虚度。曾道销魂缘赋别,恨而今、魂也无销处。……

全词均为抒情之语,其中有羁旅之叹,时光流逝、流年虚度的悲慨,百无聊赖的惆怅,离家思乡的愁苦,友朋不在的孤独,种种心绪织就成一个浓厚的悲愁氛围,使词人不禁发出"魂也无销处"的凄凉之音。《永遇乐·秋夜不寐》、《金缕曲·桐江书怀》均如此。《一萼红·己卯四十初度》:

> 笑奔波。忽平头四十,历碌隙驹过。万里携家,三年宰剧,虚将心绪消磨。迤来是、宦情都淡,争禁得、半载病为魔。酒盏生疏,吟怀萧索,兴致如何。　　回首旧游天上,怅仙山缥缈,落潊风多。滇海尘劳,蜀江瘴疠,荣枯宠辱由他。忆香山、著绯司马,也曾嘲、官职未蹉跎。况我头颅如许,且自婆娑。

词人回忆四十年飘泊生涯,时光多消磨在云南边地,宦情、酒兴、诗兴均淡薄,回忆过去在翰林院生活不禁产生天上仙山之感,心中郁结难以排遣,只好借古人故事以消愁。《水调歌头·辛巳初度题黔南驿壁》上片云:"回首过来日,四十二年非。半生俯仰随俗,名利两相违。万里飞凫鸟,十载重瞻凤阙,旧梦依稀。惆怅再来燕,仍向社前归。"《戊子初度登黄鹤楼》下片则云:"仙棘亭前,道人指说新栽是。浮生半百尚蹉跎,过眼云烟似。白发渐来镜里。笑头颅,依然如此。青衫虽旧,纵听琵琶,几曾湿泪。"这些词作多作于词人生日之时,在回忆过去潇洒生活,总结近况,以及现实对比中倍添愁苦。

三是羁旅之叹生发推衍,使他的赠酬词、题画词也多染上愁思与悲伤情调。在很多送别他人的词作中,申芗也多自伤怀抱。《水调歌头·癸酉送同年戴春溪舍人差旋》:

> 远宦万余里,落拓寄南荒。故人持节遥至,相遇碧鸡坊。未作临邛负弩,且学都官分校,玉尺共评量。君返凤池去,重兴奏明光。　　应念我,宦情减,旅愁长。山城斗大,漫说彭泽与河阳。京邑旧游相问,为道狂奴故态,今也不成狂。回首望宵汉,分手怅河梁。

此词作于嘉庆十八年(1813),申芗至云南的第三年,同年戴鼎恒至滇任乡试考官,差旋返京时。此词虽为送别之作,却句句点自身羁旅远宦之悲。《水龙吟·武昌留别李侪农太守》起句便是:"半生落拓天涯,常将剌向怀中灭。"《沁园春·送秦馥堂司马领军》、《渔家傲·羊城留别芷汀六兄》等均显示出送者比别者更悲的情怀。

在非送别的赠酬词中,个人情感仍十分浓郁。《金缕曲·和陆祈孙明府见赠》:

> 宦海风波怕。况文人、一行作吏,更销声价。自古名高多运

塞,福慧双修盖寡。算只有、泉明高雅。五斗折腰真不屑,赋归来、采菊东篱下。问谁继,清风者。　　　知君仙骨原潇洒。脱荷衣、鸣琴偶试,便思冠挂。浮世升沉何足道,羞煞好官笑骂。待春雨、杏花归也。愧我尘劳逾廿载,过江州、谁念狂司马。歌欲阕,泪先泻。

本词均议论,颇能见出词人对为官与为文冲突的矛盾心态及悲伤情怀。《高阳台·连得梁茝林廉使林少穆艖院手书感赋茝林书有安得好风吹近一方语故及之》上片云:"拙甚于鸠,忙还似燕,年年来趁春风。旧垒难依,借栖终岁匆匆。滇云缥缈三千里,学浮鸥,莫定西东。笑萍踪、漂泊依然。"亦均自我感叹。《花心动·甬东除夕招冯柳东太史小饮》为词人在宁波时除夕所作,与友人宴饮本是欢乐场景,词人却仍感慨"旅鬓渐衰,壮志犹惊",而产生无限乡愁,"空凝盼、山远水远,家远人远"。

这种感伤情调也渗入题画词中,《满庭芳·浔阳琵琶图》依白居易《琵琶行》一诗生发,末云:"我亦青衫司马,重题处,也为魂销。应念是,天涯沦落,同寄恨迢迢。"《抚琴图》则云:"学渊明只爱无弦操,词题罢尊频倒。"为朋友所作的题画词也往往将对方与自己并写,不离对自身境遇的感叹,如《壶中天·和少穆中丞韵题伊少沂江阁展书图》:

　　是谁老手,写就江阁,摹取当年锦里。独抱遗编临槛曲,放眼参观云水。高树盘空,小溪横约,俯仰乾坤里。昼长人静,茶烟一缕初起。　　笑我书癖空耽,频年奔走,砚席安无地。羡尔身宜丘壑置,名下原无虚士。四壁萧然,一经传得,嗜此醰醰味。临歧题赠,吟怀聊慰离思。

题中少穆中丞指林则徐,伊少沂指伊念曾。上片题画中意,可以想见画图之意境壮阔,语言亦豪迈阔大。但下片一提起自身境况,便是奔走无尽,寥落无奈的凄凉,情感愁苦。《浪淘沙·沈成斋县尉西藏从戎图》结构模式与此词基本相同。

申芗笃于亲情,与母亲、兄弟、妻儿感情深厚,其亲情词真挚动人。由于常年漂泊在外,亲人聚少离多,这些亲情词也融入羁旅愁思。《沁园春·淮上留别次幔四兄》:

> 别三神山,作万里游,斯真壮哉。笑八年在外,惯嗟行役,一行作吏,暂赋归来。谁念王孙,难逢漂母,频过淮阴古钓台。相逢幸,正漫停征棹,共把离杯。　　家园岭峤长淮。并燕北、滇南各一涯。念何时夜雨,联床共话,每逢佳节,对酒遥怀。底事年来,吾家兄弟,碌碌偏多百里才。交相祝,是潘舆迎奉,同庆南陔。

此词是申芗去云南路上,经江苏时与申蔼遇而旋别所作,词把对过去的怀想和未来的期待相交融,期望未来兄弟相聚,共同奉母。又有《沁园春·辛未改官后乞假归省留别芷汀六兄并题洪江送别图》、《渔家傲·羊城留别芷汀六兄》与申万离别之作。此外,《齐天乐·喜内人挈两女归聘》、《忆旧游·得家信知内子卧病苏邸》亦情深意切,其中包含着对妻子思念与深深的愧疚,感人至深。

词人为了消解悲愁,有时也故作放纵潇洒,如《念奴娇·狂歌》:

> 麴生知己。笑凭伊、浇尽胸中块垒。云梦真堪吞八九,何物还能芥蒂。曼倩诙谐,幼舆任达,甚矣吾狂矣。人生行乐,及时宜自留意。　　也解筵畔评花,尊前顾曲,学作逢场戏。但得百年开口笑,此外不知余事。白眼闲看,素心谁是,阅尽人间世。唾壶

敲缺,短歌无复宫徵。

此词描摹出自己狂态,表达牢骚不平。上片寄兴于酒,下片描摹酒醉情态,塑造了一位纵情饮酒、及时行乐的词人形象。这首词形似诙谐旷达,内中却是痛苦的情怀。他常以"酒狂"、"狂徒"自比,却多是在过去的回忆中,如"卅年酒社旧狂徒"(《烛影摇红》)。长年的羁旅飘泊,曾经的年少轻狂早已销尽,他不得不承认:"京邑旧游相问,为道狂奴故态,今也不成狂。"(《菩萨蛮》)"漫思量酒徒狂态,而今鬓影如许。"(《永遇乐·秋夜不寐》)与"狂"相联系的"酒"以及相关的"醉乡"、"酣歌"、"举觞"、"麴生"、"杯"、"尊"等字眼出现频率极高,可谓俯拾皆是,如"老去闲情频对酒,赢得是醉颜酡"(《南楼令漫歌》)。"杯在手,笑开口,肯负尊中酒"(《蓦山溪·自题庚午雅集新图》)。"豪怀北海,座中容我,酒徒疏阔"(《水龙吟·武昌留别李侪农太守》)等。除了"酒",排遣愁思的还有"花"。申芗爱花惜花,小庚词中有大量咏花词。诗(包括词)、酒、花,是小庚词常见的三类意象,常常二者并提或三者兼提。诗酒并提者如:

> 且捉鼻微吟,举觞深泻。(《齐天乐·雪后于役浙东》)
> 我且垂帷。文字生涯,醉乡日月,消受清闲事事宜。(《沁园春·自题二乐园》)
> 酒盏生疏,吟怀萧索,兴致如何。(《一萼红·己卯四十初度》)
> 醉笔健,呵来那愁墨淡。(《花心动·除夕守岁用壬辰除夕韵仍索柳东再和》)
> 酒兴谁遣,吟怀无著。西风何处情为我,扫寂寞。(《兰陵王·秋阴》)

酒与花并提者如:

> 对酒碎花枝。此情痴未痴。(《菩萨蛮》)
>
> 酒人例向斜阳醉,醉后绕花吟。花应笑我,髭将撚断,鬓欲愁侵。(《眼儿媚》)
>
> 筋槎重携,拚将醉眠花侧。(《探春慢·甲午春初雪中探梅孤山》)

不难看出,诗也好,酒也罢,花也好,都是词人欲排遣羁旅之愁,安慰失落心灵的媒介载体。他的借酒消愁,放纵狂歌,醉对花丛等等并没有改变词心悲愁的本质。叶筼潭《小庚词题辞》云:"铁笛工愁,铜琶写怨。"戴鼎恒的题辞云:"词客前身谪仙,今日酒酣,能不悲歌。江湖魏阙,人事别离多。多少悽酸感慨,都谱入激楚阳阿。拈豪处,声偷字减,秦柳问如何?"众多的羁旅词造就了小庚词多悲愁的情感基调。

第二节 叶申芗的写景咏物词

叶申芗是写景咏物的高手,对自然界的一花一草,节序变化感受敏锐,善于体察,描摹生动,往往清新明快,语淡情深。如《临江仙·初夏雨后》:

> 阵阵轻雷催骤雨,晓窗快觉凉生。坐听檐溜杂泉声。小庭苔径没,新沼鸭阑平。　　阶竹枝垂青到地,短篱瓜蔓轻盈。遥山隐隐近山明。浮云驰倏忽,飞瀑落纵横。

上片写初夏雨中之景，以阵阵轻雷的听觉声领起全词，后有骤雨声、屋檐雨水流泻声、泉声相交织，如自然界欢快的奏鸣曲。"小庭苔径没，新沼鸭阑平"以最寻常的事物点明雨势。下片写雨后之景。近处的阶竹垂青、短篱瓜蔓，远望山明灭，末以飞瀑声作结。全词抓住雨中雨后典型而细致的场景，"催、快、生、没、平、落"等动词极富表现力，处处呈飞动之势，充满生机。虽不着一情语，而清新之感，欣悦之情自在其中。《清平乐》（浓云翻墨）写初夏大雨旋至初霁，《点绛唇》（绕屋青山）写雨后青山亦设色清丽，圆美自然。

这种将近景远景结合，融视觉听觉的手法是叶申芗的拿手好戏，如《浪淘沙》：

> 雪意满西湖。云水模糊。天然一帧米家图。城阙楼台迷近远，似有疑无。　　飞霰乱跳珠。篷背声粗。北风吹浪战菰蒲。舆仆催归天已暝，灯火街衢。

写傍晚雪景，上片为远望所见，亦是总写迷茫雪中景象。下片为近景，既看得见飞霰如珠跳动，又听得见雪落篷背的粗重声，形声结合，末以"灯火街衢"作结，含蓄蕴藉，余味无穷。

小庾词多悲愁，写景词也带有浓厚的个人情感意绪。集中多悲秋之语，有不少以"秋声"、"秋夜"、"秋怀"、"秋阴"、"秋暝"为对象的写景词，对秋景的描绘乃写景常态。他将感情融注在景物描写中，景语即情语，如《浪淘沙·山行》：

> 秋色满天涯。旅兴清佳。篮舆缓缓绕山斜。隔岸霜林红不断，深处人家。　　心紧路偏赊。转入幽遐。烟村错落半云遮。牧笛樵歌分队去。暝色归鸦。

全词以白描的手法描绘了一幅清疏的秋景图,其中又有悠然的主人公形象。以景物为衬托,以写意式手法点染人物意绪,情景相生,《祝英台近·红叶》《踏莎行》(檐溜飘阶)《风入松·喜晴》《兰陵王·秋阴》《浪淘沙·中秋即事》等均以类似手法创作,只是其中蕴含的情感基调或喜或悲,程度有所差异。

咏物词几占小庚词一半,充分体现了词人好观察、善体认的特长。卷一至卷三的咏物词约三十余首,咏及落花、菜花、白芍药、萍、水仙、红山茶、梅、菊、新柳、春草、秋葵、葡萄、画竹、蝉、蟹、虾、鹦鹉、蝶、笔、墨、团扇、龙井茶、桂花栗、瓜皮船、画角、渔火等事物。卷四《寄园百咏》则以不同词调题咏百种花木果蔬。据词序,申芗守洛时,将府署旧怡园改为寄园,"芟荒芜,分畦畛,日课园丁,杂莳花木蔬果"。三载时光,众卉欣荣。词人玩物适情,寄之吟咏,从道光十八年(1838)至十九年春,成词百首。"读曲未精,爱花成癖,辄品题乎名卉,思继迹乎前贤,每当坐啸之余,恒就倚声之好,群芳添谱"。其中既有常为人吟咏的莲、菊、梅、柳、水仙、牡丹、茉莉、桃花等,更多则是少见于题咏的普通花木果蔬,如夹竹桃、石竹、木槿、落花生、茄、白菜、冬韭等,且有意将群芳谱中未收花木纳入吟咏对象,如剪春罗、草绣球等。《临江仙》一阕为总结百首咏物词,云:

> 人道洛阳花最好,我来恰已三年。灌园学圃旧因缘。有花真富贵,无事小神仙。　尘境题为花世界,吟将百咏成篇。新声初出客争传。遽能夸纸贵,端不愧词颠。

可见词人对所作颇为自得。

咏物词是以某种具体事物为吟咏对象的词作,刘勰《文心雕龙·物色》曾云:"物有恒姿,而思无定检。"要以无定检之思独辟蹊径,将有恒姿之物塑造成不落俗套的艺术形象,创造出他人未曾及的崭新境界,方为咏物高手。张炎《词源·咏物》云:"诗难于咏物,词为尤难。体认稍真,则拘而不畅;模写差远,则晦而不明。"①要在"所咏了然在目,且不滞于物"。咏物词既不能离物,又不能滞物,其成功与否以及成功的质量,关键看作者如何处理"物"与"志",客观事物与主观情感意志的关系。依此,咏物词可分为两类,一为寄托类咏物词,运用比喻或象征手法寄托作者的思想感情;一为形容类咏物词,多描摹事物的体貌特征或形态美。

小庚咏物词中明显寄寓自身情感的词作如《金缕曲·落花》有意借落花随风飘落,不能自主的命运抒发由翰林改任知县的失落无奈。《念奴娇·谢王协戎惠巧色菊》借菊抒发思归情怀。《满江红》(万里归来久)咏朋友赠送的一枝梅花,塑造了"招客对花开"的主人公形象。申芗爱梅,集中咏梅赏梅之作颇多,《探春慢·甲午春初雪中探梅孤山》、《金缕曲·上元日重游孤山》、《一萼红·中和节看梅孤山》、《浪淘沙·看梅次夕忽霡雨交作枕上赋此》、《木兰花慢·别梅孤山》是一系列咏梅之作,写屡次往杭州孤山探梅赏梅,直到别梅,对梅花一往情深,寄寓隐逸之念。

总体上说,寄意明显的咏物词在小庚词中并不多,小庚咏物词多为形容类咏物词。他观察细致,善于抓住事物最本质的特征,以简洁的语言描绘出生动的形象,如《更漏子·月季》:

> 号长春,称瘦客。色有浅深红白。欺玫瑰,傲蔷薇。荣华历四时。　春不老。花长好。与月盈亏争巧。香断续,艳周遭。芳情真久要。

月季花又有"长春"、"瘦客"等名称,品种繁多,花色纷呈,浅、深、

---

① 张炎《词源》卷下,唐圭璋《词话丛编》本。

红、白及各种杂色,千姿百态。花则浓艳娇美,虽与玫瑰、蔷薇等同科花种相似,但她一年四季月月开花,"荣花历四时",正是她的特异之处。花,是春天的象征,她长开不歇,好像春天永驻。她每月开花,凋谢,循环往复,又好像与天上盈亏圆缺的月亮争奇斗巧。最后言其花香。《论语·宪问》:"久要不忘平生之言。"她的香气断而复续,艳丽的花朵落而又开,周而复始,像是和人们早就定下长久的期约。本词围绕月季月月开花,"荣华历四时"的特点描摹展开想象,上下片意脉紧密,构思精巧。申芃善咏花草,这类词作比比皆是,其中有"素魄笼烟,丰肤腻雪"的白芍药(《凤凰台上忆吹箫》);有"双心千瓣斗鲜奇,出水不沾泥"的盆莲(《荷叶杯》);有"道是桃花竹倚,道是竹枝桃媚"的夹竹桃(《如梦令》);有"荠白芸黄魏紫,锦成堆"的菜花(《春光好》);有"血染花枝艳妒霞"的红杜鹃(《怨王孙》),还有"种向中秋开待夏,秾艳谁能画"的罂粟花(《醉花阴》)等等。

申芃写花草,不仅能摹其形,尤能绘其神。如《木兰花慢·红山茶》:

> 谱滇南花卉,推第一,是山茶。爱枝偃虬形,苞含鹤顶,烘日蒸霞。桠杈。高张火伞,笑粤姬浑认木棉花。叶幄垂垂绿重,花房冉冉红遮。　　仙葩。种数宝珠佳。名并牡丹夸。忆吟成百咏,记称十绝,题遍风华。生涯。天然烂漫,自腊前开放到春赊。风定绛云不散,月旺颓玉无瑕。

此词描绘山茶可谓形神毕肖。上片一起三句总评山茶,以领起全词。以下数句具体描绘山茶枝条盘曲如卧龙,花呈红色,远远望去,如像一把高张的火伞,更插入"粤姬浑认"一个细节,意在与木棉花的比较中突出山茶的形象,颇有情趣。"叶幄"两句写出山茶绿叶红花交相辉映的景象，收住上片。下片一起三句写出山茶之稀少珍贵，并与牡丹并提，以抬高它的身份。"忆吟成百咏"三句写自己对山茶的喜爱，"题遍风华"，耐人寻味。"天然"两句突出山茶"耐久"的品性，言简而意深。结拍两句生动如画，描绘出风停时和月光下山茶花盛开的形象和神韵，是画龙点睛之笔。再如《转应曲·蔷薇》：

> 春雨。春雨。染出春花无数。蔷薇开殿东风。满架花光艳浓。浓艳。浓艳。疏密浅深相间。

这首小令以明畅之语咏蔷薇。首先将蔷薇放在"春雨"、"春花"的自然大氛围中，一个"染"字写活了百花迎着春风、春雨争奇斗艳的春天。"蔷薇开殿东风"，点明蔷薇后百花而开的特色，而后再描绘蔷薇的独特风貌。词中一连用了两个"春雨"、"春雨"，两个"浓艳"、"浓艳"两组重叠词句，对所写景物作了强调。前者是纵的强调，一场又一场春雨，才"染"出无数的春花开人，是一层加深一层；而后者，则是横的渲染，"浓艳"，又是"浓艳"，方开出"满架花光"，从两个不同方面衬托描绘蔷薇的美丽。全词语言明畅自然，语淡而情深，清新而畅朗。

申芗创作了众多咏花词，一些植物有类似的体态特征，他却能描绘出事物的风神，显示出独特的"这一个"，这得益于比较、比喻、拟人等修辞手法的广泛运用。他常以相近的花木作比较，如咏水仙，则云"韵比兰腴，品同荷净"（《水龙吟》）；咏樱桃花，则云"疑杏输浓，方梨较淡，娇态弄晴酣"（《少年游》）；咏探春，则云"香欲江梅敌，笑桃李，那能及"（《探春令》）。咏玉簪，则云"叶比蕉心较狭，花疑檐面偏修"（《西江月》）。咏晚香玉，则云"叶比兰柔，花怜栀小"（《踏莎行》）。《采桑子·剪春罗》多用比喻："阶前喜见琼枝苗,碎剪红纱,烘日蒸霞。七尺珊瑚傲石家。"四季橘是"颗颗小金丸"(《虞美人》),雪毬是"玉玲珑,雪晶莹,攒就千花一蒂擎"(《长相思》)。蚕豆是"花吐宛如蛾,荚宛如蚕,形肖真难画"(《醉花阴》)。花的柔弱与女性的纤柔本就有相通的质性,将花拟人,以人拟花自古有之,申芗咏花词中亦多,如《凤凰台上忆吹箫·白芍药》:

> 素魄笼烟,丰肤腻雪,亭亭玉立春风。岂洛川微步,姑射仙踪?仿佛赵家姊妹,新妆竞、齐倚帘栊。还应是,杨妃出浴,艳冠骊宫。　　形容。难摹丰韵,笑谢眺当年,只咏翻红。任广陵嘉话,金带奇逢。争似盘盂琢玉,坡仙语、比拟偏工。莲香白,芳名记取,色相皆空。

词中用以比白芍药的既有传说中的洛水女神、姑射仙子,还有历史上的赵飞燕、杨贵妃。《满庭芳·绿萼梅》、《调笑令·女萝》亦是高度拟人化的咏花词。

小庚词善渲染,咏物常常将细处描绘与背景烘托相结合,如《永遇乐·和魏赞卿司马咏萍》:

> 漠漠杨花,东风吹到,添半池翠。细点星疏,柔茵锦滑,荡漾圆还碎。随波容裔,偷遮山影,一碧侵人眉际。傍苔矶、平铺似掌,碍他钓艇垂饵。　　浮迹若寄,升沈聚散,付与半篙新水。鱼唼频吹,蜻飞小立。鸳浴根翻紫。去留无计,争如莼菜,惯惹秋风乡思。斜阳外、菱塘蓼屿,藉伊点缀。

词中"细点星疏"、"圆还碎"、"点缀"等词反复吟咏浮萍细小,以及随风随波升沉的特征,这是对浮萍的细处描绘。又以浮萍生长环境中的其他事物"鱼"、"蜻蜓"、"鸳鸯"等动物的活动,使浮萍成为"菱塘"中不可或缺的一部分。申苌写一些细小而以群体成为一片风景的植物多用此法,如菜花、水葫芦、夜来香等。再如《荷叶杯·盆莲》:

> 宛尔红情绿意。并蒂。尺许小盆池。双心千瓣斗鲜奇。出水不沾泥。　试问花中何比? 君子。风度胜张郎。碧纱窗下晚风凉。花叶两俱香。

此词以吟咏莲荷的花红叶绿开始:红的花,绿的叶,红绿而分明;而且,它又是一茎双蒂,更让人们惊奇更让人们惜爱。在并不很大、仅有尺许大小的花盆中,它发芽,伸枝,展叶,含苞,最后两朵莲花将自己最艳丽的芳姿最美妙的叶貌展示出来,争奇斗艳,互不相让,莲荷的外貌之美已揭示得无以复加。但词人并不就此为止,上片结句以"出水不沾泥"作结,初步揭示了莲荷内在"出淤泥而不染"的高贵品性,化用周敦颐《爱莲说》"予独爱莲之出淤泥而不染"的句意,却极其自然。下片领起之问句顺着上片而来:"试问花中何比?"问得虽然有点突兀,有点出人意料,但回答却显得非常自然,也合于情理:"君子。"虽然只是两个字,但却有千钧之力。武则天的宠臣张昌宗被人誉为"六郎似莲花"。词翻进一层,以"张郎"作比,认为张宗昌虽然貌美如莲花,但他的品行实在无法与莲花相比,风度更不可同日而语。莲花不仅叶姿姣美,花貌娟秀,而且具有君子的品行。不仅如此,莲荷在碧纱窗下,在阵阵晚风的吹拂下,花香馥郁,叶香飘溢,更是"张郎"之流所不及的了。词末以环境烘托莲花之清香,余味不尽。此词以花叶开题,又以花叶作结,前后呼应,结构严谨,极有章法。

　　某些事物如中国传统文化中寄寓高洁情思的梅、兰、菊、竹等早已被众多诗人词人反复吟咏,加之本身的故实典故,已在读者心中形成相对凝固的形象。申芗并不回避用典,又与他所擅长的白描相结合,融合自然,起到了扩大作品内涵,强化形象的作用。试看《霜天晓角·梅花》:

> 傲雪凌霜。经寒分外香。开向百花头上,又岂为、占春光。
> 寿阳。夸睡妆。罗浮谈梦谎。识得林家处士,赢多少、好词章。

古来咏梅佳作极多,要翻新意颇难,但此词仍写得清新可喜。上下片结构判然分明。上片赞扬梅花的性格和品德。首句以九字概写梅花凌寒独开,风仪傲岸的风貌。接着写梅花把春天召回人间,不为名不图利的优秀品德。语言浅白直切,却含蓄深永,淡而有味。下片全是用典,通过有关故实,说明梅花历来受人们的喜爱,从而表达对梅花的深情赞美。《太平御览》载,南朝宋武帝女寿阳公主曾睡在含章殿檐下,梅花落在她的额上,成五出之花,拂之不去,即所谓梅花妆。旧题唐柳宗元《龙城录》载,隋开皇中,赵师雄迁罗浮山,日暮于松林酒店旁见一美女,淡妆相迎,与之接语,芳香袭人。两人在酒家共饮,师雄醉醒,发现自己仍在梅花树下。对于这两个典故,词中以"夸"、"谎"二字,指明不过系幻想所造的故事。但由于这两个故事本身具有的神秘色彩和美丽境界,因此也将梅的风神标格渲染衬托出来。"林家处士"指林逋,他隐于杭州西湖孤山,以梅为妻,以鹤为子。他还多次赋诗咏梅,以孤高幽逸的梅花寄托情高恬淡的情趣。从此以后,文人骚客,写诗填词,吟哦梅花,蔚成风气。故词云,自从梅花和林处士结缘以后,赢得无数赞美的好词章。如果说上片以白描达到言浅意深的效果,下片则发挥了典故概括,言少意丰的优点,词人对梅花的爱赏显得深浓真挚。《绮罗香·新柳》、《蝶恋花· 蝉》、《沁园春·归鸦》均是白描与用典相结合的佳作。纵然是袭用常见的典故，亦能言简意深，如《天仙子·水仙》：

> 得水能仙矜冷艳。陈思赋里依稀见。品高惜未入骚经，尘不染。香偏远。雅操谁人弹别怨？

宋代黄庭坚《刘邦直送早梅水仙花》曾云："得水能仙天与奇，寒香寂寞动冰肌。"这首词借以发端，既照应题目的水仙，也使人联想到水仙花那如水一般的纯洁明净和天仙般的婀娜风姿。"冷艳"，在古代诗词中多形容花的耐寒。"矜冷艳"，意为以其耐寒而自负，足见水仙意志品质的坚贞。下句的"陈思赋里依稀见"，乃照应上句的"能仙"，并推进一步，将眼前的水仙与曹植《洛神赋》中的洛水神女联系了起来，使水仙的形象丰满且富有立体感；"依稀"二字，又使此两句具有了梦幻般的悠远意境。"品高"句是作者的感慨，对水仙具有如此高洁的品格和气质但却没有能被屈原写入《离骚》而深感惋惜，也是对水仙的缺少知音表示遗憾。接着再以"尘不染，香偏远"补足上文对水仙的赞美，显示其一尘不染的高洁和幽香。最后以"弹别怨"作结，既照应上文"陈思赋"中洛水神女的怅然怨别，又暗示水仙在冬寒过尽、迎来春天后的即将凋谢，充满了对水仙的深厚情意和无限怜惜之情。本词虽然袭用前人常用的比喻和典故，但在表现手法上却显得十分简洁。寥寥数语，然而容量却大，内涵颇深。结句"谁人弹别怨"发前人所未发，含意深刻，发人深思，收到了言已尽而意无穷的艺术效果。

当然，小庚咏物词特别是《寄园百咏》中的一些咏花词因描摹对象的类似而多有重复之语，个别咏物词也形容有余而情思不足。但叶申芗力图穷形尽相地展示百花形象，传达自然界之美，这本身就是一种艺术上的尝试。他体物细致,咏物能注重形神兼俱。刘勰《文心雕龙·夸饰》曾云:"形器易写,壮辞可得喻其真",而"神道难摹,精言不能追其极"。诗词艺术形象的塑造,因物本有恒姿,欲形似并非难事;而形似终究难免旧辙,只有神肖于独到之境才能唱出新腔,这一点实在极难。申芗能调动各种艺术手法,咏物虽以形容类描摹为主,却将他对自然之美的爱赏真诚融注其间,多达到了"味之者无极,闻之者动心"(钟嵘《诗品序》)的艺术感染力。

第三节 小庚词的艺术特点

小庚词多抒写羁旅行役之苦,为宦之难,离乡思亲之愁,接近婉约词风。在艺术上又有鲜明特色,以下就其融情于景与声律语言分而论之。

首先,小庚词深于言情,又善于言情,情感抒发不是直接表明,而是多融情于景,情景高度融合。这类词写景句多于抒情句,往往以景起句,中间融合抒情,末句以景物作结,使其词委婉深挚,含蓄隽永。如《永遇乐·秋夜不寐》:

> 秋后关山,月斜衾枕,皆断肠处。露井啼蛩,霜霄过雁,更凑凄楚。趣银釭珠穗,寒花半吐,起坐欲挑还住。漫思量、酒徒狂态,而今鬓影如许。　无端梦里,悲欢聚散,又被邻鸡惊去。薄宦飘零,壮怀消减,怕起中宵舞。关心何在,岭梅开否,芳讯远沉驿路。频搔首、青绫寒拥,强吟闷句。

秋本就是萧瑟季节,关山遥远而静寂,月光斜照衾枕,昏暗中加重寂寞孤独。词的首句已营造了一个"皆断肠处"的环境。寒冷的深夜中井蛩声,霜凝露重的清晨过雁的鸣叫声,在静寂的秋夜倍显凄切，一地上一空中，一深夜一清晨，无处不悲，无时入眠。躺在床上的主人公辗转反侧，他想做些事情来消磨这难眠之夜，欲挑灯却终究未起，此处用外在的动作性语言传达出懒漫惆怅、无法排遣的愁绪。词的下片通过梦境与回忆来加重情感。梦中亦是"悲欢聚散"，梦中至少还有期盼，却被邻鸡吵起，既说明短暂的幸福不可再现，又再次点明天晓彻夜难眠。至此，欲说还休的感慨终于不能自已，积累的情感倾诉而出，"薄宦飘零，壮怀消减，怕起中宵舞"，自伤怀抱与思乡怀远的情思相凝结，最后却仍只能以"频搔首"、"强吟闷句"来排遣，"青绫寒拥"却透露出另一个或更多的无眠之夜，留下不尽的苦味。再如去云南任职前所作的《满江红·九日出都留别杨蓉峰前辈李兰卿舍人》：

> 地角天涯，谁禁得、几番离别。争奈是、销魂况值，蓟门秋色。握手沉吟忘语笑，回眸顷刻成暌隔。盼道旁、憔悴柳丝黄，难攀折。　　聚与散，如萍迹。往复返，真驹隙。但骊歌一唱，此情何极。绿酒好留他日醉，青衫已为今朝湿。慰相思、惟有月当头，同南北。

写离别之情亦极为悲苦。上片起句以"地角天涯"点自己所去之远。"几番离别"是指多次辞别友人亲朋，再以"蓟门秋色"渲染悲情。接着写离别的场面，仅有"握手沉吟忘语笑"一语，但人物的动作、神情、心态却尽出。"回眸顷刻成暌隔"，直切悲情之起因，将眼前场面与离后景况相对比。下片以议论感叹，抒发人生聚散离合之悲，又遥想未来的孤独，惟有南北月色可慰相思，词情深永。全词融抒情、写景、议论于一炉，结构上又将现在与未来相互交错，使悲情层层推进。这种写悲情的方式类似秦观词"砌成此恨无重数"的加倍渲染法，铺叙展衍手法又类似柳永词。

他的小令如《踏莎行》,同样是通过环境"逼"出心境,情融于景中:

> 檐溜飘阶,山云穿户。重阳过后犹风雨。悲秋已自恨无聊,问谁能、免添离绪。　　新雁不来,黄花无语。纸窗兀坐朝还暮。可堪窗外有芭蕉,声声似、说新愁苦。

重阳之后的秋风秋雨,"新雁不来,黄花无语",百无聊赖,纸窗孤坐,又听声声雨打芭蕉,让人如何不愁? 可以说,用铺叙渲染手法营造典型环境来抒写内心的情感,是小庚词抒情最常见的方式。

为了营造环境,叶申芗不仅写视觉所见,而且充分调动听觉因素,他善于写"声",小庚词中声音类意象触目皆是,可谓声声关情。以上所举的三词中,《永遇乐·秋夜不寐》有露井的啼蛩声、霜霄的过雁声、晓鸡醒梦声。《满江红·九日出都留别杨蓉峰前辈李兰卿舍人》有骊歌声。《踏莎行》中有雨打芭蕉声。再如《蝶恋花·蝉》通过夏末初秋的蝉声写秋思。《金缕曲·桐江书怀》起句便是:"倦听秋蝉咽。"《金缕曲·旅枕闻隔院琵琶》以凄凉的琵琶声写羁旅愁苦。《南歌子·夜柝》写柝声:

> 雨里音偏急,霜天韵更清。也随寒漏换残更。直伴窗鸡,嘷旦到天明。　　远兴吟蛩和,高疑警鹤鸣。愁人耳畔最多情。每待晓筛,吹彻便无声。

霜天雨夜里的柝声分外急切清亮,伴随着窗鸡鸣叫声、蛩吟声、晓筛声,又是彻夜未眠之夜,正是"愁人耳畔最多情"。其他"棹歌"、"人语"、"晨筛"如:

烟村错落半云遮,牧笛樵歌分队去。(《浪淘沙·山行》)

情何极,挑灯呼酒歌声咽。(《渔家傲·壬辰北上》)

听晨笳,棹歌齐发。(《摸鱼儿·石首阻风》)

忽听棹歌烟外起,又暗把,旅情勾逗。……隐约人语灯光,知近依水市。……篷背霜浓寒气肃,听远驿,数声荒光漏。(《珍珠帘·桃源夜行》)

《声声慢·秋声》则几乎融进所有悲声:

冷月催砧,尖风侵牖,满庭都是秋声。乍歇寒蛩砌蛩,断续相迎。遥天数行新雁,引圆吭、肃肃宵征。无奈是,听荒鸡、腷膊壮志还惊。　　池上萧萧送响,想败荷枯叶,众籁齐生。金井梧桐叶疏,远韵偏清。芭蕉未经雪压,与松涛、特好争鸣。残漏急,又单于、吹彻晓角高城。

全词均写景,多选用悲苦的词汇和意象,如"催、侵、惊、鸣"等急促性动词,"冷、尖、寒"是坚硬质地的触觉性形容词,"荒、败、枯、疏、远、残"等寓有"不完整"意义的形容词修饰秋景,色彩冷暗,营造出荒凉残破、凄寂萧条的秋景。在这样的背景下,风吹声,寒蛩声,断续的蛩鸣声,遥天的雁叫声,荒鸡声,芭蕉与松涛声,残漏声,晓角声,声声凄厉,声声皆悲。《眼儿媚·桐庐道中》《南楼令·漫歌》则是集中较少见的喜乐之声,如前者云:

峭帆风定晚来晴。远浦断霞明。篷窗静倚,半江渔艇,两岸鸠声。　　船娘生小娇痴惯,软语泥人听。笑轻歌缓,茶香酒醇,著意逢迎。

写沿途所见的民风,鸠声和船娘的歌声一改羁旅行役的悲苦之调,而是轻快欣悦之感。

在声律上,申芗屡言自己不懂音乐,"笑余迂拙,浑不辨丝簧"、"随意谱宫商"、"纵未尽谐音律"等等,但实际上,他深谙词律,从他选编的六卷本《天籁轩词谱》可见。他善于选调,甚至根据抒情表达的内容选调,词意情感尽量接近原调的词情。如《金缕曲》多抒发悲愁之情,集中以此为词牌的词 11 首词情均较悲。《念奴娇》4首则多抒发豪放清旷之情。《霜天晓角》3 首则多写冬景。咏蝶则以《风蝶令》为调。其词多音律谐美,如《醉太平》:

> 秋晴夜清。云轻月明。绕庭闲步微吟。引离人恨生。
> 更深酒醒。愁萦梦惊。拥衾遥伴孤檠。更怕听雁声。

此词不仅句句押韵,而且句中押韵,别具声韵之美。申芗有意将律诗中的对句融入词中,如"倦客吟情未减,高秋景物难题"(《朝中措》)。"愁水愁风心欲碎,忧晴忧雨头将白"。"忙近槐花文思涌,涨生桃叶秋潮急"(《满江红·金陵书怀》)。上下片对仗之词屡出现,如《醉太平》:

> 春江冻消。春风浪高。晚潮催送归桡。过长桥短桥。
> 离舲泪浇。离衾梦劳。今宵真个无憀。恨山迢水迢。

再如《行香子·醉题吴醉生驾部听琴图图为听其姬人翠涛抚琴》上片末句为"对杯中物,琴中趣,意中人"。下片末句为"忆词中句,帘中影,画中声"。但这类词刻意雕琢痕迹明显而失之自然。他常不避重复,《花心动·甬东除夕招冯柳东太史小饮》云:"乡愁无限。空凝盼、山远水远,家远人远。"有意用复字表达萦绕的情思,造成回环往复之美。顾纯书《〈天籁轩词谱〉序》评申苌云："其为词，清空婉丽，直夺尧章、玉田之席，宜其节响谐声，不差参黍，非如但以律诗手为词者之多涩舌而棘喉也。"①云其谐律不差也。

《小庚词存》亦有数首艳情之作。如《临江仙》（十载江湖常载酒）、《木兰花慢·袁季范水晶帘下看梳头图》、《木兰花慢·秋湖送别图》、《减字木兰花·美人焚香图》等。这些词作虽涉及艳情，但丽而不淫，风流旖旎。如《南楼令·端节小住兰溪》：

> 溪水碧于油。溪娃能荡舟。惯凌波、秀靥明眸。生长阑干船上住，浑不解、别离愁。　　佳节快临流。兰桡枉驻留。忆台江、竞渡芳游。鬓影衣香帘尽卷，人都上、水边楼。

清新自然，有南朝乐府民歌风味。

申苌还善于将细微的生活感悟推衍开来，如《江神子·任笕川明府〈晦翁诗意画册〉》：

> 春江浩渺縠纹生。画桡轻。箬篷新。多少帆樯，来往此中行。蓦地狂飙涛拍岸，争又向，岸边停。　　推篷晓起问前程。宿烟清。曙霞明。依旧沧波，双桨浪花平。毕竟输他渔艇稳。风与雨，不曾惊。

写暴雨来袭时画桡与渔艇不同的反应，画桡虽美而高贵，却惧怕风雨。渔艇虽小，渔民身份虽卑微，然不惧怕狂风暴雨。感悟虽小，却深有意趣。

叶申苌《寄园百咏序》云："汇芜词为百阕，未能协律，聊以自怡

---

① 叶申苌《天籁轩词谱》卷首。

尔。……仆读曲未精,爱花成癖,辄品题乎名卉,思继迹乎前贤,每当坐啸之余,恒就倚声之好,群芳添谱。"表示自己看重词的抒情娱乐功能,在具体的创作实践中,叶申芗还"以词言志"、"以词代书",几乎把词体置于"无所不能"的功用中。前者如《沁园春·自题二乐图》、《念奴娇·狂歌》、《一萼红·己卯四十初度》、《水调歌头·辛巳初度题黔南驿壁》等塑造了一位自伤远宦,放纵潇洒,胸中多块垒的词人形象。后者如《高阳台·连得梁茝林廉使林少穆艖院手书感赋茝林书有安得好风吹近一方语故及之》、《汉宫春·茝林来书以汉双瓦砚拓本缘始索诗赋此以代砚为纪文达公所贻》、《烛影摇红·得茝林方伯手书以近刻诸种见赠并邀苏门之游赋此奉答》、《壶中天·和林少穆中丞韵题伊少沂江阁展书图》、《庄椿岁·寿林少穆中丞》等。

严迪昌《近代词钞》云:"申芗为近代福建名词人,专志词学,建树甚富。其词清疏真率,自然情挚,善于白描。"①评价确当。总体来说,小庚词风格疏雅婉丽与豪放清旷兼俱,但偏于清新疏淡。小庚词多抒发一己之情,恪守传统,未能如陈维崧、朱彝尊倡导一词派。谢章铤《赌棋山庄词话》不无遗憾地指出:"叶小庚太守著书数十卷,先型略具,宗风未畅。"②卢前《饮虹簃论清词百家·叶申芗》:"行诗法,门径亦深深。高格倘容思量细,过庭书谱耐追寻。枝叶不堪吟。"③指出小庚词中草率创作之弊。

第四节 叶申芗对闽中词学的影响

申芗词学著述丰富,另有《天籁轩词谱》五卷,《天籁轩词韵》一

① 严迪昌编著《近代词钞》,南京:江苏古籍出版社,1996年,第132页。
② 陈庆元主编《谢章铤集》,长春:吉林文史出版社,第549页。
③ 陈乃乾辑《清名家词》附录,上海:上海书店出版社,1982年。

卷,《本事词》二卷,《天籁轩词选》六卷,《闽词钞》四卷。福建词学在两宋曾取得辉煌的成就,出现了柳永、刘克庄、李纲、张元干、陈人杰等著名词人。元明两朝则相对衰微,这一兴衰变化与整个词学的发展是相一致的。谢章铤《赌棋山庄词话》云:"闽中词学,宋代林立,元明稍衰,然明人此道本少专家,昧昧者盖不独一隅。"①清代词学重新焕发生机,词人众多,词派纷呈。清代词学的兴盛繁荣离不开地域词学的推动,如柳州词派、湖湘词派、浙西词派、常州词派、临桂词派、岭南词派等,闽中词学亦是其中之一。然而,学术界对近代闽中词人词学的研究多集中于福建长乐籍词学家谢章铤研究,对其他词人却鲜少论及。固然,谢章铤《赌棋山庄词话》以其独立的词学思想和完整的词学体系代表了闽中词学理论的最高成就。但还原清代闽中词学的发展进程,则会发现,叶申芗以其个人之力对闽中词学起到了重要的推动作用。

首先,在词学创作上,叶申芗不仅以家学渊源影响了叶庆熙和叶大庄,也影响了谢章铤等其他词人。卢前《饮虹簃论清词百家》,申芗与大庄同列其中,这是清词百家中唯一两位同一家族的词人,可资为清代闽词成就之体现。叶庆熙,原名滋沅,为申芗孙,其著作已佚失,他与谢章铤(1820—1903)交情甚挚,谢氏《赌棋山庄文集》与《赌棋山庄词话》屡屡提及,由是得知庆熙承申芗词学,著有《我闻室词》,《福建通志·艺文志》卷七十二亦依此著录。关于庆熙与大庄的词学创作下节将详论,此不赘述。谢章铤《叶辰溪〈我闻室词〉叙》云:"辰溪之于词,家学也。而余之词,则土音耳。"②《叶辰溪七十寿序》云:"道光乙巳、丙午间,予以词与辰溪定交。是时年各二十余,意气勃发,不知忌讳,雌黄及于古作者。闽人固少

---

① 谢章铤著《赌棋山庄词话》卷四,陈庆元主编《谢章铤集》,第547页。
② 谢章铤著《赌棋山庄文集》卷一,陈庆元主编《谢章铤集》,第7页。

言词,而辰溪大父小庚先生独以是名家。所著《词谱》、《词韵》、《词存》、《本事词》皆称为《天籁轩》,予得尽读,又获见潘绂庭、陆莱臧、冯柳东、姚梅伯诸老辈所倡和。每执卷,悠然恨不得奉其绪论。窃念假令旗鼓坛坫,或不无拔帜之一日,每与辰溪相视而笑。盖其盱衡驰骋,精神所注虽不专在词,而词亦其一也。"①可知申芗词已名于闽中,有多人倡和,谢章铤颇为仰慕。因申芗一生多在云南与河南为官,并不在闽地。在辗转为宦中,他多以词作为与人交流的方式。《小庚词存》卷首友生英的序云:"余素不习倚声,而好读北宋词,以其豪壮多喜也。壬辰小庚来都,晤谈间出所著《词存》一册相证,读之神为一爽,知其沈酣于此者久矣,为识数语而归之。"《词存》卷首叶筠潭、徐镛、戴鼎恒、汪全泰、吴俊民、吴葆晋、石同福、张应昌、方秉、陆继辂、崔曾益、宋镳、伊念曾13人所作的题辞对申芗多有赞誉。《词存》中又有与石同福、冯登府、梁章钜、林则徐等人的酬唱之作。他不拘于自我创作,勇于展示词作,拓展了闽词与外界的交流,是一位走向全国的闽词人。

小庚词得到词家不同的评价,陈衍《石遗室书录》评叶申芗云:"词宗北宋,亦不专学苏辛。"(《民国福建通志》)丁绍仪《听秋声馆词话》卷十八云:"闽县叶小庚太守,……生平喜为词,……用力甚挚。其自著意在瓣香北宋,顾所诣颇近龙川、龙洲二家。"有以秦柳为比指出其深情特色,如同时代吴俊民《浪淘沙·题〈天籁轩词存〉》云:"杨柳晓风轻,天籁泠泠,绝无绮语到澄襟。……江州司马最多情。此去鉴湖山色好,酒国词人。"《西子妆慢·题〈天籁轩词稿〉》下片云:"关情处。谱按花间,又缀花间语。好词绝妙绝伤心,

---

① 谢章铤著《赌棋山庄文续集》卷一,陈庆元主编《谢章铤集》,第99页。

尽销凝、燕晨莺暮。柔情万缕。付一卷、乌丝阑住。"①宋镳《满江红·赠叶小庚》云："如此清才，浑不减、屯田柳七。当绮岁，蓬莱便到，花生彩笔。好句早传天上遍，真仙偏向人间谪。"②徐镛云："羡煞清狂，浑不减、那让耆卿。"戴鼎恒云："多少悽酸感慨，都谱入、激楚阳阿。拈豪处，声偷字减，秦柳问如何？"伊念曾云："半抹微云秦学士，一痕残月柳屯田。西泠春水年年绿，未了三生石上缘。"③由于申芗主"情"，不拘泥豪放或婉约词风，因而又有认为他不学苏辛秦柳。张应昌云："竞词场、红牙铁板，苏辛秦柳分派。文章千古无轩轾，妙并皆天籁。清论迈谱，万叠宫商，金管乌丝界新声。更快写、燕赵悲歌，江山壮气，羞我女郎态。"石同福云："不学苏辛不柳秦，成家何处问传薪。因知下笔皆天籁，弹指于今有替人。"

其次，词学批评上，叶申芗继承了闽中词学兼收并蓄的传统，他"主情"的词学观又开启了近代闽中词人重情的词学理论。闽中诗学词学一向有兼收并蓄的优良传统。南宋严羽《沧浪诗话》反对江西诗派一意学杜，江湖诗派独尚姚贾，主张博参汉魏。黄昇编撰《花庵词选》也"不抱狭隘的门户之见。他本人原是位婉约词人，可是选词时却选了很多豪放风格的名篇，可谓兼收并蓄，择佳而从"。④叶申芗亦以兼收并蓄之态度对待词坛的词学流变，晚年守洛阳任上，他辑《天籁轩词选》六卷广泛选取各家词作。自序云："守洛后，郡斋多暇，辄取汲古阁所刊《宋名家词》，删其繁复，订其

---

① 林葆恒辑，张璋整理《词综补遗》（一），上海：上海古籍出版社，2004年，第326页。
② 丁绍仪《清词综补》卷二十七，北京：中华书局，1986年，第502页。
③ 以上均见《小庚词存》卷首题辞。
④ 杨海明《宋代词论研究》，《第一届词学国际研讨会论文集》，台北：台北中研院中国文哲研究所筹备处，1994年，第139页。

错讹,悉依原书次序。"王易《词曲史》评曰:"选古今人词,意在调停柳、周、苏、辛之间,尚近雅正,校误亦细。"①李睿《清代词选研究》指出:"汲古阁《宋六十名家词》随到随刻,没有宗派之偏向,因而《天籁轩词选》和《宋六十一家词选》也无明显宗派之倾向,兼收并蓄,以存史为主。"②填词实践中,叶申芗不主张作"绮语",但并不排斥花间词风和艳体词。他一再声称自己"语非绮"、"拈来无绮语",说明他对香艳绮靡词风是有警惕的。据《蓦山溪》词序称,他在虎林与石敦夫(同福)论词,石氏谓作者词学苏、辛,多豪语。作者则谓苏、辛亦有艳体,非不能也。时值冬令,因以手炉、脚炉为题,调寄《蓦山溪》两阕以示之,词写得旖旎香艳。《金缕曲·重茸寄巢初成适李梦韶观察寄新词走笔和答》下片则以"花间词风"称扬李梦韶之作,云:"应推作,花间好手。欲向旗亭偷赌唱,奈输君、先占双红袖。同此乐,其时又。"他所辑《本事词》也多辑录点评艳情词。他在自序中津津乐道于"艳"、"香奁"、"闲情"、"秘事"、"艳闻"等,自称"凡兹丽制,问何事以干卿。偶辑艳闻,正钟情之在我"。又云:"仆也颠比柘枝,疵同竹屋。癖既耽乎绮语,赋更慕乎闲情。"又称编《本事词》目的是"缀玉编珠,细撷金荃之丽;吹花嚼蕊,闲资玉麈之谈"。叶申芗虽偏向于婉约词风,也有意学习豪放词风。他倾慕东坡,《念奴娇·东坡先生生日集何氏红园》、《水调歌头·中秋试院待月用东坡先生韵》均是有意学东坡之作。《金缕曲》(游宦成羁旅)用韵与张元干《贺新郎·寄李伯纪丞相》、《贺新郎·送胡邦衡待制》两词相同。《摸鱼儿·东阿阻雪》则模仿辛弃疾《摸鱼儿》(更能消几番风雨)。可以说,申芗词取径较宽,博采众家之长。《蓦山溪·自题庚午雅集图新图》云:"故人知否,天意怜

① 王易著《词曲史》,南京:江苏教育出版社,2005年,第277页。
② 李睿《清代词选研究》,华东师范大学2006年博士论文。

憨叟。且许作词颠,任学他、苏辛周柳。"自许为"词颠",学词无定式,苏、辛与周、柳均为榜样。后来的谢章铤将浙西词派与常州词派摆在同一界面加以分析,《赌贩杂录》云:"国朝词书,以竹垞《词综》、皋文《词选》为最善。《词综》繁而有理,可以穷词趣;《词选》简而不陋,可以敦词品。"①词学批评与申芗颇为相似。

申芗论词主情,《满庭芳·自题词存》上片云:"铁板高歌,红牙低按,佳话分擅词场。笑余迂拙,浑不辨丝簧。却爱倚声深妙,暗偷掐、窃效颦妆。怡情处、花天酒好,随意谱宫商。"他自嘲不懂音乐,然而爱词之"深妙",即词之深于言情,妙于言情之特色。《浪淘沙·再题词存》云:"迂拙百无成。莫问浮名。晓风杨柳柳耆卿。陶写奚须丝与竹,减字偷声。 宫调易分明。深在言情。夜窗细校复微吟。且喜拈来无绮语,差慰平生。"再次强调词是"钟情"之人用以陶写性情,而宫调是其次的。后来的谢章铤以"性情说"为核心构建自己的词学体系②。《眠琴小筑词序》云:"工诗者余于性,工词者余于情。"③《聚红榭雅集词小引》则云:"晓风残月销歇者七百年,铁板铜琶招邀者二三子,爱于寂寞清闲之地,频来崎嵚磊落之人,不言情而独言情,……疏影暗香,且遣小红低唱,传之好事,岂无傍墙偷记之时,示我知音,大有浮海移情之意。"④表明以谢章铤为首的近代闽中词人填词时更偏重于情。

再次,叶申芗有浓烈的乡邦意识,他辑录的《闽词钞》是一部带有词学指导性质的地域性词选,开创了闽中词学乡邦文献整理的风气。之前,福建区域性文学总集多集中在诗歌上,如明代袁表、

① 谢章铤《赌贩杂录》卷三,光绪八年(1882)刻本。
② 参祁春、吕文奎《谢章铤的性情说》,《东岳论丛》2000年第3期。袁志成《论谢章铤性情说的独特内涵》,《佛山科学技术学院学报》2007年第4期。
③ 《赌棋山庄文集续编》卷二,陈庆元主编《谢章铤集》,第92页。
④ 陈庆元主编《谢章铤集》,第174页。

马荧编的《闽中十才子诗》,清代林从直编选的《明闽诗选》、《清闽诗选》,厦门黄日纪编选的《全闽诗俊》,侯官郑杰辑录《国朝全闽诗录》。词学方面却一直未有词选传世,叶申芗在《闽词钞自序》中表达了对这一现象的担忧:"词之学兴于唐,盛于宋,迄于元。当宋之时,吾闽词人以专集传者梁溪、友古、芦川、后村而外指不胜屈,而柳耆卿《乐章集》、康伯可《顺庵集》尤著,盖二家兼精音律,恒自制腔,虽其词体近俗,然皆能歌咏,其时承平景象久为识者所许。乃词选诸家至不知其为闽人,此所不能不为之表白也。……仆自幼喜学为诗,至今弗缀,兹独孜孜于倚声之学者,诚以此道闽中近将失传,急取而讲明之,亦杨惠之改而学塑之意也已。"叶申芗以保存宏扬闽中词学为己任,他从《花庵词选》、《阳春白雪》、《花草粹编》、《词综》等旧词选中搜罗五代两宋元闽中词家,自徐昌图、杨亿、蔡襄、柳永至元代洪希文,附以方外、闺媛,共 61 家,词作 1141首。每位词人下有小传,列里籍字号、仕宦履历,所选词作均标明征引出处。《闽词钞》几将闽中词人词作搜罗殆尽,对保存闽中词人词作,振兴闽中词学有着重要的作用。陈寿祺《闽词钞序》对此举大加称扬:"近日吾乡词学失传,两宋词家学者至莫能举其名,是可慨也。叶小庚太守善为诗,兼工倚声,尝编《词谱》及《词韵》六卷,为词家之圭臬,复辑《闽词钞》四卷,……以存桑梓词人之梗概。其后村词则取余所录《天一阁大全集》多至百三十余首,盖诸家所未及见,亦踏足征网罗之富矣。"冯登府则言:"小庚太守博洽工诗词,政事之余著书为乐,其所刊《天籁轩词谱》、《词韵》、《本事词》诸书早为词林职志。兹复从故家旧籍搜遗摭佚,竭数十年心力而成是钞,其体例特创。其词皆不经见,宋元人不传之集,皆赖是以传焉。昔樊榭谓元凤林书院诗余之选可以溯江西词派,顾不尽豫章之人,后之言闽词者此为真乳矣。他日续钞告成,仿周草窗《绝妙好词》、邵复孺《蚁术词选》例,附录己作于后,亦艺苑所争先快睹者也。"①言下之意期望申芗他日再作续编，虽未成，但《闽词钞》开创的闽词文献整理风气直接影响了谢章铤和林葆恒。谢章铤《赌棋山庄词话》卷四云："叶小庚太守撰《闽词钞》四卷，……闽中词人梗概具焉。昔者，元《凤林书院诗余》，厉樊榭谓可以溯江西词派，顾亦不尽豫章之人。至国朝《浙西六家词》、《荆溪词》、《四明近体乐府》，则皆专摭土风勒为一编者。小庚是书，存亡萃佚，其亦维桑之敬也夫？但此道宣究殊希，流传或滞，仍归寂寞。"②谢氏既高度评价了申芗辑闽词之功，又感到后继无人。因而他在《赌棋山庄词话》及续编中多有评闽籍词人词作，一些词集不传或佚失者，赖此得以保存。如申芗之孙叶滋沆之《我闻室词》已失，《词话》存其《贺新凉·自题小调》和《惜分飞》两词。之后林葆恒辑《闽词徵》六卷，在《闽词钞》的基础上将收录范围扩大至清末民初，共收 257 家词作一千余首，完整展现了历代闽中词学。

此外，闽人填词多以不协音律为词学家所诟病。如王灼《碧鸡漫志》云："柳耆卿《乐章集》，世多爱赏该洽，序事闲暇，有首有尾，亦间出佳话，又能择声律谐美者用之。惟是浅近卑俗，自成一体，不知书者尤好之。予尝以比都下富儿，虽脱村野，而声态可憎。"③近人丁绍仪《听秋声馆词话》批判尤为激烈："闽语多鼻音，漳、泉二郡尤甚，往往一东与八庚，六麻与七阳互叶，即去声字亦多作平，故词家绝少。"④而叶申芗不仅在创作上注重声律，其词音律谐美，又著《天籁轩词谱》四卷，《补遗》一卷，《天籁轩词韵》一卷，填补了闽词人在声律理论上的不足。《词谱》前四卷 617 调，录词 1028 首。补遗卷凡 154 调，词 166 首，体例本万树《词律》而稍作改正，又从

---

① 叶申芗《闽词钞》卷首。
② 陈庆元主编《谢章铤集》，第 549 页。
③ 王灼《碧鸡漫志》，唐圭璋《词话丛编》第一册，北京：中华书局，1986 年。
④ 丁绍仪《听秋声馆词话》，唐圭璋《词话丛编》第三册，北京：中华书局，1986 年。

《钦定词谱》、《历代诗余》等各书辑补。编调以字数多寡为序而不分小令中长调,并择音调和雅且无错落者方收。辨韵虽从《词律》,但"各调有增韵者亦必补入",每调平几韵、仄几韵及平仄通协者,均于题下注明。孙尔准序曰:"洵足为金茎之辐辖,兰苑之喉衿矣。"顾莼书序赞云:"有《词律》之精核而无其拘,有《词律》之博综而删其冗,诚艺苑之圭臬而词坛之矩矱也。"梁章钜云:"是谱出,不但承学者得资津筏,将使芦川、樵隐之宗风藉以弗坠,是又东南峤外绍先启后不可少之书也。"①王易《词曲史》评曰:"甚为详备适用;不用图,亦不注平仄,尤为大方。"②诸家评论稍显过高。近人陈匪石《声执》卷上则认为,万树《词律》最为杰出,而《天籁轩词谱》"虽偶补万氏之阙,亦莫能相尚"③。评价较为公允。从影响上,《词谱》虽未能与《词律》相比,但为后人校勘《词律》提供了新的参照。从闽中词学的角度看,《词谱》与《词韵》是闽词人在声律理论上前无古人的贡献。

　申芗又有《本事词》两卷,仿唐孟棨《本事诗》,辑唐宋金元词人感遇及有关词作逸事。叶申芗偏重以自己的标准编撰处理"本事",偏重于词人与歌妓交往情况。龚红林《〈本事词〉考论》一文指出其文献处理的五大特点,一是颠倒原文,二是删减原文,三是增补原文,四是多引用明清典籍,五是改写"词序"为"本事"④。是书辑录简明扼要,剪裁旧文,不注出处。时有考证,间加推测,或重新撰写。此书虽有不足,但所辑材料对研究唐至元的词仍有"知人论世"的重要参考价值。

　当然,申芗并没有明确高扬闽中词学旗帜,谢章铤也指出:"近

① 以上均见叶申芗《天籁轩词谱》卷首,道光十四年(1834)刻本。
② 王易著《词曲史》,南京:江苏教育出版社,2005年,第277页。
③ 唐圭璋《词话丛编》(第五册),北京:中华书局,1986年,第4929页。
④ 龚红林《〈本事词〉考论》,《湖北成人教育学院学报》,2005年7月。

时叶小庚太守,著书数十卷,先型略具,宗风未畅。"①但叶申芗专注词学,"重视词学文献整理与研究,精研词律、词韵,熟悉词史(词本事),选词精当,有鉴赏眼光,有理论,有创作,形成比较完整的词学体系"②。这样的词家并不多见。叶申芗极大地提高了闽人治词的信心,袁志成《近代闽中词学研究》指出:"叶申芗是嘉道年间振兴近代闽中词学的第一人。"③此言绝非溢美之辞。

第五节　叶庆熙与叶大庄之词

叶庆熙著作已佚,谢章铤《赌棋山庄文集》与《赌棋山庄词话》屡屡提及,由是得知庆熙承申芗词学,著有《我闻室词》,《福建通志·艺文志》卷七十二亦依此著录。谢章铤《叶辰溪〈我闻室词〉叙》和《叶辰溪七十寿序》两文对了解申芗、庆熙祖孙词学乃至叶氏家族情况,多有史料可考价值,兹一并录于下。

叶辰溪《我闻室词》叙④

词渊源三百篇,萌芽古乐府,成体于唐,盛于宋,衰于元明,复昌于国朝。温、李,正始之音也;晏、秦,当行之技也。稼轩出,始用气;白石出,始立格。呜呼!词虽小道,难言矣。与诗同志,而竟诗焉,则亢;与曲同音,而竟曲焉,则狎。其文绮靡,其情柔曼,其称物近而托兴远且微,骤聆之若惝怳缠绵不自持,而敦挚不得已之思隐焉。是则所谓意内而言外者欤。

辰溪之于词,家学也。而余之词,则土音耳。顾辰溪特喜与余

①　谢章铤著《赌棋山庄词话》卷四,陈庆元主编《谢章铤集》,第547页。
②　欧明俊《叶申芗词学述论》,《词学》第十八辑,上海:华东师范大学出版社,2007年,158页。
③　袁志成《近代闽中词学研究》,中山大学人文科学学院2008年博士学位论文。
④　谢章铤著《赌棋山庄文集》卷一,陈庆元主编《谢章铤集》,第7页。

论词，忆道光乙巳，余读书西园，其地池台参差，水木明瑟，去辰溪之居不百步。而主人李少棠者，余姨弟也，意气豪甚，置酒饮余，辄招辰溪。饮酣，纵谈天下事及今昔人才，喜而笑，怒而骂，思而沉吟，哀而长太息。其声方拉杂不休，忽邻人善笛者数声悠扬，自远徐至。下视庭阶，月三尺许。有蛩独叫，丛竹受风，如人拜起。举坐默然，而辰溪独拍案填词。呜呼，天下填词之境，孰有过于此时哉！今辰溪之词具在矣，回想前尘凤梦，独使余低徊而不能自已也。

呜呼，舍辰溪其谁知之？辰溪其勉之矣。

叶辰溪七十寿序①

道光乙巳、丙午间，予以词与辰溪定交。是时年各二十余，意气勃发，不知忌讳，雌黄及于古作者。闽人固少言词，而辰溪大父小庚先生独以是名家。所著《词谱》、《词韵》、《词存》、《本事词》皆称为《天籁轩》，予得尽读，又获见潘绂庭、陆莱臧、冯柳东、姚梅伯诸老辈所倡和。每执卷，悠然恨不得奉其绪论。窃念假令旗鼓坛坫，或不无拔帜之一日，每与辰溪相视而笑。盖其盱衡驰骋，精神所注，虽不专在词，而词亦其一也。

然文人习气不足恃，而春秋佳日亦不可多得。未几，予遂饥驱觅馆，与辰溪不常聚。既数年，辰溪家亦落，以资得官，需次浙水。又十余年，辰溪自浙来归，予适久病在家，相见则大喜，既而相对无言。偶及倚声，虽苏、辛、姜、史诸名作，举其辞不能属。而予负债累累，困且窘，求鬻其老屋。辰溪为介绍于所亲，得钱百万，随手而尽。予乃跳身远出，辰溪复之浙，自是不得面，通讯亦稀，盖于今三十余年矣。此三十余年中，世境日下，盗贼蜂起，浙再陷。辰溪鲍系不得食，子女且为国殇。事稍平，辰溪历权长兴、寿昌、武康、分

---

① 谢章铤著《赌棋山庄文续集》卷一，陈庆元主编《谢章铤集》，第99页。

水诸邑篆，官声日起，而官况则日穷。夫以辰溪之为人，不得罪于百姓，可决也；处脂膏而不能自润，尤可信也。且辰溪与予平日所议论怀抱何限，岂以此而遂谓得行其志耶？夫辰溪之仕既如此，予虽通籍终不能仕，盖自古功名之际，虽高庳广狭不同科，大抵有命焉，非人力也。

今君年七十矣，五福之文，一富二寿，其不足于富者，其当有余于寿耶！忆予与君游，时程君石夫、邱君少兰、李君少棠往来并密。今程、李已作古人，而少兰尚强健，日者率君之孙诣予征文会。予起居颇适，遂能执笔为君寿，君闻之当甚喜。文成，不谬为恭敬赞谀，使君厌闻，而掀眉抵掌，犹是五十年前樽酒相与故态，君阅之，必且大快也。君清爽淡定，性与予近，而平矜释躁，胜予数倍，不以机械损其天真，不以嗜欲伤其元气，虽由此期颐可也。

惜予二十年不填词，不然步魏华父之所长，为君歌一阕，必将多侑君十觞酒也。谨序。

由两文及相关资料可知：

一、庆熙约于道光二十五年（1845）与谢章铤以词定交，是时约24岁，谢年长一岁，均为年少意气风发之时，故论词"不知忌讳，雌黄及于古作者"。又有李少棠、程石夫、邱少兰等往来多密，常相聚纵论天下时事，感慨嘘吁，发而为词。

二、庆熙一生颇坎坷。叶氏滋字辈科名相对沉寂，家道中落，庆熙乃"以资得官"，才往浙江任知县。时鸦片战争已爆发，时代动乱，为官日难，生活日艰。谢章铤"负债累累，困且窘"，甚至不得已出卖祖居。庆熙为官期间，浙江曾沦陷，也陷入贫困境地，且有子女因动乱而亡。谢章铤另有一首《过杭日将访辰溪不得舟中感念及之》①：

---

① 陈庆元主编《谢章铤集》，第373页。

　　　　一官亦无赖，况是乱离余。颂德宁忘酒，倚声倘著书。存公怜小凤，阔绝感双鱼。疏静平生趣，定知罗雀居。　　　．

诗中有注云："杭乱，辰溪失其子。"友朋阔离，子女亡失，后再任长兴、寿昌、武康、分水诸邑篆，然而"官声日起，而官况则日穷。……处脂膏而不能自润"。仍较困顿。

　　三、《我闻室词》当为庆熙青年时自辑词作，是时仍名滋沅，还未改名。庆熙改名在 30 岁之后，谢章铤有《叶大辰溪滋沅》一诗：

　　　　托足尘寰三十春，近来爱我汝为真。性情敢谓无知己，风雅终思有替人。君屡向朋辈道余性情。君大父小庚先生诗词为世所称。客子光阴随弱柳，故交踪迹转劳薪。近朋辈多他适。何当共醉寄巢月，君读书处曰"寄巢"，由拳冯大令登府所书。重听尊前法曲新。君近多填词。[1]

由诗首句知谢章铤此诗约作于 30 岁，庆熙仅年少一岁，仍多填词，此时谢仍称其名为"滋沅"。光绪元年（1875）七月署浙江建德县令，是时 55 岁，已署"庆熙"。而《赌棋山庄词话》卷四有"叶申芗叶滋沅祖孙词"条。卷五"叶滋沅词"条云："辰溪携所作词一卷相视，《惜分飞》云……绰有《宾州渔笛》、《无弦琴谱》遗风。辰溪与余交情甚挚，集中赠怀诸作，语重情长，所谓不自知其啼笑也。"此一卷词当即是《我闻室词》，谢章铤评其词时均言"滋沅词"。不知何时何故改名庆熙，然知为官时鲜少填词，年少与友朋相聚会"独拍案填词"，潇洒可知。官浙江十余年后归来，谢章铤久病在家，两人"相见则大喜，既而相对无言。偶及倚声，虽苏、辛、姜、史诸名作，

----

① 　陈庆元主编《谢章铤集》，第 346 页。

举其辞不能属"。时代动乱、生活困顿对文人影响也大矣！

最后看看保留于《赌棋山庄词话》中的庆熙二词。一为《贺新凉·自题小调》：

> 万树梅花里。望迷漫、一天飞雪，珠抛玉戏。如此园林幽绝景，独对柴门闲倚。曾修得、几生能至。一幅琉璃香世界，处其间、不啻神仙矣。知此乐，写吾志。　　任夸桃李争春美。怎及他、清高骨格，岁寒开起。和靖风流消歇尽，谁把孤山重理。非敢谓、孤芳自喜。我本满腔皆热血，借三分、梅雪胸中洗。君莫笑，画图意。

此词为自塑形象，自抒情怀之作。万树梅花，漫天飞雪，营造出清冷高旷的境界，又以"珠抛玉戏"摹写飞雪活泼的动态情状，此景诚"幽绝"也。"独对"再添幽静之感，"柴门"本是隐者所居处，"闲倚"，心理之平静无纷扰。此景此情，顿生"不啻神仙"之乐。上阙写景佳，然情感抒发稍显不自然。下阙以春之桃李再反衬对冬日雪、梅之偏爱，爱其"清高骨格"也。末云满腔热血借梅雪以抒发，幽然旷独又豪放潇洒，词人形象出矣。

另一阙为《惜分飞》：

> 望断垂杨青万缕。勾出万千离绪。无计留春住。马蹄竟逐飞花去。　　从此停云空望雨。最是多情如汝。忆到伤心处。月光黯淡花无语。[①]

---

① 谢章铤《赌棋山庄词话》卷五，陈庆元主编《谢章铤集》，第 559 页。按：林葆恒辑，张璋整理《词综补遗》亦收此词，见第 4 册第 3666 页。然个别字有异，"青"、"春"、"空"分别作"千"、"君"、"兼"字。从艺术上，前者为佳。

上阙写离情之无奈,杨柳青青万缕,在离人眼中却是万千愁绪。无计留春本已无奈,更叹马蹄残酷,不解人意,更增愁绪。下阙抒相思之苦痛,由"望"始,又至"空望",一再无奈,末以昏暗寂静之月夜渲染相思之悲慨惆怅。全以离人眼光,以伤景起,又以伤景结,情辞均美。如《我闻室词》均为此类词作,则庆熙是为叶氏词学中上承申芗,下启大庄者。

叶大庄《小玲珑阁词》一卷,又名《曼殊庵词》,附于《写经斋续稿》后,亦刊于清光绪二十七年(1901),又有陈乃乾《清名家词》本①。自序云:"少日倚声,积稿盈寸。恐妨学也,中间辍去,或一年止得数阕,或数年不得一阕,抛荒寖久,音节之不合者,更勿论矣。今年移家海上,寓斋岁阑,编次诗稿,从故簏中检出,录置于后。过去光阴,老来情况,聊存簿记,非欲附于词家也。"可知大庄以填词为余事,非如申芗致力于词。其词虽仅存三十阕,但承申芗家学,填词不逊于祖父,陈衍序其词云:"恷父自信其诗,而自疑其词。所藏数十纸,欲弃斥者屡矣。余谓自浙派盛行,玉田、白石外,家梦窗而户竹山,有宁为晦涩不为流易者,然梦窗、竹山固时出疏快语,非惟涩焉已也。君词宗南宋,最近梦窗、竹山,庸可弃乎?"卢前《饮虹簃论清词百家·叶大庄》云:"无际附,尚有小玲珑。差近姜张终味薄,寒松词笔略相同。中乘百家中。"严迪昌《清词史》评大庄是"晚清词人中真能汲得'浙派'清隽空灵的神理,融出一己幽婉疏爽情怀"。"这是个遣词造境构建形式美的能匠,设色清丽,又不失圆美自然"②。

大庄的小令清灵疏秀,如《点绛唇·初夏园居和俶殷韵》:

---

① 陈乃乾编《清名家词》,民国二十六年(1937)开明书店排印。
② 严迪昌《清词史》,南京:江苏教育出版社2001年,第566页。

一派红荷，前头一派黄金柳。梅炎难受。又试轻纨手。

六柱油篷，写入图中否？家居久。雨声穿牖。梦在吴淞口。

大庄承申芗之善借景抒情，勾勒景象轻灵自然，疏而不空，有隽秀深婉之美，如《琵琶仙·橘溪夜泊》：

寒月孤篷，空载得、黄叶满船而返。又早白雁声声，离程趁秋晚。极目是、芦烟苇雪，竹林外、荒罾谁管？田舍柴荆，酒家灯火，供客鱼饭。 问溪上、聚族居人，看如此风波出门懒。耐得生涯淡泊，水石眠安稳。听处处、焙茶捣纸，愿一年、春雨无损。怎识岁暮归途，拥炉肠断。

李渔《窥词管见》云："说景即是说情，非借物遣怀，即将人喻物。有全篇不露秋毫情意，而实句句是情，字字关情者。"①词的上片正是"借物遣怀"，月曰"寒"，篷曰"孤"，所载又是满船凋落的黄叶。此时，白雁早又声声飞鸣，趁着月华如水的寒夜踏入离程。极目远望，但见芦苇渺茫如烟，淡白如雪。在这澄澹而萧疏的景象中流淌着词人幽深而难以言表的惆怅寂寞。词人不由发出感叹："竹林外，荒罾谁管？"罾是竹竿支架的鱼网，一曰"荒"，再曰"谁管"，写渔父打渔之荒疏。前结应"夜泊"："田舍柴荆，酒家灯火，供客鱼饭"，这是一个纯朴而热闹的生活场景。下片表面上写溪上人家，实寓一己情感。"如此风波"，正是那个动乱衰世。客游在外，既羡慕"水石眠安稳"的水村淡泊生活，又思岁暮归去，与家人拥炉夜话，但身在途中，却不知是否能如愿，念之断肠。全词疏秀空灵，韵味悠远。严迪昌评大庄云："幽思隽语深得厉鹗词的韵味，其差异

① 唐圭璋《词话丛编》，北京：中华书局，1986年，第554页。

处是叶氏情感流的节奏比厉氏急促,疏朗中有劲峭意。"类似词作还有《齐天乐·兰山店和壁间韵》、《绮罗香·洪宅买菊归憩塔湖禅院用樊榭韵》、《绮罗香·寓斋寒夜》、《玉漏迟·和俶玉从城中归陶江村居用樊榭韵》等。

词人身处动乱的末世,迷茫无望,不管是写眼前景,还是回忆往事均悲凄满怀。《齐天乐·甲申七月马江师败买佛手破闷》:

> 禅香满担无人买,三年菩提旧事。乱后黄橙,兵间绿荔,尽是词家孤泪。霜林又坠。剩蜡造双拳,金镕一臂。弹指流光,佛边如水打包睡。　　小幅草堂画记,瓦盘乌几上,堆出秋意。陀利真香,兜罗别样,生本托根初地。园翁忽至。太念我多情,筠篮珍寄。泥首经幢,花源休再避!

词追忆三年前"马江师败"时的心境,借物抒怀以寄悲愤,哀吟遍地,漫天凄凉。纵然是欢欣的过去,回到眼前仍是满纸辛酸,《高阳台·南旋过马驮沙朋旧流连排日张饮清歌明烛殆难为怀》一词回忆"草堂旧约樱桃会"的"诗酒华年",然而"宣南社事蔷薇老,记一尊听曲,醉也凄然"。末云:"恐明朝、芦花枫叶,冷逼吟肩。"这类长调之悲壮是胜于申芗的。

[附论]

小庚诗略论

叶申芗另有《小庚诗存》两卷，道光八年（1828）福州叶景昌刻本，由申芗长子时昌校字，次子景昌誊写，仅福建省图书馆藏，书页有破损，前一二页诗多有缺字，卷首有"闽中叶申芗初稿"字样。上卷起嘉庆十七年（1812）33 岁迄道光元年（1821）42 岁所作，收诗34 首（组诗以一首计）。下卷起道光二年（1822）迄道光七年（1827）48 岁，诗作 32 首。

这段时间申芗主要在云南为官，感叹远宦，抒写羁旅怀乡思亲之情成为小庚诗中的主要情思。他常自称"远游客"、"南荒吏"，"天涯"、"万里"常出现于笔端，如"远客愁身世，新秋感物华"（《秋怀八首》）、"久作天涯吏，常欣使节临"（《己卯监试内帘呈主试林少穆（则徐）吴巢松（慈鹤）两同年》）、"远宦谋真拙，劳生养久疏"（《仲冬移寓双水塘》）、"西南将历遍，万里靖边愁"（《乐龙晓发》）、"万里携家累，抛家更惘然"（《大关杂咏》）、"万里壮游诗料好，二年远役酒怀宽"（《春后领运丁亥京铜留别诸同好》）。诗作中的情感意绪不像词中那样凄凉悲痛，其情虽悲，却更接近无奈和淡淡的感伤。如《乌蒙寓楼遣怀》：

（其一）劳生随分可开颜，久把穷通付等闲。万里未添新白发，十年犹看旧青衫。呿杯到处难忘酒，拄笏何时不看山。独倚轩窗远凝眺，碧云缥缈鸟飞还。

（其二）逐队浮沉十六年，此身枯菀尽由天。长卿游倦家偏远，东野诗寒志益坚。可惜流光催绿鬓，未能免俗恋青毡。来春好别滇池去，回首风云任变迁。

诗中反复表达不能自主命运,不得已随遇而安,"久宦南荒意亦阑"的心态。在他乡的孤独寂寞往往催生甚至加倍思乡之情,诗中既有"归试经年别,家园迹尚羁"(《述怀》)、"恰似仙霞山畔路,梦魂今夜度乡关"(《黔东山行》)等思乡之作,更有直接抒写对家人的思念,《后秋怀八首》序云:"久淹留滇会,暂佐开阳,叹宦海之徒劳,念天伦而弥笃,八章延续,再咏斯赓。"八首分写母亲、几位兄长、儿女,试举其中三首:

> (其二)忆昨嘉平吉,东征奉母欢。近移曹毂养,远就伯仁官。天净滇云迥,霜澄桂水寒。好凭鳞羽便,时为报平安。

> (其五)闻道南楼胜,风清放鹤亭。十年香案吏,三载使君星。谏草留乌府,词科嗣鲤庭。联床应未远,夜雨话灯青。自注:芷汀六兄。

> (其六)懒说乡园事,偏深儿女情。别来频改岁,怜尔未成名。有志书堪读,无田砚可耕。休辞纨裤饿,清白是家声。

申芗与母亲情深,至云南为官次年即嘉庆十七年(1812)将曾氏迎养至滇,二十三年(1818)六兄申万授广西庆远府知府后则接曾氏至桂,此组诗第一首便有"北堂遥在望,翘首白云高"之语。第二首再怀母亲,"天净滇云迥,霜澄桂水寒"写景辽阔苍茫,情思深永。第五首期待兄弟重逢。第六首则勉励儿女勤奋向学。《述怀》组诗四首内容情思基本一致。"五载循陔梦,三年报最期。可能随计吏,重慰倚闾思"(《述怀》)。"乞郡幸为将母计,分符愧乏驭民权"。"桂山云绕斑衣梦,榕峤波沉尺素笺"(《卸安平篆述怀》)。"更携小儿女,辛苦事长征"(《辛巳北观留别诸同好》)。这类思母恋亲之诗如同家书,语言明白如话,情感质朴动人。

友朋赠酬诗亦语淡情深。如《易隆寄怀吴和庭(观乐)明府》：

> 分手易为别，别来情转深。倥偬一杯酒，珍重十分心。暑雨凉侵袂，闲云朗在襟。悬知离索况，拥卷独长吟。

《小庚诗存》中价值最高的是记游写景之作。诗人多年在云南为宦奔波，因而多写到云南风物，小庚写景细致，保留了清代云南鲜活的生活画面。如《东川道中》其一：

> 双缆萦云渡碧尖，沿村许觅纤夫添。畲田处处烟烧粪，板屋家家石压檐。鼠马名街分属相，苗僮杂处界川黔。最愁左担羊肠路，结队偏来卖蜀盐。

此诗写于由富民县改任东川府巧家县的途中，描绘沿水路而行一路所见的景象，地方色彩浓郁。田中烧粪，板屋压檐，一为农业耕作，一为居住景况。三是街名多以属相命名。四是东川府虽为云南省，然夹在四川与贵州中间，成为少数民族杂居之地。五是路小。六是四川人多入此地卖蜀盐。《腊日到巧家》组诗四首分写巧家县地理、民情、物产、气候，几可视为风土诗。《卸安平篆述怀》中云："绿野有村多雁户，青山到处是梯田。槟榔瘴散农人市，菌桂秋来越估船。蒟酱昔闻通绝域，日南原属旧星廛"。《平彝道中》中云："滇南风土半梯田，雨后山农穑事便。千顷连云妆麦候，一犁新水养秧天。沟塍耕集侵农末，墟落炊生近午烟。"《大关杂咏》中云："路难连蜀道，俗陋旧夷区。客户民多寄，山田地少租。""山郭云生堞，溪桥铁作干。烧畲成熟地，堕石长新滩。村碓临流转，梯田叠翠盘。""筒递家家水，窗迎面面山。"等等，非亲历者不能道。

诗人善于体察，多以白描手法写景，诗风近孟浩然、韦应物，简

淡清新,细腻生动。《癸酉秋日游灵芝山登上下净室》其一:

> 高秋景物最清凄,选胜郊行信马蹄。古径风来松子落,野塍两过稻孙齐。千家墟落依山转,一曲溪流隔树迷。为爱悬崖好临眺,结茅还欲问阇黎。

此写一人出游,闲适悠然,古径轻风吹落松子,野塍上稻苗整齐生长,只有在宁静的环境下带着悠然的心情才能得以体察。接着移步换景,山势转换,农家墟落不间断出现,处处人烟处处生机,溪流淙淙,又不失野趣。《乙亥九日陪监司诸公游龙泉观》写众人同游,又是另一番情趣:

> 登临肯惜马蹄遥,连辔秋原小队骄。村市童喧看拥盖,野溪桥断竞争桡。黄云欲遍稻将熟,白露虽过莲未凋。归骑何须愁秉烛,半规凉月朗高宵。

诗中景象热闹欢快。众人结队,秋原马上,村童围观,因野溪小桥已断人们竞相乘船划桨。颈联写秋景,一扫萧瑟,设色鲜艳,带着农家丰收的喜悦和顽强的生机。朗月高照下众骑才归,未写人,但众生潇洒风流情状自在其中。申芗常将一己情感全融化在景物描写中,如《喜霁》:

> 久役愁霖鬓欲斑,快晴笑直破天悭。乍开卵色长空净,乱拥螺青列岫环。柳岸风和鹧鸪语,秧畦水足桔槔闲。更窥仆马欢心遍,免得冲泥苦步艰。

全诗围绕一"喜"字,先以"久役愁霖"作为情感铺垫,"快晴""乍开""乱拥"写久雨初霁之突然，雨后明净的天空、清新的山峦、柳岸风和、秧畦水足、鸟语树间、仆马欢心，一片欣喜满溢诗中。

小庚写景诗少写情绪的流动，而是围绕一种情思，用景物描写或场面烘托共同传达同一种意绪，常常一句一景，中间两联对仗工整，修辞得当，字词精彩。试看《癸酉秋日游灵芝山登上下净室》其二：

> 上方栏槛倚晴晖，卵色天开云影微。山磴螺盘堆佛髻，水田鳞次画僧衣。鱼藏曲沼深难见，鸟恋幽林倦即归。羡煞比丘聋且老，尘根参透欲忘机。

颔联中套用比喻，先以螺盘比喻山磴多山路曲折，以鱼鳞比喻水田密布。再以佛髻、僧衣比之，以动词"堆"、"画"连接，仿佛是人工有心创造，使自然的静景也带上了佛僧的意味，契合本诗游迹为佛教之地，融化自然。颈联既是写景，又是比兴，以"鱼藏曲沼"、"鸟恋幽林"比山中聋僧，又表达了对归隐山林的向往。《秋雁》组诗意境营造的写意手法尤为明显：

> （其二）云飞水宿性应便，春去秋来候不迁。紫塞风霜寒早避，玉关音问远能传。数声嘹唳惊残月，一字横斜写暮天。浅渚丛芦饶饮啄，莫教罗致碍高骞。

写景的背景越辽阔，点缀物愈小，愈见孤独与萧瑟，柳宗元《江雪》："千山鸟飞绝，万径人踪灭。孤舟蓑笠翁，独钓寒江雪。"正用此反衬法。颈联亦如此，鹤唳本惊心，又在薄暮残月之时，空间之沉寂可见。在这样的背景下，秋雁一字排列，意境苍茫。

小庚绝句清新可喜，《于役泸西黎秸塘（永赞）刺史邀同黄彤轩（久炜）大令登广福寺泛舟东湖》其二：

寺楼风送白荷香,忽爱烟波觅野航。新涨半篙舟一叶,宛然风景似江乡。

写景佳作佳句在小庚诗中不胜枚举,多对仗工整:

吹萍鱼逐队,穿柳燕教雏。桐净新垂乳,荷圆欲进珠。

鸭茵残絮白,蛛网落花红。树密难延月,帘疏不碍风。(《首夏即事》)

廊回竹影层层抱,窗透花光面面来。

月明帘影中迢彻,雨过檐声点滴寒。(《和景福泉龙江双舫原韵》)

腊近岭梅红竞绽,雨余陇麦绿齐抽。(《赴巧家任》)

茅店月残醒听瀑,篮舆雪霁卧看山。斜阳古树鸦争集,远岫孤云鹤自还。(《东川道中》)

滩深渐没蜂窠石,浆急斜冲燕尾纹。曲港野春声转捷,乱山飞瀑望难分。(《喜涨》)

隐隐遥闻走怒雷,惊看飞瀑落岩隈。千山响答银潢泻,万派泉归碧涧洄。(《白水铺观瀑》)

满湖蒲影云输翠,夹岸荷花雨助香。(《重游东湖和祝塘元韵》)

《诗存》下卷有描绘一己生活的闲适诗,如《仲冬移寓双水塘》、《对菊》、《老圃》、《嘲菊》、《夏斋排闷》等,不乏萧散自然,如《郡斋遣怀》:

(其一)郡斋无事简将迎,棐几湘帘位置清。摊饭午眠籐簟滑,斗茶晨坐竹炉鸣。自抄花谱贪消遣,细校医经学养生。对客惟谈风月好，高闲差不异蓬瀛。

（其二）傲骨难辞拙宦身，年来忧病不忧贫。好栽修竹陪佳士，多购名花当美人。醉后忘形思出世，狂时得句辄惊神。翛然更羡濠梁乐，独倚阑干把钓纶。

写自己的生活细节，闲适而惆怅，也展示了一种文人艺术化的生活状态。

梁章钜《试律丛话》卷七云："叶小庚太守申芗，芷汀弟也。诗格与其兄相仿（按：指申万多豪语）。作《太白酒楼》诗云：'胜迹谪仙留，天津又济州。多情惟爱酒，到处可名楼。为有千钟量，能消万古愁。如君真醉圣，此地即糟丘。漫说骑鲸去，谁曾跨鹤游。一杯邀月间，百尺与云浮。墓碣青山古，祠堂采石秋。至今瞻仰际，千载想风流。'按：太白诗云：'忆昔洛阳董糟丘，为余天津桥畔造酒楼。'起联即据此，而第八句亦即借作衬贴，非泛用典故也。小庚又有《琅嬛福地》句云：'守凭双犬护，借想一鸥难。'《楼深月到难》句云：'已是依山吐，谁先近水寻。'"①梁章钜所举几诗今均不见于《小庚诗存》中，可能散佚颇多。小庚诗中不乏豪放之作，《看山吟》为歌行体，诗云："人言郡山高且顽，我爱郡山突起青嶙峋。人道郡山险而恶，我喜郡山深窅多丘壑。万朵芙蓉万叠云，峰连嶂复云难分。闲来拄颊独延瞩，终日看山看不足。吁嗟乎！蚕丛鱼凫开辟久茫然，当时此地未必通人烟。计今归化甫百年，山头岭角无闲田，高顽险恶皆尧天。"写得潇洒不羁，有太白《蜀道难》之风。但从整体来看，小庚诗中"闲语"多于豪语。小庚好词，相比诗作并不多，诗名又为词名所掩，实际上艺术成就不减其词。

---

① （清）梁章钜著，陈居渊校点《制艺丛话 试律丛话》，世纪出版集团上海书店出版社，2001 年，第 635 页。

结　语

　　三山叶氏家族是福州著名的家族之一。该家族于清顺治初年由福建福清迁居省城闽县,历经两代,乾隆年间叶观国(1720—1792)入翰林诰授资政大夫,封祖荫子,光耀门间,一门乃显,族望大开,绵延至近代近两百年。三山叶氏是科举世家、翰林世家,叶观国五子登科,孙叶云滋六子登科,五世出现八位翰林,被誉为“科举史上的奇迹”。三山叶氏是藏书世家,叶观国、叶申蔼、叶仪昌、叶滋森、叶大庄等世代藏书,累积达十数万卷,为清代福州一大人文景观。三山叶氏是艺术世家,文学之外,观国、申万、申芗、在琦、在藻均为有名书法家,绘画方面有叶修昌、叶滋纯、叶大华、叶在宜等。随着近代中国社会的转型,叶氏家族在教育、法律、造船、翻译方面也涌现出一批杰出人才。

　　乾隆时代社会安定、经济发展、文化繁荣,特别科举之盛是叶氏家族兴起的社会环境。叶氏家族中诸多成员曾任会试或乡试考官,他们利用已取得的文化优势不断地推进家族中人取得更多的功名。迁居省城所获取的优势教育资源,福州厚重的文化氛围也是推动叶氏兴起发展的重要原因。

　　叶氏家族的核心人物为叶观国。叶氏家族的文化传统由观国奠定,经后代发扬,形成了相对稳定的内在家族传统。一是鲜明的家族意识和修谱的传统,叶观国首修《三山叶氏族谱》,期望通过修谱达到"尊祖敬宗收族"的目的,又以"申、昌、滋、大、在、于、树、德"八字为序为后代命名,以"惟、勤、与、恭、乃、可、保、宗"八字为表字之序。后来族谱又经叶大焯续修,叶在玑再修,并于光绪十四年(1888)于福州于山白塔旁修建叶氏支祠,形成了稳固的家族体系。二是勤勉谨慎的人生态度,叶观国一生"八掌试事,三任学政",他并无显赫的家庭背景,故为官为人均极勤勉谨慎,他以此为祖训加强家庭教育,取得了较好成效。三是嗜书好读的家风与著述的传统。从事著述是在该家族具有普遍性,著述内容及形式丰富。他们不仅在文学上建树颇丰,还涉及经学、语言学、史学、法律、经济等学科。

　　叶氏家族居住区域是围绕三坊七巷的福州府中心,是清代福州文化发展的重要推动力量。他们与清代及近代其他著名家族如梁章钜家族、郭柏荫家族、陈宝琛家族、萨玉衡家族以及名人林则徐、陈寿祺、谢章铤、严复、陈衍等关系密切,历代世交,还通过联姻进一步巩固家族之间的联系。叶氏广泛参与福州文学团体或文化活动,如读书社、旅越吟社、逸社、慎诚律社等。他们的文化活动还延展至京城,叶大遒、叶在琦、叶在衍是福州在京会馆榕荫堂唱和的核心人物。此外,叶申蔼入福州府学与闽县县学乡贤祠,他与申万是福建近代慈善事业的先驱,为后人称赏,并影响了后代叶仪昌、叶修昌等人。

　　叶氏"大"辈再现了曾祖"申"辈的科举辉煌,叶氏家族出现了第二个高峰。随着中国社会近代化进程的拉开,这一传统的文化家族也开始接受新事物。叶大焯再兴叶氏之荣,叶大庄中年入张之洞幕府,参与洋务活动。至"在"辈,许多人进入专业化学校,如法政学堂,水师学堂等,进入了教育、法律、工商、船政、科技等各专业化领域,成为近代化知识分子。全闽大学堂总教习叶在琦是福建近代著名教育家。然而,叶氏的衰落与分化也在此时出现。居住阳歧的叶大庄卒后几年,后代衰落,玉屏山庄易主,又有一些人离开福建。尽管如此,深厚的文化传统仍积淀在家族内部,甚至延续至今。

叶氏家族多诗人。福州西湖宛在堂诗龛是八闽诗人纪念堂,在入祀的 270 位历代诗人中,叶氏家族便有三位,分别是:叶观国、叶大庄、叶在琦。叶观国是清乾隆年间闽籍代表诗人,有《绿筠书屋诗钞》十八卷,在题材上多记游诗与题赠酬唱诗,形式上多组诗,广泛运用诗注,风格平和典雅。他的写景记游诗,往往不是即景描绘,而多挖掘厚重的历史文化。《榕城杂咏一百首》是乾隆年间风土杂咏诗的代表,展示了榕城历史文化与名胜古迹的高度融合。叶观国诗风之平和典雅原因有三,一是仕途通达,又曾受乾隆称赏,他对盛世带着感恩与自觉歌颂之情;二是高度压制的文化氛围和自身谨慎内敛的性格使他不敢直言时弊;三是自身丰富的学识和担任《四库全书》福建总局编纂的经历使他对历史典故了然于心,学者思维渗入诗歌创作。诗学观上,他具有明显的宗宋倾向,是清中期闽派学人之诗的代表之一。总的来说,叶观国并非叶氏诗歌创作的最高成就,但他的宗宋倾向却对后代产生了较大的影响。叶大庄是闽派同光体的早期倡导者,为陈衍好友,《写经斋集》在光宣诗坛上占有一席之地。叶在琦《穉愔诗钞》亦是近代闽诗代表之作。

叶氏词学成就也高,陈乃乾《清名家词》辑录了清代百位词人之作,其中叶氏家族的叶申芗与叶大庄均入其中。叶氏词学以叶申芗为代表,他是清代闽中词学的第一人。所著《小庚词存》多羁旅行役之词,具有浓郁的悲伤情调。他以翰林远宦并长滞云南,心情郁结难以排遣。他又是写景咏物的高手,《寄园百咏》百首词咏花木果蔬,是咏物词的奇葩。小庚词深于言情,善于写"声",情景交融自然和谐,善用白描,清新疏淡,圆美自然。申芗以词名于闽中,又注重词学交流,是一位走向全国的闽词人。他的词风近婉约,但辑录《天籁轩词选》六卷则广泛选取历代各家词作,继承了闽中词学兼收并蓄的传统,"主情"的词学观又影响了近代闽中词人如谢章铤"性情说"为代表的重情的词学理论。申芗辑录的《闽词钞》是一部带有词学指导性质的地域性词选,开创了闽中词学乡邦文献整理的风气,影响了谢章铤《赌棋山庄词话》和林葆恒《闽词征》。历来闽人填词多以不协音律为词学家所诟病,而申芗著《天籁轩词谱》、《天籁轩词韵》是闽词人在声律理论上前无古人的贡献。《本事词》辑唐宋金元词人感遇及有关词作逸事,对词学研究有"知人论世"的重要参考价值。当然,叶申芗并没有明确高扬闽中词学旗帜,总体上恪守传统词学,也未能如陈维崧、朱彝尊倡导一词派,但他以个人之力承继两宋闽中词学的辉煌,有理论有实践,有着完整的词学体系,提高了闽人治词的信心,对近代闽中词学产生了重要的影响。叶大庄《小玲珑阁词》仅存三十阕,承申芗家学,清灵疏秀,严迪昌《清词史》以大庄为"晚清词人中真正能汲得'浙派'清隽空灵的神理,融出一己幽婉疏爽情怀"的词人。但他以填词为余事,非如申芗专致词学,因而词学地位不如申芗。

　　一个文化家族的形成往往需要几代人努力,三山叶氏家族经观国、申蔼、申万、申芗、大焞、大庄,名宦世家的地位已然巩固。在这个过程中,该家族与福州地方文化起着相互推动的良性作用。这一文化家族的兴衰沿革是清代及近代中国社会的一个缩影。

附　录

三山叶氏世系图

说明:

1. 本世系图主要据《三山叶氏族谱》中"本支世系图"及"各房世系图",该谱由叶观国修,叶大焯续修,叶在玑再修,最后修订年限为 1934 年。现存福建省图书馆,民国二十三年(1934)三山叶氏南昌铅印本。谱中年龄最幼者叶德正出生于 1933 年。

2. 叶观国以"申、昌、滋、大、在、于、树、德"为子孙命名之序,以"惟、勤、与、恭、乃、可、保、宗"为表字之序。叶大焯续增十六代名序,以"诵芬述祖,先志继从,贤以致用,宽自有容"十六字为名,以"长诒孙子,居业若农,永世作则,善积祥钟"十六字为表字。现叶氏在世者多为"于"辈与"德"辈者。

3. 《族谱》中"昌"辈及以上人物以"公"为尊称,均改称原名。

4. 五房叶申苞之孙叶滋熊一支联系较紧密。1986 年,该支后人叶于曦、叶于晖等人以手稿形式增补了该房世系图。"五房世系图(2)"据该手稿本补录。

5. "七房世系图(2)"中"在定"子孙情况、"七房世系图(3)"中"在瑞、在澎"子孙情况据叶于曦先生提供资料补录。

叶氏宗祖世系图

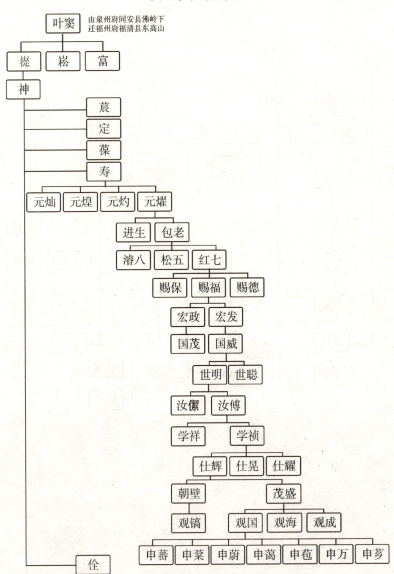

227

长房世系图

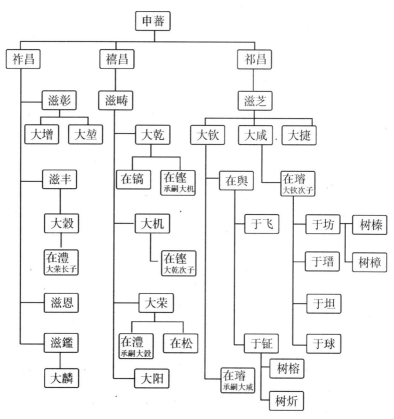

二房世系图

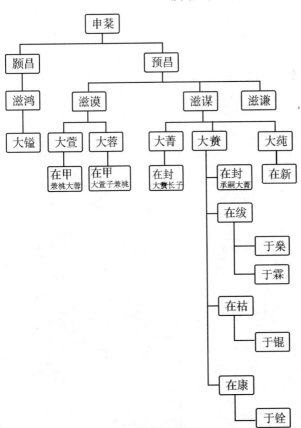

229

三房世系图（1）

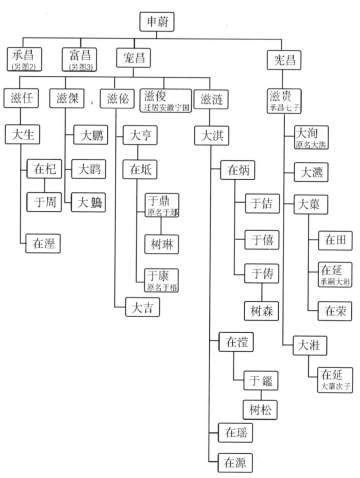

三房世系图（2）

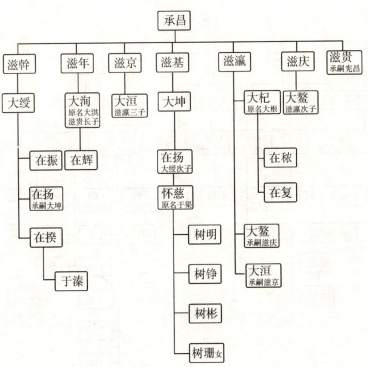

三房世系图(3)

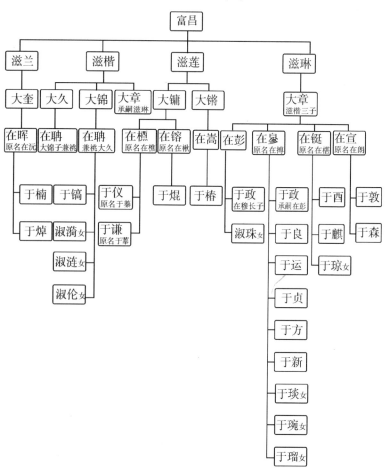

四房世系图(1)

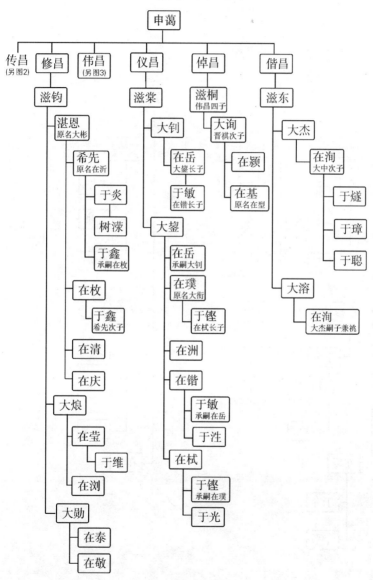

四房世系图（2）

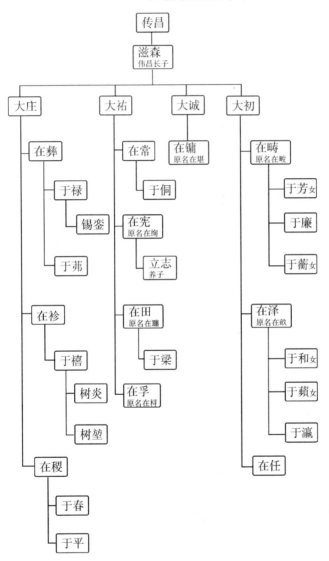

四房世系图(3)

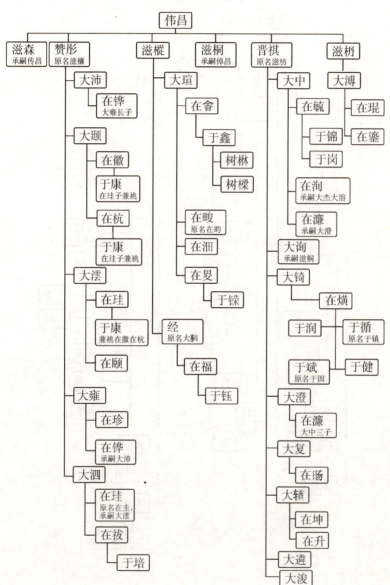

五房世系图(1)

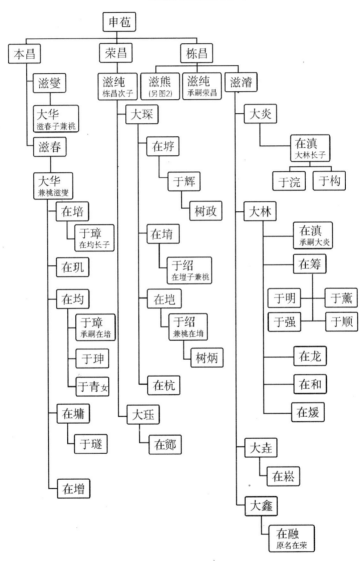

五房世系图（2）

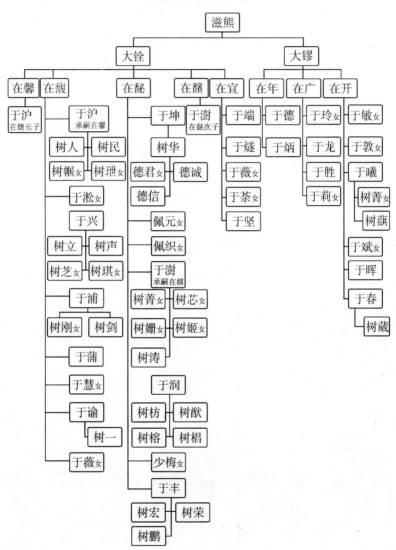

六房世系图(1)

```
                          申万
        ┌──────────┬──────────────┬──────────┐
      敬昌        牧昌           斌昌        胪昌
        │                        │
      云滋                      源滋
    (另图2)              ┌────────┴────────┐
        │              大道              大烜
      泰滋          ┌────┤          ┌──────┤
    ┌───┤        在廷 │        在经 │
  大铭 │            │于隆      ├─于培 │
    └在锦         在宽           ├─于治 │
  大淞            在藻           在纶 │
    └在隆       ┌──┤            └─于溥
  大洸         │于勋
  承嗣焕滋       │
  大棨         树邦
  大沩         在彦
  炘滋          在嶢
  际滋          在翰
  焕滋         原名在垌
    │          ├─于嵘
  大洸         ├─于麒
  泰滋三子      在泌
                └于炳
```

六房世系图(2)

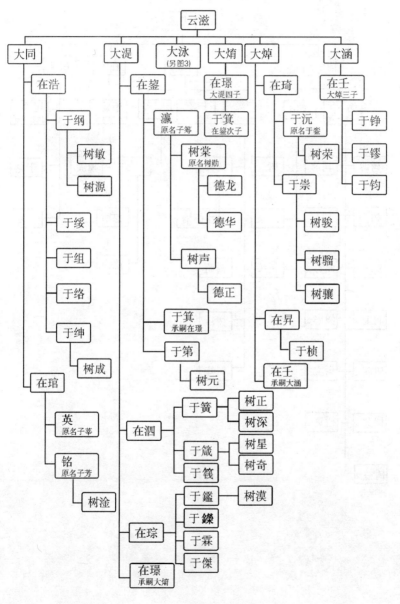

六房世系图（3）

```
                           大泳
        ┌───────────┬────────────┬──────────┐
       在衍         在诚        在汶       在瑜
    ┌────┬───┐   ┌────┬────┬────┐
    弱   于佑  学源  于襄  于翊  于襄    履平
  原名于弱        原名于辅 承嗣在汶      在诚次子  原名于秦

 树源  树海  树人  树坤      树燮    树藩    于兑

 树平  树京  树泉      德培   德铭            于复

 武珂女 佩芬女 树臻      树荫   德钧

 润玉女 佩琳女          树淦

 树蘐女 树文女          树嵘

 树芝女 树裹女

 树益女
```

七房世系图(1)

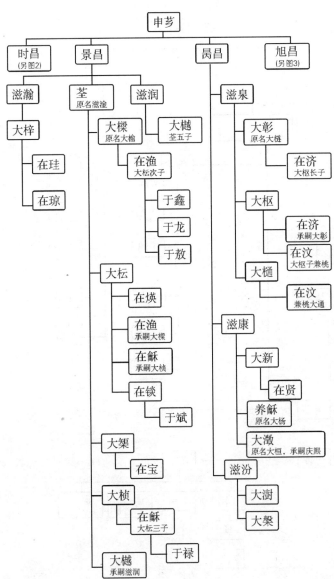

241

七房世系图(2)

时昌

庆熙 原名滋沅

滋湘

大椿 　大榛 　大澂 原名大桓，滋康三子

大榕

在煌 大榕长子

在璇

在煌 承嗣大椿

于沉

于锦

在焜

于墀 原名于圻

于鸿

在煊

树涛

于甯

在炯

于城

于钧

在鎏

于铣

于树

树勋 　　　　在缙

树栋 　　　　在定

于锵 　于铭 　泳 原名于建 　晨 女 原名于芝

杨

令仪 女

242

七房世系图(3)

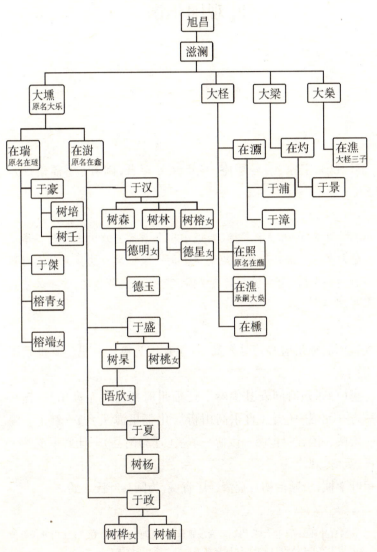

叶观国年谱

叶观国,字家光,号毅庵,晚年又号存吾,闽县(今福建福州市)人。

> 叶申菜、叶申蕃等撰《赐进士出身诰授资政大夫内廷供奉日讲起居注官詹前翰林院侍读学士加三级纪录八次显考毅庵府君行述》:"谨按府君姓叶氏讳观国,字家光,别号毅庵,晚年又号存吾。"①

其先世原居福州府福清县东高山,至观国为第十六世。其世系图如下②:

窦(由泉州府同安县佛岭下迁福州府福清县东高山)—樅—神—寿—元燿—包老(自东高山析居化下里海头乡)—红七—赐福—宏政—国威—世明—汝傅—学祯(迁居闽县)—仕辉—茂盛—观国、观海、观成

曾祖叶学祯,清顺治初自福清迁居省城,为闽县叶氏之始。

---

① 摘自叶观国修,叶大焯续修,叶在畿重修《三山叶氏祠录》卷二《三山叶氏行谊录》,清光绪十六年(1890)福州叶氏祠堂刻本。以下省作《行状》。

② 此世系图整理据《三山叶氏族谱》,叶观国修,叶大焯续修,叶在畿再修,民国二十三年(1934)三山叶氏南昌铅印本。以下省作《族谱》。

《行状》："世居福州府福清县之东高山,邑之望族也。自高祖处士君兴公于顺治年间迁居会城,遂隶闽县籍。"

祖叶仕辉,字允弢,生于顺治十六年(1659),卒于雍正十三年(1735)。年轻时举业未售,中岁弃书学贾,晚归授徒乡里,以观国贵受封。

据《族谱》。

父叶茂盛,字巇园,原名朝瑞,号克勤,闽邑增生。生于康熙三十三年(1694),卒于乾隆三十年(1765)。屡次科举未售,因观国贵受封。

《族谱》："茂盛公……绩学砥行,屡踬场屋,雍正壬子科乡试,卷经房荐主司加墨浓圈,惜荐晚,未售。以子观国贵受封,遂不复与科举事。娶林氏。"

观国原与父兄租赁他人屋居住,后析出,迁往通津衢(今福州市鼓楼区津门路),后再迁往九仙山(即于山)旁法海路芙蓉园(今花园弄),不久再迁文儒坊闽山巷,致仕归里后于乌石山东麓天皇岭下第一山鳞次台购建"双榕书屋"(今福州乌山邓拓故居)。

详乾隆三十一年(1766)、乾隆四十二年(1777)、乾隆五十四年(1789)谱。

乾隆六年(1741)拔贡生,十二年(1747)中举,十六年(1751)进士,后授翰林院编修。历官詹事府左右春坊赞善、翰林院侍讲、翰林院侍读、翰林院侍讲学士、翰林院侍读学士、詹事府少詹事、日讲起居注官、内廷供奉、上书房行走、国史馆纂修、武英殿提调、教习庶吉士。先后任乾隆癸酉科河南、丙子科湖北、庚辰科湖南、辛卯科云南、癸卯科四川乡试主考官,壬辰科会试、壬午科顺天乡试同考官,提督安徽、云南、广西学政。

　　《族谱》、《行状》、《国史儒林传》。①

为官清廉、勤慎。曾受乾隆称赏。

　　《儒林传》:"所至操守清严,鉴别精审,时儒臣文衡称职、上结主知者,观国一人而已。"

家居奉母时,适逢四库修书诏下,入局编订,任福建省局总校,后集闽史闽事为《闽中杂记》。

　　详乾隆三十八年(1773)谱。

著有《绿筠书屋诗钞》十八卷②。晚年取平日手疏精粹,厘为四卷,名为《老学庵随笔》。

　　详乾隆四十四年(1779)、乾隆五十六年(1791)谱。

诗出入风雅、温柔敦厚、圆匀熨贴。

---

①　《儒林传·叶观国传》,摘自《族谱》,以下省作《儒林传》。
②　叶观国撰《绿筠书屋诗钞》,乾隆五十七年(1792)刻本,以下省作《诗钞》或只注卷数。

蒋士铨《绿筠书屋诗钞序》:"含咀英华,出入风雅,为后贤楷式。……凡密咏恬吟,隐然皆适于道。"

梁章钜《试律丛话》卷七:"叶毅庵詹事观国《绿筠书屋》古近体诗温柔敦厚,为诗学正宗。"①

徐世昌《晚晴簃诗汇》卷八十:"毅庵五典乡试,三督学政,乘传成吟,几于一官一集。诗圆匀熨贴,几见功力。其七律专学东坡,盖亦闽中博雅之才,傅汝舟、谢在杭之流亚也。"②

学识渊博,发为诗歌,多有持论超俗之作。诗学上倾向宋诗,反对妙悟与神韵说。

郑杰《注韩居诗话》卷十五:"毅庵先生学力深邃,本其生平所得,发为诗歌,故持论迥超流俗。"③按:郑氏倡学问入诗,《国朝全闽诗录初集》收观国83首诗。

钱仲联《万首论诗绝句前言》:"俞爻心、叶观国、翁方纲都是反对妙悟和神韵的。"④

所作《榕城杂咏一百首》述福州风土颇详,为人称赏。

陈衍《石遗室诗话》卷二十二:"叶观国《绿筠书屋诗钞》有

① 梁章钜著、陈居渊校点《制艺丛话 试律丛话》,上海:上海书店出版社,2001 年,第 624 页。
② 徐世昌编、闻石点校《晚晴簃诗汇》,北京:中华书局,1990 年,第 3352 页。
③ 郑杰《国朝全闽诗录初集》,光绪八年(1882)刻本。
④ 郭绍虞、钱仲联、王蘧常编《万首论诗绝句》,北京:人民文学出版社,1991 年。

《榕城杂咏百首》……述福州风土颇详。"①

杨钟羲《雪桥诗话三集》:"乾隆壬辰,闽县叶毅庵宫詹里居修志,缀缉轶事,成《榕城杂咏一百首》。……于其乡故迹旧闻搜摭甚富,亦青丘姑苏杂咏之类也。"②

法式善《梧门诗话》卷五:"叶毅庵学士《绿筠书屋诗钞》十一卷,……余特嗜其《榕城百咏》,缀辑遗轶,陶写性情,不减青丘姑苏诸作。"③

主讲泉州清源书院四年。

郭柏苍《乌石山志》卷七:"四十年假归,主讲泉州清源书院四年。"④

参与福州"读书社"。

谢章铤《课余续录》卷二:"乾隆间,大兴朱石君珪官闽,以粮储观察管理鳌峰书院,拔时髦二十八人,令联一社曰'读书社',授以治经作文之法,梁斯志上国、岱岩上泰、梁九山上国、郑苏年光策、林畅园茂春、龚海峰景瀚、林樾亭乔荫为领袖,叶毅庵观国、孟瓶庵超然、林醇叔昆琼、昆仲诸先生皆与焉。"⑤

好藏书。

> 《福建图书馆事业志》："好藏书，筑有绿筠书屋，藏书六万余卷。"①

娶郭氏，继娶孙氏，侧室刘氏、黄氏、曾氏。有七子：申蕃、申菉、申蔚、申蔼、申苞、申万、申芗。有四女，女婿为林天椿、周大宾、张经邦、魏思源。

> 《族谱》、《行状》。

七子均科甲，世宦相继，创五世八翰林纪录。三山叶氏在科举、文学、藏书、书画、教育、科学方面显著，绵延至近代，乃福州著名家族。

> 《国史儒林传·叶观国传》："自观国后，申万、申芗、敬昌相继得馆选，故时称世翰林云。"《旧典备征》卷四"科名佳话"、"累代甲科"、"五子登科"、"六子登科"均记载闽县叶氏家族科名之盛。②

清康熙五十九年庚子（1720）1 岁
九月初八辰时出生。

---

① 刘德城、刘煦赞纂，福建省文史研究馆编《福建图书馆事业志》，北京：方志出版社，2006 年，第 200 页。
② 朱彭寿撰，何双生点校《旧典备征》，北京：中华书局，1982 年。

《行状》:观国诞时,"室有异香"。

雍正二年甲辰(1724) 5 岁

约是年,始学经书。

《行状》:"幼颖异,五六岁,蕖园公授以经书,皆成诵。"

雍正四年丙午(1726) 7 岁

二弟叶观海生。叶观海(1726—1795),字家振,号向若,乾隆十八年(1753)中举,二十六年(1761)以大挑一等历任山东蒙阴、郓城、长山等县知县,甘肃安化县知县。(《族谱》)

雍正六年戊申(1728) 9 岁

是年已能属文。(《行状》)

约是时入乡学,勤奋向学。并结识何逢禧①。

《绿筠书屋诗钞》卷九《归途即事咏怀一百韵》:"束身趋学校,结发事丹铅。砥节师黄宪,治经慕服虔。灯黦还凿壁,衣冷未装绵。共笑坚如瓠,谁怜苴似弦。"卷八《哭何少宰念修同年七十韵》:"总角同乡校,传家并宿儒。定交投缟纻,校艺指瑕瑜。崔杜鞭齐下,曹刘轨共扶。书林抉根柢,文苑辟荒芜。入腕惊风雨,探怀满贝珠。"可知观国幼年时曾入乡学。何为侯官人,两人为乡里,幼年便相识相知,且以读书文字交好。后观国入京会试也与何同行,又同榜进士。虽异地为宦,但交流未断,又联姻亲,乃观

---

① 何逢禧(1724—1769),字敬儒,号念修,侯官人。乾隆九年(1744)举人,十六年(1751)进士,任户部主事,升户部广东司主事。曾任员外郎,文选司掌印郎中,四川道监察御史,湖南按察使,吏部右侍郎。后因积劳成疾,死于任上。著有《春明稿》、《西行小草》。(《福州人名志》,第139页。)

国一生挚友。

雍正十年壬子(1732) 13 岁
三弟叶观成生。叶观成(1732—1774),字家玉,号亦斋,国学生。
(《族谱》)
雍正十三年乙卯(1735) 16 岁
祖仕辉公卒。
乾隆四年己未(1739) 20 岁
为文颇有名。约是年,宗室德王督闽浙,观国应试列第一,受嘉许。

> 《行状》:"弱冠即有盛名。宗室德王督闽浙,下车观风,应试
> 列第一。王负理学重望,不轻许可,独于府君有国士之目。"

乾隆五年庚申(1740) 21 岁
参加科考,以"美成在久"命题,投卷受学使于北野①赏识,拔冠,因
补弟子员。后每试辄取第一。

> 《行状》:"学使于公北野岁试福州,考试之日以'美成在久'
> 命题,通场鲜得解者,府君详知源委。投卷时大加赞赏,拔冠一
> 军,遂补弟子员。自是每试辄取第一。于公深器重焉,尝谓人曰:
> '此生他日名翰林也。'"按:据后句"越岁辛酉,膺选拔"可知此事
> 在此年。

乾隆六年辛酉(1741) 22 岁
拔贡。(《族谱》)

---

① 于北野,生卒年及事迹均不详,待考。

乾隆七年壬戌(1742) 23 岁

随学使于北野北上,曾在京口(今江苏镇江)停留月余,与诸生极游
览之乐。

　　卷九《归途即事咏怀一百韵》:"苍茫愁卫玠,俯仰感彭宣。"
自注:"壬戌春,余廷试北上,从学使北野于公至京口,居月余,极
游览之乐,今梁木已坏,不胜师门之感。"诗中回忆当时游览之乐:
"尚记登龙日,寻思立雪年。陆云初赴洛,郭隗欲游燕。提挈随兰
棹,居停托蕙橑。同人皆矫矫,群从总翩翩。闲话南徐胜,齐攀北
固巅。射堂呼酒伴,海岳访书禅。屟诧眠羊狠,铭掺瘞鹤镌。闪
金江涌月,浮玉寺临渊。岂意门墙隔,遥嗟馆舍捐。"

乾隆九年甲子(1744) 25 岁

好友何逢禧中举。观国可能亦参加是年乡试,未中。后两人同游
京洛、吴越。

　　卷九《哭何少宰念修同年七十韵》:"利钝虽难概,要盟总不
渝。"自注:"余弱冠举,拔萃科。公心艳之,既而公以甲子举于乡,
先余一科。"又云:"先飞鹏避鷃,同阜骥陪驽。结伴游京洛,扬舲
过越吴。拍肩文共赏,交蹠席连铺。吟苦笺频擘,谈深酒屡沽。
风沙邹峄路,人海帝王都。杜甫生平拙,扬雄意趣迂。"

乾隆十一年丙寅(1746) 27 岁
乾隆十二年丁卯(1747) 28 岁
中举人。(《行状》、《族谱》)
《绿筠书屋诗钞》卷一《台江集》起于是年。
春暮同友人登钓龙台(今福州大庙山)。(《春暮同人登钓龙台》)

秋日曾登九仙山（今福州于山）。（《秋日登九仙山》）

约此年秋冬游建溪。（《建溪》）

乾隆十三年戊辰（1748）29 岁

春，与黄任①、李霖村②、郑光谟③同登鼓山，游涌泉寺。结识鼓山主持遍照禅师。

> 卷九《春日同人游涌泉寺即景有作并赠遍照长老二首》："却忆旧游成影事，追寻秫吕感山阳。"自注："乾隆戊辰春，偕莘田黄丈、李霖村、郑光谟诸君来游，距今二十稔，诸君皆已生忉利天矣。"

与何逢僖同参加会试，均未中。

> 卷七《哭何少宰念修同年七十韵》："去留辞树叶，南北趁风舻。"自注："戊辰下第后，公入泰中，余游江右。"

游浙江钱塘、苏州姑苏台，渡扬子江，经扬州，至高邮。

诗有《钱塘怀古二首》、《姑苏台歌》、《渡杨子江》、《维扬舟次杂咏八首》、《高邮晚泊》。

---

① 黄任（1683—1768），字于莘，又字莘田，自号十砚翁，福建永福（今永泰县）人。康熙壬午科（1702）举人。官至广东四会县知县。工书法，好宾客，有砚癖。诗清新刻露，其集初名《秋江集》，后名《香草斋集》。又修有《鼓山志》，并协修《泉州府志》。（《福建通志·文苑传》）

② 李霖村，生平事迹未详。

③ 郑光谟，生平事迹未详。可能为郑光策兄弟。郑光策（1759——1804），闽县人，福建清代著名教育家。曾多次陈议改革台湾吏治措施。主讲泉州书院、福清书院、龙岩书院和福州鳌峰书院，倡"经邦济世"之学，著有《西霞丛稿》10 余册，由其婿梁章钜选编为《西霞文钞》上下两卷，刊行于世。

乾隆十四年己巳(1749) 30 岁

约是年春结识吴鸿①。(《春草和吴解元颉云鸿八首》)

有诗寄赠柳卓②。(《赠柳卓》)

游安徽当涂(今马鞍山市)太白酒楼、江苏无锡惠泉、苏州虎丘。
(《太白酒楼》、《惠泉》、《虎丘》、《醉歌》)

秋,游江西南昌滕王阁。

> 《滕王阁》:"飞阁凌空翠岫平,新秋风物倍晶明。"可知是时
> 为初秋。

过庐陵(今江西吉安)文天祥墓,经南安道(今江西南安),由鄱阳湖
北游,曾因大风滞留五日。(《过文丞相墓下》、《南安道中》、《彭蠡
阻风》)

> 《彭蠡阻风》:"南昌至星渚,只用半帆便。胡为守彭蠡,云月
> 五夕见。"

游南康(今江西星子县)爱莲池。经湖口县石钟山、庐山,均未亲
临,引为憾事。经九江琵琶亭,由鄱阳湖南回。(《爱莲池》、《石钟
山》、《望匡庐》、《琵琶亭二首》、《过鄱阳湖》)

---

① 吴鸿(1725—1763),字颉云,号云岩,浙江仁和(今浙江杭州)人。乾隆十六年
(1751)进士状元,即授职翰林院修撰,曾典广西、顺天府、湖南乡试,任湖南学政,官至侍
读,卒时年仅38岁,著有《云岩诗文稿》、《南亭笔记》等。纪晓岚《阅微草堂笔记》、《滦
阳续录》多有记其佚事。

② 柳卓,生平事迹不详。由观国诗,知其精篆刻。

约是年结识郑王臣①，有诗《八虫诗同郑明经慎人王臣作八首》。
乾隆十五年庚午（1750）31 岁
与同乡陈琛②、林从直③、钟兆相④、陈荣榕⑤相偕赴京应考。至山东
峄阳阴平（今山东枣庄市峄城区阴平镇），陈琛卒。

> 卷十二《宿阴平有感二首》："公车席帽记当年，哭友中途涕
> 泪涟。"自注："庚午计偕同行陈君琛道卒阴平。"又云："往事悠悠
> 三十载，峄阳停辔重凄然。""客路相将恰五人（注：陈君琛、林君
> 从直、钟君兆相、陈君荣榕及余而五），谈谐风貌忆如新。只今后
> 死惟余我，华发萧萧半似银。"

为董天工⑥《台海见闻录》题诗。（《题台海见闻录十首》）

> 按：不知两人结识于何时。董天工于乾隆十一年任台湾彰化
> 县教谕，此年秩满忧居，为答友朋之询问，尝就在台见闻，征诸文
> 献，编次成《台海见闻录》四卷。故将此组诗系于是年。

卷一《台江集》讫于是年。

---

① 郑王臣，生卒年不详，福建莆田人，字慎人，又字兰陔。乾隆六年（1741）拔贡，
历知铜梁、成都两县，升兰州知府，后以弟丧弃官归里。著有《兰陔诗集》、《兰陔四六》、
《黄石山人集》等，并编有莆田一地的诗歌总集《莆风清籁集》。
② 陈琛（？—1750），生平事迹不详，闽县或侯官人。
③ 林从直，字白云，号古鱼。侯官人，乾隆九年（1744）举人，喜治印，工篆刻，有
《闽诗选小传》。（参《福建印人传》，第42页）。
④ 钟兆相，字则彦，侯官人，乾隆十七年（1752）进士。
⑤ 陈荣榕，侯官人，乾隆十六年（1751）进士（与观国同榜）。
⑥ 董天工（1703—1771），字材六，号典斋，福建崇安（今武夷山市）人，雍正元年
（1723年）拔贡，任宁德、河北新化县司铎，山东观城知县，安徽池州府。乾隆十一年
（1746）任台湾彰化县教谕，著有《武夷山志》。

乾隆十六年辛未(1751) 32 岁

中进士,殿试二甲第 24 名,授翰林院庶吉士。(《赴吏部恭侯宣旨蒙恩授官翰林院庶居士恭纪二首》)

> 按:是榜进士 243 名,其中一甲 3 人,分别为吴鸿、饶学曙、周澧。二甲 70 名,三甲 170 名。(朱保炯、谢沛森编《明清进士题名碑录索引》)①
>
> 同榜福州籍进士另有:何逢僖、李元通(闽县)、黄元吉、张绳武、陈荣榕(侯官)。(《福州府志》)②

入庶常馆充庶吉士,教习为陈兆仑③。观国有《上分教馆师星斋陈先生三十韵》(卷二)赞其经学、文学、为人及师风,也表达自身欲展壮志之豪情。

在庶常馆每日屏谢酬应,如诸生时潜心向学,受陈兆仑称赏。与何逢禧交往最密,同游冶论文。

> 《行状》:"府君在词垣,日屏谢酬应,潜心向学,一似为诸生时。教习陈星斋每阅府君馆课诸作,无不击节叹赏,因谓座师董文恪曰:'近来学者登馆选后,便都荒弃学业,专事交游。叶君以青年登第,刻苦力学,卓然知所树立,其文深有根柢,未可量也。'"

---

① 朱保炯、谢沛森编《明清进士题名碑录索引》全三册,上海:上海古籍出版社,1980 年,第 2720—2722 页。

② 徐景熹主修《福州府志》(中),福州市地方志编纂委员会整理,卷 42 "选举七"第 690 页。

③ 陈兆仑(1700—1771)字星斋,号句山,钱塘(今浙江杭州)人。雍正进士,授知县,后授内阁中书,兼撰文,充军机章京。乾隆元年(1736)召试博学鸿儒,授翰林检讨,迁太常寺卿,官终太仆寺卿。工书,善诗文,时人奉为"文章宗匠"。文章醇古澹泊,清远简放,著有《紫竹山房文集》。

卷九《哭何少宰念修同年七十韵》描述当时中举情形:"退鹢翎重刷,寒鱼沫再濡。(自注:辛未春试,复与公同起居。)三条酣战螳,一掷并成卢。粉署君判牒,瀛洲我滥竽。朝衫量体制,华绶贴腰纡。性懒稀攀附,官新慎步趋。蛮蛋常互倚,针石正相须。衣共裘双领,居分宅一区。连袽归犯夜,并马出侵晡。闷贳麻姑酒,闲投玉女壶。近郊听鸟咮,破寺剔龟趺。春色频催柳,秋风几落梧。情亲忘客旅,意合少龃龉。"按:何进士及第后,授户部主事。

结识朱珪①。

朱珪 撰《皇清诰授中议大夫詹事府少詹事毅庵叶公墓志铭》②:"詹事叶毅庵先生与珪以乾隆丁卯科南北同举于乡,越辛未与珪仲兄垣同岁成进士。先生改庶吉士,与珪同馆,故相交久而心相知。"

结识黄金声③。

卷十八《哭黄集亭(金声)同年》:"双丁两到擅才名,晨夕论

---

① 朱珪(1730—1806),字石君,号南崖,晚号盘陀老人,与兄朱筠时称"二朱",顺天大兴(今北京城西南)人。乾隆进士,历任湖北、山西等地按察使,乾隆四十年(1775),召授侍讲学士,为嘉庆师。后擢礼部侍郎,出授安徽巡抚。寻调广东巡抚,署两广总督,授左都御史、兵部尚书,仍留巡抚任。嘉庆元年(1796),授两广总督。嘉庆七年由户部尚书授协办大学士,十年授体仁阁大学士,嘉庆十一年(1806)卒,谥"文正"。有《知足斋集》等。(参《清史稿》卷三四〇,列传一二七。)(《中国历代人名大辞典》,1999年,上海古籍出版社,第545页。)

② 以下简称《毅庵叶公墓志铭》。叶观国修,叶在畿重修《三山叶氏祠录》卷二,第43—45页。

③ 黄金声,字集亭,侯官人,黄元吉之兄,乾隆十六年(1751)进士。

心忆玉京。"注云:"辛未、壬申,君在都门候礼部试,常相过从。"

卷二《瀛洲集》起于是年。

乾隆十七年壬申(1752) 33 岁

散馆后授编修,参与修史工作。

暮春,和张南华①诗。

    卷二《戏和张詹事南华先生四无诗四首》:"几番梅雨弄阴晴……坐久尚余红片落,来迟空怅绿阴成。……回首可怜三月节,平泉如锦织流莺。"当作于暮春,故系于是年。

与吴鸿、沈栻②等人同观太学石鼓,并作两诗(卷二《观太学石鼓》、《重赋石鼓同吴殿撰云岩鸿沈庶常钦伯栻两同年作》)

夏初,与同年黄元吉③、饶学曙④、何逢僖、吴鸿、沈栻游丰台(今北京市丰台区)。(《首夏同黄庶常巩溪元吉饶编修霁南学曙何农部念修逢僖吴殿撰云岩沈编修钦伯诸同年游丰台》)

---

    ① 张南华,生平事迹不详。

    ② 沈栻,生卒年不详,字钦伯,号宗娄、宗晏,江苏常熟人,乾隆十六年(1751)进士,散馆授编修,官至山西河东盐运使,工书法,擅山水。

    ③ 黄元吉(1720—1800),字宗藜,号巩溪,福建侯官人。乾隆十六年(1751)进士,历翰林院庶吉士、编修、学士,累官至台湾淡水港竹堑通判。

    ④ 饶学曙(1720—1770),字霁南,号筠圃,广昌县甘竹人。乾隆十六年(1751)榜眼,历任翰林院编修,左、右中允,侍讲,武英殿通考馆、功臣馆、礼器馆纂修,日讲起居注官。后出任河北、云南等省乡试考官和会试分校官,甚能举贤用人,被誉为"当世之师",著有《研露斋集》《使滇集》。

约是年,为蔡新①等人《澄怀八友图》题诗。(《奉题澄怀八友图为少司寇葛山蔡先生赋二首》)

> 按:乾隆初年,蔡新与陈惠华、程景伊、张泰开、观保、周长发、周玉章、梁锡屿同值上书房澄怀堂,遂绘《澄怀八友图》,蔡新主持。士大夫题诗作记,传为美谈(陈康祺《郎潜纪闻》卷六)。后观国亦入澄怀园当直。当时绘有《澄怀园二十友图》,观国为其一。②

乾隆十八年癸酉(1753) 34 岁

出典河南乡试,同任考官者为编修刘星炜③。(《奉命典试河南纪恩恭赋癸酉》、法式善《清秘述闻三种》④)

经河北易县。(《荆轲故里》)

经内丘县,在圆津庵小憩,结识主僧蔼然上人。

> 《圆津巷小憩次棠村梁相国韵同编修刘补山星炜先生作》诗

---

① 蔡新(1707—1799),字次明,号葛山,福建漳浦人。乾隆进士,选庶吉士,授编修,累迁刑、工部侍郎。乾隆三十二年(1767),擢工部尚书,移礼部。四十五年,以吏部尚书协办大学士。四十八年,拜文华殿大学士,兼吏部尚书。处事谨严,言行必忠于礼法。善属古文,深得乾隆信任。曾辑先儒操心、养心、存心、求放心诸语,成《事心录》。卒谥文端,著有《缉斋诗文集》。

② 冒怀苏编著《冒鹤亭先生年谱》,学林出版社,1998 年第 273—274 页,记述冒先生曾购得此图。

③ 刘星炜(1718—1772),字映榆,号印于、圃三、思补堂,江苏武进人。乾隆十三年(1748)进士,散馆授编修。曾任侍讲、日讲起居注官,提督广东、督安徽学政、翰林院侍读学士、内阁学士、礼部侍郎、工部侍郎,著有《思补斋文集》四卷,《清史稿·艺文志》著录。吴蔚所辑《八家四六文钞》,收其《思补堂文集》一卷。(生平事迹见《清史稿》卷三〇五、蒋士铨所作《墓志铭》。)

④ 法式善等撰、张伟点校《清秘述闻三种》上册,北京:中华书局 1982 年,第 191 页。

题自注:"庵在内丘县。"

《重憩圆津庵叠前韵》诗中自注:"癸酉秋憩庵中,与主僧蔼然上人谈良久,今再至,蔼然于去春已灭度。"

经邯郸县。

《吕翁祠》自注:"在邯郸县治北。"

经河南汤阴县,拜谒岳飞祠。

《谒岳忠武祠》自注:"在汤阴县。"

河南是榜多寒俊宿学,观国声誉由此起。试竣回京复命,得乾隆称赏。

《行状》:"次年癸酉①科典试中州,榜下皆寒俊宿学,声誉噪一时。复命日,恩旨垂询家世,府君奏对悉中节,上顾左右曰:'此人风度甚佳,盖有学问人是也。'由是宸衷眷顾,凡值乡会试期,常被恩命司衡。"按,观国亦因此对乾隆与朝廷充满知遇与感恩之情,这种感情贯穿其一生。

得士中有名郭六宰者。

卷七《题郭明府(六宰)诗集二首》:"瓣香不远能私淑,又见新编俊语多。"注云:"郭,信阳人,余癸酉所取士。"可知郭为观国

---

① 原文作"壬申散馆授编修,次年己酉科典试中州"。"壬申"次年为"癸酉",非"己酉"。

典河南乡试所取之士。

乾隆十九年甲戌(1754) 35 岁
在京为官。
生日时，吴鸿有赠诗。

> （清）法式善《梧门诗话》卷三："吴云岩侍读鸿，辛未以第一人入词馆，才名噪甚，官十年而没。闽县叶毅庵学士观国为先生同年至好，三十五岁生日，先生赠诗有'七十眼看君过半，卅年心忆我从头'之句，故叶学士哭侍读诗有'七十如今真过半，重拈诗句念衰迟'之句。"①

冬十一月，为董天工《武夷山志》作序。（董天工《武夷山志》）②
乾隆二十年乙亥(1755) 36 岁
任武英殿提调官。
春，妻郭氏因难产暴卒。郭氏能为诗，生二女。

> 卷二《哭亡室郭安人六首（乙亥）》诗注："安人从嫂氏学诗，亦能成咏，然不欲以示余。卒后检箧笥，得《寄嫂氏诗》一帙中有：'童子踏青登垄上，不堪为我说清明'之句，无故作此不祥之语，真不可解……安人无子，有女二人。"诗云："口脂恩泽尚逡巡，恰见传柑及早春。梦燕因缘成破镜，离鸾灾难悔生麟。"注云："安人以难产暴卒。"

伊犁平定，观国作《圣武远扬平定伊犁大功告成恭成并序》（卷二）。

---

① （清）法式善著，许征整理《梧门诗话》，新疆大学出版社，2006 年，第 42 页。
② 董天工《武夷山志》，道光丙午年重刊五夫尺木轩藏板，第一册，第 21 页。

乾隆二十一年丙子(1756) 37 岁

典湖北乡试①。同任考官侍讲德保②。

> 《奉命典试湖北纪恩恭赋(丙子)》:"落梅拟听江楼笛,萃竹重寻淇水春。"自注:"上科典河南试,今驿传仍由此地。"可知出京路程与出典河南相同。

经河北内丘县,再憩圆津庵,主僧蔼然上人已逝,感慨颇深。(《重憩圆津庵叠前韵》)在圆津庵方丈处见方问亭③石刻,上有多人题咏,亦咏一诗。

> 《次制府问亭方公韵》:"闲看石榻官奴笔,细咏纱笼幼妇诗。"自注:"方丈有制府石刻,诗字俱佳。""自王孟津、梁棠村、汤西涯、张南华诸公皆有题咏。"

经河南中部郾城县(今河南螺河市郾城县),宿杨氏亦园。(《郾城县宿杨氏亦园地殊幽胜德侍讲眘斋保先生有诗次韵奉和》)
经西平县(今河南螺河市西平县),遇雨。(《西平县阻雨叠前韵呈眘斋先生》)
入湖南境,官吏来迎,是日宿应山县(今湖北广水市)。

> 《宿应山县有感》:"逾关愁莘确,就馆诧喧阗。"自注:"是日

---

① 法式善《清秘述闻三种》上册,第 195 页。
② 德保,字仲容、润亭,号定圃、眘斋、勺园居士。满洲正蓝旗人,乾隆七年(1742)进士。曾任广东巡抚,署理福建巡抚,暂署两广总督。与翁方纲交好,有诗往来,有《乐贤堂诗钞》三卷。
③ 方问亭生卒年不详,字遐谷,号问亭,又号宜田。乾隆间任直隶总督。工诗及书。著有《本堂诗》、《薇香集》、《燕香集》、《问亭集》。

入楚境,有官吏来迎。"

典试竣,总督长白硕公、巡抚楞阿张公招饮黄鹤楼。(《试竣撤闱总督长白硕公巡抚楞阿张公招饮黄鹤楼即景呈德睿斋先生》)

冬,事竣回京。经湖北武汉,登晴川阁参加宴饮。

> 《晴川阁宴集》:"极知地主招邀意,好向京华诧胜游。"自注:"别武昌时,按察使吴凌云先生谆谆致属,到汉阳必须一登晴川阁也。"可能汉阳长官宴请。按,黄鹤楼与晴川阁夹江而望,为三楚胜景。

至河北真定(今河北正定县),奉命督学云南,以编修任①,有《使旋至真定恭闻有督学云南之命纪恩口占二首》。

卷二《瀛洲集》诗作讫于是时。

卷三《滇南集》始于是年十一月。

> 方国瑜编《云南史料目录概说》:"《滇南集》,叶观国撰。……乾隆二十一年来任云南提学使,又二十六年辛卯任云南乡试主考官。所著《绿筠书屋诗钞》十八卷,其卷三为《滇南集》,在乾隆丙子(二十一年)十一月至己卯(二十四年)十月。因试士,周历诸郡,咸有诗,辑为一卷。"②按:"二十六年"为"三十六年"之误。

经贵州镇远府,于镇宁州安庄卫观瀑(即黄果树瀑布)。诗有《相见坡》、《白水铺观瀑》、《黔中怀古》、《道中口占》。

---

① 《清秘述闻三种》(上册),第 379 页。
② 方国瑜编《云南史料目录概说》,北京:中华书局,1984 年,第 671 页。

乾隆二十二年丁丑(1757) 38 岁

抵云南,先至平彝县(治今曲靖)。

> 《初至滇中作四首》:"嵌崟度尽得康庄,豁眼平彝趁夕阳。"
> 自注:"入滇第一县。"

春按试澄江府(今云南澄江县),游阙摩山(今称华山)。(《春暮游阙摩山次明人邓壁间韵》)

按试建水州(治今云南红河市建水县)。(《临安试院偶作》、《宿龙泉寺》)

游昆明西山杨升庵祠。(《海庄》)

至大理,途中所至及所见均触发观国诗兴,多有题咏,如《雨过白崖》咏山水,《龙首关》咏古迹,《大理杂咏十首》咏大理历史,《过天威径》咏诸葛亮七擒孟获事,《青华洞》、《永平道中》、《兰沧江霁虹桥》、《永昌杂咏八首》《大觉寺在永平县》则咏永昌郡永平县多处。

按试大理毕,回昆明。秋,泛舟近华浦(今昆明市大观公园)。(《秋日泛舟近华浦二首》)

冬按试广西府(清代隶属云南省)。

> 《按试广西府毕归途过杨林》:"槐风仍落鹅黄雪,欲访兰家何处边。"时在冬季。

至蒙化府(今云南大理州巍山彝族回族自治县、南涧彝族自治县全境),为表功祠作记。

> 《万松庵》题注:"在蒙化府。"
> 《新纂云南通志》(五)卷九十九:"《表功祠记》,督学闽县叶

观国撰,乾隆二十二年冬。在蒙化县,见《岑志》。祀明指挥明远将军孙福也。"①按:《滇南集》均在云南所作,是集未必尽按时间先后排列,可能多次至一处,暂将此集中大部分作品系于是年。

乾隆二十三年戊寅(1758) 39 岁
云南学政任上。
曾至呈贡县(今属昆明市)。(《次呈贡县作》)
观国视学廉勤尽职。约是年,刘统勋②视察云南,见观国而称扬。

> 《行状》:"府君任云南时,诸城刘文正公奉命至滇,见府君喜曰:'吾见馆阁诸君,一出学差,无不面丰体胖,今君如此清癯,半为校士辛勤,半为官厨冷淡,不愧为吾门下士矣!'奖籍再三,归京师,犹时时举以勉人,则府君之勤慎可知也。"此事又见陈康祺《郎潜纪闻四笔》卷八"叶观国视学廉勤尽职"条:"闽中叶毅庵宫詹,乾隆间屡司文柄,廉勤尽职,至老不衰。"③

乾隆二十四年己卯(1759) 40 岁
有一女出生,以"滇生"命名。

> 卷五《悼亡女滇生》自注:"女生于滇第,三日即北行。"

---

① 刘景毛等点校《新纂云南通志》(五)卷九十九,昆明:云南人民出版社,2007年,第418页。
② 刘统勋(1699—1773),字延清,号尔钝,山东诸城人。雍正二年(1724)进士,后迁内阁学士署刑部侍郎,以能谏著称。历任左都御史、陕甘总督、刑部尚书、东阁大学士、翰林院掌院学士、上书房总师傅,又兼署刑部事务,任国史馆正总裁。著述由后人编刻为《刘文正公集》。
③ (清)陈康祺撰,褚家伟、张文玲点校《郎潜纪闻四笔》,北京:中华书局,1990年版,第124页。

云南学政任满,还京。

卷三《滇南集》迄于是年十月。

乾隆二十五年庚辰(1760) 41 岁

在京为官。

卷四《瀛洲二集》起于是年。

乾隆平定回部大小和卓叛乱,观国作《平西诗二十章(有序)》。

出典湖南乡试①。同任考官吏部主事孔毓文②。

途经河北邢台、河南信阳、湖北蒲圻等地。

> 《奉命典试湖南行次内丘见寓邸有西林鄂相国诗版依韵追和
> 兼呈孔考功肩吾(毓文)二首》作于河北邢台内丘县,《信阳道中
> 口占》作于河北信阳,《宿万年庵次吴荆山宗伯韵》题注:"地属蒲
> 圻县(今湖北省赤壁市)。"

途中有诗寄吴鸿,时吴鸿任湖南学使,两人已五年未见。

> 《又次吴云岩学使韵》:"不见延陵久,分携忽五年。重来过
> 梦泽,相望隔湘烟。风雅前贤在,湖山我辈偏。预期公事毕,诗酒
> 续欢缘。"自注:"丙子岁,云岩典湖南试。余亦继至北湖北。今云
> 岩又为湖南学使。"

七月抵湖南岳阳。因雨未行,登岳阳楼,集范仲淹《岳阳楼记》
为诗。

---

① 法式善等撰,张伟点校《清秘述闻三种》(上),北京:中华书局,1982 年,第 207
页。

② 孔毓文,生平事迹不详,江南句容人。乾隆十九年(1754)进士。

《岳阳楼集范文正公记十韵呈孔考功（有引）》序言："庚辰七月晦，抵巴陵，寓岳阳楼。明日天雨未行，得饱观洞庭之胜。吟兴勃然，循览楼中，惟厅屏录范文正公记，一诵而曾无留题之作。讵非以唐贤绝唱在前，恐贻续貂之诮故耶？既思作诚不可，述则无妨。因缀辑范记中语，得句十韵，用破闲寂，亦犹坡公集渊明《归去来辞》之意云尔。"

至长沙，寓居于屈原、贾谊二公祠，并谒蔡道宪祠。

《谒屈贾二公像》题注："长沙城内有屈贾二公祠，主司初至，皆寓于此。《谒蔡忠毅祠二首》题注："公讳道宪，晋江人，祠在长沙城内。"

典试竣，撤闱后，与吴鸿有宴酒之欢。

《又次吴云岩学使韵》："预期公事毕，诗酒续欢缘。"卷五《哭吴侍读云岩（鸿）二首》："盍簪犹记楚江湄，十日为欢酒共持。驿路再来交臂失，吟坛从此赏心谁？"自注："庚辰余奉命典湖南试，君时为学使，撤闱后，宴饮留连。"

乾隆二十六年辛巳（1761） 42 岁
升赞善。（《蒙恩升授赞善恭纪》）
乾隆二十七年壬午（1762） 43 岁
八月，与蒋士铨①同任顺天乡试同考官。（《壬午顺天乡闱分校次明

---

① 蒋士铨（1725—1784），字心馀、苕生，号藏园，又号清容居士，铅山（今属江西）人。乾隆二十二年（1757）进士，官翰林院编修。辞官后曾主持蕺山、崇文、安定三书院讲席。与袁枚、赵翼并称乾隆三大家，著有《忠雅堂集》四十三卷。

尚书王文肃韵》)

初八,蒋士铨对月感旧,以诗呈观国等五人。

> 蒋士铨《忠雅堂集》卷九:《初八夜对月感旧呈叶毅庵秦叙堂
> 汪耕云纪晓岚前辈张怀月舍人五君子皆丁卯乡举同年故有作》:
> "微飓料峭嫩寒尖,门径斜封锁钥严。题纸裁云同密护,印泥分彩
> 各新钤。秋河显晦翻层浪,好月盈虚隔一帘。十六年前今夜漏,
> 六人五处卧风檐。"自注:"汪、纪同举京兆。"①

卷四《瀛洲二集》迄于是年九月。

十月,奉命督学广西,以赞善任②。

卷五《岭右集》起于是时。

> 《奉命督学广西纪恩述怀六首》诗注云:"观国蒙国恩自乾隆
> 癸酉至壬午十年之中,尝典河南、湖北、湖南试事,督云南学政,今
> 赴广西,驿路皆出豫楚一带也。"

经湖南衡阳,望南岳,因路途急迫未登临。(《望南岳二首》)

乾隆二十八年癸未(1763) 44 岁

广西学政任上,恰逢科考选拔之期,尽职尽责,悉心考校,禁贿赂,
杜情面。

> 《行状》及陈康祺《郎潜纪闻四笔》载,是年有一考生为权贵
> 人婿,挟一权要手书,谆谆相托,观国得信,立即焚毁,不置一词。

---

① 熊澄宇著《蒋士铨剧作研究》,北京:中国戏剧出版社,1988 年,第 155 页。
② 法式善撰,张伟点校《清秘述闻三种》(上册)"学政类四",北京:中华书局,
1982 年,第 376 页。

及榜出,其人竟不与,合郡翕然。按试各郡,轻骑减从,行李萧然,约束家人胥役,不许沿途骚扰,所过州县无额外糜费。任满离开后,下任学政因地方供应之事酿成大案,一抚臣劾奏曰:"学政某按临之处,较前任学臣叶某,每处多派人夫七百余名。"

卷十七《阅〈桂海虞衡志〉作六首》引:"曩余视学广右,有衡文之务,按部之限,役役竟年,每便道遇佳山水,一为停桡下舆,流览片时即去。若在会城,则无故未尝一出院署也。顷阅范石湖所撰《桂海虞衡志》,纪述桂城山川岩洞之奇,不觉低徊者久之,悔往日之弗克违俗而揽胜也。"

由漓江出发,按试各郡(《按试外郡舟发漓江》)。
秋至南宁府(治今广西南宁市),再至太平府(治今崇左市。)

《昆仑关怀古》:"长啸引清风,秋声起林薄。"昆仑关位于今广西南宁宾阳县,据诗意当作于秋。《自郁江抵丽江舟中作》题注:"郁江在南宁府,丽江在太平府。"

崇左按试毕,沿原路返桂林,经南宁横州(今横县)谒伏波将军马援祠,过伏波滩。(《谒伏波将军祠》《过伏波滩》)
冬经浔江往桂平,经平江,黄郡丞赠酒茗及醉蟹。后两日,路途阻风。

《浔江阻风即事四首》第一首:"一冬无雪寒犹嫩,尽日横舟雨自零。岁晚关怀惊发白,地偏相对但山青。"当作于冬。第三首:"平江司马如先识,准备厨空致蟹螯。"自注:"先两日过平江,郡丞黄君致酒茗及醉蟹数事。"

至桂平县考核童生，知县吴志绾①建浔阳楼，请观国为记。

　　《（广西）桂平县志》卷五十一"纪文 文录六"收观国《浔阳楼记》。其首段云："浔志无浔阳楼，楼始建于乾隆之癸未岁，桂平宰吴君志绾出其官俸，请于郡守蓉溪汤先生而构也。颜曰浔阳者，以其当郡城之南也。是年冬，余以校士来浔而楼适落成，吴君因属余为文记之。"②

吴鸿湖南学政任满，在回京途中误食河鲀中毒身亡，观国有悼亡诗。

　　《哭吴侍读云岩（鸿）二首》："百年知己如君少，同榜联名得汝华"又云："盍簪犹记楚江湄，十日为欢酒共持。驿路再来交臂失，吟坛从此赏心谁。"注云："庚辰余奉命典湖南试，君时为学使，撤闱后，宴饮留连。比壬午冬，余赴广西学政任，君任满入都，意途中定可一面，而君自长沙登舟，遂致相左。"又："长生极贵诚难事，断墨遗文重异时。七十如今真过半，重拈诗句念衰迟。"注云："君尝和余生日诗，有'七十眼看君过半，卅年心忆我从头'之句。"

　　法式善著《梧门诗话》卷三："吴云岩侍读鸿，辛未以第一人入词馆，才名噪甚，官十年而没。闻先生没之日，方剧饮，大醉就寝。迟明家人启扉，则已化去。是夕有梦翰林署中驺导呵殿云：吴状元赴土地任者！闽县叶毅庵学士观国为先生同年至好，三十

────────────

　　① 吴志绾，字懋紫，号枢亭，福建连江人，乾隆十三年（1748）任广西桂平知县，曾于三十三年编《桂平县志》四卷。
　　② 黄占梅修、程大璋纂《（广西）桂平县志》，台湾：成文出版社，1968年，第2276—2278页。

五岁生日,先生赠诗有'七十眼看君过半,卅年心忆我从头'之句,故叶学士哭侍读诗有'七十如今真过半,重拈诗句念衰迟'之句,殆亦谶也。叶又题吴手札后云:'墓前定有聪明树,世上曾无坚固林。'用意切合。"

有诗寄黄任。(《诗老黄丈莘田任昨岁壬午年登八十重与鹿鸣之宴为梓里盛事寄赠长句兼简心庵惠同年四首》)

约是年,与何逢僖约婚姻之好。

　　卷七《哭何少宰念修同年七十韵》:"踪迹从兹左,升沈向后殊。笤函移岭峤,绣斧莅湘湖。"注云:"壬午秋,余复奉命督学粤西,公亦于次年由江右监司提刑楚南。"又云:"帝重明刑吕,人称敬狱苏。封邻连斥堠,谊密托葭莩。"注云:"时与公联婚姻之好。"

约是年,结识徐良①。

卷七《喜徐太守邻哉(良)至以诗就索书翰》:"桂岭分襟五岁寒,软红重踏向长安。"可知两人相识于广西。

乾隆二十九年甲申(1764) 45 岁

广西学政任上。

春按试郁林州(今玉林市)。博白(今广西博白县)令林迁斋贻蕉叶端砚,赋诗寄谢。

　　《郁林试院即景》:"三分春去一分春,出膛飞寒候未匀。邀

---

① 徐良(1704—1774),字邻哉,号间存,又号又次居士,华亭(今上海松江)人。乾隆十七年(1752)举人,官夔州知府。工书,小楷法钟、王,行、楷似董其昌。三十四年(1769)至京后不复书。

勒好花风泱夕,破除佳节雨连旬。"注云:"上元遇雨。"可知按试郁林在初春。另有《郁林杂咏五首》、《博白令林迁斋贻蕉叶端砚赋诗寄谢》、《校士郁林有诸生杨(子龙)年八十精强如五六十岁人此他时人瑞也诗以纪之二首》。

郁林按试毕,返会城,经容县(今广西玉林市容县)、藤县(今广西梧州市藤县)等。

    《杨妃井》题注:"在容县云陵里,杨贵妃生于此。"又有《藤县夜泊》。

归途江中遇积雨,行程艰难,见滩上纤夫,因生同情,有诗叹之。

    《积雨叹》:"此雨连绵一月逾,岂惟行旅忧潦途。……三程倍作六程迂。"《邪许行》:"撑舟上水如上天,进难退易停滩前。……官人梦回一欠伸,犹嫌邪许声喧阗。"此是《诗钞》中难得直写民生疾苦之作。

自桂林南下,途经阳朔县(今桂林市阳朔县),至柳州(今广西柳州市)谒唐柳宗元罗池庙、唐代进士刘蕡祠。(《阳朔舟中》、《谒罗池庙在柳州府城内》、《谒刘司户祠在罗池庙旁》)
按试南宁府,观察壮德常遗饮食于观国。(《校士南宁观察壮屇远德先生时时饷遗饮食赋诗为谢六首》)
有诗寄何逢禧。

    《寄怀何郎中念修逢僖时罢湖南按察入京仍掌选曹事》:"明年我亦东华去,把袂重聊鸧鹭行。"意谓明年广西学政任满事,故系于是年。

此年视力下降,视物模糊,因生年老之叹。(《目昏》)

乾隆三十年乙酉(1765) 46 岁

广西学政任上。

春按试浔州(今属广西桂平市),按试毕游龙华寺。(《上元夜浔州试院作》、《游龙华寺在浔州府城西思陵山》)

二月十三日,长子申蕃生,刘孺人出。(《族谱》)

三月至玉林,应北流(今玉林北流市)茂宰之邀,游勾漏洞。

> 《游勾漏洞》:"北流茂宰语通元,约我往游循东阡。是时三月花婵娟,绿莎软衬青鞯新。"

返桂林府,经藤县(今梧州市藤县),有诗《自北流至藤县舟中集咏五首》。

经柳州,有诗赠柳州知府兼同年史鸣皋[①]。

> 《赠史郡丞笠亭(鸣皋)同年》:"司马班中今子厚,登龙队里旧邹阳。"将其比作曾贬柳州的柳宗元。时史当任柳州知府。

有秀才严永龄者,藏有杜甫画像,为之题诗。(《题杜少陵画像为严秀才永龄作》)

正月乾隆第四次南巡至杭州,观国有《圣驾南巡江浙恭纪四首》。

整理吴鸿手札,为题诗悼念。(《题吴侍读云岩手札后》)

---

① 史鸣皋,字荀鹤,号笠亭,江苏如皋人,乾隆十六(1751)年进士,授庶吉士。曾任浙江昌化县、象山县知县,湖北黄州府、广西梧州府同知,广西柳州府知府。晚年主讲雄水书院。(事迹可参 徐时栋《烟屿楼笔记》卷七)

幼子桂生、七岁之女滇生先后因痘疡亡,妻孙宜人(桂生母)因思子亦逝。

> 《悼亡儿桂生》:"生来粗识阿爷面,死去应依汝母魂。"注:"亡室孙宜人以哭儿故随逝。"又云:"赢博三号归异土,春秋一奠寄空门。"注:"余以亡儿故,买田给定粤寺僧,为供守坟之费。"名"桂生"谓出生于广西,孙氏出。《悼亡女滇生》题注:"亦以痘疡。"名"滇生",谓出生于云南,均未起名。又有《哭亡室孙宜人》,继姚孙夫人,原浙江宁波奉化县知县宸辅公女。《行状》载"未有子",非也。有子桂生,然早夭。

秋,沿广西兴安县灵渠、湘江往湖南。

> 《灵渠》引:"湘漓二水源出兴安县海阳山,其北行者曰湘,东南行者曰漓,发源之处,垒石为堤以蓄水,是曰灵渠。"诗云:"一棹秋深弄乳泓。"当在秋季。又有《湘江舟中》。

曾至永州市祁阳县浯溪镇,谒元结、颜真卿祠。(《浯溪谒元颜二公祠遂观磨崖诸胜简李七松(蒔)明府二首》)。
六月,广西学政任满。卷五《岭右集》迄于是时。
七月初二,父茂盛公卒(《族谱》第29页)。
观国丁外艰,自广西归里福州。

> 卷七《哭何少宰念修同年七十韵》:"屡辱三秋雁,方啼五夜乌。"注云:"余于乙酉奉先大夫讳自粤西归里。"

约是年,患疟疾。

卷七《疟疾》："三年求艾医无验,五月披裘病有魔。"此诗作于49岁服除还京途中。

乾隆三十一年丙戌(1766) 47岁

丁父忧家居。

卷六《垂橐集》起于是年。

福建观察使孙孝愉①赠鲥鱼,有诗为谢。(《孙观察德和孝愉饷鲥鱼赋谢》)

暮春,同友人游西湖。(《春暮友人招游西湖》)

林广文②赠诗扇及画,赋诗为谢。(《林秀才心香擎天以许瓯香友诗扇月溪遇墨竹及蓝采饮涟画见贻赋谢三首》)

六月初七,二子申菉生,刘孺人出。(《族谱》)

秋,自通津衢移家至芙蓉园旁(约今福州市鼓楼区法海路花园弄)。

> 《移居六首》云:"朱紫久钦名德重,芙蓉还忆旧时花。更怜对宇精蓝是,好觅汤休共斗茶。"自注:"相传宅为长乐二刘先生故居,朱子尝讲学于此,其地名芙蓉园,后通朱紫坊,东连法海寺。"指现福州市鼓楼区法海路34号,世称"叶翰林府"。二刘指宋儒刘砥、刘砺,诗又云:"盖顶先人有敝庐,只愁逼仄碍冠裾。三间恰称机云住,一室原难姑妇居。却对秋风怀丙舍,犹欣微雨奉轻舆。灯前循诵新昌句,羞涩何堪问俸余。"可能原与观海、观成同住,因家中儿女、人员增多,旧处显逼仄而析居。

---

① 孙孝愉(1731—1774)字德如,号壶园,山西兴县人,曾任福建观察使、直隶按察使。工诗文书法。有《壶园诗稿》。(乔晓军编著《中国美术家人名辞典 补遗一编》,三秦出版社,2007年,第121页。)

② 林广文,字心香,闽县人。工书法,极嗜书,家中收藏上万典籍、字画、古砚。与叶观国交情甚深,曾多次馈赠端砚、诗扇等藏品。(王长英,黄兆郸编著《福建藏书家传略》,福建教育出版社,2007年,第246页。)

卷十一《新居示儿子》:"我家荡析余,两世居赁屋。先君晚买宅,粗足布床褥。尔来稍改迁,小子忝窃禄。一徙通津衢,再徙九仙麓。"可知原居通津衢。五代王审知筑罗城设八门,东南门名曰"通津门",路称通津衢,约今福州市鼓楼津门路一带。

有诗寄蔡观澜①。(《题蔡侍御瞻亭观澜移疾南归赋赠》)

为林在峨②画像题诗。(《题林丈轮川在峨涤砚图小像》)

初冬,邀朱和璩③、林广文游西湖。(《初冬邀朱明经和璩林秀才心香泛舟西湖》)

约是年,将书斋名为"绿筠书屋",并前后种竹。

卷八《题李咸丰上舍岩竹图小像》:"我性苦爱竹,书斋署绿筠。"自注:"余家小斋名绿筠书屋。"又云:"乞得东邻栽,种向北牖亲。再期根叶遂,一一翠阴新。坐我碧纱窗,岸此乌角巾。都忘五月暑,况识六街尘。自从辞故园,倏度四岁春。时时入我梦,平安报莫申。"按:此诗当作于壬辰(1772),可知种竹乃丁忧家居时所为。

约是年前后,为《鼓山志》作序④。

按:文末题识为"进士出身,奉直大夫詹事府左春坊左赞善,

---

① 蔡观澜,生卒年不详,字季澄,号瞻亭,福建漳浦人,蔡世远第三子,乾隆六年举人,曾任江西道监察御史。

② 林在峨,生卒年不详,字涪云,福建闽侯人,好古工文词,精行楷或写意作竹石花卉。观国诗中云:"林丈工篆刻,喜铭砚。"著有《陶舫集》《砚史》。

③ 朱和璩,生卒年不详。据观国诗中注,朱为湖南人。

④ 杜洁祥《中国佛寺史志汇刊》第一辑,第49—50册,第150页。《鼓山志》卷首一卷14,明文书局,1980年,第55—62页。

前翰林院编修,提督云南广西学政法第叶观国撰"。

乾隆三十二年丁亥(1767)48 岁
丁父忧家居。
二月二十七日,三子申蔚生,黄孺人出。(《族谱》)
遍照长老七十寿,观国有诗寄之。(《涌泉禅寺遍照长老七十寿》)
林广文赠端砚,赋诗为谢。(《林心香贻端砚赋谢》)
春,往南平,行经顺昌(今南平市顺昌县)遇雨。主讲汀州府龙山书
院,后郡人祠之为名师。

> 《剑津夜泊》:"夜雨乍添丁字水,春山惟听子规啼"当作于
> 春。剑津,南平之古称。《溪行阻雨二首》:"平生马蹄间,意每轻
> 万里。薄游在乡国,结束聊尔尔。岂知时事殊,况欠风日美。五
> 日行三舍,蹭蹬真可鄙。"可知非还朝归途。又"双崖状谽谺,高并
> 百雉齐。"自注:"顺昌有滩曰城门垅。"
> 叶滋棠撰《先考季韶府君行状》(叶仪昌):"署汀州府学教
> 授,郡有龙山书院,先曾祖宫詹公(按:即观国)曾主讲席,郡人士
> 祀之名师祠。府君展谒之,重加修葺。"

至三明归化(今三明市明溪县),谒北宋杨时祠。

> 《龙湖谒龟山先生祠》题注:"在归化县学官右侧。"

夏,与人同游龙岩长汀霹雳、朝斗二岩。(《夏日偕及门诸子游霹雳
朝斗二岩追次宗子相徐子舆两先生韵二首》)
为秀才王允青赋诗。(《竹园十咏为王秀才允青赋十首》)
卷六《垂橐集》迄于是年。

乾隆三十三年戊子(1768) 49 岁

服除还京。(《先大夫服除还朝二首》)

卷七《瀛洲三集上》起于是年三月。

黄任赠端石砚送行。(《黄丈莘田以端石砚赠行赋谢奉寄二首》)

经浦城,途经浙江清湖镇(今属浙江省衢州市)。(《自浦城县至清湖镇道中集咏四首》)

游杭州西湖。(《西湖小泛六首》)

途中疟疾屡发。

> 《疟疾》:"吴苑莺花愁里过,楚江风雨卧时多。三年求艾医无验,五月披裘病有魔。"

经江苏淮阴,访韩信故里。(《淮阴咏古五首》、《胯下桥》)

经扬州。

> 《咏隋史六首》题注:"维扬舟次作。"

秋抵京,补官后充教习庶吉士。

> 《秋日集诗十首》题注:"时在都下候补官。"
>
> 《行状》:"丁亥服阕,戊子入都,补官后即充教习庶吉士。"

为李翼之题诗。(《出塞图为李明府翼之赋》)

奉蔡新之请,为其画像题诗。(《奉题蔡大司寇葛山先生观海图小像》)

应何逢僖之邀,与诸人游陶然亭。(《秋日何少宰念修同年招同人集陶然亭二首》)

赋周于礼①所藏苏轼《清虚堂诗》墨迹,并为其《亦园图》题诗。
(《跋苏文忠公清虚堂墨迹为周奉常立崖于礼同年赋》、《题周奉常
亦园图即次奉常元韵》)

为谭有德②画像题诗。(《题谭郡丞敬斋有德同年小像三首》)

为郭文焕图画题诗。(《绿阴春泛图为郭明经可新文焕赋三首》)

乾隆三十四年己丑(1769) 50 岁

在京为官。

年初,作《五十初度二首》自励。

孟超然③任四川学政,观国有诗送行。(《送孟郎中瓶庵超然视学蜀
中二首》)

从宣武门外移居,租赁李宗文④居所东部为住所,西邻为张光宪⑤。

> 《移居简张侍御健堂(光宪)四首》(一):"一车家具两车书,
> 半岁京华再卜居。生事年来转迁拙,当时近市有吾庐。"自注:"余
> 尝买宅宣武门外,今已属他姓矣。"(二):"虎圈东头煤市西,门临
> 大道旧沙堤。缅怀先辈瞻梁木,拂拭空堂检燕泥。"注云:"宅为安

---

① 周于礼(1720—1779),字绥远,一字立崖,号亦园,云南嵋峨人。乾隆十六年
(1751)与观国同榜进士。官大理寺少卿,累充顺天乡试同考官。工文,书法苏轼、米芾,
所居听雨楼,藏宋、元真迹极富,著有《敦雅堂集》。《清史列传》卷七十二记其事。

② 谭有德,生卒年不详,广西兴业人。与观国同榜进士。

③ 孟超然(1731—1797),字朝举,号瓶庵,闽县人。乾隆二十五年(1760)进士,
选翰林庶吉士,改兵部武选司主事,调吏部文选司主事,升考功郎中。曾主广西省试,视
学四川。后任鳌峰书院山长,著有《丧礼辑略》、《诚是录》、《焚香录》、《求复录》、《晚闻
录》、《广爱录》、《家诫录》、《瓜棚避暑录》、《使粤日记》、《使蜀日记》、《亦园亭文·诗
集》等。

④ 李宗文,字延彬,号郁斋,安溪县感化里(今湖头镇)人,李光地曾孙,李清植之
子。乾隆十三年(1748)登进士,历任翰林院编修、侍读、《大清会典》纂修、少詹事、内阁
学士兼礼部侍郎、兵部侍郎、提督浙江学政、提督顺天学政等职。(《安溪姓氏志·人物
传》)

⑤ 张光宪,晋江人,乾隆二十五年(1760)进士,翰林院编修。

溪相国旧第,时少宗伯郁斋先生视学两浙,故余得赁居焉。"
(四):"团团树影两家分,风度书声隔院闻。此是邸城新割宅,买
邻何幸得如君。"注云:"宅分两所,西偏侍御居焉。"可知,李宗文
为李光地曾孙,时任浙江学政,观国得暂租赁于此。

两次为汤世昌①画图题诗。(《题汤给事对松世昌同年台端就日图
小像二首》《次张少詹橿亭曾敞②同年韵再题汤给事像》)
同年戈涛③典试福建,回京途中卒于常州,有诗悼亡。

> 《哭戈给事芥舟(涛)同年二首》:"百年隙马归长夜,万里灵
> 槎失使星。"注云:"时方典试闽中。"又:"贾傅南荒成鹏赋,元卿
> 西麓署宫铭。"注云:"使回,至常州卒。"

用禁体和同年丁田树④诗。(《次韵丁给事芷溪田树同年正月五日
至八日雪用禁体二首》)
为彭明府画图题诗。(《题彭明府〈乐园春郊听牧图〉小像二首》)
为郭六宰⑤诗集题诗。(《题郭明府六宰诗集二首》)

---

① 汤世昌,字其五,号对松,浙江仁和人。乾隆十六年(1751)进士。历官工科给
事中,封事数十上,时人号为"汤多谏"。乾隆二十五年,与满洲正白旗人宝麟分任汉满
巡察台湾御史,有《巡台纪事五十韵》等诗作;后降山东道监察御史。著有《嘉藻堂诗
集》。(《国朝诗人征略》卷三十二,第176页)

② 张曾敞,字垲似,号橿亭,安徽桐城人。乾隆十六年(1751)进士,曾任侍读,充
日讲起居注官,后迁少詹事。

③ 戈涛(?—1769),字芥舟,号遽园,直隶献县人。乾隆十六年(1751)进士,改翰
林院庶吉士。屡迁刑科给事中,历充福建乡试正考官。工诗古文,书法长于匾额。著有
《坳堂诗集》《坳堂杂著》《畿辅通志》《戈氏族谱》《献县志》。(参《清史列传》)

④ 丁田树,字晋占。乾隆十六年(1751)进士,历河南、山东道御史,典四川乡试,
擢给事中,左迁兵部主事,升郎中,告归。著有《粤游》《蜀游》《北游》诸草,诗赋十余
卷。

⑤ 郭六宰,河南信阳人。

为马负书①画像题诗。(《题马提督负书小像四首》)

丁田树病,观国有《次韵丁给事病中作》、《次韵丁给事揽镜》慰之。

同年张孝泉②出守广东南雄,观国有诗赠别。(《送张郎中蒙川孝泉同年出守南雄次留别元韵二首》)

题诗蔡可远遗像。

> 《题蔡先生可远遗像三》注云:"少宗伯文勤公季弟,康熙甲午举人,官桐乡令。"按:蔡可远,福建漳浦人,为蔡世远三弟,康熙四十七年举人,曾任浙江桐乡知县。观国与世远第三子观澜识(卷六有《题蔡侍御瞻亭观澜移疾南归赋赠》),可能在观澜处见可远之遗像,并奉命题诗。

为同年顾驷③诗稿及画图题诗并赠别。(《题顾明府牧堂驷吟草即送其赴麻城新任》、《题顾明府秋林独步小像三首》)

有诗答寄沈柣。(《寄沈运使钦伯柣同年》)

为胡季堂④画图题诗。(《题胡观察云坡季堂竹阴独坐小像二首》)

徐良至京,寓居法源寺(位于今北京市宣武区法源前街),观国往访,并索观其书翰。

---

① 马负书,汉军镶黄旗人,乾隆元年(1736)武状元,授头等侍卫。历官福建漳州镇总兵,古北口、福建陆路提督。上疏请严治漳州"闽棍",罢兵习阵法,改习攻击,皆得准行,卒后谥昭毅。

② 张孝泉,字述思,号蒙川,娄县人,乾隆十六年(1751)进士,出守广东南雄府,归主敬业书院讲席。(据《(同治)上海县志》,第585页)

③ 顾驷,字牧园,又作木原,号沙苑,江苏如皋白蒲镇人。乾隆二十六年(1761)进士。官湖北麻城令,汉口镇司马,郧阳、安陆太守。工书法。与袁枚关系颇佳。

④ 胡季堂(1729—1800),字升夫,号云坡,河南光山人。侍郎胡煦之子。历官刑部员外郎、尚书,署兵部尚书、直隶总督。卒后谥庄敏。

《喜徐太守邻哉(良)至,以诗就索书翰》:"桂岭分襟五岁寒,
软红重踏向长安。……禅榻茶烟消永日,金题玉轴揽奇观。"自
注:"太守寓居法源寺,余访之,尽出其所题跋诸卷见示。"

秋,周于礼招饮,观国与同年蒋良骥①同赴听雨楼。三人饮至深夜,
欢尽乃散。

《秋日周大理立崖招,同蒋编修千之(良骐)同年小饮,次东
坡先生清虚堂韵》:"听雨楼依宣武畔,庋书库似邺侯家。入门主
客三人共,来惯不噪栖栋鸦。……脱衣落帻径取醉,醉熟更醒呼
茗茶。不觉纱灯闪闪暗,已闻街鼓冬冬挝。"

蒋良骥招饮,与同年罗典②、周于礼同赴饮。(《蒋千之编修招同罗
侍御徽五典周大理立崖两同年小饮再次清虚堂韵赠编修》)
九月初八生日。李光垣有诗贺寿,观国以诗酬谢。(《生日李上舍
咸丰光垣辱诗为寿次韵以酬》)
九月二十四日,四子申蔼生,黄孺人出。(《族谱》)
冬,好友何逢僖卒,有诗悲亡。

《哭何少宰念修同年七十韵》首云:"黯惨中台坼,严凝朔雪
粗。"注云:"公卒之日,严寒雪下。"又云:"平生知己丧,衰老素心
孤。折讶擎天柱,摧怜拔地株。抚棺纷涕泗,述书重嗟吁。"按:观

---

① 蒋良骐(1723—1789),字千之,一字赢川,江西升乡(今江西宁冈)人。乾隆十
六年(1751)进士,后任国史馆纂修官,有《六朝东华录》三十二卷。(南京大学历史系
《中国历代名人辞典》,第477页。)
② 罗典(1718~1807)字徽五,号慎斋,湖南湘潭县人。乾隆十六年(1751)进士,
授编修,转御史,擢鸿胪寺少卿。出为四川学政。后辞官归里,主持岳麓书院十七年,在
武陵主讲朗江书院五年。工于经学,有《凝园五经说》、《凝园诗钞》、《罗鸿胪集》。

国与何逢僖少小相识,举业为官常相伴,两人相交至深。此诗为《诗钞》五律长篇代表作,不仅悼友,兼怀自己生平,悲怆嘘吁,满纸怀旧,痛至深矣。

卷七《瀛州三集上》迄于是年。
乾隆三十五年庚寅(1770) 51 岁
在京为官。
卷八《瀛洲三集下》起于是年。
乾隆于敬承堂设耆年宴,观国有诗赋。(《敬承堂耆年宴会诗》)
迁居至梁家园月波楼。

　　《月波楼新居》题注:"在宣武门外梁家园。"诗中有云:"年年徙宅避嚣哗,幽旷欣依古水涯。巷僻路仍邻菜市,园荒人尚说梁家。高楼迥照东南日,曲径闲栽红白花。觞咏当时传盛事,烟波千顷泛云槎。"注云:"王渔洋、宋荔裳诸先辈皆有泛舟梁家园诗。"

乾隆三十六年辛卯(1771) 52 岁
正月初一,参与太和殿宴。(《辛卯元日赐宴太和殿恭纪二首》)
春,镇国将军嵩山主人招饮,主宾诗歌唱和,谈佛乘,至日晚方散。周于礼即席赋诗,观国有和诗。(《春日镇国将军嵩山主人招饮周少廷尉立崖即席赋诗次韵奉和》)
读李商隐诗,并仿其作。(《无题戏效李义山并次其韵四首》)
出典云南乡试。同任考官刑部主事陈庭学①。(《次韵酬陈西曹莼

---

① 陈庭学,字莼浃,亦字景鱼,宛平人。乾隆,三十四年己丑(1769)进士,历官陕西汉兴道,有《塞垣吟草》。(徐世昌《晚晴簃诗汇》)

涣庭学时西曹副余典云南试》)

途经河北定兴县、清苑县(两地今均属河北保定市)、真定府(今石家庄)、在邯郸县访吕翁祠、学步桥、少保庙、侍中祠等。经河南遇雨,避于山寺,近夏抵南阳(今河南南阳市)。经湖北襄阳县(今属湖北襄樊市),经湖南,在桃源县访羯羊塘、白马渡。秋,经贵州镇远府文德关、访施秉县诸葛洞、黄平州飞云岩。又经贵阳市、安南县等地,抵云南省城。

《奉命典试滇南道中杂咏二十首》其二:"昨夜黄村雨,徐河水乍肥。似人堤柳卧,如马塞云飞。"诗末注:"定兴县,本古范阳黄村地。徐河,在清苑县。"其三:"晓上天宁阁,高临鼓子墟。"诗末注:"真定府,春秋鼓国地。天宁阁,在府治东。"其四诗末注:"邯郸县有吕翁祠、学步桥。"其五:"月生少保庙,苔暗侍中祠。"其六:"每涉中州地,偏逢猺雨天。……野寺层岚里,人家积水边。"其七:"行行及匝月,远道更炎天。……草暗晨无露,原焦午有烟。"其八:"地随江势转,天带楚山低。……南阳多古迹,是处有诗题。"其九:"襄阳楚门户,形势冠南州。"其十:"羯羊孤障迥,白马急湍回。"诗末注:"羯羊塘、白马渡皆在桃源县。"其十六:"何年五丁斧,开路辟巉岏。……天险须防护,承平庆又安。"诗末注:"镇远府文德关险甚。"其十七:"共传诸葛洞,谁是李冰才。岩喜飞云怪,瀑疑素练开。龙场遗范在,仰止首重回。"诗末注:"诸葛洞在施秉县,巡抚周人骥凿之,迄无成功。飞云岩在黄平州。"其十八:"木瓜原瘠土,金筑本蛮区。"诗末注:"元置木瓜长官司,今属贵阳府。"其十九诗末注:"阿都田驿、花贡塘皆在安南县,崇山接天,峻岭特甚。"其二十:"忝是三年使,重为万里游。碧鸡仍照眼,白雪已生头。细雨苴兰暮,疏枫菜海秋。当时同辈尽,驽下愧辕辀。"注云:"苴兰故城,庄蹻所筑,在云南省城北,又省城西北隔有地,名菜海,学使署在焉。"

七月二十六日,五子申苞生,黄孺人出。(《族谱》)

经贵阳时,有诗寄赠贵山书院山长张甄陶①,相约归老后编选《国朝闽中诗》。

> 《赠张编修惕庵(甄陶)二首时编修为贵山书院山长》其二:"见说奁师好,侧闻通德贤。如何长作客,可计老归田。风雅吾师是,酸咸我嗜偏。相期事搜辑,耆旧有诗篇。"注云:"余欲选辑《国朝闽中诗》。"按:观国与张后为亲家,张子经邦为观国婿。

自贵州镇远府,观国与陈庭学分道行,观国登舟南下至滇,陈陆行,先至两程。有人疑两人不合,观国寄诗以自表,有《次韵和陈西曹见寄时余白镇远登舟西曹陆行》、《有疑余与西曹驿程暌异为不相能者适得来诗次韵奉答并以解惑》、《再次蝇字韵寄西曹》、《月夜放棹自界亭驿抵桃源县再次车字韵寄西曹》诸诗。

云南典试毕返京。途中经湖南辰溪县(今属湖南怀化市),见石崖上仙人房奇观,有诗记之。

> 《仙人房》引:"距辰溪县东南六里许,濒江皆石崖。壁立高数十仞,中有洞,不知深浅,洞口有巨木纵横,似楼阁,当地谓为仙人房,不知何置。……噫亦异哉。"

---

① 张甄陶(1713~1780),字希周,一字惕安。福建福清人。举鸿博,补试,未合格罢。受业于方苞。乾隆十年(1745)成进士,选庶吉士,授编修。选知县,历补云南昆明,因事被罢官,潜心从事教育,被聘任云南五华书院山长,移掌贵州贵山书院。晚以病归闽,主讲鳌峰书院。著有《周易传义拾遗》、《尚书蔡传拾遗》、《诗经朱传拾遗》、《礼记陈氏集说删补》、《春秋三传定说》、《松翠堂文集》、《惕菴杂录》。(季啸风主编《中国书院辞典》,浙江教育出版社,1996年,第452—453页。)张子张经邦为观国婿。

乾隆三十七年壬辰(1772) 53 岁

在京为官。

为李光垣画图题诗。(《题李咸丰上舍岩竹图小像》)

有诗赠吴舜华。(《赠墨客吴舜华》)

三月,以侍读任会试同考官。共事者张敦均①。

> 卷九《归途即事咏怀一百韵》:"同心欣邂逅,共事记缠绵。"
> 注云:"是年同张侍御二闻敦均分校礼闱。侍御亦以是时归姑
> 苏。"又有《壬辰礼闱分校次聚奎堂壁间韵二首》。

请急回籍福州,侍奉母亲。

> 《请假归里留别都下诸同好四首》:"乞归非敢为鲈鱼,有母
> 衰龄远倚闾。万里乡国违禄养,廿年簪组废耕锄。"

离京前有诗寄弟观海。是时观海欲致仕,观国劝之。

> 《将去京国寄家振弟山左》:"来时并舸宿江滩,花县蓬山各
> 服官。东望每嗟荆影隔,南归弥觉雁行单。……寄语一心期许
> 国,莫频瞻屺勉加餐。"注云:"时弟亦欲乞终养。"

---

① 张敦均,生卒年不详,江苏常熟人,乾隆二十五年(1760)庚辰科进士,曾官至监
察御史。

有诗酬徐天柱①。(《次韵酬徐编修西垣天柱》)

卷八《瀛洲三集下》迄于是年五月。

卷九《循陔集上》起于是年六月。

秋初,由京返闽。路遇同僚张敦均。

> 《归途即事咏怀一百韵》(以下简称《归途》):"秋归寻蟹舍,
> 请急别花砖。恋阙情难免,倚闾望久悬。勾留看暑退,拚挡自春
> 前。"可知夏末秋初离京。又云:"同心欣邂逅,共事记缠绵。"注
> 云:"是年同张侍御二闻(敦均)分校礼闱。侍御亦以是时归
> 姑苏。"

经山东德州。时二弟观海为长山令(今山东滨州市邹平县长山
镇),派仆来迎。德州使汪圻留饮。

> 《归途》:"黄犬书曾附,青猿至已先。"注云:"观海弟宰长山,
> 遣仆至德州候迎。"又:"置驿当时在,开樽北海贤。"注云:"汪观
> 察芝厓(圻),驻节德州,通谒留饮。"

经江苏宿迁,访外舅孙华中。

> 《归途》:"魏城先下世,乐令久归田。"注云:"外舅孙华中先
> 生家宿迁,入问起居,时孙宜人已谢世。"

经江苏淮阴,重访韩信故里淮阴韩侯庙、漂母亭。

---

① 徐天柱(1734—1793),字擎士,号西垣,又号衡南,浙江德清人。乾隆三十四年
(1769)榜眼,官编修。清四库馆臣,进书多种,著有《天藻楼诗稿》。(参《中国历代榜眼
名录》第354页)

《归途》:"重叩韩侯庙,言寻漂母阡。"

经江苏扬州,时蒋士铨任安定书院山长。

《归途》:"吹箫忆眉黛,骑鹤愧腰缠。安定书斋古,元卿讲席专。"注云:"蒋编修心馀(士铨),安定书院山长。"

经江苏京口(今镇江),回忆年少时随于公游京口,不胜感慨。

《归途》:"苍茫愁卫玠,俯仰感彭宣。"注云:"壬戌春,余廷试北上,从学使北垫于公至京口,居月余,极游览之乐,今梁木已坏,不胜师门之感。"

经江苏震泽县(今属吴江市震泽县)、浙江由拳(今属嘉兴市)。

《归途》:"晓帆经震泽,晚棹溯由拳。"

经杭州时,同年徐恕①招饮,时徐任浙江盐法道兼按察使。

《归途》:"重面看花侣,新兼执法权。招邀携酒榼,倾倒诵诗篇。"注云:"同年徐芳圃(恕)以盐法道兼臬司事。"卷九《寄徐监台芳圃(恕)同年二首》:"归艎往岁过临安,话旧欣陪浃日欢。"

---

① 徐恕(?—1779),字心如,号芳圃,白鹤蒋浦(今属上海)人,乾隆十六年(1751)进士。任宁海、平阳知县,太常寺博士,宗人府主事,玉牒馆纂修,吏部稽勋司员外郎,湖州、杭州知府,浙江粮道、盐道、按察使,山东、浙江布政使等职。

抵福州。

> 《归途》:"傍巘园千棱,临流屋数椽。松篁宁问主,鱼蚬不论钱。双塔瞻云际,三桥直海壖。"注云:"双塔三桥,盖福州之胜。"

乾隆三十八年癸巳(1773)54 岁

家居奉母。

乾隆下诏开四库修书。应福建巡抚余文仪①的聘请入局编订,任福建省局总校,搜集遗书,后集闽史闽事为《闽中杂记》。(《行状》)

> 《书局即事四首》题注:"乾隆壬辰有旨求天下遗书,各直省设局搜辑恭进。"诗云:"升平盛事古难逢,签轴新增四库供。""廿载西清老校书,招邀入局效三余。琅函堆叠床连屋,缃帙纵横獭祭鱼。"
>
> 清代档案史料《纂修四库全书档案》(上)第 192 条《闽浙总督钟音等奏不解遗书查无阙疑字迹暨再派妥员查办折(乾隆三十九年九月二十二日)》②:"伏查闽省前奉谕旨,采访遗书,当即钦遵,广为搜罗,先后共得四百四十种,延请告假在籍翰林叶观国、丁艰回籍知县黄俏,并遴选教职等官七员,就省设局,悉心校阅。"

约是时,患耳鸣。(《耳鸣》)

为余文仪画图题诗。(《奉题巡抚宝冈余公品古图小像长卷》)

---

① 余文仪(1718—1782),字叔子,号宝岗,诸暨高湖乡高湖沿人。乾隆二年(1737)进士,授刑部主事。历员外、郎中,出为福宁知府,调漳州知府。二十五年,由漳州调知台湾府,设局续修《台湾府志》二十六卷。二十九年,擢分巡台湾道,升任福建按察使。再入为刑部员外郎,旋擢侍郎,巡抚福建台湾。召为刑部尚书。逾年,以老病乞休,加太子少傅。子余延良编其集为《嘉树堂集》。(柯愈春著《清人诗文集总目提要》上,北京古籍出版社,2002 年,第 637 页。)

② 中国第一历史档案编,上海古籍出版社,1997 年,第 264 页。

为卢遂①诗集题诗。(《题卢霁渔遂孝廉》)

何逢僖母亲寿,因怀故友,有诗寄何逢僖之子何西泰。(《有感示何素华西泰孝廉同年故少宰念修子》)

余文仪年七十,有诗贺之。(《寿巡抚余公七十初度四首》)

二月,六子申万生,曾孺人出。(《族谱》)

春,同魏腾龙②等人登鼓山,夜宿涌泉寺,有诗赠遍照长老。后遍照长老两次以牡丹赠观国,有诗赋谢。(《春日同人游涌泉寺即景有作并赠遍照长老二首》、《宿涌泉寺次魏岱岩腾龙郎中韵四首》、《涌泉遍长老贻牡丹赋谢三首》、《逾旬又贻牡丹一朵》)。

读张远③《无闷堂诗集》,有感而题诗。(《题无闷堂诗集后》)

有诗寄徐恕。(《寄徐监台芳圃恕同年二首》)

请人绘《读书秋根图》,并自题诗。(《自题读书秋树根图小像四首》)

为高万林画像题诗。(《题高万林处士自写小像》)

再为余文仪画图题诗。(《奉题巡抚余公渡海图小像》)

为李瑛画图题诗。(《题李瑶圃瑛州牧读书图小像》)

朱景英④自台湾归,两人相聚,论及闽地流传各书。

---

① 卢遂,生卒年不详,字易良,号霁渔,福建侯官人。乾隆四十年(1775)进士,改庶吉士,散馆,授编修。遂早慧,年十三即能作诗。一年一集。一生作诗四万余首。创作之富,一时无两。徐世昌《晚晴簃诗汇》选其《竹崎阻风》、《丘原午泊》两诗。著有《四留堂集》。

② 魏腾龙,闽侯人,生卒年事迹不详。

③ 张远,字超然,福建侯官人,康熙三十八年(1699)乡举第一,有《无闷堂集》文七卷、诗十一卷,清史列传文苑有传。[邓之诚《清诗纪事初编》上册,第973页。]

④ 朱景英(1750年前后在世),字幼芝,一字梅冶,晚号研北翁,湖南武陵人。乾隆庚午解元,知宁德县,擢鹿耳门同知,地为台湾门户。同知司海口船舶出入,兼管四县。调北路理藩同知,署汀州。景英以文学饰吏治,书工汉隶。著有《海东日札》四卷,《畬经堂文集》八卷,《畬经堂初集》六卷,《续集》四卷,《研北诗余》一卷,又有《桃花缘》传奇。事迹见《国朝耆献类征》(初编)二五五卷。诗集见《四库未收书辑刊》第十辑,第19册。

《喜朱郡丞幼芝(景英)归自台湾二首》："舟过七鲲鲸浪冻,转随双鹿鹤书新。"注云："时以秩满回内地候升。"又云："眠食情敦京国旧,见闻书讨宋元间。"注云："询及刘司业亨地刘编修校之近状。时余总校书局,郡丞因述所见吾闽流传各种旧书。"

为余延良[①](余文仪之子)画图题诗。(《题余主事松山延良荷净纳凉图小像》)

同年邹应元[②],时为台湾知府,平定黄教之乱后来福州,两人相见,观国有诗赠之。

> 《邹郡伯宝松(应元)同年自台湾来福州相见之下喜而有赋即送赴阙二首》："见说双旌到木冈,探丸鼠辈正跳梁。"注云："台匪黄教等啸聚屠掠。"又云："短衣度箐掺穷寇,卖剑归农化互乡。鬓发经劳丝早白,除书重捧纸仍黄。临岐特为邦人祝,再乞文翁领海疆。"按:指邹应元任满后,士民争留,再任三年事。

为姜宸熙[③]画图题诗。(《采菊图为姜明经笠堂宸熙赋》)

卷九《循陔集上》迄于是年。

乾隆三十九年甲午(1774) 55 岁

家居奉母,多有闲暇,又因入局修志,搜集福州旧闻风物等,作《榕城杂咏》一百首。

> 《榕城杂咏一百首》序："昔高太史青丘尝作《姑苏杂咏一百

---

① 余延良,生卒年不详,字松山,余文仪之子。

② 邹应元,字清源,号鹤山,江苏人,乾隆十六年(1751)进士,先调江苏任,1767年由杭州知府调台湾府,任内台湾发生黄教之乱,亲率民役深入山中伏平。秩满,士民争留,再任三年。(黄典权等编纂《重修台湾省通志》卷九,台湾省文献委员会,1998年,第138页。)

③ 姜宸熙,字检芝,号笠堂,乌程人,有《陵阳山人集》,《晚晴簃诗汇》收其诗。

首》，国初朱竹垞亦有《鸳鸯湖棹歌》百首，皆因屏居无事，叙述其乡故迹风物，形诸吟咏。余自壬辰请急，里居多暇，又时有修辑邑志之役，搜�摭旧闻，偶有所感，辄写以短章，不依伦次，积成截句一百首。题曰《榕城杂咏》，不敢上拟二公，亦聊以缀缉轶事，自备遗忘云尔。"

卷十《循陔集下》起于是年。
为余文仪画图题诗。(《奉题巡抚余公桐阴听琴图小像二首》)
为蔡梅坡画图题诗。(《题蔡梅坡封翁清秋染翰图小像三首》)
为余延良画像题诗。(《题余松山主事小像四首》)
四月十五，为钱湘莼之母顾氏寿图题诗。

　　《顾太夫人九十寿图四首》题注："方伯钱湘莼先生之太母。"诗云："彩焕九楼瑶镜满，辉腾双塔彩鸟翔。"注云："太夫人四月望日生辰，福州旧有蕃宣五云等九楼。"可知钱氏为福州人氏。

先后为福建观察使陈淮画图题诗。(《题陈观察望之淮玩松图小像》、《题陈观察望之小像四首》)
有诗赠蒋允熹①。蒋，曾任台湾知府。(《赠蒋观察为光允熹先生二首》)
为福州知府沈维基②画图题诗。
《题沈郡伯心(斋维)基松梅吟啸图小像四首》："带将甘雨洒闽州，

---

　　①　蒋允熹，字为光，号金竹，贵州人。历任九江、漳州等知府，注重民生内政，1763年担任台湾知府，之后于1764年与1769年两度担任台湾道。
　　②　沈维基，字抑恭，号心斋，海宁人(今浙江海宁)。雍正十年(1732)乡试副榜，擅长书法，著有《紫薇山人诗钞》八卷(参《四库未收书辑刊》第九辑，第27册)。擅医术，有《沈氏经验方》。

齐楚烝黎颂未休。丁字溪头风月好,毫端收拾倚新楼。"注云:"郡伯于署中构大观楼,赋诗纪之,楼正临城南丁字水。"可知沈为福州知府。

母林氏卒。

乾隆四十年乙未(1775) 56 岁

丁母忧家居。

贺徐时作①八十寿。(《徐州牧筠亭时作八十寿》)

为黄心庵画图题诗。(《题黄明府心庵同年课儿图小像三首》)

余文仪任满入京,观国有诗赠行。(《奉送巡抚余公入觐二首》)

卷十《循陔集下》迄于是年十月。

乾隆四十一年丙申(1776) 57 岁

乾隆巡视至山东,观国有诗记之。卷十一《炳烛集》起于是年。

> 《次元日除夕韵二首》:"新恩山左当春沛,余蘖川西指日芟。"分别注云:"今春圣驾巡幸山东。""征剿金川不日大兵凯旋。"

三月,往泉州,讲学于清源书院。经洛阳桥,拜谒蔡襄祠。

> 《过万安桥》题注:"惠安晋江二县交界,一名洛阳桥,宋蔡忠惠公建。"诗云:"我来三月朔,甚雨新流汇。"可知时在三月。
>
> 《清源书院即事四首》其二:"水槛风廊次第开,未荒澄圃旧池台。"注云:"书院本靖海施将军澄圃别业。"
>
> 按:清源书院,在今福建泉州市承天巷红旗小学内,原为靖海

---

① 徐时作,字邮侯,号筠亭,建宁人。雍正丁末进士,官沧州知州。有《崇本山堂诗钞》十二卷,《四库未收书辑刊》收录其《菜堂节录》二十卷。

侯施琅花园,名曰"澄圃"。乾隆年间郡守陈之铨购为讲舍,改名为"清源书院"①。

郭柏苍《乌石山志·人物》"叶观国"条云:"四十年假归,主讲泉州清源书院四年。"②有误,观国三十七年归家,于四十一年才至清源书院。另《晋江县志》卷七十一有"叶观国清源书院碑记"条,有目无文。

卷十二《秋院闲吟三首》:"四年激圃如昨,一院秋光又新。"注云:"书院旧为施氏激圃别业。"可见观国在清源书院前后四年。

结识李梦登③,时李为泉州梅石书院山长。

《赠李鼎先明府》题注:"名梦登,上杭人。乾隆丁丑进士,官孝丰县令,罢归,时为梅石书院山长。"诗云:"夜光或按剑,长柱断成税。归来垂一囊,代耕尚存古。……揭来刺桐城,一见心为折。"按:梅石书院,位于今泉州市鲤城区泉州一中附近④。

年末归榕,途经福清。

《谒明太师文忠公墓》题注:"在闽县方岳里。"方岳里,在今福清青口镇。诗云:"十年钧轴障狂澜,门馆如冰素节完。"按:明代太师张居正,谥号"文忠",然湖北荆州有其墓,不知福清之墓为

---

① 参文化部文化局、中国城市规划设计研究院主编,刘家麒等编《中国历史文化名城词典》,上海:上海辞书出版社,1985年,第422页。

② (清)郭柏苍、刘永松纂辑《乌石山志》卷七,福州:海风出版社,2001年,第222页。

③ 李梦登,字鼎先,一字涧木,上杭县人,曾任孝丰(今浙江湖州市安吉县)县令,著有《朝考疏论》、《井观集》。(参章学诚《书孝丰知县李梦登事》、《实斋文钞》)

④ 参泉州市文物管理委员会编、陈鹏鹏主编《泉州文物手册》,第139页。

何人。暂存疑。

两金川之役结束,观国有诗记之。(《官军平定大小金川凯旋二首》)

为孟超然画图题诗。(《题孟瓶庵郎中采芝图小像三首》)

是年,妻刘氏卒。

卷十一《孟瓶庵郎中与林孝廉(乔阴、开琼、昆琼)昆季唱和为诗次东坡岐亭韵诗亦如其数仆从郎中斋头读之勃然有感辄次韵奉和寄呈郎中并简三孝廉兼呈张惕庵编修五首》其四:"去岁两儿郎,丧母日号泣。阿爷又远出,督责道滋缺。"按,此诗作于次年丁酉(1777)58岁时。原配郭氏无子早卒、继姒孙氏有一子早夭,而黄氏有三子,曾氏此时仅有一子,申芗未出生。有两子者,当是申蕃、申荣之母刘氏。

乾隆四十二年丁酉(1777)58岁

春,迁新居至文儒坊闽山巷。

按:以《叶观国故居》为名的文章有多篇,但说法不一。《福州名园史影》福州:①、《福州名人故居》②以鼓楼区法海路34号叶翰林府为观国故居,《三坊七巷》③则以文儒坊52号为观国故居,并云"叶观国晚年归里后所置居所,名为'绿筠书屋'"。实际上,观国在榕多次迁居。《新居示儿子》:"我家荡析余,两世居赁屋。

---

① 卢美松编著《福州名园史影》,福州:福建美术出版社,2007年,第104页。
② 福州市政协文史资料委员会、福州市文物管理局编《福州文史资料选辑》第23辑"福州名人故居",北京:中国社会出版社,2004年,第19页。
③ 张作兴主编《三坊七巷》,福州:海潮摄影艺术出版社,2006年,第61页。

先君晚买宅,粗足布床褥。尔来稍改迁,小子忝窃禄。一徙通津衢,再徙九仙麓。"先与父兄同住,后析出,迁往通津衢,后再迁往九仙山(今于山)旁法海路花园弄(参丙戌年1766,47岁)。又云:"闬闳虽渐高,坐处仍苦促。小斋一书楄,竟日驻羲毂。炙面怪已燂,横肱辄遭触。……今春又西迁,近傍闽山曲。非为慕高华,庶以避炎燠。"盖法海路居所夏日炎热难当,此次再迁居。"闽山曲"盖今文儒坊闽山巷也。叙新居环境云:"有楼敞可凭,有池清可掬。轩庭虽不大,颇亦莳花竹。同志三四人,谈啸慰幽独。喜余还窃叹,住稳转生恧。"对新居是较为满足的。又勉儿女云:"肯构要儿孙,传家惟诵读。此屋阅人多,世事如棋局。不见马家宅,作园在转瞩。不见郑公第,乃仗他人赎。勿嫌甍栋低,莫讶墍涂朴。堂堂宰相厅,旋马不为辱。况我官秩微,后人非太祝。所伤先子逝,不及奉休沐。"可知此居并非新构,亦是直接购买而得。以今文儒坊52号为观国故居,不知何据,暂存疑。今新三坊七巷有"叶氏民居",乃大焯之子叶大琦故居。此外,"绿筠书屋"非文儒坊新居之名,乃观国书斋之名。卷八《题李咸丰上舍岩竹图小像》已云:"我性苦爱竹,书斋署绿筠。"自注:"余家小斋名绿筠书屋。"此诗作于壬辰(1772)。据诗中意,丁父忧家居时种竹于书屋前后,此时已有"绿筠书屋"之名。

约是年春,参予"读书社"活动,与孟超然、林乔荫①、林开琼②、林昆琼、张甄陶等多有唱和。

---

① 林乔荫,字育万,一字樾亭,号瓶城居士,侯官人。乾隆举人,出知江津县。博学多才,通经善文词,长于史,著有《三礼述象求义》,同时另有《瓶城居士集》等。

② 林开琼,字达孙,又字长川,晓楼,西痴,亦其号也。高洋里黄石人。乾隆庚寅举人,授大田训导。有《晓田诗钞》十卷,与从弟昆琼时并称闽中"大小林"。

谢章铤《课余续录》卷二①载："乾隆间,大兴朱石君(珪)官闽,以粮储观察管理鳌峰书院,拔时髦二十八人,令联一社曰'读书社',授以治经作文之法,梁斯志上国、岱岩上泰、梁九山上国、郑苏年光策、林畅园茂春、龚海峰景瀚、林樾亭乔荫为领袖,叶毅庵观国、孟瓶庵超然、林醇叔昆琼、昆仲诸先生皆与焉。"按:朱珪于乾隆二十五年(1760)充会试同考官,此年秋授福建粮驿分巡道,抵闽后兼巡福州、福宁二郡。二十八年(1763),特旨擢福建按察使兼署布政使,次年丁父忧归。后四十四年(1779)典福建乡试,次年督福建学政。(参王军伟著《传统与近代之间:梁章钜学术与文学思想研究》②、阮元《太傅体仁阁大学士大兴朱文正公(珪)神道碑》③、朱珪《福宁府志序》④。)可知朱珪倡仪读书社在初次官闽期间,即乾隆二十五年秋至二十九年间,然此时观国或在京翰林院为官或出典他省科试,无由参与。三十年(1765)秋至三十二年(1767)三月间观国曾丁父忧家居,可能参与,但诗集中未见记述。再如孟超然(1730—1797),乾隆二十五年(1760)入京会试中进士,选翰林庶吉士,改兵部武选司主事,调吏部文选司主事,升考功郎中,三十年(1765)出主广西省试。三十三年(1768)分校京闱,次年视学四川,观国有诗《送孟郎中瓶庵(超然)视学蜀中二首》,三十七年(1772)还朝后辞官归里⑤。其间均未在闽,也无由参与读书社。林昆琼、林昆仲兄弟生卒年不详。梁章钜老师郑光策友人郑存敦《林樾亭六十寿序》有云读书社事宜:"读书社会课凡二十有八人。读书社诸人因府试为文正公所赏,乃令合为读书堂,加之随后入会之亲知有声者,凡二十八人;聚会之日众

---

① 谢章铤《赌棋山庄全集》第三册,近代中国史料丛刊编辑,第149—150页。
② 齐鲁书社,2004年,第54页。
③ 钱仪吉编纂《碑传集》卷三八,北京:中华书局,1993年。
④ 朱珪著《知足斋文集》卷一,北京:中华书局,1985年。
⑤ 陈丽《孟超然生平及其著述考》,《青年文学家》,第3期。

人各出所读,往复质正,以读书相切磋。后因相继得科第离去,聚散方才不常。"可知,谢章铤言"梁斯志上国、岱岩上泰、梁九山上国、郑苏年光策、林畅园茂春、龚海峰景瀚、林樾亭乔荫为领袖",此诸人可能为读书社最早成员。"叶毅庵观国、孟瓶庵超然、林醇叔昆琼、昆仲诸先生皆与焉",并非指朱珪倡建读书社之时,而是后来诸人以师长身份相继参与。

《诗钞》卷十一有《孟瓶庵郎中与林孝廉(乔阴、开琼、昆琼)昆季唱和为诗次东坡岐亭韵诗亦如其数仆从郎中斋头读之勃然有感辄次韵奉和寄呈郎中并简三孝廉兼呈张惕庵编修五首》(以下简称《呈张惕庵编修五首》)其一云:"闲居事醉哦,濡笔吮墨汁。唱予孰和汝,情性异燥湿。独爱孟夫子,浩歌中有得。况多同调人,觅句意殊急。……俗学期速化,岂念风骚缺。谁为嗣坫坛,那复图主客?诸君扶雅轮,题襟哀成集。"由诗意可知多人唱和情形。观国不满俗学求速,希望诸人重振风雅。末句之意似曾编诸人唱和为集,然不可考。

因患脾湿之症而节食。

《呈张惕庵编修五首》其二:"我非学佛人,颇复耽米汁。尔来断晚饮,衰滞患脾湿。何况鲜与肥,果腹竟奚得。"

再赴泉州清源书院。

《呈张惕庵编修五首》其三:"熙春二三月,浓绿霡柳汁。……新居颇爽垲,俯仰方自得。胡为舍之去,戒辖星火急。凌晨涉大江,泛泛如凫鸭。……朋游皆怪我,晓别不及帻。答言我不行,釜米何由泣。"其四:"去岁两儿郎,丧母日号泣。阿爷又远出,督责道滋缺。"自言为生计奔波,可知是年春迁新居后便再离家。

蔡羹元①官广西,观国有诗送之。

> 《寄送蔡明府和亭(羹元)之官粤西仍次岐亭韵二首》诗中注
> 云:"自闽入粤,取道多出温陵。"温陵者,泉州古称也。可知此诗
> 作于泉州。"五年游东轩,饮酒如啜汁"。"东轩"注:"魏岱岩郎
> 中书斋。"又云:"就中君大声,玉山推岂得。兴来敲短韵,宣索笺
> 毫急。吟为解语花,赋及能言鸭。"魏岱岩,生卒年事迹不详,癸巳
> (1773)54 岁有《宿涌泉寺次魏岱岩(腾龙)郎中韵四首》(卷九)。
> 可知叶、魏、蔡三人早已相识,常为诗酒唱和之友。

为县尉唐峻德②画像题诗。(《题唐县尉峻德小像二首》)
黄日纪③寄诗,观国有诗赠答。

> 《次韵酬黄职方叶庵(日纪)二首》:"珍重故人云树意,邮筒
> 几度惠新篇。……芙蓉阙下共朝天,跋扈词场各盛年。解绂吾因
> 求奉母,抽簪君是赋归田。温陵馆小容鸳足,鹭岛波宽隔雁行。"
> 可知两人在京为官便相识。此时黄已隐居厦门,观国在泉州,相
> 距不远,故常有诗往来。

---

① 蔡羹元,字邦调,闽县人。乾隆三十年(1765 年)拔贡,官广西马平知县。《鼓山
艺文志》收录其九首诗。
② 唐峻德,生卒年不详,顺天涿州人,乾隆四十三年(1778)任台湾府淡水厅新庄
巡检一职。(铃木明著,谢森展译《台湾通志》,台湾省文献委员会,1993 年,第 384 页。)
③ 黄日纪(约 1713—?),字门庵,号荔崖,清代龙溪县人,迁居厦门。乾隆十二年
(1747)生员,二十二年(1757)任兵部武选司主事。后归隐居厦门,辟榕林别墅,邀集诗
人文士赋诗题咏自娱。终生勤于著述,著有《嘉禾名胜记》、《荔崖诗集》、《榕林倡和集》
等。

为陈旭世①画像题诗。(《题陈明府鉴溪旭世小像二首》)

五月,携酒泛舟食荔,游清源洞、溜石江。

　　《即事》:"门无车马出无骖,五月轩庭气似秋。客笑为官何拓落,天哀老子使遨游。清源洞古宜携酒,溜江江虚好泛舟。日啖荔枝三百颗,残年此外更奚求。"

为傅修孟②题其祖父像。

　　《题傅翁在山遗像其孙秀才修孟从余游》:"我来清源岁再更,济济门徒屦户满。"知此诗作于泉州次年,时傅修孟仍为诸生,求学于观国。

为孙星衍③妻王采薇④《长离阁诗集》作序。(《题薇阁偶存诗草昆陵女士王采薇著》)

先后为林广文及其弟林畅画图题诗。(《题林广文心香读书图小像

---

　　①　陈旭世(约1706—?),晋江人,雍正七年举人,乾隆十七年(1752)时46岁,曾任元谋知县。

　　②　傅修孟,南安人,乾隆五十二年(1787)进士(与陈若霖同榜),曾任金华知府、饶平县令,为政宽严并用,有《弃余诗文集》四卷。

　　③　孙星衍(1753—1818),字伯渊,一字季逑,号渊如,阳湖(今江苏常州)人。乾隆五十二年(1787)榜眼,嘉庆十年(1805)授山东登青莱道。精诗文,深究经史文字音训之学,精研金石碑版,工篆、隶、刻印。校刻古书最精。著有《平津馆读碑记》、《寰宇访碑录》、《续古文苑》。(冯天瑜主编《中华文化辞典》,武汉大学出版社,2001年,第465页。)

　　④　王采薇(1753—1776)字薇玉,一字玉瑛,江苏武进人。王光燮第四女,孙星衍妻。书工小楷,著有《长离阁诗集》一卷。生平事迹见袁枚《孙薇隐妻王孺人墓志铭》、李濬之《清画家诗史》癸上、施淑仪《清代闺阁诗人征略》卷五、《清诗纪事》列女卷。观国《长离阁诗集序》原文见王云五主编,《万有文库》第二集七百种,孙星衍著《孙渊如先生全集》,商务印书馆,1935年,第541页。

二首》、《题林上舍承修畅竹崖吟啸图小像二首》）

为薛肇璜①画像题诗。（《题薛明府肇璜小像二首》）

乾隆四十三年戊戌（1778） 59 岁

春曾回榕,途经三明、莆田等地。（《宿大田驿》）

过莆田,因雨滞行,有诗寄林兆鲲②。（《莆阳道中口占》）

> 《雨滞莆城以诗代书寄怀林编修南池（兆鲲）》:"客戴漏天弥
> 觉倦,身留孤馆乍嫌单。……咫尺思君赊会面,濒行特为讯佳
> 安。"按,林为莆田人,两人因雨难会面,故观国临行前作诗以寄。

抵福州,有诗寄示儿辈,勉励子孙勤奋向学。

> 《寄示儿辈二首》:"退士投闲课子宜,舌耕仍遣别山茨。家
> 无金穴惟资读,业在青箱要及时。""休轻眼底闲花木,头白绕封树
> 几拳。"

为林聪题其父家传。（《题林孝义家传后》）

福建巡抚德保③六十寿,观国有诗贺之。（《巡抚定圃德公六十双寿
六首》）

请人画像,并自题诗。（《自题画像》）

约于夏秋之际返泉州清源书院。

---

① 薛肇璜,字莎亭,金匮（今江苏无锡）人,曾任龙溪二尹、台湾诸罗知县。喜吟
咏,善书画。

② 林兆鲲,号南池,莆田人,乾隆三十一年（1766）进士,官翰林院庶吉士,有《南池
稿》,《词综补遗》收其词三首。

③ 德保（1719—?）,字仲容,一字润亭,号定圃、庞村、干和、勺园居士,满洲正白旗
人,索绰络氏。斋名"慎斋"、"乐贤堂",乾隆二年（1737）进士,尝为广东巡抚、署理福建
巡抚、暂署两广总督,同办《日下旧闻考》,有《乐贤堂诗文钞》。

《八月十二夜得月楼玩月》题注:"楼在泉州清源书院。"可知此时已返泉州。

中秋夜,本与朋友相约,因风雨而罢。次晚见月,院中独饮。

《中秋大风雨夜将半复晴明效乐天体》:"雨横风颠惊乍定,月来云破醉难谋。"注云:"是日本有期集,因风雨而罢。"

闲暇时点勘白居易集。

《十六夜见月院中独饮》:"赖有香山集,能消夜寂寥。"注云:"时正点勘白集。"

请祠于清源山。

《君莫笑》:"予祠仍喜沾恩泽,半俸犹堪疗困穷。仆仆道途君莫笑,清源山是洞霄宫。"注云:"宋时大臣罢职多请祠,得支祠禄。唐制致仕官准支半俸。"

清源书院讲堂南池畔有一具大石盆,废弃无人用,观国闲暇见之,欲移于东斋植荷畜鱼,因重难举而止。门生闻之,以二十人之力搬举至东斋,观国如愿。因闻石盆原在东斋,观国以为石盆为施琅花园中旧物,感叹物之迁徙位置若有数存,作《咏石盆池引》。(《咏石盆池引》)

秋,与二三门生同游清源山赐恩岩。

《秋日游赐恩岩》题注:"在泉州郡城北三四里,清源山之东麓也。"诗云:"引步一两僧,随行二三子。"

为王阳开①画像题诗。(《题王孝廉东滨阳开小像二首》)
王光燮②因病归里,观国有诗送之。(《送别王明府萩山光燮引疾归里》)
是年服除。
乾隆四十四年己亥(1779) 60 岁
在泉州清源书院。约春末夏初返榕,准备入都事宜。秋赴京,入都补官后奉命以原衔充日讲起居注官。
李廷钦③收有侯官画家许均④之《折枝墨梅》,观国为题诗。(《题编修雪村均先生折枝墨梅为李给事敬堂廷钦作》)
有诗酬黄日纪。(《次韵寄酬黄叶庵职方》)
种荷未得花而失落。(《盆池种荷而不花客谓下栽过迟之故感之而作》)
夏日苦热,准备入都事宜。

《骤雨》:"骤雨时当午,收云日未晡。只堪洗蒸郁,那解活焦枯。……林居犹苦热,搔首念征途。"自注:"时将束装入都。"

---

① 王阳开,字周侯,福州永福(今永泰县)人,乾隆十五年(1750)举人,曾任泉州府学教授。有《思永堂诗钞》,《鼓山艺文志》收录其一诗。
② 王光燮(1711—1780?),字丽三,号艺山,江苏武进人,康熙五十年生,享年69岁,王采薇之父,曾任广东知县、连江县知县。
③ 李廷钦,字惕若,号敬堂,侯官(今福州)人,庶吉士,兵部主事,光禄寺卿。(朱彭寿编著《清代人物大事纪年》,743 页。)
④ 许均(生卒年不详),字叔调,号雪村,室名玉琴书屋。侯官(今福州)人。许友孙,许遇子。康熙五十七年(1718)进士。历官吏部主事、礼部郎中。在官严正,勇于任事。与人交,久要不忘。三世以诗书画名。著有《雪村集》、《玉琴书屋诗钞》。生平事迹见《清史列传》卷七〇《文苑传》一,张维屏《国朝诗人征略初编》卷二一。

读楚辞,有《读楚辞题后》、《又题》、《哀屈吟》诸作。

甥吴绍亨卒,有诗悼之。

> 《哭吴甥孔会(绍亨)二首》:"竟赴新官召,年华正盛时。
> ……远道终难诀,回生事已迟。"注云:"昨岁余屡语甥留意治
> 病。"又云:"最伤应当母,垂老哭无儿。……遗孤须训督,余庆望
> 宁馨。"吴绍亨因病而早卒。

卷十一《炳烛集》迄于是时。卷十二《瀛洲后集》起于是年七月。

手自编定《绿筠书屋诗钞》十一卷。

> 卷十二首诗为《刻诗钞成因追怀饶霁南吴云岩沈钦伯三同年
> 二首》。按:现《绿筠书屋》有十一卷本与十八卷本。十一卷稿本
> 藏于福建省图书馆,为观国手自编定本。十八卷本所收至乾隆五
> 十七年(1792)观国73岁。据叶申菜等撰《毅庵府君行述》,叶观
> 国逝去前,"部署后事,一一如常时。易箦时,无一语及他,惟谕不
> 孝等以诗集中第某卷第某字未妥,令改易之。"可知十八卷本的后
> 七卷为观国之子整理补入,并于观国逝去同年即付刊印。

为俞金鳌①画图题诗。(《奉题提督俞公厚庵金鳌行乐图四首》)

秋,再赴京,友朋饯于道山寺。

---

① 俞金鳌,字厚庵。直隶天津(今属天津市)人。乾隆前期武进士。历官甘肃肃
州镇总兵至提督,任经乌鲁木齐、江南、福建、湖广等地。董理伊犁、巴里坤屯田,参加对
西北回疆和湖南苗疆地区的用兵,屡有功,加左都督。乾隆末期卒。(参《清史稿》卷
335,列传122。)

《将赴京国留别同社诸友》："漳滨卧病几时深,重理孤装出碧岑。……离亭樽酒朋簪盍,古寺修枫晚照归。"注云："是日同人饯余于道山寺。"

经浦城遇朱珪。时朱珪典闽试毕,观国婿张经邦中举。

朱珪《毅庵叶公墓志铭》："及岁己亥,珪再以学士典闽试,首得士张生经邦,先生之婿也。时先生服阕,先期北上归途,及之于浦城。"

《舟中口占二首》："白首长途君莫笑,譬如初与计偕时。"注云："时值秋闱榜放。"

途中受凉患病,持续半月余,寒热相交伴有呕吐。

《旅次病中作》："病士无处着,抽身重出门。眷言念长道,别泪盈复吞。……两旬困风露,偃卧西南轩。……何如茅屋底,煨粥迎朝暾。"

卷一三《林孝廉醇叔(昆琼)卧病京邸诗以解之》叙及此次生病情况："我乘昨岁秋,舁轿越崇岭。授衣偶不戒,风露作灾眚。寒热内相攻,呕泄一时并。有若中钩鱼,胃膈生刺鲠。又如将糖蟹,躁扰辄逞逞。昼卧动过申,夜坐或达丙。赖我中不乱,盘餐且教屏。屹如遇勍敌,不战阵自整。"

途经山东阴平(今山东枣庄市峄城区阴平镇),回思三十年前五人同赴京应考,今惟己一人在世,心有悲戚。

《宿阴平有感二首》："公车席帽记当年,哭友中途涕泪涟。

往事悠悠三十载，嶂阳停辔重凄然。""客路相将恰五人，谈谐风貌
忆如新。只今后死惟余我，华发萧萧半似银。"

入都补官后奉命以原衔充日讲起居注官。(《行状》)

乾隆四十五年庚子(1780) 61 岁

在京为官。

此年与翁方纲①交往频繁。翁曾以所刻熹平石经残字赠送，观国赋
诗为谢。又为翁收藏苏轼书蔡襄诗的《天际乌云帖》题多首诗。翁
令人画苏轼游迹图，又索观国题画。(《翁学士覃溪方纲以所刻汉
石经残字见贻赋谢》、《次韵题坡公〈天际乌云真迹〉为翁覃溪学士
作九首》、《翁覃溪学士令人画苏端明游迹四图，索题为赋四首》)

有诗酬李中简②，时李隐居于右安门南塍草堂。(《南塍草堂诗为李
学士廉衣中简先生赋二首》)

吴华孙③八十寿，有诗贺之。(《编修翼堂华孙吴先生八十寿辰二
首》)

五月初六，七子申芗生，曾孺人出。(《族谱》)

秋，抄辑汉魏以来诗作，作绝句二十首，论述历代诗作。(《秋斋暇

---

① 翁方纲(1733—1818)清代诗人。字正之，号覃溪、苏斋，直隶大兴(今属北京
市)人。乾隆进士，官至内阁学士。论诗注重学问和义理，为肌理说的创始人。其诗宗
宋，喜杂考掘，多题咏金石图画之作。实际成就不高。对清末宋诗运动颇有影响。诗文
别集有《复初斋集文集》三十五卷，集外文四卷，《复初斋诗集》四十二卷等。(参《清史
稿》卷三五五)

② 李中简，生卒年不详，字廉衣，号子静，又号文园，直隶任丘(今属河北)人。乾
隆十三年(1748)进士，曾任山东乡试正考官、云南学政、湖南、湖北乡试正考官、山东学
政，以吏议罢，以疾乞归。杜门著述，年六十一卒。著有《嘉树山房诗集》十七卷、《应制
诗》二卷、《赋颂》二卷。(生平事迹见《清史列传》卷七二《文苑传》三、《清诗纪事》乾隆
朝卷。)

③ 吴华孙，字冠山，歙县人，清雍正八年(1730)进士，选庶常，授编修。乾隆七年
任福建学政，有《翼堂文集》。

日抄辑汉魏以来诗作绝句二十首》）

蒋士铨为《绿筠书屋诗钞》作序。

> 《诗钞序》："含咀英华，出入风雅，为后贤楷式。……凡密咏
> 恬吟，隐然皆适于道。历唐宋之精华，写天真之情性，足以抗迹前
> 贤，津梁后学。而闽中操觚之士奉为圭臬。……乾隆庚子秋仲，
> 同馆后学侍铅山蒋士铨撰。"

同年史荀鹤、丁田树卒，有诗悼之。（《闻史笠亭丁芷溪两同年奄逝
怆然有感》）

题张甄陶所收王维《江山雪霁图》。（《王摩诘江山雪霁长卷为张惕
庵编修作》）

林昆琼病，观国寄诗慰之。（《林孝廉醇叔昆琼卧病京邸诗以解
之》）

和曹仁虎①诗咏。（《和曹中允习庵仁虎寒斋十二咏用元韵》）

十二月二十九日，苏轼生日，翁方纲敬设东坡像，奉荐笋脯。又借
黄庭坚、王守仁、沈周及毛奇龄、朱彝尊二先生像以配东坡先生之
筵。并有苍湄携石菖蒲一盆为供，又请观国、蒋士铨、程晋芳、张
埙、吴锡麒、周厚辕、王友亮、桂馥、沈心醉、宋葆惇到斋。是日，重
观宋椠《施顾注苏诗》残本②。观国有《十二月十九日为东坡先生
生日翁覃溪学士于斋头荐笋脯宋芝山上舍作李委吹笛图同辈咸集
分韵赋诗得飞字》。

---

① 曹仁虎（1731—1787）字来殷，江苏嘉定（今属上海）人。乾隆进士，授编修，充
日讲起居注官，累升至侍讲学士。视学广东。擅长诗文。与王鸣盛、王昶、钱大昕、赵文
哲等合称"吴中七子"。著有《宛委山房诗集》、《蓉镜堂文稿》。

② 魏泉著《士林交游与风气变迁：19世纪宣南的文人群体研究》，北京：北京大学
出版社，2008年，附表"翁方纲主持'为东坡寿'列表"，第259页。

升侍讲学士。(《补官未久蒙恩擢授侍讲学士志感成咏》)

卷十二《瀛洲后集》迄于是年。

乾隆四十六年辛丑(1781) 62 岁

在京任上,受命入值尚书房侍阿哥讲读,行走多勤,得乾隆赏赐。

> 《行状》:"庚子上知府君学问优长,品行端正,命入尚书房侍
> 阿哥讲读。府君赴直禁廷,卯入酉出,虽酷暑严寒未尝一日间断。
> 上鉴府君行走之勤,特恩颁赏貂裘大缎。"按:"庚子",误,当依
> 《诗钞》卷十三编年。《初直上书房作二首》、《直庐即景二首》、
> 《晓直马上口号》、《晓起见隔院梨花》、《园中花树盛开》等均作于
> 入直上书房时期。

卷十三《得槐轩集》起于是年二月。

约是时,结识皇十一子永瑆①,并奉题其画。(《皇十一子双钩兰竹
卷应教谨题二首》)

充武会试总裁。(《国史儒林传》)

乾隆四十七年壬寅(1782) 63 岁

仍任侍讲学士,入值尚书房。

召入重华宫,赐宴和诗联句,又赏如意一柄、端砚一方,此后更赏赐
有加。(《行状》)

端午,乾隆赐葛纱、蒲扇、翎扇、折叠扇、香囊、香珠、椒串、药锭、郑
宅茶。(《端午恩赐物品恭纪九首》)

奉题德保画图。(《奉题德大宗伯定圃保先生松下读书图小像四
首》)

---

① 爱新觉罗·永瑆(1752—1823)封成亲王,高宗第十一子,号少厂,一号镜泉,别
号诒晋斋主人。工书,兼善篆隶,是著名的皇室书法家,颇享盛誉,与翁方纲、刘墉、铁保
并称"翁刘成铁"。

蔡新假归省墓,观国送之。(《奉送漳浦相国假归省墓二首》)

> 按:此年五月,《四库全书》纂修基本完成。蔡新请假回乡修墓,奉旨给假一年,次年六月假满抵京。

冬,有诗和皇十一子永瑆。(《次韵恭和皇十一子小楼对雪》)
乾隆四十八年癸卯(1783)64岁
在京任上,蒋士铨引疾归里,观国有诗送别。(《送别蒋编修心馀士铨引疾归里》)

> 《蒋士铨年谱》(熊澄宇《蒋士铨剧作研究》):"蒋是年买舟南归。"故将此诗系于是年。

是时,观国乃都中通儒雅士之一。

> 王章涛著《凌廷堪传》载,翁方纲学生凌廷堪是年入京,"在都中结交名公巨卿、通儒雅士。时在京师者有邵晋涵编修、任大椿礼部、王念孙工部、周永年编修,吴谷人编修(吴锡麒)、吉善祭酒、叶观国学士、周厚辕编修、鲍之钟中书、冯敏昌编修……"①

卷十三《得槐轩集》迄于是年五月。
六月,典四川乡试。同任考官内阁中书毛凤仪,江南吴县人②。

---

① 王章涛著《凌廷堪传》,广陵书社,2007年,第39页。凌廷堪(1752—1808),清代著名经学家和音律学家,字次仲,歙县沙溪村人,受翁方纲的赏识,参与《四库全书》的编纂。著有《礼经释例》十三卷,《燕乐考原》六卷、《校礼堂诗集》十四卷、《校礼堂文集》三十六卷、《梅边吹笛谱》二卷等。事迹见《清史稿》。
② 法式善《清秘述闻三种》上册,北京:中华书局1982年,第269页。

卷十四《蜀道集》起是年六月迄九月。

> 《奉命典试蜀中纪恩述怀四首》注云:"是次奉旨简用者十人,观国名适居首。同辈中余科分最前。"

途经河北井陉县、鹿泉市。

> 《奉命典试蜀中纪恩述怀四首》其三:"首路总寻滹水渡,前驱新建井陉旌。"注云:"余前后奉使俱由真定、赵州取道,此次乃西折趋井陉也。"有《井陉道中》、《获鹿县》二诗。

夏,经山西榆次县。(《早发榆次县》)
经介休市(今属山西晋中市),访介山、东汉郭泰墓、北宋文彦博祠。过韩侯岭、中条山。有《介休三咏》、《汉槐歌》、《过韩侯岭》、《望中条山》、《行中条山下次前韵》诸诗。
经山西潼关县。(《潼关》)
至陕西华阴县,登万寿阁望华岳。经骊山(今西安临潼区)、宝鸡县、凤县、沔县(今陕西勉县)。先后有《登万寿阁望华岳》、《骊山温泉》、《马嵬三首》、《发宝鸡县》、《凤县》、《过凤岭》、《过鸡头关》、《沔县谒诸葛丞相祠》诸诗。
抵蜀,首访少陵草堂。(《少陵草堂》)
卷十五《江左集》起于是年九月。
典试期间,奉督学安徽之命,以侍读学士任①,有《阁中奉恩命督学安徽恭纪》
经金陵。(《初至金陵信宿前发》)

---

① 法式善《清秘述闻三种》上册,北京:中华书局,1982年,第325页。

约是年末次年春抵安徽。

乾隆四十九年甲辰(1784) 65 岁

安徽学政任上。

是年乾隆南巡。三月,观国由安徽至扬州送驾。随即回安徽,考试太平府至四月初一毕。四月至九月按试宁国、徽州、池州、安庆四府,广德一州。按试各郡以勤勉谨慎著称。

《安徽学政叶观国为报安庆等地生童岁试情形事奏折(乾隆四十九年九月初二日)》①:"安徽学政臣叶观国跪奏,为奏明考试情形,仰祈圣鉴事。窃臣于本年闰三月十四日在扬州跪送圣驾,随即赶回安徽驻扎衙门,以四月初一日考试太平府事竣,即于是月内起程,按试宁国、徽州、池州、安庆四府,广德一州。臣每于按试府之前顶檄提调,严密访拿枪手撞骗等弊。及到该处申明功令,严切晓示,俾生童各知警惧。扃试之日挨查坐号,毋许混淆,严紧稽察。至于复试新进生童,皆今隔别坐开,臣当面督看,作文写毕,磨对字迹,苟有情弊,无不立破。查有安庆府潜山县文童余宏猷、余杏复试文卷与正考原卷字迹不符,显有枪替情弊,当将该二童并廪保等交提调审究治罪,并照例咨明督抚办理。又,考试宁国府搜出夹带文童汪跃鳞、仙班、刘锋章、吴镛四名,考试徽州府时搜出夹带文童叶鳌、孙瀛二名,考试安庆府时搜出夹带文童汪心铨、汪世道、赵裹、张和羹、齐纶五名,皆照例枷责发落。此外,尚无别项情弊。臣现由安庆前往庐、凤一带考试,惟有认真办理,不敢稍萌急情宽纵之见。所有考过各府州情形,理合恭折奏闻。再,臣经过地方,夏秋之间,雨泽充足,收成丰稔,人民乐业安静。合并陈明,伏乞皇上睿鉴。谨奏。"按:王澈编选《乾隆中晚期

---

① 中国第一历史档案馆 王澈编选《乾隆中晚期科举考试史料》(上),《历史档案》2002 年第 3 期,第 35—36 页。

科举考试史料》从中国第一历史档案馆所藏朱批奏折选录乾隆四十四年至五十五年各地学政奏折,反映清代科举考试中之艰难与枪冒、倩代、夹带等舞弊手法众多,从中可知观国任学政的工作内容,故全录,以下则节选。

《行状》:"迨视学安徽,府君已近七旬矣,勤谨倍于曩昔。试日漏三下,即披衣起,考生唱名毕,犹未曙,俾士子得竟一日之长。昼则端坐堂上,终日无倦容;夜则烧烛披阅,辄取申旦。甲乙弃取,悉出己手,从不假贷幕宾。有人干以私者,府君谢之曰:'若尚未知吾数十年素性硁硁乎? 不然是欲令白头嫠妇以晚节败之耶?'其人惭谢而退。自是益加慎焉。关防严密,弊窦肃清,远近无有间言。"

《国史儒林传·叶观国传》:"在安徽时,年近七旬而勤谨倍昔。尝暑夜阅卷,留一僮麾扇,凡拟录之卷悉庋几右,拟摈居左。值扇风灭烛,观国遽以手压右卷,而手面有一卷飞来,及烛视之,则所摈卷者,其明察类如此。"

九月到十二月,接考庐州、六安、颍州、凤阳各州。

《安徽学政叶观国为报庐州等地生童岁试情形事奏折(乾隆四十九年十二月初四日)》(第37—38页):"安徽学政叶观国跪奏,……窃臣本年度秋考过安庆、徽州、宁国、池州、太平、广德等府州业将查办枪手、夹带备案。于九月内恭折具奏。随接考庐州、六安、颍州、凤阳各属。……现在,凤阳文场已竣,接考武场,尚有滁州、和州、泗州三棚已届封印之期,应候明年开印后考试。所有本年续考过各府州情形,理合缮折奏闻。"

《江左集》多作于按试安徽各地,行程匆促途中,或望山,或访谒古迹。是年诗作约有《太白楼(在当涂县采石)》、《院斋闲望》、《采石太白楼萧尺木画壁(峨眉、泰岱、华山、匡庐四图)》(以上经安徽当涂县作)、《舟中望青山二首》(当作于往宁国府途中,经谢家山)、《宁国孙郡守(述曾)置酒北楼望敬亭山即席赋赠》(在宁国府)、《箬岭咏古》、《黄山歌》(在歙县)、《望华亭》(在池州市青阳县)、《皖城谒余忠宣祠》(在安庆府皖城)、《望龙眠山二首》(在桐城)。《庐州试院东偏有包公祠云是孝肃读书处学使者下车日必展谒焉》(在庐州)、《皋陶祠》、《观鱼台》、《庄子墓(用坡公逍遥台韵而翻其意)》(以上在六安市)、《颍州怀古》(在颍州)。

十一月初二,长孙承昌生,申蔚长子。(《族谱》)

乾隆五十年乙巳(1785) 66 岁

安徽学政任上。

正月至三月,按试和州、滁州、泗州。

> 《安徽学政叶观国为报和州等地生童岁试情形事奏折(乾隆五十年四月初七日)》(第 39 页):"安徽学政臣叶观国跪奏,……窃臣于本年开印后自太平府起程按试和州、滁州、泗州三棚,岁考试竣,随即前往凤阳府举行科考。臣仍照岁考时随事稽察,厘剔诸弊。……臣现由凤阳前往颍、庐一带考试。所有本年考过情形,理合具折恭奏。"

四月至十一月,接考颍州、六安、庐州、安庆等府州。后渡江而南,又考太平、宁国、徽州、池州四府,广德一州。

> 《安徽学政叶观国为报颍州等地生童科试情形事奏折(乾隆五十年十一月二十八日)》(第 44 页):"安徽学政叶观国跪奏,……窃臣以本年开印后按试和州、滁州、泗州并凤阳府科考,业将查办枪手、夹带各情形于四月内恭奏在案。随即接考颍州、六安、

庐州、安庆等府州,渡江而南。又考太平、宁国、徽州、池州四府、广德一州。……此外,尚有和、滁、泗三棚,现届岁暮,应俟明年开印后考试。所有本年续行考过各府州情形,理合恭折奏闻。"

是年诗作约为《游醉翁亭》(在滁州)、《乙巳夏仲歙郡试毕归途重望黄山》(在歙县)、《青阳道中望九华山》、《登齐山》(在青阳县)、《玩鞭亭咏古》、《雨宿永丰寺口占三绝句》(在芜湖市南陵县)。

乾隆五十一年丙午(1786) 67岁

安徽学政任上,二月自太平府起程前往泗州举行科试,随即接考滁州、和州。

《安徽学政叶观国为报滁州等地生童科试情形事奏折(乾隆五十一年四月十九日)》(第46页):"安徽学政臣叶观国跪奏,……窃臣于本年二月内,自太平府起程前往泗州举行科试,随即接考滁、和二属。臣照旧于将到该处之前,预行严切晓示生童,毋得违禁作弊,复面饬该提调官留心访拿长枪撞骗等弊。及考试日,臣严密稽查弊端……现在各属科考已竣,臣即接办录遗、送场事宜。……所有本年考过泗州、滁州、和州三棚情形,理合缮折恭奏。"

安徽学政任满,回京。卷十五《江左集》迄于是年八月。

卷十六《得槐轩后集》起于是年十一月。

奉皇十一子永瑆之意,编《上书房消寒诗录》一卷,收入近岁冬上书房君臣消寒唱和之作。

《皇十一子次东坡读杜诗韵作长篇题并消寒唱和诗册同直诸君次韵谨和》注云:"观国以辛丑春入侍书房,每岁冬有销寒唱和之举,皇十一子命书于素册,哀然成帙。"诗云:"抗怀言不浅,体物状无逃。"这些唱和诗非作于一年一时,均为咏物篇什①。本卷末附观国所作《消寒唱和诗》32首。

乾隆五十二年丁未(1787),68岁

在京依原职为官。

春,皇十一子宴集,观国参与。席罢,得赠古画玉器。

> 《春仲八日皇十一子召集撷秀山房同人吉通政渭崖茅庶子耕亭钱殿撰湘龄咸在坐》:"礼宽意优衔感重,辰良景美言欢同。"注云:"席罢贻古画玉器四种。"

乾隆赐貂帽。(《恩赐貂帽治恭纪》)

为金大司空画图题诗。(《奉题金大司空早朝图小像》)

题吴诒质画。(《题吴尉诒质画二首》)

十月因校书,得赏缎匹。

> 清代档案史料《纂修四库全书档案》第1253条《军机大臣奏:遵旨查明文渊文源阁详校各员等拟赏缎匹名单时呈片(乾隆五十二年十月初九日)》:"臣等遵旨查明文渊、文源两阁详校各员,从未曾充当四库馆总阅、总纂、总校、分校等官及校对清文者,每人拟赏缎一匹。"后附清单:"……侍读学士叶观国、王懿修,侍读学士法式善……"②

---

① 现中国国家图书馆藏有《上书房消寒诗录》一卷,署名叶观国、永瑆等撰,乾隆年间诒晋斋刻本,一册。

② 中国第一历史档案编《清代档案史料·纂修四库全书档案》(下),上海:上海古籍出版社,1997年,第2070—2071页。

乾隆五十三年戊申(1788) 69 岁

乾隆帝秋狝木兰,观国随驾前往。自出发、途中及观猎均有诗,其中多和王懿修①如字韵。因年老,不堪路途艰难。

> 《乌石山志·人物·叶观国》:"五十三年秋,扈跸木兰。"②
> 《秋仲扈驾木兰王学士春甫(懿修)叠如字韵贻诗送行次韵为和》:"骑马平生贺监如,深惭衰朽扈銮车。"《雨中口占仍用如字韵》:"因骑半日踉跄马,却羡平时轳辘车。"另有《出古北门叠前韵二首》、《过青石梁叠前韵》、《进哨》、《海拉苏台恭观圃猎》、《班次口号》、《过南天门憩大士庵遂登元武阁仍叠如字韵》。

卷十六《得槐轩后集》讫于是年九月。

九月,欲回里省视先茔,请旨准给假一年,获准归里。时有内阁学士缺,将从闽省官员出,通籍在朝者无三品以上大员。观国资俸班次,皆居首例。同朝诸公皆劝且缓乞假,观国仍坚持,请旨准给假一年,命下,朝士皆愕然,挽留不及。(《行状》)

卷十七《人扶集上》起于是时。

行至京口,由陆路改水路从镇江南归,至杭州因久未雨难行,改行山路,行至福建南平浦城恰逢逾岁,抵家已为次年初。

> 《归途杂咏六首》其二:"风尘渐减涉风涛,帆掠焦山雪浪高。"注云:"时因京口粮艘拥挤,从焦山出丹徒闸。"按:焦山、丹

---

① 王懿修,字仲美。安徽青阳人。乾隆中叶进士。历官内阁学士,左都御史,礼部尚书管户部三库事。乾隆中供职上书房,教庆郡王永璘读书。先后主持会试及陕西、广东、江西乡试;督广西、湖北、顺天学政;充上书房总师傅,嘉庆二十一年卒。谥文僖。
② 郭柏苍《乌石山志》,福州:海风出版社,2001 年,第 222 页。

徒,均在今江苏镇江。其三:"卸了吴舟买越舟,心期一棹溯江流。皇天不为翻犁计,客子平添解橐愁。"注云:"时久不雨,三衢以上不通舟楫,陆行费逾数倍。"其四:"梦笔山前水罢流,将军滩畔断行舟。陆装告匮途犹远,鲁缟难穿岁已遒。客里送年依逆旅,冈来扶醉上高楼。到家竟落春风后,踪迹由来笑土牛。"按:梦笔山在今南平浦城。

乾隆五十四年己酉(1789) 70 岁

年初抵家,作《倦鸟》自抒心境。

于乌石山东麓天皇岭下第一山鳞次台购建别墅,修葺后名为"双榕书屋"(今邓拓故居)①。

夏,避暑至双榕书屋。(《夏仲逃暑乌石山双榕书室漫成长句二首》、《双榕书室晚坐二首》)

为何西泰画图题诗。(《题何编修宝斋西泰海日图小像二首》)

七十初度,有诗抒怀。(《七十初度四首》)

假满,以足疾在籍告请病假,不复作出山之想。(《行状》)

乾隆五十五年庚戌(1790) 71 岁

乾隆八十寿,扶病束装赴京祝嘏。(《行状》)

经建州,见刺船郎生活之艰辛,因生感叹。(《建舟叹》)

经杭州建德县。(《龙游舟中》)

抵京,与朱珪再遇。

朱珪《墓志铭》:"庚戌入都祝嘏,一握手而先生老矣。"

乾隆寿礼成,仍南还归里。(《庚戌秋仲恭祝圣寿礼成出京四首》)

---

① 郭柏苍《乌石山志》,福州:海风出版社,第 223 页。

经浙江衢州市。(《江郎山》、《仙霞岭》)

为王右弼①画图题诗。(《奉题王观察亮斋右弼课儿图小像四首》)

八月十二,孙敬昌生,申万长子。(《族谱》)

乾隆五十六年辛亥(1791) 72 岁

致仕居家,是年诗作多读书而感,《杂诗三十首》多咏历史上求仙成道佚事,咏《拾遗记》,评李商隐、庄子、元(结)白(居易)、陆(龟蒙)皮(日休)、杜甫等。又有《读义山诗作》、《题和敬堂集后》、《阅〈桂海虞衡志〉作六首》。

曾两度访黄金声,未得。

> 卷十八《哭黄集亭金声同年》:"凋零久抱同人戚,闳隔深疑拒客情。"注云:"余去岁尝两次造谒,阍者俱以疾辞,不获一见。"

秋,据前代所传散谱加以整理辑录,修《三山叶氏族谱》。

> 叶观国《族谱原序》:"今但就旧所传者,重为叙录,益以吾所逮事之王父母、父母事迹登诸副墨者。"

约是年,取从前手疏,择其精粹,厘为四卷,名曰《老学斋随笔》四卷。(《行状》)

卷十七《人扶集》(上)讫于是年。

乾隆五十七年壬子(1792) 73 岁

卷十八《人扶集》(下)为是年诗作。

---

① 王右弼,字万长,号亮斋,山东人,曾任台湾知府、福建分巡台湾兵备道。

邱庭潍①赠长生无极瓦砚,有诗赋之。(《长生无极瓦砚歌》)

赵珹送万年藤仗。

> 《万年藤杖十八韵》题注:"天台令赵汉青(珹)所赠。"

为何兆龄②画图题诗。(《题何西曹介堂兆龄问道图小像》)

为郑秀才画图题诗。(《题郑秀才至乐图小像》)

八月十六,黄金声卒。(《哭黄集亭金声同年》)

何介堂五十寿,观国有诗贺之。(《何比部介堂亲家五十初度》)

是年诗作还有《越王石歌》、《重题文信国琴为李秀才琼宴作》、《苦雨》、《题〈古砖拓册子〉为黄孝廉耦宾世发作耦宾大父震甸与余同举丁卯乡试》、《旱》、《雨》、《七夕二首》、《题陈钓溪明经国璜遗像》、《偶吟》。

八月底九月初,病疾,自感时日无多,部署后事,心系诗集。

> 《行状》:"部署后事,一一如常时。易箦时,无一语及他,惟谕不孝等以诗集中第某卷第某字未妥,令改易之。"

九月初七日午时逝。

> 《行状》:"府君之生也有异香,故以为小字。及卒,撤床之顷,竟体复发异香,经时始散。"

---

① 邱庭潍,生卒年不详,字叔大,号芷房,又号芝房,直隶人,乾隆三十七年进士,曾任陕西学政、桂林知府、广东督粮道、广东按察使、山东布政使等,广西《隆安县志》中收有其《新建榜山书院记》(作于嘉庆三年)。

② 何兆龄,清苑人,字幼之,晚号鉏经老农,邑庠生,工诗文,尚气节,有任侠之风。著有《唐诗评注》、《鉏经老农吟稿》。

乾隆五十九年甲寅（1794）

冬,葬于福州北关外铜盘山之阳。（《行状》）

叶申蕃托张经邦致书请朱珪撰墓志铭。

朱珪《墓志铭》:"先生之子申蕃因张君经邦书来曰,葬有日矣,铭先生者非公而谁?"

叶申芗年谱

叶申芗（1780—1842），字维郁，一作维彧，号小庚，自称小庚子，又号其园（一作箕园），又号培根，别号词颠、瀛壖词叟。闽县（今福建福州）人。

梁章钜撰《皇清赐同进士出身诰授中宪大夫河南河南府知府护理河陕汝道前翰林院庶吉士小庚叶公墓志铭》："公讳申芗，字惟郁，又字小庚。"[1]

《小庚词存》卷首："闽中叶申芗维彧学拍。"

《民国闽侯具志》卷六十八："叶申芗，字维郁，号小庚，一字箕园，福建闽县人。"

严迪昌《近代词钞》："申芗字维彧，一作维郁，又号箕园，别号词颠、瀛壖词叟。福建闽县人。"[2]

萨察伦有诗《题二乐图送叶培根申芗改官滇南》，张岳崧有诗《二乐图为叶培根同年作》，详嘉庆十六年(1811)谱。

《天籁轩词选自序》自署："瀛壖词叟识。"

---

[1] 以下省作《墓志铭》。摘自叶观国修、叶大焯续修，叶在畿再修《三山叶氏祠录》卷二《三山叶氏行谊录》，本文所引叶氏行状或墓志铭均出此，清光绪十六年(1890)福州叶氏祠堂刻本。

[2] 严迪昌编著《近代词钞》，南京：江苏古籍出版社，1996 年，第 131 页。

先祖原居福州府福清县。曾祖叶仕辉,祖父叶茂盛,父叶观国(1720—1792)。

　　详参《叶观国年谱》。

母曾氏(1756—1829),观国侧室,江苏通州如皋人,诰封太淑人。

　　叶申万、叶申芗撰《清诰封太淑人例晋太夫人显生妣曾太夫人行述》:"太夫人曾氏,江苏通州如皋人,乾隆辛卯年十七,归我宫詹府君。府君副室三人,而太夫人齿最后。……府君副室封太淑人例。"(《三山叶氏祠录》卷二)

兄弟七人,申芗行七。兄弟七人均有声名,其中五人登科,奠定三山叶氏科举世家的地位。

长兄叶申蕃(1765—1811),字惟衍,号椒圃。优贡生,候选儒学训导,赐赠奉政大夫,吏部考功员外郎。二兄叶申菉(1766—1808),字惟芳,号莘畇。举人、进士出身,历任广东镇平、连山等县知县。三兄叶申蔚(1767—1823),字惟文,号文石。优贡生,后任泉州府学训导,赐赠奉政大夫,吏部考功司郎中。四兄叶申蔼(1769—1834),字惟和,号次幔。举人出身,大挑一等分发江苏,历任萧县、铜山、山阳、江浦、上元、奉贤、无锡等县知县。卒后入福州府府学与闽侯县县学乡贤祠。五兄叶申苞(1771—1817),字惟桑,号竹溪。举人出身,大挑一等分发广东,历任仁化、西宁等县知县。六兄叶申万(1773—1831),与申芗同母,字惟千,号芷汀。举人、进士出身,历任翰林院检讨、文颖馆协修、嘉庆癸酉科湖南乡试主考官、山西道监察御史,掌山东道、京畿道监察御史,管理五城街道、广西庆元府知府、广东分巡高廉兵备道、广东督粮道。

　　据《三山叶氏族谱》①。

　　叶申芗《秋怀八首》:"忆昔鄂跗集,家声响邑驰。人争夸七叶,秀竞擢连枝。"(《小庚诗存》卷上)

嘉庆六年(1801)拔优贡生,九年(1804)举人,十四年(1809)进士,选翰林院庶吉士,十六年(1811)散馆。历任云南富民、昆明等县知县,东川府巧家同知,署曲靖府、广南府知府,改选浙江绍兴府、湖州府同知,宁波府知府,河南河南府知府,护河陕汝道。充癸酉、戊寅、己卯科云南乡试同考官。为官以廉明强干称。

　　据《族谱》。

　　《墓志铭》:"其令滇中,丞浙中,皆以廉明强干称。所到祛凤弊,疏滞狱,核荒政,制乱萌。"

著述颇丰,尤好词学。有《小庚词存》四卷②,《天籁轩词谱》五卷、附《天籁轩词韵》一卷③,《本事词》二卷④,《天籁轩词选》六卷⑤,

---

　　① 叶观国修,叶大焯续修,叶在畿再修《三山叶氏族谱》,民国二十三年(1934)三山叶氏南昌铅印本。以下省作《族谱》。

　　② 叶申芗撰《小庚词存》四卷,道光十四年(1834)叶氏天籁轩刻本一册(天籁轩五种),福建省图书馆藏;稿本,福建省图书馆藏;光绪甲午(1894)天籁轩存轩板一册,福建师范大学图书馆藏。陈乃乾辑《清名家词》本,不分卷。

　　③ 叶申芗编《天籁轩词谱》四卷,《天籁轩词韵》一卷,道光十一年(1831)福州叶氏天籁轩刻本六册(天籁轩五种),福建省图书馆和福建师大图书馆藏;民国三年(1914)上海扫叶山房石印本六册,福建省图书馆藏。

　　④ 叶申芗辑《本事词》二卷,道光十二年(1832)叶氏天籁轩刻本两册(天籁轩五种),福建省图书馆和国家图书馆均藏。唐圭璋《词话丛编》本。1957 年古典文学出版社排印本,与孟启《本事诗》合印。

　　⑤ 叶申芗辑《天籁轩词选》六卷,道光十九年(1839)福州叶氏天籁轩刻本六册,福建省图书馆和福建师大图书馆均藏。

《闽词钞》五卷①(以上合称《天籁轩五种》②),另有《小庚诗存》一卷③。为福建著名词人,词宗北宋,清疏真率,自然情挚,善于白描。对清代词学尤其闽中词学贡献卓著。今仅录名家论述。

　　叶申芗《本事词序》:"凡兹丽制,问何事以干卿。偶辑艳闻,正钟情之在我。……仆也颠比柘枝,痴同竹屋,癖既耽乎绮语,赋更慕乎闲情。"

　　梁章钜《墓志铭》:"生平勤于学问,工为俪体,尤耽于有韵之文,著有《历代闽词钞》、《天籁轩词谱》、《本事词》、《小庚词存诗存》若干卷,皆已梓行,足以寿世。"

　　陈衍《石遗室书录》:"词宗北宋,亦不专学苏辛。"(《(民国)福建通志》)④

　　陈寿祺《闽词钞序》:"叶小庚太守善于诗,兼工倚声,尝编词谱及词韵六卷,为词家之圭臬。复辑《闽词钞》五卷,……为词逾千首,以存桑梓词人之梗概,其后村词则取于余所录天一阁大全集,多至百三十余首,盖诸家所未及见,亦足征网罗之富矣。"(《(民国)福建通志》)

　　谢章铤《赌棋山庄词话》卷四:"叶小庚太守著书数十卷,先型略具,宗风未畅。"又"叶小庚太守撰《闽词钞》四卷,……存亡萃佚,其亦维桑之敬也夫?"又"小庚于洛中官舍治寄园,杂莳花

　　①　叶申芗辑《闽词钞》四卷,稿本四册,国家图书馆藏。清道光十四年(1834)叶氏天籁轩刻本四册(天籁轩五种),福建省图书馆和福建师大图书馆藏。
　　②　叶申芗编《天籁轩五种》二十二卷,清道光中叶福州叶氏天籁轩刻本二十册(全),福建省图书馆藏。
　　③　叶申芗撰《小庚诗存》一卷,清道光八年(1828)福州叶景昌写刻本(页有破损),福建省图书馆藏。
　　④　李厚基等修,沈瑜庆、陈衍等纂《(民国)福建通志》卷二五《艺文志》,民国二十七年(1938)刻本。

木,有《寄园百咏》,其按拍处曰'天籁轩',风流真不减龂园,而词则前贤又当畏后生也"。又《叶辰溪七十寿序》:"闽人固少言词,而辰溪大父小庚先生独以是名家。所著《词谱》、《词韵》、《词存》、《本事词》皆称为《天籁轩》,予得尽读,又获见潘绂庭、陆莱臧、冯柳东、姚梅伯诸老辈所倡和。每执卷,悠然恨不得奉其绪论。窃念假令旗鼓坛坫,或不无拔帜之一日,每与辰溪相视而笑。盖其旰衡驰骋,精神所注,虽不专在词,而词亦其一也。"又《叶大辰溪(滋沅)》诗注:"君大父小庚先生诗词为世所称。"①按:叶庆熙(1821—1896),原名滋沅,字辰溪,申芗孙。

丁绍仪《听秋声馆词话》卷十八:"闽县叶小庚太守,……生平喜为词,辑有《闽词抄》、《天籁轩词选》、《词谱》、《词韵》、《本事词》等书,用力甚挚。其自著意在瓣香北宋,顾所诣颇近龙川、龙洲二家。"②

卢前《饮虹簃论清词百家·叶申芗》:"行诗法,门径亦深深。高格倘容思量细,过庭书谱耐追寻。枝叶不堪吟。"③

刘毓盘《词史·论清人词至嘉道而复盛》:"叶申芗有《天籁轩词选》六卷,……叶氏则去洪、璪两家,益以宋祁以下二十七家。各私所见,而无所发明。"④

王易《词曲史·振衰第九·清代词学之振兴》:"《天籁轩词谱》五卷,兼取万氏《词律》、《钦定词谱》,录定一词为式,甚为详备适用;不用图,亦不注平仄,尤为大方。"又"《天籁轩词选》六卷,选古今人词,意在调停于柳周、苏辛之间,尚近雅正,校误亦细"。又"《闽词钞》四卷,录五代以后闽人徐昌图以下六十一家

---

① 陈庆元主编《谢章铤集》,长春:吉林文史出版社,2009 年,第 549、553、99、346 页。

② 唐圭璋编《词话丛编》(第一册),北京:中华书局,2005 年。

③ 陈乃乾辑《清名家词》附录(第十卷),上海:上海书店,1982 年。

④ 刘毓盘《词史》,上海书店影印本,1985 年,第 701 页。

词千余首,所收甚备"。又"《本事词》四卷,纂辑有词以来词家本事,最为博核,与张氏《纪事》(按:指张宗橚《词林纪事》)相印证而较为谨严。惟未注出典,则与《丛谈》同病(按:指徐轨编《词苑丛谈》))"①。

　　严迪昌《清词史》:"嘉道年间,叶申芗(号小庚)出,编《天籁轩词选》、《词谱》、《词韵》、《本事词》,又辑宋元人词六十一家为《闽词钞》,重振闽人治词风气。叶氏自著《小庚词》多豪语,……其实词集中艳情之作还是有的。"②又《近代词钞》:"申芗为近代福建名词人,专志词学,建树甚富。其词清疏真率,自然情挚,善于白描。……又《寄园百咏》咏题花木及果蔬百种,亦别有意趣。"

承家学,好藏书。
妻倪氏。有子四:时昌(1797—1839),字伯勤,号性山,国学生。景昌(1798—1859),字仲勤,号霁庭,道光十七年(1837)拔贡,候选直隶州州同。昺昌(1807—1861),字叔勤,号念姗,国学生,东河候补县丞。旭昌(1810—1871),字季勤,号庚孙,咸丰元年(1851)副举人,建阳县学、台湾府学训导,历任江西建昌、余干等县知县。孙九:滋沅、滋湘,时昌出。滋瀚、滋淦、滋润,景昌出。滋泉、滋康、滋汾,昺昌出。滋澜,旭昌出。女三,女孙七。(《族谱》、《墓志铭》)

乾隆四十五年庚子(1780) 1岁
五月初六生。(《族谱》))
父叶观国61岁,母曾氏25岁。长兄申蕃16岁,二兄申菜15岁,三兄申蔚14岁,四兄申蔼12岁,五兄申苞10岁,六兄申万8岁。

① 王易《词曲史》,上海:东方出版社,1996年,第380—391页。
② 严迪昌著《清词史》,南京:江苏古籍出版社,1990年,第502页。

梁章钜①6 岁。

乾隆五十年乙巳(1785) 6 岁

本年,林则徐②、郭尚先③、萨察伦④出生。

乾隆五十四年己酉(1789) 10 岁

父叶观国以省视先茔请假归家。(参《叶观国年谱》)

乾隆五十七年壬子(1792) 13 岁

父叶观国九月初七日午时逝。(《行状》)

乾隆五十九年甲寅(1794) 15 岁

少即能为诗文。

> 《墓志铭》:"幼即倜傥,声如洪钟,稍长作诗文,辄有惊人语。"

本年,李彦章⑤出生。

---

① 梁章钜(1775—1849)字闳中,又字苣林、芷邻,晚号退庵,福建长乐人。嘉庆七年(1802)中进士。曾主讲南浦书院。在南浦开藤花吟馆,与闽中名流觞咏其间,后学诗于翁方纲,入宣南诗社。官至江苏巡抚、署理两江总督。著述多,有《藤花吟馆诗抄》、《退庵诗存》、《退庵文存》、《浪迹丛谈》、《退庵随笔》、《三国志旁证》、《称谓录》、《试艺丛话》、《制律丛话》等。

② 林则徐(1785—1850),福建侯官人,字元抚,又字少穆、石麟,晚号俟村老人、俟村退叟、七十二峰退叟、瓶泉居士、栎社散人等,清末政治家,以禁烟著,有《云左山房文集》等。林则徐与叶氏来往亲密,与申蔿、申万、申芗、敬昌等人交谊深厚,有书信往来、诗文唱和等。

③ 郭尚先(1785—1832),字元闻,又字兰石,福建莆田人。嘉庆十四年(1809)年与申芗同年进士,官至大理寺卿、礼部侍郎。工书擅画,精鉴别,擅临摹,有《芳坚馆题跋》、《增默庵遗集》等。

④ 萨察伦(1785—1826),原名虎拜,字肇文,号珠士,回族人,出生于侯官(今福建福州)。嘉庆九年(1804)举人,二十二年(1817)进士。挑取滇南县令,以病未赴,旋卒。孙萨嘉曦辑《珠光集》四卷。

⑤ 李彦章(1794—1836),字则文,一字兰卿,福建侯官人。嘉庆十六年(1811)进士,官至山东盐运使,工诗善书,著有《榕园全集》。

乾隆六十年乙卯(1795) 16 岁

是年,申蔼、申万同举于乡。

嘉庆二年丁巳(1797) 18 岁

正月初四,长子时昌生。(《族谱》)

嘉庆三年戊午(1798) 19 岁

二月十七日,二子景昌生。(《族谱》)

嘉庆四年己未(1799) 20 岁

补弟子员。(《墓志铭》)

嘉庆六年辛酉(1801) 22 岁

拔优贡生。(《族谱》)

嘉庆九年甲子(1804) 25 岁

中举。(《族谱》)

嘉庆十年乙丑(1805) 26 岁

是年当与申万一起参加会试,未中。是年,申万中进士,名次三甲
第一名,入翰林馆充庶吉士。(叶敬昌等撰《先考芷汀府君行状》)

《小庚词存》卷一起于是年。

十二月十九日,参加何氏红园东坡生日宴集,有词《念奴娇·东坡
先生生日集何氏红园》。

嘉庆十二年丁卯(1807) 28 岁

七月十六日,三子昺昌生。(《族谱》)

冬,再北上参加会试。

　　《沁园春·辛未改官后乞假归省留别芷汀六兄并题洪江送别
　　图》(《小庚词存》卷一)》:"忆丁卯冬,买洪塘舟,与君共登。笑棘
　　闱再试,初欣霓咏。"可知是第二次参加会试。

嘉庆十三年戊辰(1808) 29 岁

是年,四兄申葛参加吏部大挑考试,获一等,以知县试用派发江苏。(叶滋枢、叶修昌等撰《先考次幨府君行状》)

六兄申万散馆授检讨,充文颖馆纂修,欲迎养母曾氏至京,曾氏以北地严寒,且申芗在,不果行。(叶敬昌等撰《先考芷汀府君行状》)

九月初二,二兄申菜卒。(《族谱》)

嘉庆十四年己巳(1809) 30 岁

中进士,入词馆。(《墓志铭》)

> 同榜闽籍士子有:董正芳、廖鸿荃、廖鸿藻、叶申芗、江志鹏(闽县)、余廷珪(古田)、郭尚先、陈池养、陈云章(莆田)、孙珩(惠安)、张文化(连城)、魏茂林(龙岩)①。

嘉庆十五年庚午(1810) 31 岁

是年梁章钜以仪部主事家居,在南浦开藤花吟馆,倡结诗榭,并仿《西园雅集图》作《庚午雅集图》。参加者 13 人,申芗为其中之一。

> 林则徐《为梁芷邻方伯跋〈庚午雅集图〉后》(道光十年四月初九日):"图作于嘉庆十有五年,是时芷邻先生以仪部主事家居,既开藤花馆,倡结诗榭,复与图中十三人为文酒之会,因仿《西园雅集图》而为之记。则徐虽不与于会,然图中人皆吾所交,未尝不乐与数晨夕也。其次年,则徐官翰林,又三年而先生还朝,自是内裏枢机,外陟岳牧。由今以溯作图之年,盖二十寒暑矣。岁月不居,良会难再,十三人中今仅存其四。南皮昔游之感,黄公酒垆之悲,旧雨晨星,可胜慨哉!图旧藏叶小庚司马箧中,己丑冬小庚回闽,道经吴下,先生钟情朋旧,取而重摹之。明年四月则徐过苏,

---

① 福建省地方志编纂委员会编《福建省志·人物志》(上),北京:中国社会科学出版社,2003 年,第 651 页。

出以相示,且嘱题额,因识其缘起如右。噫!先生游历中外,交满四海,而于里中啸咏之侣,虽死生契阔,犹复惓惓若此,所谓久要不忘者,先生有焉,而况于立朝事君之大者哉!道光庚寅浴佛后一日,馆后学林则徐识于毗陵舟中。"①

申芗《秋怀八首(壬申)》其四:"更念高阳侣,文章尽妙年。言谈惬晨夕,笠屐遍林泉。避暑红云社,消寒白雪篇。幸携画图在,披玩辄欣然。"注云:"《庚午雅集图》时在余所。"(《诗存》)

按:梁章钜绘《庚午雅集图》,先由申芗藏,后梁取而重摹。两人先后曾请多人题诗,今一并附之。

林则徐《道光壬辰四月小庚年老前辈大人过任城出〈庚午雅集图〉重摹本见示并属题句灯下草草应命不值一粲》(道光十二年四月):"廿年鸿雪此重摹,省识高阳旧酒徒。休对清樽悲白发,应怜宿草感黄垆。倦游倍忆乡园乐,真面犹堪主客呼。何日四公同握手,(图中存者莲渚、芷林、砚樵、小庚四君子。)更听春鸟唤提壶。""有客披图自倡酬,如携旧侣共扁舟。豪情激宕惊□□,妙句推敲合拍浮。过我重携□□酒,酌君应上谪仙楼。□□□□山味,何碍头衔署醉侯。"(转引自 来新夏编著《林则徐年谱新编》。原谱按:《云左山房诗钞》未收此诗。《诗选》据林家溱先生从林公手书真迹传录,第二首字有漫漶。)②

陶澍《题梁茞邻〈庚午雅集图〉》:"馆辟藤花敞四筵,十三人已画中传。(凡十三人,皆闽产。)名流雅集西园记,妙墨新图北苑禅。挥洒杯盘同落拓,沾濡草树亦因缘。人间此会疑仙饮,独羡

① 林则徐全集编辑委员会编《林则徐全集·文录卷》(第5册),福州:海峡文艺出版社,2002年,第382页。
② 来新夏编著《林则徐年谱新编》,天津:南开大学出版社,1997年,第171页。

330

先生笔似椽。（诸人多饮酒,独茝邻像操管吟咏。)"①

　　梁云镛《沁园春·题叶小庚太守与茝邻兄庚午雅集图》:"廿载神交,雁柱弦间,怀哉友声。溯西园雅集,□□□□,旋逐蓬萍。闽峤停云,吴江寒雨,剪烛秋窗梦不成。披旧卷、喜重亲颜色,遥寄嘤鸣。　季鹰。归为莼羹。拟把盏同班昔日荆。叹乌衣游迹,半荒夕照,白莲社侣,各散晨星。雪月花时,琴诗酒伴,忍向山阳笛里听。留粉本、待茱萸好会,还订新盟。"(《词综补遗》卷三十)②

七月十五日,四子旭昌生。(《族谱》)
嘉庆十六年辛未(1811) 32 岁
正月二十七日,长兄申蕃卒。(《族谱》)
七月,散馆改外。秋,出任南昌府武宁县知县,后改知云南富民县。

　　叶敬昌③等《先考芝汀府君行状》:"庚午不孝敬昌举于乡,辛未礼闱报罢。时七叔父方留都散馆。府君悬念大母,即促不孝归省。是秋七叔父出宰富民。"(《三山叶氏祀录》卷二)

先乞假归省,与申万别。有《沁园春·辛未改官后乞假归省留别芝汀六兄并题洪江送别图》。(《小庚词存》卷一)

---

① 陶澍著《陶澍集》下,长沙:岳麓书社,1998 年,第 575 页。
② (清)丁绍仪《清词综补(附续编)》,北京:中华书局,1986 年,第 562 页。梁云镛,字兰生,福建长乐人。嘉庆二十四年(1819)举人,官福宁教授。
③ 叶敬昌(1791—1852),原名敏昌,字懋勤,号芸卿,申万长子,行五。嘉庆十五年(1810)举人,后任景山官学教习。二十四年(1819)进士,入翰林院充庶吉士,为叶氏家族第三代翰林。散馆后选吏部考功司主事,记名军机章京考功员外郎即中,掌文选司印,京察一等。又任江苏松江府。道光十四年(1834)任湖北荆州府知府。十五年迁湖南永州府知府。道光十九年(1839)任湖北盐法武昌道,署湖北按察使司、湖北布政使司。

作《二乐图》，以读书、饮酒为乐。林则徐撰联致贺，萨察伦、张岳崧等有诗送行。九日九日出都，与杨惠元、李彦章别。

林则徐《酬叶小庚司马申芗》："检点旧图题二乐。"自注："小庚有《二乐图》，谓读书、饮酒也。"

《小庚词存》卷一《沁园春·自题二乐园》："文字生涯，醉乡日月，消受清闲事事宜。君休笑，任相呼醉汉，或目书痴。"《满江红·九日出都留别杨蓉峰前辈李兰卿舍人》："地角天涯，谁禁得、几番离别。争奈是，销魂况值，蓟门秋色。"按：杨惠元，字蓉峰。梁章钜《楹联丛话》卷六："余由东皋擢藩吴中，途出泰安，杨蓉峰太守(惠元)延余宿岱庙中。"①

又《林则徐日记》(嘉庆十八年五月十六日)云："得差者放出，其已曾得差者即不再放。吾乡与考试差共有八人，杨蓉峰、廖钰夫皆曾乡会分房，因此扣留，颇为不值。"又同月二十日："二十日(6月18日)，晴。杨蓉峰(惠元)太母寿辰，在宴汇堂演剧，往祝寿，即留观剧。"可知杨亦为闽人②。

萨察伦《题二乐图送叶培根(申芗)改官滇南》："培根太史吾老友，藉酒浇书书下酒。生平只此博真乐，魂磊胸中复何有？少年射策金马门，承恩珥笔登词垣。秘府有书窥万卷，玉堂有酒醉千樽。先生得官真得意，谓可行吾昔所志。高吟纵饮正酣嬉，滇南忽报须循吏。""帝云循吏宜醇儒，不许书生安酒徒。一朝檄下教出宰，轺车经筍驱长途。士元才岂止百里，醉眠且为苍生起。宰相原须用读书，以治一邑无难耳。或喜所治称富民，民既富矣

① （清）梁章钜等编著，白化文、李鼎霞点校《楹联丛话全编》，北京：北京出版社，1996年，第60页。
② 《林则徐全集·日记卷》（第9册），福州：海峡文艺出版社，2002年，第19页。

官宁贫。君言但得买书买酒足,留与清风对故人。"(《珠光集》卷二)①

张岳崧《二乐图为叶培根同年作》:"河朔一携手,及君觞咏娱。推篷湖水中,遇君如画图。(予与培根同年相遇苏州阊门。)君家富楹书,棣鄂皆酒徒。一卷尽一杯,醉倒蛾眉扶。昔年集英去,高句惊蓬壶。今年滇南行,烹鲜乃龙屠。二者亦偶尔,迥然菀与枯。譬书与酒味,适意宁悬殊。我生坐书癖,拚醉聊歌呼。百城惭腹撑,三爵虞首濡。书债与酒债,往往惊追捕。披图对君笑,奕奕看鬓须。行矣君自爱,努力宏远谟。莫惜精进功,为慰同人盱。语久黑云黯,雨霉堆篷粗。明朝放棹去,猎猎风吹蒲。(《筠心堂诗集》卷一)②

李彦章《榕园全集·都门旧草》卷上有《叶培根明府改官滇中赋此送行》③。

林则徐:"人自玉堂来,吏亦称仙原不俗;神从金马至,民能使富莫忧贫。"(《林则徐联集》)按:"玉堂","金马",代指翰林院。又,云南昆明有金马山及金马神传说。"民能使富"嵌入"富民"县名。

经江苏,与四兄申蔼聚,旋而离别。(卷一《沁园春·淮上留别次幔四兄》)

---

①　萨察伦《珠光集》卷二,清宣统二年(1910)福州萨氏一砚斋刊本。
②　张岳崧著,郭祥文点校《筠心堂集》,海南出版社,2006,第10—11页。张岳崧(1773—1842),字子骏,又字翰山、懈山,号觉庵、指山,也号指生,海南安定县人,祖籍福建莆田。嘉庆己巳(1809)科进士,以一甲第三名及第,海南史上唯一探花郎。历任翰林院编修、国史馆协修、会试同考官、文颖馆纂修、教习庶吉士、四川乡试正考官、陕甘学政、文渊阁校理、翰林院侍讲、江苏常镇通海兵备道、两浙盐运使、大理寺少卿、詹事府詹事、湖北布政使、湖北护理巡抚等职。同林则徐交谊极深,支持严禁鸦片。饱才博学,著有《筠心堂文集》十卷,《筠心堂诗集》四卷,《运河北行记》一卷,《训士录》一卷。
③　李彦章《榕园全集》,道光刻本。

嘉庆十七年壬申（1812） 33 岁

云南任上。

二月，迎母曾氏至云南。

> 叶敬昌等《先芷汀府君行状》："七叔父……壬申二月，遂奉
> 大母至滇。"

编年：诗《秋怀八首》怀兄长友朋。（《诗存》卷上）

九月九日，有词《满江红·壬申九日累前韵》。

嘉庆十八年癸酉（1813） 34 岁

五月，申芗任湖南乡试副考官。（叶敬昌等撰《先考芷汀府君行
状》）

申芗任云南乡试同考官。（《族谱》）主考官为同年戴鼎恒①。试竣
戴返京，申芗有词《水调歌头·癸酉送同年戴春溪舍人差旋》送
之，戴亦有和作。

> 戴鼎恒《小庚词存题辞》："词客前身谪仙，今日酒酣，能不悲
> 歌。江湖魏阙，人事别离多。多少凄酸感慨，都谱入激楚阳阿。
> 拈豪处，声偷字减，秦柳问如何？ 消磨情万种，卅年一霎，驹
> 影蹉跎。只赢得新词、一卷争哦。我亦名场落拓，回头认、春梦成
> 婆娑。喜见天涯同调，黄绢几摩挲。"按，由"人事别离多"，当为
> 离别之词。

六月初二，林则徐作书复申芗。

---

① 戴鼎恒，字子京，一字春溪，浙江乌程人。嘉庆十四年（1809）进士，官江西南康
府知府，有《玲珑山馆词》，参叶恭绰《全清词钞》卷十七，第834页。

《林则徐日记》(嘉庆十八年六月初二):"作书复叶培根明府申芗,并致陈望坡廉访,俱托叶芷汀带往湖南转寄。"①

秋,游云芝山,有诗《癸酉秋日游云芝山登上下净室》。
郭尚先为作《叶母曾太宜人六十寿序》

郭嗣蕃编《兰石公年谱》:"十八年癸酉二十九岁……代作闽县同年叶培根申芗母曾太宜人六十寿序。"②

嘉庆十九年甲戌(1814) 35 岁
云南任上。
申万补山东道监察御史,转掌山西道,不久掌京畿道兼巡街道。(《先考芷汀府君行状》)
嘉庆二十年乙亥(1815) 36 岁
云南任上。
九月九日,与景谦③等人游龙泉观,有诗《乙亥九日陪监司诸公游龙泉观(观为景福泉新修)》(《诗存》卷上)。同年又有《和景福泉(谦)龙江双舫原韵(时任云南府)》。
嘉庆二十一年丙子(1816) 37 岁
六月十六日,林则徐复书致申芗。

《林则徐日记》(嘉庆二十一年六月十六日):"复叶次幔、培

① 林则徐全集编辑委员会编《林则徐全集·日记卷》(第9册),福州:海峡文艺出版社,2002年,第20页。
② 郭嗣蕃编《兰石公年谱》,《北京图书馆藏珍本年谱丛刊》(第138册),北京图书馆。
③ 景谦,字福泉,籍贯、生平不详,此时当任云南观察使。

根两书。"①

嘉庆二十二年丁丑(1817) 38 岁
五月十八日,五兄申苞卒。(《族谱》)
嘉庆二十三年戊寅(1818) 39 岁
任云南乡试同考官。(《族谱》)
九月,申万授广西庆远府知府,距在云南的母亲与申芗近,因悦。

> 叶敬昌等《先考芷汀府君行状》:"庆远虽边隅,然府君以大母在滇,迎养最便,心甚乐之。濒行绘《桂山迎养图》,系之以诗。"

冬,由富民县知县改任东川府巧家(今云南昭通市巧家县)同知,腊日抵巧家。

> 《赴巧家任(戊寅)》:"富民(余前治邑)差可容穷吏,拙宦何修得巧家。"又有诗《东川道中》、《腊日到巧家》,词有《解语花·晓行》、《绮罗香·东川道中》。
> 按:据昭通市志办编《昭通旧志汇编》一书《巧家同知题名表》载,申芗两度任巧家同知。分别为"嘉庆二十二年九月到任,二十四年八月交卸"、"道光五年二月复任,八月交卸"。申芗首抵巧家当在本年腊月。另,该表将申芗籍贯误记为"山东"。②

嘉庆二十四年己卯(1819) 40 岁

---

① 林则徐全集编辑委员会编《林则徐全集·日记卷》(第9册),第62页。
② 昭通市志办编《昭通旧志汇编》(二),昆明:云南人民出版社,2006年,第592页。

云南东川府巧家县同知任上。

生日有词《一尊红·己卯四十初度》。

是年充云南乡试(秋闱)同考官。林则徐为正考官,吴慈鹤(巢松)①为副考官。

> 来新夏《林则徐年谱新编》(嘉庆二十四年):"闰四月二十七日,林则徐派充云南乡试正考官。吴慈鹤(巢松)为副考官。"又"五月初八日,林则徐起程出都。"又"八月初一日,林则徐抵达昆明。"又"十二月十七日,林则徐返京复命。"②

申芗有《己卯监试内帘呈主试林少穆(则徐)吴巢松(慈鹤)两同年》,念与两人情谊,叹滞留云南。林则徐作《酬叶小庚司马申芗》。

> 林则徐《酬叶小庚司马申芗》:"不负行滕万里天,故人衣?袂此重联。边城忽聚风云气,初地仍论翰墨缘。检点旧图题二乐,(小庚有《二乐图》,谓读书、饮酒也。)峥嵘新秩报三迁。平生别绪从头话,赠句洪乔又几年。(壬申春,君自闽来滇,仆有诗赠行,君尚藏之。)""何止蛮荒颂政声,筹戎曾驻亚夫营。韬钤指画边防策,岸狱料量小丑情。(君从军临安,谳狱以万计。)荐剡频邀天语奖,彩衣还为老亲荣。莫辞官况清于水,不是沽名是爱名。""西清小谪岂蹉跎,上界文昌管领多。家世三传皆玉署,(君家三世已四翰林矣。)门墙双彦又銮坡。(两科房首皆馆选。)高秋月

---

① 吴慈鹤(1778—1826),字韵皋,号巢松,江苏吴县人。嘉庆十四年(1809)进士,官至翰林院侍讲。喜游览,好诗词。著有《岑华居士兰鲸录》、《凤巢山樵求是录》、《凤巢山樵求是二录》、《岑华居士外集》、《岑华馆词》、《凤巢山樵词》。生平事迹见《清史列传》卷七二《文苑传》三、张维屏《国朝诗人征略》卷五八、《全清词钞》卷一七、张慧剑《明清江苏文人年表》、《清诗纪事》嘉庆朝卷。

② 来新夏编著《林则徐年谱新编》,第87—94页。

府延前席,(再与分校,一监试内帘。)旧曲霓裳谱大罗。(四科主司,皆君同籍。)难使文人忘结习,等身书卷重摩挲。""谁料沉沉锁院深,四人同作故乡音。(此次闱中,予与君及江心葵、刘右湖皆同里。)枌榆远结三山梦,桃李新添六诏阴。鸿为霜余留旧爪,燕随秋去感归心。迟君五马东华道,旧雨金台一再寻。"(《己卯以后诗稿》)①

约是年,申芗从申芗处迎母亲曾氏至广西。

　　《后秋怀八首(庚辰)》其一:"北堂遥在望,翘首白云高。"其二:"忆昨嘉平吉,东征奉母欢。近移曹毂养,远就伯仁官。天净滇云迥,霜澄桂水寒。好凭鳞羽便,时为报平安。"按:此诗作于次年,"北堂"代指母亲,"桂水"指广西。由诗意可知曾氏已不在云南。

嘉庆二十五年庚辰(1820) 41 岁
云南任上。
秋,申芗作《后秋怀八首》怀母亲、兄弟、子女。

　　《后秋怀八首(庚辰)》序:"久淹留滇会,暂佐开阳,叹宦海之徒劳,念天伦而弥笃,八章延续,再咏斯赓。"

道光元年辛巳(1821) 42 岁
云南任满,欲入京后归家。

　　① 林则徐全集编辑委员会编《林则徐全集·诗词卷》(第6册),福州:海峡文艺出版社,2002年,第125—126页。

《卸安平篆述怀》其一:"除书捧到欲朝天,底事勾留又一年。乞郡幸为将母计,分符愧乏驭民权。"其四:"头衔漫说历三迁,宦海俄看已十年。……桂山云绕斑衣梦,榕峤波沉尺素笺。誓墓未能劳怅望,长安遥在日东边。"按:申芗1811年散馆改外,此年恰好十年整。"斑衣戏彩"为孝亲典故,"誓墓"为去官归隐之典。《辛巳北观留别诸同好》其四:"望阙均修觐,循陔藉省亲。归期应预计,来岁柳条新。"

约夏初,亲家吴观乐(和庭)①由湖北至云南采矿。申芗与之聚,旋别入京。

《辛巳北观留别诸同好》其三:"宦况久能淡,交情别延真。邮筒诗每得,尊酒话频亲。况我闽山旧,来往楚水滨。阔怅犹未叙,离思为重申。"注云:"吴和庭亲家近由楚北采铜来滇。"不久,又有诗《易隆寄怀吴和庭(观乐)明府》:"分手易为别,别来情转深。……暑雨凉侵袂,闲云朗在襟。"

与郑心一②结伴同行。

《辛巳北观留别诸同好》其四:"好是同行侣,联交阅八春。健谈能破闷,佳句动惊人。"注云:"与郑渔帆太守结伴同行。"《端午和郑渔帆(心一)太守》:"客里逢佳节,销愁赖酒功。"

---

① 吴观乐,生卒年不详,字嗣衡,又字和庭,闽县人。乾隆五十七年(1792年)举人,代理秀水、嘉善、金华、江山、黄岩、天门诸县知县,都能尽心民事,政声卓著。以服丧去职,服满到湖北任职。不久以疾归乡,后去世。(张天禄主编,福州市地方志编纂委员会编《福州人名志》,海潮摄影艺术出版社,2007年,第127页。)

② 郑心一,字渔帆,浙江桐乡人,以名幕起家,官袁州太守。

五月前后,由云南平彝经云贵边界庚戌桥入贵州。经贵州普安县
(今贵州省黔西南布依族苗族自治州普安县)、安顺市、镇远等地。

> 诗先后有《平彝道中》、《旅枕闻雨》、《庚戌桥》(按:清廷为纪
> 念鄂尔泰"改土归流"的功绩,于云贵边界所建,雍正命名为"庚
> 戌桥")、《普安道中闻蝉》、《白水河观瀑》(即今黄果树瀑布,位于
> 安顺市镇宁布依族苗族自治县)、《端午和郑渔帆(心一)太守》、
> 《喜霁》、《石版房和壁间韵》、《苦热得雨》、《黔东山行》、《续梦中
> 句》、《镇远道中》、《清溪舟夜闻雨》、《喜涨》、《苦风》。词有《水
> 调歌头·辛巳初度题黔南驿壁》。

由沅水入湖南,经桃源县。

> 《芷江舟中》:"颇厌山程苦,偏欣水驿便。扁舟下沅芷,旅梦
> 隔黔滇。"又有诗《石溪道中》、《桃源》。

秋末,道经江苏。时四兄申蔿任江苏奉贤知县,再约三兄申蔚至。
兄弟三人相见欢聚一月,离开时已是冬季。

> 叶修昌等《先考次幔府君行状》(申蔿):"辛巳秋,遥谂七季
> 父将以滇差入都,路出江左,因遣奉三父亦来吴,相见欢聚弥月,
> 出入无少离。"
> 《满庭芳·高邮遇雪》:"迎春送腊,兀坐对扁舟。连日严阴
> 酿雪,侵寻是、寒透重裘。"

是年,申万授广东高廉兵备道。(《先考芷汀府君行状》)
道光二年壬午(1822) 43 岁

途中病,有诗寄梁章钜。(《都寓病起简梁紫邻章钜前辈》)
抵京后再授云南之职。

> 按:约道光五年有《卸广南篆归途杂咏》诗。结合《族谱》所载官职,此次任职可能为广南府知府。

返滇,夏经广州,与申万短暂相聚旋别。

> 《渔家傲·羊城留别芷汀六兄》:"江上木棉花正吐。千万树。红云遮断羊城路。"按:羊城,指广州。由词意所绘木棉盛开景象可知为夏季。又云:"十载分离旬日聚。肠断处,鹧鸪声急斜阳暮。"

秋,作《秋雁(壬午)》组诗,《小庚诗存》卷下起于是诗。
道光三年癸未(1823) 44 岁
云南任上,事简闲暇。

> 《郡斋遣怀》其一:"郡斋无事简将迎,棐几湘帘位置清。摊饭午眠籐簟滑,斗茶晨坐竹炉鸣。自抄花谱贪消遣,细校医经学养生。对客惟谈风月好,高闲差不异蓬瀛。"《首夏即事(癸未)》诗意亦闲适悠然。

郭尚先为作《叶母曾太夫人七十寿序》。

> 郭嗣蕃编《兰石公年谱》:"三年癸未三十九岁……又作同年侯官叶培根申芗母曾太夫人七十寿序。"

341

秋,有诗《重阳》《对菊》《老圃》《嘲菊》。

因公至贵州开阳,有诗呈何兰汀①。(《于役开阳呈何墨香兰汀前辈》)途中有诗《有感》《乐龙晓发》《曲江道中》。

十二月十五日,三兄申蔚卒。(《族谱》)

道光四年甲申(1824) 45 岁

云南任上。

春,吴观乐改官湖北,有诗送之。

>《送吴和庭旋楚(甲申)》:"与君把袂魏塘雪,痛饮通宵醉中别。与君再醉浙江潮,画鼓频挝舟不发。……瓯岭草深鹧鸪语,滇山花落鹧鸪啼。……君行恰值元宵节,吟取新诗付驿还。"《五里桥再送和庭口占》:"联袂三年使,分襟五里桥。离情春草远,诗思断云飘。何日重携手,他年愧折腰。客中还送客,魂倍黯然销。"据二诗意,申芗此时可能不在云南而在浙江,然不知何时因何事至此。

杨鹤书②入都,有诗送之。(《送杨飞泉鹤书明府领运入都》)

道光五年乙酉(1825) 46 岁

春,广南县任满,回里闲居约半年。

>《卸广南篆归途杂咏》其一:"假守期年代,归邮千里赊。优闲初罢郡,辛苦屡携家。"《夏斋排闷》其一:"偶托寻医暇,萧斋夏日长。……养闲将半载,浑欲忘名场。"

---

① 何兰汀,字雨堂,号墨香,浙江山阴人,嘉庆壬戌(1802)进士。性刚正,博学能文,尤工制艺。历任福建顺昌县、泉州知县,云南开化府知府。

② 杨鹤书(1781—?),字飞泉,又字漱玉,福建瓯宁人,嘉庆十九年(1814)进士。(江庆柏编著《清代人物生卒年表》,人民文学出版社,2005 年,第 259 页。)

约夏,再授云南之职,返滇。

与黎永赞①、黄久炜同游广福寺(位于今云南镇南县城),泛舟东湖。

> 有诗《于役泸西黎秪塘(永赞)刺史邀仝黄彤轩(久炜)大令
> 登广福寺泛舟东湖》、《重游东湖和秪塘元韵》,词《凤凰台上忆吹
> 箫·重游泸西州东湖》。

冬,移居双水塘。

《仲冬移寓双水塘》:"远宦谋真拙,劳生养久疏。恋闲频请告,襄病
为移居。"按:昆明青龙巷旧名双水塘。

道光六年丙戌(1826) 47 岁

云南任上,曾至云南东北部大关县。

> 《大关杂咏(丙戌)》:"屡作滇东吏,频分剧郡符。路难连蜀
> 道,俗陋旧夷区。"又有词《满江红·丙戌初到大关作》。
>
> 是年,申蔼辞官归里。(《先考次幔府君行状》)

道光七年丁亥(1827) 48 岁

云南任上。

春,与硕庆②、阮克竣③游定光寺。(《立春前二日偕硕味农阮谷帘
定光寺访茶花,味农索和题壁赋此塞责》)

---

① 黎永赞,字秪塘,辽宁锦县人,隶汉军正黄旗。嘉庆二十二年(1817)进士,分发
云南,到滇甫一载,因公出省遍游名胜,每遇佳山水即流连不去,诗情豪放。(参马清福
著《东北文学史》,春风文艺出版社,1992 年,第434 页。)

② 硕庆,字味农,满人,曾任云南地方官。

③ 阮克竣,字谷帘,生卒年不详,曾任湖北襄阳知县。

修葺舫斋。

> 《新葺舫斋即事》："斗室安排异昔今，经旬结构颇营心。……移花乞讨忙奚事，半载瓜期转瞬临。"

阮克峻旋楚，有诗送之。（《送阮谷帘克峻明府差竣旋楚》）
与梁章钜、林则徐书信往来，以词代书。

> 《高阳台·连得梁茝林廉使林少穆齰院手书感赋茝林书有安得好风吹近一方语故及之》、《汉宫春茝林来书以汉双瓦砚拓本缘始索诗赋此以代砚为纪文达公所贻》。

领命入京。

> 《春后领运丁亥京铜留别诸同好》其一："久宦南荒意亦阑，欣逢奉使暂离官。巴江春涨乘槎便，扬子秋涛倚棹看。万里壮游诗料好，二年远役酒怀宽。且夸百万舟装富，奚必兴歌行路难。"其二："休对离觞泪便倾，此行端喜到春明。"可知申芗离滇而喜。

《小庚诗存》、《小庚词存》卷一迄于是年。
道光八年戊子（1828）49 岁
《小庚词存》卷二起于是年。
春，沿川江、荆江、汉江，历四川、湖北。夏五月，在湖北武汉登黄鹤楼，遇李俦农太守。至金陵、扬州（中秋后）。途中得梁章钜和林则徐书。经湖南桃源县。

> 《过秦楼·川江到宜昌为出险舟中始有帆樯锚舻之设词以纪

之》:"值桃花新涨,把瞿塘滟滪,换做康庄。"是为春季。《洞仙歌·荆江晓行》、《摸鱼儿·石首阻风》:"蜀江已快乘槎便,休怨停舟荆水。怡然喜。况为我、驱除烦暑回天气。"石首位于湖北省中南部,由词知为夏季。《烛影摇红由荆江入汉江南望洞庭作》:"浪迹天涯,半生鸿爪纷纷似。此行为补游踪,巴郢三千里。"戊子初度,登黄鹤楼,夏在武汉。《水龙吟·武昌留别李侪农太守》、《南楼令·舟中望采石》、《南乡子·陈洲阻风》、《满江红·金陵书怀》、《烛影摇红·得蒀林方伯手书以近刻诸种见赠并邀苏门之游赋此奉答》、《扬州慢·平山堂》、《珍珠帘·桃源夜行》。

道光九年己丑(1829) 50 岁

七月,顾莼为《天籁轩词谱》作序。(《天籁轩词谱顾序》)

八月初五,母曾氏因脾泄之疾病逝于申万官邸,申万料理后事扶柩归里。

> 叶敬昌等撰《先考芷汀府君行状》:"己丑春,以秩满例应入都,受代者至,即奉大母之省,部署便行有日矣。大母适得脾泄之疾,府君忧虑不欲行,……大母卒因虚泄,于是秋八月弃养。犹幸府君未行,身后之事得躬亲之,无遗憾。不孝敬昌……比到家,府君自粤扶樑至,丧事所须,得资为理。"
>
> 叶申万、叶申芗撰《曾太夫人行述》:"太夫人生于乾隆十九年四月十二日子时,痛于道光九年八月初五日寅时,考终广东省邸内寝,享寿七十有六。"
>
> 林则徐有《祭叶芷汀太母文》。(《云左山房文钞》卷三)①

---

① 林则徐全集编辑委员会编《林则徐全集·文录卷》(第 5 册),福州:海峡文艺出版社,2002 年,第 490 页。

申芑丁母忧归里。道经江苏时,时梁章钜为江苏巡抚,梁取申芑所藏《庚午雅集图》重摹。

> 林则徐《为梁芷邻方伯跋〈庚午雅集图〉后》(道光十年四月初九日):"图旧藏叶小庚司马箧中,己丑冬小庚回闽,道经吴下,先生钟情朋旧,取而重摹之。明年四月则徐过苏,出以相示,且嘱题额,因识其缘起如右。"

> 叶修昌等《先考次幔府君行状》(申蔼):"及假归,而六季父、七季父寻亦旋里,晨夕晤乐,以为暮年得此至幸也。"

道光十年庚寅(1830)51岁
丁母忧家居。
仲夏,葬母于观国茔。

> 叶敬昌等撰《先考芷汀府君行状》:"庚寅仲夏,祔葬大母于先大父之茔。"

道光十一年辛卯(1831)52岁
丁母忧家居。
三月,申万次子斌昌因痨疾殁于京都,申万心伤,四月念三日因中风去世。(叶敬昌《先考芷汀府君行状》)

道光十二年壬辰(1832)53岁
春,由福州返都。

> 《渔家傲·壬辰北上》:"春水方生春草碧,扁舟又作辞乡客。"

经浙江富阳。(《鹧鸪天·富阳道中》)

四月间,与林则徐相晤于山东济宁,申芗出示《庚午雅集图》摹本,林应请题诗。

> 详嘉庆十五年谱。

约九月,至京都。(《南楼令·抵都门》)

与友生英晤谈,出示《小庚词存》一册。友读后为之序。

> 友生英《小庚词存序》:"余素不习倚声,而好读北宋词,以其豪壮多喜也。壬辰小庚来都,晤谈间出所著《词存》一册相证,读之神为一爽,知其沈酣于此者久矣,为识数语而归之。季秋之月望日,友生英和书于潮流垂荫之居。"

结识潘曾莹①、潘曾绶②兄弟,有多首题画词。

> 《沁园春·潘星斋藤花馆填词图》、《一剪梅·潘绂庭兰闺唱和图》、《南楼令·绂庭嘱题秋林琴趣图》《采桑子·梅花双影图为星斋赋》

---

① 潘曾莹(1808—1878),字申甫,别字星斋。江苏吴县人。道光进士。咸丰时官吏部左侍郎。书学米芾、赵孟頫。画以青藤为宗;工诗词,尤长史学。著有《题画诗》、《画识》、《画品》、《画寄》、《墨缘小录》、《小欧波馆文钞》及诗钞、词钞。(吴海林、李延沛《中国历史人物辞典》,第 720 页。)

② 潘曾绶(1810—1883)近代诗人。字绂庭,初名曾鉴。江苏吴县人。潘祖荫父。潘曾沂、曾莹弟。道光二十年(1840)举人,考授内阁中书,官至内阁侍读,以父前大学士潘世恩年高久致仕,遂引疾乞归养。父丧服除,不复仕。后以子祖荫贵,就养京师,优游文史,宏奖后进,布衣萧然,无异寒素。老病杜门。著有《陔兰书屋诗集》六卷、补遗一卷,《陔兰书屋文集》一卷。

秋,与同年登陶然亭。(《柳梢青·秋日陪诸同年登陶然亭》)

秋末,授浙江绍兴府知府,后改宁波府知府。

> 《山亭宴·和戴春义礼部赠别元韵》:"征衫惯渍燕台酒。举离觞、别愁今又。去作浙东游,佳山水、何妨住久。"又《风流子·鳌阳阻雪》:"而今重捧檄,山阴道,剩对岩壑清佳。况有兰亭名胜,禹穴幽遐。"按:"山阴道"、"兰亭名胜"、"禹穴幽遐"均言浙江绍兴。

途经河北白沟(今河北省高碑店市)。(《醉太平·白沟晓发》)

冬,经山东新泰、临沂。

> 《风流子·鳌阳阻雪》按:鳌阳位于今山东新泰市东南部,处"鳌山"之南。又有《霜天晓角·沂河闻雁》词。

在江苏扬州宝应县遇陈銮①。(《摸鱼儿·宝应阻冻遇陈芝楣太守》)

途中词作又有《金缕曲·旅枕闻隔院琵琶》、《南歌子·平原夜行》《南歌子·连日翻车戏赋》、《浪淘沙》、《齐天乐·雪后于役浙东》。

道光十三年癸巳(1833) 54岁

浙江任上。

---

① 陈銮(1786—1839)字芝楣,湖北江夏(今武昌)人,嘉庆末进士。历官至江西、浙江、江苏布政使及巡抚,代署两江总督。

除夕,在宁波,招饮冯登府①。(《花心动·甬东除夕招冯柳东太史小饮》)

将妻儿安于临安(杭州),初七归,官命下,再离家人赴宁波。正月十五经余姚。

    《瑞鹤仙·癸巳元夕余姚舟中》:"岁华惊浪掷。记雁后,初归刚逢人日。湖山壮春色,拟芳游饱看;临安灯节。官符火急。又催度,西与水驿。坐乌篷,重过山阴,万壑千岩曾识。"

    冯登府《瑞鹤仙·和叶小庚司马元宵姚江舟中对月怀远之作》:"明蟾催上也。唤初三,初四扁舟重下。落潮帆才卸。正柳梢叶动,玉梅花谢。金钱买夜。听十棒、春城鼓打。对一丸,荡出玻璃,几点渔灯蟹合。   愁惹九仙烟寺,七塔风铃,三山春社。乡心罗帕。知谁共,酒边话。任蛾儿歌缓,江儿水涨,容易香销烛灺。问何如,雪艇垂虹,小红唱罢。"(注:"初三"、"初四",川官二仆台,见《贵耳集》。)②

丽水知府陆玉书③赠画竹。(《水龙吟·谢陆綮田司马五色画竹》)

---

    ① 冯登府(1783—1841),字云伯,号茗园,又号柳东,浙江嘉兴人。嘉庆二十五年(1820)进士,选庶吉士,曾任福建将乐县知县,宁波府学教授。中年治经,兼通金石文字,有《石经补考》、《金屑录》、《石余录》、《三家诗异文疏证》、《论语异文疏证》、《十三经诂答问》、《闽中金石志》等。工诗词杂文,有《石经阁文集》、《拜竹龛诗存》、《种芸仙馆词》、《浙西后六家词选》、《梅里词辑》等。(《浙江简志·浙江人物简志》中,第368页。)

    ② 冯登府《种芸仙馆词》,陈乃乾辑《清名家词》第七卷,上海书店出版社,第665页。

    ③ 陆玉书,字綮田,江苏江宁府六合县人。清朝乾隆壬子科(1792)举人。历任浙江富阳、钱塘(今杭州市区)知县。道光二年至七年(1822至1827)前后两次任玉环厅同知,皆有政声。后升处州(今丽水市)知府。工画兰竹,颇能自出新意。(政协浙江省玉环县委员会文史资料研究委员会《玉环文史资料》第4辑1988年,第1页)

同乡杨庆琛①经浙江,有词送别。(《念奴娇·步张仲甫②舍人韵送杨雪椒比部》)

象山知县童立成③赴闽,有词送之。(《满江红·送童楚翘明府赴闽海运》)

经杭州桐庐。(《眼儿媚·桐庐道中》)

端午在金华兰溪。(《南楼令·端节小住兰溪》)

结识石同福④。石为《小庚词》题辞。

> 《摸鱼儿·和石敦夫司马见题词存》:"念平生、交缘最浅。蓬萍踪迹行遍。与君把袂蓬莱阁,便尔殷勤青眼。交贫贱。君不见、古人倾盖情何限。相见恨晚。拟尊酒论文,联床话雨,更把烛频剪。"

---

① 杨庆琛(1783—1867)原名际春,改名庆琛,字廷之,号雪苓,又作雪椒,晚年自号绛雪老人,福建福州人。嘉庆九年(1804)中举,历官内外,足迹半中国,官至光禄寺卿,道光二十三年(1843)致仕归里,以病老终。著有《绛雪山房诗抄》二十卷、《绛雪山房诗续抄》六卷。

② 张应昌(1790—1874)字仲甫,晚号寄庵,浙江钱塘(今杭州市)人。嘉庆十五年(1810)中举,历任实录馆誊录,录嘉庆皇帝实录。道光六年(1826),将补官而发病。病愈后回籍,闭户著述,著有《春秋属辞辨例编》八十卷。曾编选《国朝诗铎》(即《清诗铎》),著有《彝寿轩诗抄》一二卷、词集《烟波渔唱》四卷、《寄庵杂著》二卷、《补正南北史识小录》二八卷等。(浙江省社会科学院编著《浙江人物志》中,浙江人民出版社,1986年,第375页。)

③ 童立成,字楚翘,崇明人。道光八年(1828),由举人任浙江象山知县,在任四年。道光十四年(1834)主修《象山县志》。后任萧山、青田知县。

④ 石同福,苏州府吴县人,字叙民,号敦夫,石韫玉子。由浙江山阴知县历官至广西梧州知府。著有《瘦竹幽花之馆诗存》八卷《瘦竹幽花馆词》二卷,仅有稿本存世,被认为是吴中词派词人之一。其妻席慧文,清才女。字怡珊,号印苍。渑池(今属河南省)人。知府席椿女。娴吟咏,善弹琴,通音律,工花卉,尤精隶书,能写径尺大字。著有《瑶草珠华阁诗抄》四卷,今尚存。(沙先一著《清代吴中词派研究》,人民文学出版社,2004年。)

胡元熙①赠墨,有词谢之。(《天香谢·胡篆农太守惠墨》)

有词和林则徐题伊念曾②画。(《壶中天·和少穆中丞韵题伊少沂江阁展书图》)

秋,经台州桐江。

> 《金缕曲·桐江书怀》:"倦听秋蝉咽。送征帆,半江碧浪满山红,问我劳踪何日歇。买棹又来东浙,空自叹、年年伤别。"

为沈成斋画题词。(《浪淘沙·沈成斋县尉西藏从戎图》)

有词和陆继辂③。(《金缕曲·和陆祈孙明府见赠》)

秋,经江西鹰潭、婺源。

> 《谒金门·鹰潭晚眺》、《一剪梅·婺源即事》、《满庭芳·婺江石境滩》、《齐天乐·婺源谭公岭》

冬,经安徽歙县。(《满江红·歙溪即事》)

---

① 胡元熙,字篆农,徽商之子。举人。历任衢州、湖州、嘉兴、严州、处州、杭州等地知府,由兵部郎中任杭州知府,善断疑案。因病归,在籍出巨资建书院,造试院,修府、县学宫,重建府河西桥,积劳成疾卒。

② 伊念曾(1790—1861)字少沂,号梅石,福建宁化人。秉绶子。嘉庆十八年(1813)拔贡,官严州同知。善书画,工篆、隶、镌刻,兼写山水、梅花。于诗亦有所长,著有《守研斋诗钞》。

③ 陆继辂(1772—1834)字祈孙,一字修平,江苏阳湖(今常州)人。嘉庆五年举人,官合肥训导,以修安徽县志叙劳,选江西贵溪县知县。到任三年,治政清肃,以疾乞休。与兄子耀遹齐名,时称"二陆"。常州自张惠言、恽敬以古文名,继辂与董士锡同时并起,世遂推为阳湖派,与桐城相抗。而继辂于诗致力尤深。著有《崇百斋诗文集》四四卷,《合肥学舍札记》八卷,《清邻词》一卷,《词律评》、《词综评》各若干卷。又有戏曲《洞庭缘》一卷。

有词赠石韫玉①。(《桂枝香·石琢堂前辈重逢游泮岁徵诗赋此代之》)

《小庚词存》卷二迄于是年。

道光十四年甲午(1834) 55 岁

浙江任上。《小庚词存》卷三起于是年。

春,在杭州屡次往孤山访梅及游湖,同游者有崔曾益②等。

> 《探春慢·甲午春初雪中探梅孤山》、《金缕曲·上元日重游孤山》、《一萼红·中和节看梅孤山》、《浪淘沙·看梅次夕忽霢雨交作枕上赋此》、《宴清都·花朝自天竺到金沙港》、《木兰花慢·别梅孤山》、《应天长·湖上饯春》、《山亭宴·吴山公饯高淳亭太守》。

> 崔曾益《探春慢·奉和小庚先生孤山探梅原韵》:"春意初回,峭寒未敛,梅花犹迟芳讯。倦客归来,欢惊重觅,恰唤吟魂欲醒。昨夜东风过,又添得、疏林琼影。共携词客登临,有人还赋清景。　　遥想逋仙去后,经几辈钓游,幽恨难省。鹤梦栖霞,香心抱雪,耐得者般孤冷。为问西泠水,却笑我、年年浮梗。莫厌春寒,愁他容易春尽。"③

四月十一日,四兄申蔼卒。(《族谱》)

---

① 石韫玉(1756—1837)清文学家、藏书家。字执玉,号琢堂,晚称独学老人。吴县(今江苏苏州)人。乾隆五十五年(1790)进士,授翰林院编修。后任福建乡试正考官,旋即视学湖南,官四川重庆府知府。镇压白莲教起义,升为山东按察使。因事被革职,引疾归。主讲苏州紫阳书院 20 余年,修《苏州府志》。著有《独学楼诗文集》、《晚香楼集》、《花间九奏乐府》、《花韵庵诗余》。

② 崔曾益,一名曾颐,字忏迂,号芸龛。江苏阳湖人。道光二十三年(1843)举人。宫至浙江通判,有《拜石山房词》。

③ 叶恭绰《全清词钞》第二十二卷,第 1103 页。

七月，林则徐五十寿，有词贺之。(《庄椿岁·寿林少穆中丞》)

秋，任浙江乡试监试考官。此任主副考官为吴椿①、徐宝善②。

> 《水调歌头·中秋试院待月用东坡先生韵》："试溯中秋月，九度棘闱天。"自注："余四试乡闱，宦滇后同考两次，监试两次，并兹而九。"又有《齐天乐·监试内帘呈典试吴退旃司农》、《桂枝香·呈典试徐廉峰太史》。

杭州知府凌泰封③赠笔，申芗有词谢之。(《夺锦标·谢凌东园太守惠笔》)

冬，修葺居所。

> 《八声甘州·新葺寄巢》："念宦游，踪迹等蓬萍，到处借栖留。笑蚊巢蜗舍，但求容膝，何愧低头。况值冬宜室密，深邃宛如舟。"

道光十五年乙未(1835) 56岁

浙江任上。

除夕，有词酬冯登府。(《花心动·除夕守岁用壬辰除夕韵仍索柳

---

① 吴椿(1770—1845)，字退旃，一字荫华，安徽歙县人。嘉庆七年(1802)二甲三名进士。授编修，累迁光禄寺少卿，提督福建学政。道光九年以光禄寺卿任会试考官。后以户部侍郎督学浙江。此时道光十四年(1834)当任浙江考官。(参《清秘述闻三种》，北京：中华书局，1982年。)

② 徐宝善，字廉峰，安徽歙县人。嘉庆二十五年(1820)进士。历官御史。以编修任浙江考官。(参王家相等，钱维福撰《清秘述闻续·清秘述闻补》，上海古籍出版社，1996年，第625页。)

③ 凌泰封(1783—？)，字瑞臻，号东园，安徽定远人，清嘉庆二十二年(1817)榜眼，授翰林院编修。官至浙江杭州知府，署杭嘉道员，有《东园诗钞》。

东再和》)

本年,冯登府为《小庚词存》作跋。

《小庚词存跋》署:"乙未花朝馆后学由拳冯登府书。"

道光十六年丙申(1836) 57 岁

夏,离浙,有词寄石同福。

> 《浪淘沙·丙申夏仲去浙有怀石敦夫》:"脱却此青衫。鬓忆
> 髟髟。耐他十九载相缠。浙水滇云徒潦到,西笑长安。　　风日
> 快晴酣。稳泛轻帆。倚樯回望恋湖山。此后相思惟石友,云树
> 天南。"

改官河南府知府,至洛阳府署,再葺居所。将旧园"怡园"改名为
"寄园",种诸多花木蔬果。新居成,李钧①太守寄词,申芗和之。

> 《寄园百咏序》:"府署旧有怡园,乃吾乡齐北瀛前辈所辑。
> 余既题西轩为寄巢,因改为寄园。芟荒芜,分畦畛,日课园丁,杂
> 莳花木蔬果。"

《金缕曲·重葺寄巢初成适李梦韶观察寄新词走笔和答》:"谁劝青
莲酒。访遗踪天津桥废,高楼非旧。重葺寄巢宽十笏,且息轮蹄奔
走。笑差胜、槐安梦守。六易星霜方满秩,恋皇恩、奚啻三年久。
堪容膝,莫搔首。"按:天津桥,在洛阳洛河边上,又称洛阳桥。

道光十七年丁酉(1837)58 岁

河南府任上。

---

① 李钧(? —1859),字梦韶,直隶河间(今河北省河间市)人,清道光、咸丰年间名
吏。嘉庆二十二年(1817)进士,历任河南省河南府太守、陕西省按察使、贵州按察使、
内阁学士兼礼部侍郎、刑部侍郎及河东河道总督等,有《使粤日记》二卷。

正月,登文峰塔。(《最高楼·丁西人日雪后登文峰塔》)

河南学政赵光①任满,申芗有词赠别。

> 《金缕曲·题赵蓉舫学使嵩峰揽胜图即以志别》:"欲致临歧珍重意,为留题、二室烟霞帧。归云与,凤池证。"

秋,吕子珊②送蟹。

> 《南楼令·吕翼士明府有佳醽霜蟹之赠走笔谢之》:"篱菊对秋高。闲情愧老饕。忽江州、送到香醪。更有霜脐三百个,应准备、日持螯。"

是年景昌拔贡。(《族谱》)

冬,拓居所前轩。(《木兰花慢·新拓寄巢前轩初成》)

道光十八年戊戌(1838) 59 岁

洛阳任上。

春仲大雪,有词《金缕曲·戊戌春仲晦日大雪盈尺赋此志异》。

周之琦③寄示词稿。

---

① 赵光(?—1865),字蓉舫,谥文恪,云南昆明人。嘉庆二十五年(1820)进士,曾任江南道监察御史、广西道监察御史、河南学政、太常寺卿、文渊阁直阁事。因违例被降三级留任,后任浙江学政。道光驾崩后,条陈时务四条,提出"练兵必先练将"等主张,后充会试覆试问卷大臣、工部尚书、刑部尚书、兵部尚书,同治三年(1864)调署刑部尚书,1865 年病逝于任。

② 吕子珊,字翼士,又作亦士,江苏武进人,宛平籍。嘉庆十五年(1810)举人,榜名瑾。官河南偃师县知县。有《自怡轩诗钞》,为近代史学家吕思勉的高祖父。

③ 周之琦(1782—1862)字稚圭,号耕渔,又号退庵。河南祥符(今开封市)人。嘉庆十三年(1808)中进士,授翰林院编修,后任刑部侍郎,官至广西巡抚。以病辞归,工于词。著有《金梁梦月词》二卷、《怀梦词》一卷、《鸿雪词》二卷、《退庵词》一卷,汇刊为《心日斋词集》,编有《心日斋十六家词录》。

《金缕曲·谢周稚圭抚君寄示词稿》:"顾误周郎词坛帅,忽一编、远惠珠盈纸。盥薇读,握兰比。"

冬,得林则徐致书。

林则徐《致叶申芗》(道光二十年十一月):"自戌戌冬间郑州道上手泐寸缄,缴谢盛赐,由训勤四兄带呈之后,忽忽又阅两年。"① 按:训勤,指叶富昌,详道光二十年(1840)谱。

道光十九年己亥(1839) 60岁
洛阳任上。
寄园花木繁盛,申芗多有吟咏,成《寄园百咏》咏花木果蔬词。

《寄园百咏序》:"于兹三载,众卉欣荣,玩物适情,寄之吟咏。始于戌夏,迄于亥春,恰莨琯之一周,汇芜词为百阕。未能协律,聊以自怡尔。……仆读曲未精,爱花成癖。辄品题乎名卉,思继迹乎前贤。每当坐啸之余,恒就倚声之好。群芳添谱,拟追夫餐英搴佩之遗小令频拈;尽付诸减字偷声之际。己亥春后,瀛壖词叟识。"

八月初十,长子时昌卒。(《族谱》)
本年曾两次致书林则徐,然林只收到九月一函。

林则徐《致叶申芗》(道光二十年十一月):"惟所示去岁由芸

---

① 林则徐全集编辑委员会编《林则徐全集·信札卷》(第7册),福州:海峡文艺出版社,2002年,第260—263页。

卿处寄来两函,侍只收到九月一函。"按:芸卿,指叶敬昌,详道光
二十年(1840)谱。

本年,申万之女适林则徐次子林聪彝。

> 林则徐《致叶申芗》(道光二十年十一月):"去年令侄女与次
> 儿聪彝缔姻,多惭攀附。"

本年辑得《天籁轩词选》六卷。

> 《天籁轩词选自序》:"仆少好倚声,老而弥笃,近年以来手辑
> 词谱、词韵、闽词钞、本事词诸种。守洛后郡斋多暇,辄取汲古阁
> 所刊宋名家词,删其繁复,订其错讹,悉依原书次序,厘为四卷。
> 但原书各家先后不伦,想因随时得书发刊所致,匪惟南北宋时代
> 参差,如葛常之子列父先,是理也。此外,更将家藏各词集以元为
> 断,复成二卷,约九十家,题曰《天籁轩词选》。倘有续得名作,意
> 欲补足百家,故又名《百家词》云尔。己亥嘉平醉司命日 瀬壖词
> 叟识。"

道光二十年庚子(1840)61 岁

洛阳府任上。

二月,致书林则徐,寄《天籁轩词选》六卷和《栽花百咏》(即《寄园
百咏》),林只收到前者。七月申芗再致一函。十一月冬至,林则徐
回书,时林为广东钦差大臣。盖申芗书中问及时事,林则徐回信中
论及本年鸦片战争、广东禁烟、英夷殴毙华民等事。两人交谊深
厚,林则徐对申芗倾诉了为事之艰难,对国家时事的担忧,以及坚
决禁烟,对抗外夷的决心,忧国之心深切。申芗请林则徐为《闽词

钞》等作序，林以"门外汉"暂辞。上年林则徐之弟林霈霖亡故，因家人隐瞒，本年四月林则徐才得知。申芑慰之，林则徐回书请照顾在闽的侄子。此外书中还提及叶家之富昌、时昌、敬昌诸人情况，详注解。

　　林则徐《致叶申芑》[道光二十年十一月二十九日（1840年12月22日）于广州]（节录）

　　小庚年老前辈太亲翁大人阁下：

　　自戊戌冬间郑州道上手泐寸缄，缴谢盛赐，由训勤四兄①带呈之后，忽忽又阅两年，而未获续修片楮，非敢安于疏懒，实缘胸臆中所欲陈者，不啻千头万绪，须待稍暇，一为倾吐，而力微任重，竭蹶不遑，迄无一日之暇。荏苒至今，惶歉奚可言似。乃承阁下谅其无它，不加督责，且叠荷手书存问，感刻奚如。惟所示去岁由芸卿处寄来两函，侍只收到九月一函。兹于小春由陆静轩②带来一函，系二月所寄，并《词选》六卷俱领到，惟《栽花百咏》未见，不知果已封入否？又由梁楚香③带来一函，系七月所寄，子月望前始到。彼时只知有浙中定海之事④，而夷务之变局，尊处尚未得有传闻，至近日谅经备悉矣。

　　侍戊冬在京被命，原知此役乃蹈汤火，而固辞不获，只得贸然而来，早已置祸福荣辱于度外。惟时圣意亟除鸩毒，务令力杜来源。……嗣英夷殴毙华民，抗不交凶，当经援照嘉庆十三年旧案，

────────

　　①　叶富昌（1788—1861），字训勤，号縠堂，申蔚次子，叶氏"昌"字排行四。（《三山叶氏族谱》）

　　②　河南同知陆有仁。

　　③　新任广东布政使梁宝常。

　　④　即第一次鸦片战争。六月英军封锁广州、厦门等处的海口，七月攻占浙江定海。沿海地区除广东在林则徐督饬下稍作战备，其余均防备松弛。八月，英舰抵达天津大沽口外，道光帝慑于兵威，罢免林则徐，改派直隶总督琦善为钦差大臣。

奏明断其接济,逐出澳门。……此后事势,歧之又歧,难以罄述。中州见闻伊迩,谅已悉在鉴中。侍不敢为一身计,而不能不为国体惜也。辰下羁滞羊城,听候查问。如可蒙恩放归田里,则养疴誓墓,正惬夙怀。倘须一出玉门,亦属无可如何之事,临时再作计较可耳。

阁下前在四明所陈之策,原同曲突徙薪,惜不能用。然近日并将造船铸炮等事,皆以经费之难,一概不准,而转以牛、羊、水、米犒师为上策,则亦何从置论哉!

去年令侄女与次儿聪彝缔姻,多惭攀附。近日已有喜信,可冀得孙,藉以告慰。前闻长公伯勤之变①,怅惘殊深,然其令嗣均已长成,并且得孙,阁下已开四代,亦可以喜解悲矣。闻仲勤上年因遭鸰原之戚,未肯入闱,谊笃孔怀,洵堪起敬。今年又复受屈,然绩学必有大伸也。宣勤②发解后,遽赴修文,人人惜之,闻为庸医所误,益信不服药之为中医也。亡弟之变③,勿亦将及期年,其病体久入膏肓,思之尚有余怵,辱叨垂问,悲感曷胜!

大著各种词钞,皆必传之作,侍于此事实门外汉,不敢作序,容俟心绪稍清,当以题辞寄政耳。

芸卿之折,本意中事,惟楚醝亦极难办,且常与苍鹰共处,大都事与心违。近闻星使在武昌欲翻郧阳前案,未知果否平反?惟祝芸卿早驾廉车以去,则飞腾甚速矣。张巘山上年回粤,曾晤两次,随即回琼州。其世兄于去秋乡荐,现尚留京。大抵巘山在海南居家,亦尚可以将就过日,未必出山矣。

拉杂书此,复请升安。近状昏昏,恕无诠次。

① 申芗长子时昌上年卒。下句"仲勤"指申芗二子叶景昌。
② 叶修昌(1798—1839),字宣勤,号旬卿,申蔼次子,行十七。道光十九年(1839)乡试第一,榜后遽逝,年42岁。
③ 林则徐之弟林霈霖,字雨人,道光十九年(1839)去世。

年姻侍则徐顿首　庚子冬至

再,亡弟之讣,舍间一向隐瞒,直至本年四月散卷将到粤时,始经得信。家运乖落,心痛难言。承慰谕殷拳,曷胜感愧。舍侄心地颇明白,惟年甫弱冠,恐家乡有匪人相诱,心切悬悬。至爱间乞为遇便照及,勿使失足,尤所感荷。现已令其弃南营屋回文藻山居住矣。李松既来,自无留用之理,余则视其自取耳。

六月初八,陕西巡抚李星沅①行经洛阳,申芗与郡倅罗钧亨同迎。与洛阳县丞莫兆兰等相与论事。

《李星沅日记》(道光二十年六月初八):"过五十里洛阳府。郡守叶小庚丈申芗、郡倅罗钧亨迎,即往拜。庚翁旋来见,洛阳县丞莫兆兰,由广东陆丰校官升,携易信庵书亦进见,县令马恕在省未回,闻律案颇熟,然有木气,与中丞为旧好,可得郑州。……庚丈则言李世章、刘建韶皆可用,皆闽人,华阳姜令周老前辈尝称之,本溥泉少农门生也。"②

道光二十一年辛丑(1841) 62 岁
洛阳河陕汝道道任上。
四月,林则徐有书致申芗。

---

① 李星沅((1797~1851)字子湘,号石梧。湘阴(今属汨罗市)人,道光进士。1835 年任广东学政,后历任陕西汉中知府,河南、四川、江苏按察使,陕西巡抚。1843 年署陕甘总督。1846 年擢云贵总督。次年调任两江总督,兼河道总督,1849 年因病开缺。1850 年 12 月,为钦差大臣,赴广西镇压农民起义,抵桂林、柳州后,他是第一个认识到太平天国起义的严重意义的人,并据以上奏清政府,断言当时没有能镇压这支起义军的文臣武将。尔后,他亲至武宣督师,失败,忧惧成疾,死于军次。
② 李星沅著,袁英光、童浩整理《李星沅日记》,北京:中华书局,1987 年,第 76—77 页。

林则徐《致叶姓亲友札》（道光二十一年四月十三日）："昨于闰月望前仰蒙谕旨，赏给四品卿衔，驰驿赴浙……顷已舟抵河口，只得改就陆程，以期早过玉山，便入浙境。舟儿自闻虎门失守之信，驰来粤省，现亦随行，贱累且令赴杭，过夏再定，知在垂念，并以附闻。"

九月十二日，与李星沅会面。

《李星沅日记》（道光二十一年九月十二日）："又四十里洛阳县店宿。河南府叶小庚年丈见，谈悉镜堂中丞已擢两江总督，即赴新任，带兵五百名防堵海口，其忠诚正直，洵足上副知。惟两江任重事繁，诸多棘手，又当海防严坚，征调频仍，兼圻大不易，予则夙承伟视，重以追陪为幸。"①

是年开封河决，流民至洛阳境内，申芗多安集。

《墓志铭》："辛丑开封河决，流民至境者无虚日，公劳来安集，不为畛域之分，所全活无算。"

道光二十二年壬寅（1842）63岁

洛阳河陕汝道任上。

三月上旬，林则徐遣戍伊犁，途中经洛阳，申芗挽留数日，热情接待。与邑令马恕三人同游龙门香山寺、千祥庵。

林则徐《西行过洛叶小庚招入衙斋并赠两诗次韵奉答》："连

---

① 李星沅著，袁英光、童浩整理《李星沅日记》，北京：中华书局，1987年，第283页。

圻曾愧领班僚,讵有涓埃答九霄。谪宦敢辞投雪窖,捷书犹冀靖天骄。他年马角谁能料,前度鸡竿已暂邀。犹喜宣房差不负,汴城昏垫幸全消。""君是苍生托命身,亲从东洛见经纶。欣依广厦歌乌屋,预计归程盼雁臣。剪纸招魂诗忆杜,留宾投辖座惊陈。赠言更切河梁感,生别天涯字字真。"又《小庚邀集千样庵叠僚字韵奉谢》:"放衙余暇款宾僚,紫盖朱幡倚绛霄。不谓西飞鸿羽过,也随东道马蹄骄。三唐乐石奇同访,九老香山会许邀。正是洛滨修禊后,绿波春水恐魂消。"

又《连日对饮怡园读〈天籁轩词〉复次身字韵》:"治谱词章已等身,游宜蹑屐钓垂纶。名花种种关农事,乔木森森感世臣。小令敲成声律细,醇醪酿出色香陈。他时落月思颜色,关塞枫林梦是真。"(《云左山房诗钞》卷六)①另林则徐有《同游龙门香山寺记》。

三月二十七日、四月初六日,林则徐两次书致申芗,嘱托家眷过洛。

林则徐《致叶申芗》[道光二十二年四月初六日(1842 年 5 月15 日)于潼关]②

小庚太亲翁年老前辈大人阁下:

三月廿七日一函交罗鸿生仆人带上,并有寄省各信及册页奉托转致,谅已早荷鉴垂矣。……昨闻芸卿竟不能免于左迁,究竟部中援引何例议处,应如何补用,或另奉有谕旨? 此间均未得见,不胜念切。

---

① 林则徐全集编辑委员会编《林则徐全集·诗词卷》(第 6 册),福州:海峡文艺出版社,2002 年,第 207—208 页。

② 林则徐全集编辑委员会编《林则徐全集·信札卷》(第 7 册),海峡文艺出版社,2002 年,第 292 页。

待过潼关,为刘观察所留,不觉又住旬日。陈赓堂、刘闻石均
已远来到此,连日盘桓。原冀贱眷或有续寄来信,得知由水由陆,
以便随机筹画。兹尚未得续信,不便在潼久留,现于初六日由潼
赴省,计初九可抵西安,或须在彼作一月小停也。眷属如已过汴,
不过换雇车辆,自即前进。经由棠境时,知必上烦指画,能令早为
上路是所至感。兹有家言一件,如其未到,即恳转寄省中,或交何
棣士,或交王念湖转付俱可。琐琐再渎,敬请台安。余容续陈,
不一。

姻侍则徐顿首 四月初六日 舟儿随叩。

六月初一,申芗因劳而卒于洛阳任上。

《墓志铭》:“以劳终于位。”

林则徐作挽联悼之。

林则徐《挽叶小庚太守申芗》:“郡秩六年周,问洛水津梁,尽
是使君留惠泽;衙斋三月别,怅怡园花木,不教词客驻吟身。”(录
自沈祖牟辑《云左山房文钞》附)①

八月,叶景昌以行状请梁章钜撰墓志铭。

《墓志铭》:“道光壬寅秋七月,余由吴门引疾告归,抵浦城惊
闻河南太守叶公之讣。逾月,而其孤景昌等以状来乞铭幽之文。
余与太守四十余年交亲最笃,不忍以不文辞。……公孝友于家,

---

① 林则徐全集编辑委员会编《林则徐全集·诗词卷》(第6册),福州:海峡文艺出
版社,2002年,第327页。

而朋友之交尤挚。余与公家兄弟七人皆以文字交好,而公视余加亲,往来迹独密。比年复申之以婚姻,乃以宦辙相歧,计自三十年来不获一二见,而公遽逝矣,老怀其何以堪!"

道光二十三年癸卯(1843)

五月,葬于福州北门外螺峰山。(《墓志铭》)

叶氏诗文词辑佚

一、叶观国：词1阙，文6篇，文（存目）2题。

1. 摸鱼儿·题皇三孙绵亿《竹里弹琴图》

怪翻浆、汗流炎节。清凉园馆如许。檀乐万个箫蕙竹，隔断尘镳曦驭。竹深处，有几卷银笺，七尺横珠柱。盘陀小踞。听流水高山，慢弹长啸，一段辋川赋。　　生绡里，涌现天人眉宇。光风霁月襟愫。朱门何限纷华事，惟爱搦毫敲句。谁是侣？指白石清泉，相与无相与。盘桓薄暮。又选月铺烟，筛青亚翠，散作夜窗雨。

——林葆恒辑，张璋整理《词综补遗》（第4册）卷98，上海古籍出版社，2005年，第3659页。

2. 武夷山志序

吾闽山水之秀甲天下，而武夷尤据闽中之最胜。昔人叹为"千岩竞秀，万壑争流。美哉江山！真人世之希觏"。又谓山之奇幻百出，即使鬼工为之亦觉劳神。

盖自干鱼肇祀以来，此山之灵，直跻于岱、华、嵩、衡之列，兴云降雨，诞秀毓贤，玉简金龙，崇褒已久。道书称为升真元化洞天。记载所传武夷君、皇太姥、王子骞十三仙人之说，虽语涉荒远，然今之登山者矫首于云际天半，悬崖断厂，为迹不到之处，往往有仙函、仙蜕、仙机、药缶、丹鼎、钓竿之类，历千劫而不坏，皆确凿可据。

然则谓为仙灵窟宅，郡真受馆，岂妄也哉！若夫高人逸士卜筑于兹,自顾野王、刘道元而外,代不乏人。而宋季杨、胡、朱、蔡诸大儒,皆尝讲学于其地,则兹山又不仅如天台、雁荡、九华、峨眉之雄跨一方已也。海内士大夫之客吾闽者,莫不期一蹑丹梯,领略胜概。归见其都,人必询其曾从武夷来否。

而吾以生长是邦,固宜寻幽经胜,坐卧其间。顾数年来出疆者三,则皆取道于浦城。记忆生平所经,于豫章览匡庐、白鹿之胜,于河洛望太、少二室之高,南登北固、金焦,北瞰西山、居庸,循岱宗之麓,过太行之下,其于游览亦足以豪矣。而武夷曾不得一造问津焉。

吴立夫尝云:胸中无万卷书,眼中无天下奇山水,其人未必能文。而况近在邦域之内,掉臂失之。斯诚足令山英腾笑者耳。无已,则退而求之图志,如宗少文所云,澄怀观道,卧以游之,庶几一慰素心。顾旧志及图,多所舛讹,则又废然而叹。

董君典斋,博雅人也。居近武夷,性爱山水,尝筑留云书屋于五曲。春朝秋夕,霁景芳晨,泛舸携筇,绾幽凿险。既饶谢公木屐之兴,复有许椽济胜之具。烟峦云壑,全具胸中,因就其见闻所亲历者,合前四志而订正之,补遗辨误,纲举目张。一水一石,荒基废址,以及摩崖题壁,瑶草琪花,无幽不探,无琐弗登。翻阅之下,恍如置我于三三六六间也!其有功名山,接迹前贤,信可以不朽者乎?

他年倘假我以缘,得一至武夷,将手董君之志,一一与山川相印证,愿信宿留云书屋,作匝月之游而后足。其先以斯语约之董君,且向山灵默订焉。

乾隆十九年冬十一月,年家眷弟叶观国拜序。

——董天工《武夷山志》,道光丙午年重刊五夫尺木轩藏板(第一册),第21页。

3. 浔阳楼记

浔志无浔阳楼,楼始建于乾隆之癸未岁,桂平宰吴君志绾出其官俸,请于郡守蓉溪汤先生而构也。颜曰浔阳者,以其当郡城之南也。是年冬,余以校士来浔而楼适落成,吴君因属余为文记之。

余谓古之所称为贤守令者,辄于其官之有所创建,若楼若阁若台亭之类,不一而足,岂以是为娱游览壮观觇已哉?盖必其平日有利人济物、兴举废坠之实政,然后随处呈露,一一见诸施为,而焕发其气象。岳阳楼,滕子京政通人和而后修也;黄州楼,苏文忠公治水功成而筑也;斯皆见称于当时,声施于后世。览古者往往循遗迹而思善政,岂偶然哉?且斯楼,固郡官迎送宾旅之所也。《国语》载,单襄公之入陈,见其道茀不可行,候不在疆,而知陈政之不修,因述先王之制,宾至关中,尹以告,候人为导,宾出郊劳,门尹除门,古人之于宾旅如此其不敢忽也。然则兹楼之建,是亦为政之一端也。夫浔之先有以四穿名楼者矣,郡守胡君南藩于此以推明敬天之义。前事不远,后事之师。今吴君勤其政而勇于义事,无不举楼与昔并而为三矣。

——黄占梅修,程大璋纂《(广西)桂平县志》卷五十一,成文出版社,1968年,第2276—2278页。

4. 长离阁诗集序

闺阁而工吟咏,事之韵者也。绿窗名稿,伽音著集,风雅之家述焉。然大致不外赋草题花,抽青媲白,非必有惊人之句,超诣之作。郑贞懿云:"近世妇人女子作诗,率皆纤艳委靡。"桐城方夫人云:"偶尔识字,堆积龌龊,信手成篇。"由斯以论,讵其然乎。余观王孺人薇阁偶存诗有异焉。其思幽以沉,其言超以隽,扬激楚之清音,役精空之妙手,盖虽苦吟雅宗之士,所有不逮,可谓体绝香奁,才雄巾帼者已。闻孺人端丽明慧,熟汉晋书,工楷法,多才艺,顾年仅二十四而化去,屠氏湘灵,袁家君嬽,折玉埋香,古今同叹。其诗尚有二百余首,尊人萩山先生索之未至,兹所见者,才三四十篇而已。菽山先生将以授梓,属余为点定,弁数言于简端云。闽县叶观国。

——孙星衍著《孙渊如先生全集》,王云五主编《万有文库》(第二集七百种),商务印书馆,1935年,第541页。

5. 鼓山志序(又题作《遍照禅师语录序》)

鼓山涌泉禅寺,自灵峤开山,神晏驻锡,道风丕振,法水恒流,尚已!迨国朝以来,若永觉、觉浪、为霖、惟静、恒涛诸法师,护持象教,各有《广录》、《遗语》、《语录》行世,斯固暗室之慧灯,迷津之宝筏,足以赞三乘,度十方者也。或者谓"佛法惟心真,人不二法门,乃至无有语言文字,何必借虾为眼,多立文义?讵佛祖所印可欤?"是殆不然,《华严经》不云乎?"了法不在言,善入无言际,而能示言说,如响遍世间"。《法严经》云:"诸法寂灭相,不可以宣言,以方便力故,为五比邱说。"是故文佛说法四十九年,演教五千四百卷。初祖西来,欲传心印,犹揭《楞伽》,印众生心,何况木叶尘根,不为吐广长舌、垂无量义耶!遍照大禅师透网心鳞,威音出世,少事恒涛和尚,习《楞严》、《法严》诸经,既乃遍叩禅关,抵京师,参文觉和尚。依持七载,独得传衣。复结茅天台,闭关入定。道成还本山,大众敦请主席。时山寺荒颓,僧寮阒若,师大思遂陨宗风,乃发大愿力,葺精蓝、新宝相、储香积。法侣复集,于是宣示圆音,随方棒喝,言机警于箭锋,偈澜翻于弹指。盖自涛公灭度后,重燃法炬,力荷象车,一时称盛焉。门弟子衷订绪言,都为一集授梓。岂云涉言说,违宗旨哉?亦欲以言显无言,无法示法云尔。是录出,郡守李公峨峰既为叙简端,师复再三属余缀一言。噫!闻陵伽之响,共识妙音;嗅薝葡之香,尽生法喜。余虽门外汉,能勿翘足赞颂,为众佛子庆得导师也夫!

进士出身,奉直大夫詹事府左春坊左赞善,前翰林院编修,提督云南广西学政法第叶观国撰。

——《鼓山志》,杜洁祥《中国佛寺史志汇刊》(第一辑),明文书局,1980年,第55—62页。(按:福州市地方志编纂委员会整理《鼓山志》卷七,第95页,题作《遍照禅师语录序》,无文末题识。)

6. 鼓山住持遍照禅师捐修崇妙石塔记

崇妙保圣坚牢塔在城西乌石山之麓,建于闽王永隆三年辛丑,旧称贞元无垢净光塔,今俗所谓石塔者是也。其制匪砖匪木,周以山骨,为层者七,为门十六,为角七十有二,合层刻琢菩萨像六十二躯,与报恩定光塔东西正相望。形家谓郡城坐龙之腹,九仙、乌石耸龙之角,而二塔实增其势,为省垣之胜概,阛阓之具瞻者旧矣。历代递有修葺,国朝顺治六年又加修焉,经今百余载,风雨之所飘射,人迹之所践蹂,鸟鼠之所穿穴,日积岁仍,凡周遭之栏楯,旁近之院宇,渐就堕颓。都人士登揽至斯者,往往嘅作叹兴,谋所以修废举坠,而鼓山遍照禅师时或挂锡其侧,仰睇相轮,尤滋惶报。乃发宏愿,将事版筑,谂于抚军余公,公嘉许之。于是捐衣钵,诹令辰,具石材,鸠匠氏,倾者正之,摧者补之,蚀剥者垩绘之,复大冶塔院,重整塔亭,经始于乾隆癸巳孟秋朔,洎重阳告工成,计糜白银六百余两。由是向之所为影笼千室,势入重霄者,复厥旧观,丕焕新模焉。

余惟华言塔者,佛土谓之窣堵波,所以纳舍利而度梵荚,故阿育建之以展敬,多宝涌之以示神,洵金轮之卫护,香界之准标。至若通都大邑,冈亘川回之处,亦多有浮图,以镇其地。盖用储灵表胜,拥奠居人,斯皆有其举之,莫敢或废。今禅师能以大愿力为法王阐光明相,而抚军又能佐成之,为邦人迓麻衍庆,所谓具足十善,种无量福,莫大于是,乌可无记? 故述其本末云尔。

——《鼓山志》,杜洁祥《中国佛寺史志汇刊》(第一辑),明文书局,1980年,第551页。

7. 慧国禅师五秩序

玉融,余梓里也。其间名胜道场,而郭庐为最。余往岁回籍,尝至其地,见夫幽崖奇谷,别有洞天。古之达官游客勒诗纪胜者,山无虚石。何先正之作曰:"入门奇石各嶙峋,公与嘉名种种夸。我看总来无一似,福庐大地出莲花。"曲尽形容,可以见其大概矣。主持山门代有高僧,近若上人国翁禅师者,了彻玄机,其火候之到,如梅子熟,而且酷嗜儒学,与乡之缙绅先生缔莲社交游,余族侄明经时隆君与焉。予闻其事,神为之往,每期宦游之暇,得以再至其地也。兹值孟秋之谷乃,上人五秩诞辰,文人学士与释之善诗者,各拈韵赓歌。族侄问序于予,余虽未与谋面,然回忆郭庐名胜,先正何公大地莲花之句,以及上人业释崇儒,追远公高人躅。人以地重,地以人益重,亦奚能无言哉? 至支繁派远,则里闬所详悉矣,余不赘。

——《黄檗山寺志》,《中国佛寺史志汇刊》(第三辑),明文书局,1980年,第267页。

8.《清源书院碑记》(存目)

——(清)周学曾等纂修,福建地方志编纂委员会主编《晋江县志·金石志》卷七十一,第1751页。

9.《表功祠记》(存目)

——刘景毛、文明元、王珏等点校《新纂云南通志》(五)卷九十九"金石考",云南人民出版社,2007年,第418页。

二、叶申蔼(1769—1834):诗2组,科考制艺残文1篇。

1. 和萨察伦诗(题为笔者加)

难买青春帐已抛,壶觞且自集花郊。残年忽快来今雨,是日招同冯梅士孝廉往游,孝廉乃余闻名初交,久客偏忻接故交。余出山与珠士别廿余年。别岛浓阴孤艇出,环阶秋色好风捎。汉宫秋、雁来红,江南概称曰"秋色"。登临自笑无诗笔,况听阳春愧浪敲。

倦鸟营巢庆得邻,绿杨明月是前因。检书好比先贤语,珠士常

假说部于余,每云与今人语,何如与古人语,洵为通人至论。临水聊清万古
尘。只有率真尊五簋,由来益友重三人。湖山冷落风流在,拭目重
瞻俎豆新。刘奂为孝廉,重祀十四先生于宛在堂,庙貌一新。

附:萨察伦原诗《秋日叶次幔申蔼明府邀同冯梅士新孝廉小集
宛在堂率赋志谢》

佳日难逢肯浪抛,见招访胜步西郊。物堪下酒饶秋色,时汉宫
秋、雁来红,满庭红紫可爱。人最知心是旧交。傍寺亭台荒址在,绕湖
菱行小舟捎。瓣香聊向吟魂供,敢对诗龛一字敲。

买山恰喜结芳邻,次幔别墅为天开图画楼,旧迹与余居比邻。云水
聊踪亦夙因。载酒偏由吾选客,看花厌与俗同尘。迎常倒屣怜才
子,谓梅士。醉尚倾杯作主人。他日层楼谋望海,知君眼界更添新。
时次幔有购望海楼之议故云。

2. 七月廿三日珠氏三兄以宛在堂小集二律索余应命因记是晚
席上雄谈不同凡响有触鄙怀载赓前韵

将母归来绶易抛,遂初无计住乡郊。臣门且自迎三益,世路从
渠骋五交。麝为生香人共射,花因弄色鸟频捎。寸心漫逐尘缘动,
好听钟声夜夜敲。余舍近法海寺。

曾希前哲德为邻,廿载重逢悟夙因。黄马尚持他日论,谓珠士
兄。故衫初浣异乡尘。君才岂屑称词伯,仆病犹能作醉人。珍重莫
辞金百炼,一回炉火一回新。

附:萨察伦和诗《七月廿三夜过访次幔留饮斋头复用前韵以二
律惠示因再叠奉和》

故园松菊久轻抛,悔向天涯认乐郊。衰老始为归隐计,往来幸
得忘年交。谓梅士。山云拥榻秋光爽,邻竹窥墙月影捎。醉后壮心
还不已,长歌屡把唾壶敲。

陶家北牖许东邻,闲静琴书结净因。奉母乐储花县俸,游山春
满曲车尘。惊才我欲逋诗债,放论君须恕酒人。卅载相知同健在,

过从岂叹白头新。

——(清)萨察伦撰《珠光集》卷四,清宣统二年(1910)福州萨氏一砚斋刊本。

3. 叶申蔿乾隆六十年恩科乡试制艺残文(题为笔者加)

……我武陈师埒野,檀车仅系于驷骥,且五等掌自巾车,尚留木辂,知朴属不徒前代也,特稽古必推尽善,而椎轮已邈,独憪然天乙之治严;胜朝崇祀鬼神,□□常昭于灌献,且昭代取其章甫,用配元端,知文物堪垂奕禩也,特踵事未免增华,而《玉藻》有经,尚恍乎西京之礼盛。……昔殷先王因鸾钩而肇造,莱薛实赞其成焉,当日采文尚阕,而以浑坚永不匡之利,自异乎平金朱象之伤华,故朝无典路之司而十乘歌于寝庙,国乏考工之职而一骓纪于稗官,且也一众志而破奇肱,其意不驰乎淫巧,乘之而白马备来宾之典,素车隆祷雨之仪,行地无疆,真可遵道而遵路矣;昔周天子命弁师而成式,贵贱咸昭其等焉,当日文明大启,黼藻聿新,而以采错崇元首之尊,大异乎章甫、毋追之近陋,故后则高而前则俯,藻火益耀其文章,笄以贯而衡以维,金玉务彰其追琢,且也会成周而垂繁露,其仪早著于爻闾,服之而遂延增龙衮之光,纤组尽笄衡之饰,作睹为昭,斯诚可畏而可象矣。

——梁章钜《制艺丛话》卷十九,见梁章钜著、陈居渊校点《制艺丛话 试律丛话》,世纪出版集团,上海书店出版社,2001年,第373页。

三、叶申万:诗17组,残句2首。

1. 圆通庵

兹庵旧知名,茶墨复新结。行人渴奔泉,饶此一瓯雪。

2. 无尽门

法门千百灯,厥初一枝引。老死与无明,既无亦无尽。

3. 白云堂

徒觉寺涌泉,而实云为胜。山中莫嫌贫,来往有持赠。

4. 东际楼

小楼倚东偏,于此宿檀越。夜半虚白生,窗棂先得月。

5. 放生池

但习功德香,不谋濠梁乐。策策复堂堂,呼之乃欲跃。

6. 喝水岩

灵泉非无源,可喝亦可唾。耽耽苍石螭,借汝腹中过。

7. 国师岩

晏师开佛印,前后解二三。打坐石岩底,居然弥勒龛。

8. 凤尾亭

何年凤凰鸣?于彼飞思奋。至今竹翛翛,似闻归昌韵。

9. 忘归石

众石藓驳斑,隐隐见题字。扪剔穷崖巅,不觉日沉寺。

10. 岇崿峰

云梯度七里,尚有数里遥。再游不能登,愧此云薄霄。

—— 福州市地方志整理委员会整理《鼓山艺文志》,海风出版社,2001年,第278—280页。

11. 寿暹导师七十

林峦蛮影里有真禅,弹指空中七十年。银钵静涵花雨气,衲衣寒挂雪峰烟。吟容贾岛称诗匠,醉许刘伶作酒仙。别后近闻栖海上,白云深处恣情眠。

——《黄檗山寺志》卷七,《中国佛志史志汇刊》(第3辑,第4册),丹青图书有限公司。

12. 萨香三斋头牡丹盛开,招饮席上赋赠

魏紫姚黄古所夸,闽邦亦有洛阳花。色香竟属维摩室,富贵居然宰相家。昨夜春风偏着力,西园雅集为增华。晞红莫笑娇痴婢,醉客颜酡兴未赊。

——《雁门萨氏族谱》卷五,《北京图书馆藏家谱丛刊》闽粤(侨乡)卷第

50册,据民国二十年铅印本,第883页。(按:萨香三,指萨廷沛。)

13. 铜鼓歌

正月开韶日十五,大家入庙观铜鼓。摩挲古物兴叹嗟,振触壮怀为起舞。其面残缺灭蛙形,其底洼空饱妖蛊。厥旁两纽下四垂,厥脐隆起腰束聚。高二尺许径有三,矩为句兮修从股。土花剥蚀色暗浮,络索连线纹细缕。通身都作鹧鸪斑,襄口羞为蝌蚪怒。上追石鼓埋陈仓,下却铜驼没棘楚。古往今来年代多,沧桑变换几山河。阵云喷薄蛮酋长,瘴雾熏蒸马伏波。或云铸鼓由蛮长,数里闻声动戟戈。兵以鼓进以金退,而乃舍革用金何。亦有情同棘门戏,声集蛮女群婆娑。金钗银钗作谈柄,大鸣小鸣供笑涡。蛮方万事皆类此,往往不可以理科。或云伏波征交趾,薏苡虽生明珠死。鸢飞跕跕潦湿中,鼍响逢逢辛苦里。蛮氛扫荡一朝空,铜柱功名千载峙。遂乃变化出神明,骆越鼓形长已矣。卖剑买犊渤海风,铸铜为马殿门㑚。我闻铜鼓献自建武年,汉时南郡曾云然。到今又阅千余载,是耶非耶初无传。此鼓出于鹤洞水,其时正际龙飞天。历尽劫灰前代远,遭逢盛世今生缘。欲寻铭词绝无有,徒载志乘亦其偏。庋置庙廊免淋炙,扫除尘土随香烟。怀柔震垒百神护,陆慑水栗渚方便。升平无事鸣无用,久将鼍鼋投诸渊。春来物换星移易,谁识苔斑藓剥全。余情更向民间问,几家饶鼓喧灯前。

14. 喜雨

二月春分里,灵星祀咏丝。铜姑劳意注,玉女仰衣披。处处耕犁急,生生物象滋。沾濡催麦信,膏沐到花姿。阳燧方将敛,阴谐已早知。松钗珠颗颗,柳汁线垂垂。云汉遥分溢,天瓢满贮酾。连宵勤沛泽,三月祷符期。恰好维时矣,调甘以润之。高凉添玉井,合浦畅珠池。祥许坐虚室,烟看绕晓墀。也应亭志喜,此际落成宜。

15. 巡疆二首

出门村野近，容易识民情。清晓半天曙，远山一角明。畲田依径辟，墟市待人成。敢荷随车颂，当头细雨迎。

云髻千重翠，松权万颗珠。深冬看润色，好语慰农夫。腊鼓迎年近，村醪到处沾。周询民与岁，差喜差俱无。

16. 鉴江龙舟行——为王竹川明府作

鉴江一夜精神聚，翻动神仙窥水府。巧夺陶钧造化权，功逾煆炼娲皇补。补天事尚属荒唐，有术何如照地光。乍惊鸿濛红一朵，谁知诡秘戏千场。声声画鼓催来急，的的银灯映处凉。两岸含阴木郁郁，中流动影夜苍苍。龙舻仙杖飘摇至，赫奕神光叹奇异。咫尺潘山飞渡来，跃渊争效依神媚。斗魁星象耀戴匡，驾以六鳌形颉颃。更有百寻蔓衍龙，海麟变状蜿蜿致。龙头特出是华歆，邴管分将腹尾譬。今夜三人化一身，人杰物华无不备。其余琐细安足科，波间偶见金鱼戏。惜无明月照夜光，函珠只可蛟虾拟。忽忆姑苏五月游，山塘七里闹龙舟。繁弦脆管船船沸，人影衣香岸岸稠。瓦马泥车童稚喜，茶坊酒肆保佣谋。形骸脱略宾和主，豪气屏除公与侯。此际可怜明月夜，此时最胜倡家楼。山城岂料有盛举，千载一时惊游侣。狨鸟蛮花亦解欢，雨师风伯都无阻。午日元宵一例看，中天景运同年语。主人爱客锦筵开，连日排觞足情绪。不论高下等平观，至乐固应得其所。我想人间天上同，尝闻美酒作天公。铺前犹说青龙席，鼓瑟偏称南斗工。今夕如斯复何夕，一张一弛在其中。五风十雨太平象，愿祝年年禾黍丰。

17. 观山四首

谁家妙笔界乌阑，欲赋游山赠所欢。弓上弹丸初脱手，炉中炼魄待成丹。毫煊春色浓敷艳，语挟风涛壮比澜。错被山灵窥窃笑，几人名句冠骚坛。

茫茫陈迹锁苍苔，洞府云扃迥不开。肘后神方如可受，胡麻仙饭若为陪。冰肌玉骨形能换，火枣交梨胸已裁。他日入山逢石髓，尘寰岂必尽庸才。

宦情随处且徘徊,胜境奇观取次来。五岳未游怀岂壮,三山难到路谁开。向平有愿谓何日,徐福相求术莫催。似此门前仙窟近,不妨借径辟蒿莱。

一片灵岩双清滨,临流写影净无尘。也应偶尔留仙驻,不觉当前惹俗频。落笔须防诗律细,惊人要在语言新。此中韵事居然集,可判斯文今古津。

——(清)郑业崇等修,许汝韶等纂《(广东)茂名县志》,光绪十四年刻本。

18. 残句

《汉高祖置酒沛宫》:"藏弓思猛士,击筑和儿曹。……楚猴空自弃,秦鹿岂能逃。"

《帘外春寒赐锦袍》:"奇暖留春住,新恩入夜叨。笼凭鹦鹉羁,座拥鹔鹴豪。"

——(清)梁章钜著,陈居渊校点《制艺丛话 试律丛话》,世纪出版集团 上海书店出版社,2001 年,第 635 页。

四、叶申芗:诗 1 首,残句 2 首,联 3 对。

1. 太白酒楼

胜迹谪仙留,天津又济州。多情惟爱酒,到处可名楼。为有千钟量,能消万古愁。如君真醉圣,此地即糟丘。漫说骑鲸去,谁曾跨鹤游。一杯邀月间,百尺与云浮。墓碣青山古,祠堂采石秋。至今瞻仰际,千载想风流。

2. 残句

《琅嬛福地》:"守凭双犬护,借想一鸥难。"

《楼深月到难》:"已是依山吐,谁先近水寻。"

—— 梁章钜《试律丛话》卷七,梁章钜著,陈居渊校点《制艺丛话 试律丛话》,世纪出版集团 上海书店出版社,2001 年,第 635 页。

3. 叶申芗题洛阳府联

叶小庚申芗守洛阳,自署仪门联云:

郡望旧京畿,金谷豪奢函谷险;

物华真秀丽,伊川山水洛川花。

又客坐联云:

芸馆忝题名,三纪声华留日下;

莎庭闲坐啸,六年宦绩在天中。

又一联云:

宦品宜适中,居职忝为二千石;

壮龄方筮仕,服官眴过三十年。

——李伯元《南亭四话》卷六,上海书店影印本,1985 年,第 406 页。

五、叶敬昌:诗 5 首,文 1 篇。

1. 社集鄂跗草堂看梅花

闽山深处是吾家,山石微凹亦种花。不若名园解幽逸,株株梅影上窗纱。

柴门不厌对层峦,竹叶梅花特地寒。我有吟台傍阛阓,乌山山色许同看。

——郭柏苍《乌石山志》卷五"第宅园亭",海风出版社,2001 年,第 164 页。

2. 鹦鹉洲玉箫墓

芳草洲边瘗绮罗,指环再世受恩多。西川他日油幢返,曾否香坟酹酒过?

——肖志华、严昌洪主编《武汉掌故》,武汉出版社,2000 年,第 158 页。

3. 先薯祠

嘉植原无斥卤嫌,四时风味足穷檐。报功我欲同先啬,一例元辰典礼添。

——曾元澄《击钵吟四集》,转引自萨伯森《萨伯森文史丛谈》,海风出版社,2007年,第185页。

4. 洪江荡船曲

下濑船轻上濑船,困关落日片帆悬。歌声摇曳橹声缓,行到竹崎人未眠。

5. 拗九粥

芋火初生白粲淘,饧糖分糁杂年糕。一瓯记向春厨索,口福还留二月叨。

——见《击钵吟》,转引自萨伯森《萨伯森文史丛谈》,第125页。

6. 闽山记

闽会城有三山,谚称"三山藏,三山现,三山不可见"者,以三山之脉络蜿蜒起伏成为九山也。三山者,乌石山、越王山、九仙山。分而为罗山、冶山、闽山,则其藏者。又分而为灵山、芝山、钟山,则其隐隐不可见者。

三山,乌石山最奇,闽山其支也。唐天宝八载,敕改乌石山为闽山,闽山之名缘此,始有巨篆"闽山"二字径尺许,不知为谁氏之笔。其地唐时为闽山保福寺,宋初更为法祥院,建隆三年镌观音像,有石刻云"寺虽新号,山则旧名"。熙宁初,郡守光禄卿程师孟游此,僧为题"光禄吟台"于石。按,师孟,字公辟,吴人,知福州,筑子城,治河隍,建学舍,治行为东南最,政暇,于附郭山川游览,多题咏。尝称闽山可比道家蓬莱、方丈、瀛洲,遂名之为道山。构亭于巅,曰"道山亭",南丰曾巩记之。其游闽山诗云:"永日清阴喜独来,野僧题石作咏台。无诗可比颜光禄,每忆登临却自回。"数百年来,地以人重,沦为民居,犹以"光禄"名坊,今虽山石铲削殆尽,而巨阜巍然。

阜前绵亘数石,中有曲石如尺,俗又呼为玉尺山。山背有洼,清泉注焉。明嘉靖时属林南山农部有台。崇祯时孙子长提学昌裔居之。国朝为何尚敏总戎勉别业,后辗转数主,归于齐北瀛太守鲲数先生,皆时闻人,不忝为兹山主。道光庚子,余从齐氏得之,清旷

378

幽折,允称胜区,相传山涧泉声泠泠然,与天半松涛上下相答,乾隆初为不解事者所废。噫!山灵笑客矣。略详其缘起,拟辑前人题咏勒诸石。至吟台隶书公辟行款年号之真赝,明徐山人�《榕阴新检》详之,不复辩。

——郭柏苍《乌石山志》卷五,海风出版社,2001 年,第 161—162 页。

六、叶仪昌(1803—1869):对联 7 副。

1. 题林则徐西湖桂斋

郊原雨足云归岫;

台阁风清月在天。

——裴国昌主编《中国楹联大辞典》,江苏科学技术出版社,1991 年,第 616 页。(原出处:李家瑞《停云阁诗话》)

2. 赠泉州太守来锡蕃

清廉便算七分人,公生明,要到十分地步;

练达能申三尺法,宽济猛,毋欺五岁儿童。

——裴国昌主编《中国楹联大辞典》,第 1190 页。

3. 题杜公祠

香火有缘,及我归真共晨夕;

溪山无恙,在官常调足烟霞。

——解维汉编选《中国祠庙陵墓楹联精选》,陕西人民出版社,2006 年,第 114 页。

4. 两联

闻谤生怒,谗必至矣;

见誉滋喜,佞则来哉。

美言不信,信言不美;

疑人莫用,用人莫疑。

——常江、王玉彩、金锐选编《格言对联大观》,金盾出版社,2004 年,第 70 页。

5. 对联

玩人丧德,玩物丧志;

多见阙殆,多闻阙疑。

——吴恭亨撰,喻岳衡校注《对联话》杂缀二,岳麓书社,2003 年,第 299 页。

6. 题梁章钜新馆

春从天上至;

人在镜中行。

——(清)梁章钜等编著,白化文、李鼎霞点校《楹联丛话全编》,北京出版社,1996 年,第 296 页。

七、叶云滋:诗 1 组。

燕台鸿爪集题词

藉他檀板与金樽,排日梨园乐事论。一曲歌成王紫稼,肯将才调让梅村。

选取花枝伴酒卮,有情能脱岂嫌痴。空中色相虽无着,不是诗人总不知。

醉里思量闷里歌,客边藉此写怀多。可堪矮屋支颐夜,梦境依稀费揣摩。

闻说尚书有桂郎,百花头上占春光。欢场佳话君重继,走马看花一样忙。用毕秋帆先生事。

柳枝十五最堪怜,菊部中兴仗大年。从此鸥弦谱新句,赢他豪客掷金钱。

千秋此集独名家,一枕游仙拥万花。艳福中年消得着,不须短梦感天涯。

酒怀燕市未全消,又与江山话六朝。丁字帘前灯舫闹,月明好听玉人箫。

与君京华早论心,乡国重逢醉梦深。他日软红尘再步,旗亭话旧又题襟。

——（清）粟海庵居士《燕台鸿爪集》卷首,参张次溪编《清代燕都梨园史料》,台湾学生书局,1986年。

八、叶庆熙（滋沅）:词2阕。

1. 惜分飞

望断垂杨青一作千。万缕。勾出万千离绪。无计留春一作君。马蹄竟逐飞花去。　　从此停云空一作兼。望雨。最是多情如汝。忆到伤心处。月光黯淡花无语。

——谢章铤《赌棋山庄词话》,陈庆元主编《谢章铤集》,吉林文史出版社,2009年,第559页。

2. 贺新凉·自题小调

万树梅花里。望迷漫、一天飞雪,珠抛玉戏。如此园林幽绝景,独对柴门闲倚。曾修得、几生能至。一幅琉璃香世界,处其间、不啻神仙矣。知此乐,写吾志。　　任夸桃李争春美。怎及他、清高骨格,岁寒开起。和靖风流消歇尽,谁把孤山重理。非敢谓、孤芳自喜。我本满腔皆热血,借三分、梅雪胸中洗。君莫笑,画图意。

——谢章铤《赌棋山庄词话》卷四,陈庆元主编《谢章铤集》,吉林文史出版社,2009年,第554页。

九、叶滋森:词1阕。

满江红·题枚如《雅集图》

人醉我醒,又何怪、甘心寂寞。对一室、妻儿图史,避时之壑。拔剑闻鸡愁力尽,闭门种菜安才薄。只不堪、屈指旧交游,都零落。　　长沙传,终难读。柴桑酒,才非浊。真不如归去,人间奚乐。论世惟怜胸有血,问时早叹天无目。愿生生、莫再作多情,吾知错。

——林葆恒辑,张璋整理《词综补遗》卷九十八,第3664页。（据《赌棋山庄词话》）

十、叶滋钧：诗1首。

山居杂咏

荒村错落两三家，流水无声略彴斜。失怪远山有晴雪，隔林飞白是梨花。一溪春碧弄潺潺，几树桃花夹水湾。逢着渔郎须问讯，仙源或只在人间。

——（清）李家瑞撰《停云阁诗话》卷九，咸丰五年（1855）侯官李氏刊本。

十一、叶滋棠：诗1首。

春日至湖上作

在晋太康初，严侯兴宇县。西开十顷湖，坟壤山川奠。疏凿亦壮观，楼苑参差见。迨筑两夹城，湖水依然淀。延钧有异志，道士守元煽。祸叠起萧墙，凤燕同罢宴。李唐窥剑玺，边橄纷羽箭。钱王铁骑来，瞬息沧桑变。复道绝笙歌，水晶闭宫殿。伟哉徐赵勋，良牧邦之彦。一篇记澄澜，椽笔尤研炼。忆昔雍乾中，节使修堤堰。重见蔡公渠，庐井歌利便。畬锸十二旬，乐利吴侬忭。旱潦两无妨，宣蓄神工擅。重话十三桥，浮仓山可晒。东断到龙腰，吊古情犹缱。兴庆纵有时，待绘全图卷。明正德郡守某公作《西湖全图》长卷，题咏殆遍。传闻昔竞渡，寓作水犀战。箫鼓勿喧阗，欢动红裙溅。不见湖水深，繁华安足羡。即今又污塞，百载未营缮。衰草夜萤流，败荷秋露胃。笭箸泣渔师，转眼归耕佃。挂网叹无鱼，何以供夕膳。我常袯被来，蔬笋徒充馔。所幸丁香结，经雨殊葱蒨。小暑节序过，入市杨梅贱。老饕待招邀，香紫循俗谚。相与度土功，上吁承宣院。水利属之市政司。近岁治河渠，此举亦同善。更寻品石岩，泐补潘敏惠林文忠传。

——何振岱纂，福州市地方志编纂委员会整理《西湖志》，海风出版社，2001年，第441页。

十二、叶大泳：诗1首。

人日沁泉山馆

东风吹雨净吟台,天为吾曹霁色开。如此园林真老福,几家闺阁共清才。梅花香尚禁寒在,柳线青犹待暖催。我亦闽山旧地主,年年佳日许同来。

——《乌石山志》卷五,第 168 页。

附:大泳妻郭问琴(郭柏苍之女)诗一首。

日夕佳楼九日

卷帘何处不开颜,三十六峰眼底攀。镜里依然双鬓菊,楼头今是外家山。闽山亦予旧宅。雁来水国青天外,人在枫林夕照间。但愿年年同此日,茱萸随意结低鬟。

——同上,卷五。

十三、叶大道:诗 27 组。

1. 三垂冈

天使朱邪一姓昌,振衣千仞气昂藏。赤心传代吞诸贼,独眼登台睨八荒。此会兴真消老子,再来儿不负先王。至今上党东门上,赢得人谈广武场。

二十年来此发祥,鸦军万帐宴高张。长歌便欲催人老,大志犹堪待子偿。独眼真龙兴有种,回头冻雀死无方。如何又发登高叹,翻手江山到石郎。

2. 舻声

日晡唤渡好开头,轧轧鸦鸦下小舟。山水有情前面绿,烟波无际一枝柔。绕船明月客摇梦,吹耳好风渔和讴。愁绝江天飞雁过,乡心搅碎满蓬秋。

3. 陆放翁钗头凤词本事

暗拈红豆报红酥,曲曲肠穿字字珠。便欲情词相慰藉,可怜恩怨自模糊。魂销洛水神离合,面对蓬山路郁纡。此地嬉春卿记取,平坡数步即蘼芜。

4. 废寺

绀宇苍凉绣藓班,白云镇日锁禅关。枯龛火冷灯犹在,坏壁纱尘句不删。檀越到门殊怅怅,瞿昙补衲太闲闲。但言长老募金去,十载云游犹未还。

回首南朝四百八,夕阳送尽几江山。金刚应劫身终坏,老衲知几眼早潸。祖殿鸟啼钟竟哑,经台人去石徒顽。空门且有兴衰感,莫更沧桑问世间。

5. 陈思王

曾言大事属佳儿,定嗣如何转舍之。容易万言能称旨,等闲一醉竟招疑。要知才子传名地,正在藩王失意时。若使建储承闰统,文章既掩事终歧。

金门出后入藩篱,洛水东流远别离。自剪二丁无羽翼,再交七子仅文词。臣思自献倾葵叶,弟乞相容泣豆箕。便赋宓妃无别意,三闾哀怨托蛾眉。

6. 茉莉

蕊仙生托玉人家,赢得清芬盛夏夸。笑伴一枝来荔子,妆催万镜展菱花。凉云晻榻芳萦梦,沈水熏瓯味佐茶。记否珠江风月夜,返魂香度素馨斜。

7. 东坡生日词

八百年来一转篷,春婆说梦更匆匆。倚声我亦巾裘士,拜像君真笠屐翁。政绩文章终古寿,江山风月至今同。庐陵生与荷相近,数到梅花却让公。

8. 苏子卿胡妇

十九年来日似梭,恩情易了恨如何。真归岂待羝羊乳,未死先悲寡鹄歌。不见生妻怜尔老,但还胤子负侬多。凄凉一片颓墙月,能鉴冰心只素娥。

9. 天下大师墓

正史胡为讳不传,神龙见尾剧堪怜。偷生踏破人间世,抵死逃归化外禅。宗派犹承皇觉后，首丘莫附孝陵边。西山本是丛林地，只得空门了此缘。

燕山片碣尚岿然，宿恨应无到九泉。生既不才难逐燕，死原多事枉啼鹃。江山都作昙花现，身世终归正果圆。想见卸肩程老道，焚庵一去亦成仙。

10. 诗史

区区酒价数零星，何况朝纲纬与经。才学识兼成格律，初中晚独辟畦町。麻鞋一老摅忠爱，椽笔千秋抵汗青。后世再称吴祭酒，瓣香知乞草堂灵。

11. 山县

莫鄙岩疆一弹丸，全城环抱好峰峦。愧无德政摩崖勒，饶有闲情拄笏看。盗薮易丛团猎户，夷寮难治率流官。只防满眼烟岚瘴，仙吏须修却病丹。

12. 罗池庙

客来凭吊柳江滨，责备贤侯大义陈。才健进犹心近躁，魄强死且气求伸。却嫌震俗神何厉，但论居官吏本循。多事自家谋血食，古今名宦有明禋。

13. 镇海楼

两头旗鼓拱崔嵬，上指文星接斗魁。海日射之见标准，天风吹不上尘埃。三山景物收如画，七座城垣脱此胎。南望港门无际处，千枝似笔是船桅。

底事鲸鲵跋浪来，马江一却费人猜。补牢无计安桑梓，触目斯楼感草莱。沧海横流关大局，邦人重建仗群材。而今挽得狂澜否，犹利行舟望眼枙。

14. 费宫人

嫁名帝子最娇娆，意在擒王计更超。果使机谋非早破，安知渠首不先枭。到头复冒天横贵，纤手犹戕贼将骁。如此智囊如此节，女贞一木壮先朝。

15. 鸡台梦

欲落杨花弱不禁,随风摇荡思沈沈。头颅未卜人谁斫,魂魄先为鬼所侵。欢会幽明忘隔路,绮情生死结知音。揶揄殿下休轻叱,输到收场耻更深。

16. 花石纲

搜岩撤屋似雷礔,小小朝廷势熠薰。官借山林开捷径,盗随土木起妖氛。要知淮水千艘挽,不值骊宫一炬焚。物自南来身北狩,他人入室已纷纷。

17. 顾横波眉楼

镜里风光色欲飞,秦淮春水为卿肥。兰花犹向妆台写,桃叶旋迎画舸归。夫婿自忘亡国耻,儿家何幸贵人依。入时定有风流笔,艳说新朝又赐绯。

18. 浯溪中兴颂

柳雅韩碑脍炙论,何如此颂一家言。聱郎身世方逃乱,灵武江山又起元。独抒忠肝张国体,讵铺谀语市天恩。分明有善归君意,不说功臣说至尊。

李唐再造此乾坤,一叟欢胜起澶沅。坠绪最难中叶振,纪功可少大文存。臣能刻画宣金石,帝有谟猷示子孙。钜制煌煌真润色,况教墨宝配平原。

19. 郑公乡

不其来尽远方朋,莫但登龙慕李膺。马帐渊源分一席,鳌峰灵秀护千眉。天生异草文章瑞,地纳高车阀阅增。太息小同遭鸩后,司农门祚不重兴。

20. 万石君

问谁门第盛簪缨,值得天恩一语旌。严妪只称中壶福,疏家未显后昆名。惟君耄耋尚无恙,四子联翩俱有声。若数孙曾二千石,十三人又继公卿。

汉廷恩薄始韩彭,勋旧何门祚未倾。小吏起家君本贱,大夫积秩世争荣。身惟自谨膺全福,子又皆驯保令名。有行无才人莫笑,不然受宠早心惊。

21. 佛狸祠

香火瓜州社鼓填,问名考迹总茫然。灵无蒋帝神来会,死有秦皇鬼告年。独怪南人何好事,可知北虏尚垂涎。长江天堑难飞渡,倘亦骑龙著一鞭。

22. 萍

纤水为帘十顷遥,蓬蓬春色几分饶。半篙绿涨雨初歇,一道青开风自摇。绝好茵铺凭鸭睡,忽惊镜破见鱼跳。钓竿欲下不知处,笑逐儿嬉漉上瓢。

既如梗泛又蓬飘,若个浮生劫外超。芳草渡头随意长,白杨山下返魂招。迎来画舸青开道,剪起情波绿上桥。流水不知明日事,桃花相伴去迢迢。

23. 桃花源

地与蓬山隔万重,岂真仙境许奇逢。洞中秦月年年照,谷口湘云日日封。世遇祖龙须避乱,客来子骥枉寻踪。人家鸡犬都如故,遮莫淮南拔宅从。

六百年来世外踪,贸然一客孰先容。凿空界忽开天地,避乱人皆溯祖宗。荏苒不知今魏晋,熙攘犹羡古羲农。春风依旧花含笑,何处问津能再逢。

24. 题易安居士集

闺秀千秋此冠场,才华富赡集琳琅。西风顾影怜花瘦,南渡浮踪逐燕忙。歌唱陶婴宁改节,文成苏蕙几回肠。玉壶暧昧他人事,一片冰心两鬓霜。

闺阁名流挂齿芳,后人诬蔑太荒唐。刻于讥刺才终累,工到穷愁遇可伤。家难幸烦良友解，父冤奈与阿翁妨。缇萦心事贞姬志，节孝还应待表章。

25. 阑干

偶然驻足亦枝栖，小小香樊五尺低。风月一家相照拂，楼台四望为提携。三春调护花无恙，半晌句留日欲西。偏是老夫腰脚软，年来倚汝当扶藜。

地不平时步不齐，多烦藉手作提携。缘将阶级下而上，折过廊腰东复西。骯髒吟风宜倚笛，蹒跚醉月胜扶藜。壮怀凭汝登高眺，睥睨江山夕照西。

闹宜斗鸭静听鹂，配得珠帘十二齐。面面俯临环水阁，层层仰护上楼梯。名花有韵日当午，响屧无声月转西。愁绝怀人空伫立，举头梁燕尚双栖。

26. 花朝

紫皇驻节过天街，艳到人间供养皆。生意蓬蓬挑菜担，归心缓缓踏青鞋。照妆夜静犹烧烛，酹酒情酣易堕钗。十万金铃今护汝，莫教风雨紧愁怀。

众香如海酒如淮，绿意红情处处皆。长好愿卿符吉语，合欢为我助风怀。舞招彩蝶婆娑醉，歌侑黄鹂鼓吹谐。圆月十分春一半，生天真个巧安排。

27. 耆英会

耆臣恋阙目犹蒿，致政今无尺柄操。朝局难争当事拗，家居也博老怀豪。百年福命何修得，千载风流此会遭。洗尽世间纱帽气，始知乡党齿为高。

天将南极胜光彩，人自西都拥节旄。齿德论交忘爵位，主宾奏雅倡风骚。略如乡饮风犹古，乞得家居老益豪。七百年来无此乐，且聊少长到吾曹。

——（清）叶大遒、曾宗彦《榕荫堂律集》，清光绪福州林士灿刻本。

十四、叶大复：诗 3 首。

1. 江楼即景用伯森社兄韵并寄晓庵

镇日江楼上,烟云望渺然。潮痕平隔岸,风以动遥天。老子兴宁浅,仙人缘倘牵。永怀高躅者,清赏到吟边。

2. 寄伯森鹭门

啧啧才名数内翰,南来匝月忆盘桓。停踪昔日留鸿爪,知味何人识马肝。懒向残棋谭近局,剩持瘦句较春寒。鹭江波浪莲江水,两处楼栏一样看。

3. 秋感一首倒步伯森元韵并呈筱渠运副

作客经秋倍怆神,连宵风雨最怀人。隔江裙屐应多健,晚岁盦盐不厌贫。句里论交浑冷暖,樽前看世问新陈。初凉怕检行边箧,剩有残衫未浣尘。

——《北京图书馆藏家谱丛刊·闽粤(侨乡)卷》第 50 册《雁门萨氏族谱》卷五"叙赠录下",民国二十年铅印本,第 1001—1002 页。(按:伯森指萨兆桐。)

十五、叶大琛：诗 2 首。

1. 看护妇

瘢痕□□裹双双,痛痒呻吟伴夜釭。毕竟英雄藉儿女,温柔乡里病魔降。(按:卷二旅越吟社七绝。)

2. 蚤

骚扰此虫天,跳梁废我眠。栖身如点漆,下手要沾涎。共说来随笋,如何落入棉。鸥鸼元善撮,粉骨不须怜。(卷六逸社聊吟五律)

——林孝箴等辑《闽百三十人诗存》,民国十八年(1929)福州逸社铅印本。

十六、叶大章：诗 10 组。

1. 人彘

曾经豢养入深宫,粉黛三千一笑空。昔日共牢今入苙,只余香梦返辽东。

2. 卫律说苏武

卖国甘为异族佣,卫青家世玷华宗。名王转有怜才意,不使羁囚屈伪封。

心如铁石舌如锋,啮雪胡天十九冬。痛恨李陵甘卖友,拾人牙慧不羞容。

3. 华盛顿自由钟

一声飞渡落机峰,金奏铿锵达四封。欧亚风潮齐应响,睡狮其奈梦方浓。

4. 渡江楫

扶持义胆上轻舻,鼓棹悲歌赋涉江。破浪乘风争渡去,世间惟有豫州双。

5. 看护妇

尚武精神愤满腔,白衣如雪照银釭。三军谁是真司命,麻李齐名树帜双。

6. 武后制马

五臣骏足绝尘驰,鹦鹉惊心折翼时。短剑长挝皆束手,宫中醉骨化猫儿。

7. 天足会

好从世界奠坤维,天足端教步屦宜。扑朔迷离双走兔,于今无复辨雄雌。

8. 吴山立马图

部落乌珠近式微,此图他日愿终违。湖山干净无多土,未许天骄作猎图。

割地称臣慑敌威,朝廷南渡太脂韦。江山已在丹青里,犹自和戎议是非。

9. 哥伦布探新大陆

美洲南北辟郊圻,印度东西列国旗。从此殖民弥发展,不知世有克来飞。

（以上均卷二旅越吟社七绝）

10. 慎诚律社聊吟七律（题为笔者加）

请业堂前发旧笋,十年情绪藕丝柔。万花同浴濂溪水,一叶谁通般若舟。入世能清香自远,苦心成实老当秋。酒酣高捧筒杯酹,北斗长明照小楼。（卷七）

——林孝箴等辑《闽百三十人诗存》,民国十八年（1929）福州逸社铅印本。

十七、叶大瑄:诗 24 组。

1. 恋妓

扬州十载风流梦,金尽缠头酒亦空。君看恋花来去蝶,何知身是可怜虫。

2. 鱼朝恩子弟

才兼文武讽传衣,假子纷纷愿不违。一辈膏粱碑没字,文章蚕室古来稀。

3. 毅皇帝惠陵

我生及见中兴日,粤捻奸于将相良。天亶聪明偏短祚,十三年事话沧桑。

4. 野鹤

扬州一梦薄朝衫,来去闲云共不凡。失笑仙凡真有种,唐宫野鹿只花衔。

5. 请君入瓮

狱吏法奇驴拔撅,阶囚胆落鸟惊弓。还治即以其人法,元礼君看取铁笼。

相公有令难留信,作法由来自毙同。除是冷谦解瓶隐,葬身无地火熊熊。

6. 五鬼（宋真宗时）

天书王旦难言日，文靖圣人近又亡。五岳朝元新奉册，神胡不佑鬼猖狂。

7. 盆松

似才出土绝尘氛，盆石相于致不群。抚汝盘桓吾老矣，案头小友亦髯君。

（以上卷三）

8. 鸡雏

婴婉破卵偏怜汝，毛羽他年满可占。鬻子闵斯都此例，鸡窠一老捻修髯。

9. 蟠桃会

可怜臣朔饥将死，此会六千年一参。乌石城南天尺五，蟠桃坞下我茅庵。

10. 黄台瓜辞

骨肉东宫谏见儿，黄台瓜好即家肥。相公自有青门在，一笑还山埋白衣。

11. 淮南王椎杀审食其

骄蹇淮南固不顽，袖椎修怨且惩奸。君看嫪毐终车裂，若辈收场好局艰。

天潢亲贵议无关，椎杀仇家事等闲。地下野鸡应揾泪，这回断送所欢颜。

12. 江山船

九姓成村一水坳，桐严小妹着轻绡。江潮未与侬欢便，吩咐梢公莫放梢。

13. 金盘银碗贮狗矢

国子牛溲收匠氏，王家马粪启门封。衰朝名器卮无当，貂续何妨狗尾供。

14. 石首鱼

吾乡风味此莼鲈,樱笋开筵下酒俱。楝子花时君记取,南烹首夏饫郇厨。

(以上卷四逸社联吟七绝)

15. 曝书

晒衣当七夕,我亦晒书同。不有十万卷,何劳八百僮。年光空苒苒,午日信熊熊。流览三都赋,长才愧太冲。

16. 扑蝶会

锦城开杀戒,何处化庄周。谈笑千钗集,料量一网收。之虫宁此獠,彼美孰予俦。入夜流萤扑,还携小扇秋。

17. 宛在堂诗龛增祀

先登只十七,二十八人跻。左海才何盛,宣城首合低。荐馨淮座末,踵事此湖西。我欲同龛拓,朋侪广厦栖。

18. 南阳草庐

郁郁隆中树,人言故相家。殷勤三顾及,谨慎一生嘉。吴魏今何世,关张命又差。祠堂还展拜,泪尽锦官车。

19. 寒漏

凉露滴空阶,铜龙若与偕。香凝金鼎篆,月浸玉堂槐。脉脉淘诗洁,声声刷梦佳。晓筹犹未报,忍冻太常斋。

20. 云陵

同是十四月,庆都犹许存。亲亡儿且贵,妾葬帝仍恩。太液当年宴,茂陵何处魂。西安华表在,尧母尚当门。

华屋山丘感,休谈尧母门。承恩欢有几,赐死例何言。望气误奇女,埋冤诬戾园。弗陵终乏嗣,麦饭亦声吞。

21. 观斗蟋

此局纷蛮触,兵争可共论。雌雄凭一战,睥睨问中原。铁喙夸余劲,金头笑汝奔。高谈天下事,虮虫笑藏裈。

23. 扁螺

贫家风味好,不佐大官餐。藕豆牵篱落,鲍鱼上竹竿。啖名休
孟浪,睹物倘汍澜。螺女江谁访,扁舟泊浅滩。

(以上卷六逸社联吟五律)

24. 万安桥种蛎

将军庙在路中间,黑蝛桥门海晕斑。信有蠔房涡是水,何来蜃
甲积如山。郡人抱瓮承浆去,估客扬帆采石还。晌午芦帘人卖粥,
泉盐下咽十分艰。(卷八)

——林孝箴等辑《闽百三十人诗存》,民国十八年(1929)福州逸社铅
印本。

十八、叶在琦:诗28组,对联4副。

1. 三垂冈

百年事业要堂堂,牛酒笙歌醉一场。自喜收京如郭令,更夸生
子有孙郎。地当四战须英略,天为群枭起霸王。眼底沙陀军十万,
中原谁是抗颜行。

2. 舻声

帆落江头风力柔,枝枝戛响出汀洲。争洪已过千篙静,听水无
眠一枕幽。秋浦飞来何处雁,寒沙梦醒几双鸥。晨晡鸦轧行人远,
无限乡心满舵楼。

楚火吴舣江两头,伊鸦衔尾满中流。溪边落叶添秋籁,风里柔
枝过水邮。荻港顶潮如马健,蓬窗坐雨有人愁。浪游更作夔巫梦,
百丈联车响客舟。

3. 陆放翁钗头凤词本事

花满园林锦绣铺,伤心人唱采蘼芜。当年薄命怜新妇,生小钟
情误老奴。引蔓不长空宛转,浮萍得聚但须臾。相留多感雏鬓酒,
萩萩清尊泛泪珠。

394

4. 废寺

苔花土雨掩禅关,讲地荒凉石尚顽。留券何人重拾宅,传灯几代溯开山。尘封梵夹蛛丝网,火断僧龛鸽粪班。独与维摩谈灭度,吴生残画在人间。

客来灶下访寒山,三五残僧忆病羼。松径月明檐鼠下,香厨火冷木鱼闲。布金久断人天愿,卓锡初勘色相关。眼看芸花自开落,沧桑一付刹那间。

5. 陈思王

金门私出从官驰,异目从今视此儿。才士论交非羽翼,暮年求试但文辞。聪明不早苍舒死,离别空增白马悲。侥幸感甄人未识,君王犹诵豆其诗。

公宴风流各赋诗,五官已作副君词。命奇只以文章老,才盛徒招骨肉疑。法吏语言廷旨合,天家友爱路人知。朝京也是常常见,谢罪何堪渍屡滋。

闲居抱负更谁知,寂寞西风瑟瑟词。煮豆何心相迫逼,转蓬无定任迁移。朝京客但悲行役,开国人方弱本支。六代兴亡元首论,文章虽好恨非时。

6. 茉莉

风物繁华岭外夸,过江便是素馨斜。宫妆已掩埋香土,艳骨犹开插鬓花。邑里寻芳留客屐,半湾消夏近儿家。珠娘颜色年年好,弱缕穿心满髻丫。

7. 夕阳亭

重镇相烦赋出车,大难进止坐踌躇。缀裾不遣离筵散,持节何如戚里居。储邸论婚方藉藉,戎旃就道可徐徐。洛阳大雪遮征骑,便是河山百六初。

推毂虽隆上意疏,宫廷清议有人狙。纷纷相集忧群矢,怏怏兹行畏简书。客坐计成一食顷,女戎祸及百年余。嵯峨鲁国吹沙起,荆棘铜驼但忽诸。

8. 东坡生日词

清尊载酒烛光红,嘉日朋簪盥荐同。列次苍苍奎宿朗,三峨郁郁蜀才雄。至今寿骨留真像,到处吟身拜下风。我欲浩歌须一笛,翩然鹤影月当空。

远从纱縠话桑蓬,坠地星精气骨雄。画像长身传岭海,编年大集纪熙丰。文章岂但昌当世,金石安能寿我公。再拜陈觞生苦晚,神来何处尚乘风。

脯酒年年腊雪中,高斋悬像拜髯翁。一觞相酹多诗侣,四座无哗待笛工。坎坷蛮乡真寿骨,起居玉局得仙风。俯看人海藏身客,一笑知公泡幻空。

9. 苏子卿胡妇

酸鼻忽闻降将语,死生十口果如何。南枝越鸟无消息,北地胭脂强笑歌。殊俗毡庐立家室,昔时甲帐邈山河。苍然冰雪孤松节,不碍缠绵有女萝。

筘拍凄凄苦调和,留犁挠酒助悲歌。凋零汉节怜卿老,寂历胡庭奈别何。通问几时来朔雁,偕归无计乞明驼。君家谁唱刀环曲,知对空帷老泪多。

10. 天下大师墓

涅槃生在四禅天,山下祇林好墓田。功德定知成佛早,姓名莫问出家前。空门岂复悲无主,旧史何须讳不传。至竟铜驼同尽后,游人来往识遗阡。

11. 诗史

江湖著作志明廷,未忍牢骚说独醒。回首掖垣朝局改,窜身栈道战声经。盛衰历历看时事,歌哭垂垂到暮龄。更悼同时人物尽,八哀凄怆念晨星。

稷卨志存当世务,如何垂翅落青冥。半生歌哭千言下,一集波澜百事经。秦蜀往来征战地,开天前后盛衰形。至今掩卷论终始,不但悲公为涕零。

12. 山县

开辟荆榛设此官,时平客土乍相安。地形瓯脱纷交午,兵后碉屯半破残。城市如墟流寓杂,陂陀多石垦田难。不毛更有天荒处,近郭犹云末苦寒。

崎岖比驭远之官,蛮獠穷乡古所叹。弥望坡陀烟火少,长年瘴雾起居难。相传寄治城非旧,欲考归流志久残。薄宦何堪当肉食,不逢虚集但荒餐。

13. 罗池庙

龙壁烟霞桂海滨,筑亭思柳至今新。执呵四境驱山鬼,尸祝千家聚峒民。明府英灵常奕奕,远州礼俗已彬彬。神游应说桐乡好,忘却长安有要津。

14. 镇海楼

井干矗立极崔嵬,杰构重新气象恢。作势山连王墓起,登高客自剑池来。苍茫南望谈防海,慷慨东征想渡台。当世可无俞戚辈,地灵彪怒傥生才。

15. 费宫人

妖星吐焰掩招摇,精卫衔枝冤恨销。借尔急筋倾热血,跃然短匕出纤腰。伏机妙有囊中智,斩卤奇于马上骁。同传小娥真不愧,要离身手属娇娆。

瞀井还魂怒未销,伤心禁地偏巢枭。余生何惜甘相抵,弱质虽微肯尔饶。婉婉自扬兰蕙馥,轰轰一折虎狼骄。国殇谁复能为厉,燐火随风空自飘。

16. 鸡台梦

海山一别重相寻,脂井魂来结赏音。亡国管弦犹靡靡,幻空楼阁忽阴阴。分明轻薄吴侬语,颠倒清狂帝子心。能有几时头颈好,醒来览镜独沈吟。

17. 花石纲

千艘淮汴去纷纷，剔薮搜岩辇送勤。局使便宜留漕运，榜师邪许傲州军。半归乾没悲豪夺，莫敢谁向壅上闻。太息东西疮痏遍，宫中间昼介亭云。

18. 顾横波眉楼

红板桥头锦绣围，画兰才调冠芳菲。远山媚妩施愁黛，春月婵娟照舞衣。嫁后妆台花更好，别来门巷燕空飞。豪华旧院张筵日，眼热争看翠幰归。

19. 浯溪中兴颂

鸿雁歌功大雅存，旧臣遥拜九重阍。聱断自是能文手，刻画期为不朽言。河汉洗兵逢盛事，溪山泐石贺中原。攀龙附凤何须赘，日月重新由至尊。

湘江南际望中原，荡涤旄头北斗尊。法驾奉迎归陇蜀，明堂朝贺会边藩。浑纪金石宜传世，退老江湖得立言。前后庙谟臣所识，会参军府佩橐鞬。

20. 郑公乡

大儒硕德人伦望，岂仅旌闾一节称。让爵久辞公府辟，写经谁许礼堂升。停车藉甚扬雄宅，下马流连董相陵。何似鳌山家法重，炳然郑学至今兴。

芝兰善气日薰蒸，东国衣冠海内称。使者造庐勤劝驾，诸生成市盛担簦。地同横舍弦歌聚，门有高材绂冕兴。借问东山应仲远，何如张赵礼堂登。

21. 万石君

朝廷意不响儒生，廉谨循循即得名。物望同归年德茂，清时好享起居荣。殷勤诰子无文字，容易当官但老成。蒙荫黑头珥蝉冕，谁怜皓首一经明。

会食鸣钟阀阅荣,委蛇风度际承平。身居朝籍为先辈,眼见门材并列卿。竹帛有功谁健在,鼎祏多幸似生成。莫言碌碌无奇节,庸福由来避盛名。

22. 李茂贞皇后园

不论玉沓与金铺,遗甓残砖世所无。睥睨雄豪谁忌讳,夥颐富贵极须臾。穷奢便使逾工者,济胜何尝属武夫。载酒即今游客盛,特留丘壑与人娱。

将军别业故城隅,花竹阴森号胜区。若为美人筑金屋,居然禁地拟黄图。抽钱一付泥沙掷,供御先谋苑囿娱。谁念大家夫妇苦,五陵佳气已全无。

23. 佛狸祠

萧然风鹤逼江壖,颇笑淮肥走阿坚。万骑马抶思渡水,千家燕垒剩栖烟。灵旗犹卓行营地,叠鼓相鸣赛社天。终是白凫鸠可惜,长城自坏恨当年。

断流无意更投鞭,得志麾军返北边。故垒平连瓜步下,大江横陜石城前。空中战马闻风雨,门外神鸦阅岁年。弹指南朝频易主,行宫香火独巍然。

24. 萍

尽日杨花何处飘,春工著手弄妍韶。风光细细迥芳沼,水色差差长画桥。蘸绿一痕分燕尾,浮青万点护鱼苗。不愁晚晼王孙歇,容易生涯暮复朝。

25. 桃花源

客从物外偶相逢,说与溪蛮作祖宗。于古黔巫悬梗道,有如壶峤远尘踪。仙家并里今名县,子姓衣冠尚业农。遥指人烟林壑里,过江缓棹水潺溶。

五柳先生道气浓,清泉白石荡奇胸。旷然思入希夷界,邈矣神追汗漫踪。当世不应少巢许,去人未觉远羲农。纵心何物能羁绊,岂有途穷阮嗣宗。

阆蓬缥渺去何从,□会求仙诳祖龙。上士于时方出世,深山独往孰知踪。外间流水沧桑换,终古归云洞壑封。春公已携天上种,一尘犹隔愧秦松。

绕溪千树著花浓,洞口闲云片片封。不识采芝有园绮,莫疑辟谷是乔松。桑麻无改田家乐,山水能回俗士踪。客有故林尘堁外,西畴春及盍归农。

26. 题易安居士集

归来堂上旧鸾皇,图史清娱乐未央。终为才多赢薄命,更堪国破客他乡。春风无意拈斑管,湖水伤心照素妆。少作已愁离别苦,晚年声调兀凄凉。

27. 阑干

百步朱廊画屧迷,春风可惜别深闺。碧苔牵缀生虫网,白玉模糊涴燕泥。芍药埋香谁徙倚,梧桐坠井共清凄。山家插枳为篱落,却自年年花满蹊。

路转花阴接柳堤,茜窗窈窕近香闺。深深翠箔烟痕软,曲曲朱廊月色低。春困可怜轻蝶立,夜凉时有暗萤栖。碧城十二分明见,争奈相思梦里迷。

新妆宜面出深闺,碧玉红心一望迷。春倦腰身都倚遍,午晴花叶恰开齐。帘垂络索人声寂,架对秋千日影低。莫与牡丹矜艳冶,沈香亭北恨凄凄。

28. 耆英会

巍然名德日星高,撰杖相逢谢节旄。绿野平泉论位置,商山雒水足游遨。先朝黄发同时聚,四海苍生属望劳。未忍引身各归老,朝廷法令尚牛毛。

——(清)叶大遒、曾宗彦《榕荫堂律集》,清光绪福州林士灿刻本。

29. 题林则徐纪念馆

中原多难,在昔有人,湘淮未兴,独倚干臣以为命;

天山之南,于今乃粒,水旱犹祭,夫岂故乡所得私。

——荣斌主编《中国名联辞典》,山东大学出版社,1990 年,第 244 页。

30. 贵州福建会馆

客里几登高,驿传碣来,青嶂绀林又秋色;

馆余同饮福,邮筒斟酌,黄蕉丹荔忆乡风。

31. 贺张桢联

鸳鸯社里,夜月玉箫,先看万选青钱,付与文坛夸手笔;

龙虎楼头,春风金勒,留得一枝彩管,归来妆阁写眉寿。

32. 题大同华严寺弥勒龛联

人世大难开口笑;

肚皮终不合时宜。

——卓斌青主编,福州市政协文史资料委员会编《福州古今楹联集》,海风出版社,2005 年。

十九、叶在廷:诗 17 组。

1. 三垂冈

此间险扼晋阳吭,破贼归来凯宴张。麾下鼓笳声激楚,帐中龙虎气飞扬。天容老子全臣节,地待儿曹作战场。独惜匡唐唐不振,山头冻雀死无方。

2. 陆放翁钗头凤词本事

春色名园似画图,翩鸿影下万花扶。极知义尽恩宜断,无奈情深泪与俱。惆怅旧弦移锦瑟,商量密字寄珍珠。绝怜对面蓬山远,心事难言只郁纡。

3. 陈思王

纷纷鼎据三分日,藉藉坛登七子时。试问建安谁大雅,不期丞相有佳儿。文章哀怨风骚旨,身世艰难骨肉悲。莫怪转蓬频徙置,君恩已尽豆萁诗。

名王藻采久声驰,况是亲贤重一时。无奈才疏偏志大,那堪谗人即疑滋。事连宾客梁园辙,怨写兰荃楚泽悲。太露锋芒终挫折,末年敛抑惜君迟。

4. 夕阳亭

百队银刀待出车,酒杯在手费踌躇。西行大是寒心事,中止阴投附骨疽。羽翼纷纷搜帝旨,门楣诩诩得皇储。亲家公听官前唤,任庾何人敢侮予?

5. 东坡生日词

鹤声嘹唳笛声中,髯倘乘风下碧空。十日良辰过佛腊,一堂雅集寿诗翁。生当景祐推年谱,厄等昌黎叹命宫。衣钵相承亦佳话,荷花时节祝欧公。

八百年来韵事同,衣冠高会拜髯公。文星终夜明奎次,佳气当时绕蜀中。铁板铜琶迎送曲,琼楼玉宇去来风。空江吹队人何处,记否扁舟赤壁东。

6. 天下大师墓

心望南归国北迁,如斯结局为凄然。十三陵外无佳气,五百年来剩废阡。疑信难稽私史笔,死生都结佛门缘。莫谈灰烬宫中事,恐重行人说可怜。

老僧骨忍委黔滇,万里间关入北燕。已是统归成祖裔,那容葬附孝陵边。神龙见尾真多事,死豹留皮更可怜。赢得模糊新法号,行人休问出家年。

7. 诗史

大集编年忧患经,知人论世感芳型。繁华想见开天盛,险阨能详楚蜀形。十郡覆师嗟将略,万方送喜望王灵。此才竟使终军府,恨不回翔著作庭。

8. 罗池庙

踪迹何人问逐臣,船旗飘泊柳江滨。生前遗爱栾公社,死后威风蒋帝神。蛮獠祈年仍懔懔，吏民数典尚津津。四州刺史同时出，终让君侯治最循。

9. 镇海楼

闻诸父老城为样，再遇风雷地又灰。几次大修均稍缩，此时旧制幸重恢。会看三岛波涛静，苦盼全闽气运回。遥指海东云隐隐，平倭大将忆登台。

10. 费宫人

若琼计枉银瓶献，良玉兵空白捍招。此独奇谋成食顷，斗然杀气起中宵。完贞生就肝肠侠，报国拚教粉黛消。愧煞掌书诸女伴，深宫侍宴正娇娆。

11. 花石纲

江淮舻舳盛于云，局使纵横白望纷。日夕咨嗟诸路困，寻常玩好九重闻。置标刘晏开新例，得宝韦坚抵积勋。财赋东南曾不惜，何因斤斤取燕云。

12. 李茂贞皇后园

闻名绝倒漫相呼，水木清华冠此都。谁念纥干飞雀冻，将毋陈宝得雌符。沿成口实徒遗臭，填尽民膏孰敢吁。何若开门为节度，花时陌上唱归乎。

13. 佛狸祠

瓜州日落客停船，一片荒祠俯暮烟。天堑能防胡马足，滳池终应祖龙年。江流定附英魂至，庙食偏教敌国延。太息长城徒自坏，白符鸠唱有惟怜。

金焦山色落门前，一片神鸦噪暮天。南天雄心同魏武，北归大数尽苻坚。冕旒瓜步余行殿，陵庙云中指废阡。不共六朝金粉歇，吴儿祭赛自年年。

14. 萍

能经春尽几魂销，寻觅春痕上画桥。漠漠柳花余幻影，融融桃浪酿情苗。干卿甚事愁难遣,问客何来迹尚飘。惆怅年光真似水,江南草绿又齐腰。

15. 题易安居士集

北兵飞渡正仓皇,十万图书委道旁。已是巢难安越鸟,那堪翼又折文鸳。庇身剩有词名在,垂老何来谰语狂。却怪红颜多薄命,不平谁为诉苍苍。

16. 阑干

蓬山只在画廊西,曲曲深深隔锦闺。翠袖闲凭偏意懒,红妆半露恰腰齐。平拦风月相思阻,倚看星辰独立悽。十二碧城何处是,满庭凉露夜清凄。

17. 耆英会

名园春色映宫袍,老子婆娑兴自豪。争似东都朝士集,焕然南极寿星高。同官倘复思韩范,画像还应胜鄂褒。恋栈不知林下乐,临川去国正牢骚。

——(清)叶大逌、曾宗彦《榕荫堂律集》,清光绪福州林士灿刻本。

二十、叶在藻:诗15组。

1. 废寺

斜枕西风水几湾,萧条镇日闭禅关。寻诗坏壁客初到,乞食前村僧未还。百代沧桑余古佛,六朝金粉剩残山。下方黄夷何年出,重整祇洹诏待颁。

2. 陈思王

龆龀文章早大奇,宗风提唱建安时。少年恩宠诸儿冠,当代才名七子驰。开邸竟陵方讲学,归藩梁孝已招疑。阙廷北望虚朝请,迟暮歌辞瑟瑟悲。

3. 夕阳亭

阳假兵权实划除,计成反噬狡何如。奥援更藉中宫力,轻听偏容戚里居。关右出师轻罢镇,朝端胎祸起充闾。吹沙寸土无干净,转眼铜驼已故墟。

远放仓皇宠任疏,一夫相制力犹余。岂期祖道临辞日,翻是储宫结纳初。卫瓘老奴几祸汝,羊公长者竟留渠。那知出镇还天幸,不见他年非种锄。

4. 山县

怪石嵯岈列剑攒,黄茅弥望势回盘。草蓁墟落人烟少,藤峡傜僮窟宅宽。谪宦频年忧瘴疠,垦田无计辟荒残。伤心莫问龙场驿,早信崎岖仕路难。

5. 镇海楼

城北重瞻旧址恢,全闽关键郁崔嵬。平吞越墓余王气,高据屏山脱劫灰。龙脉北随峰势转,虎门南逐海潮来。建瓴此是真形胜,灵杰千秋福地开。

6. 费宫人

冰玉难汗粉黛消,余生督井已魂销。计成杯底双蛾蹙,血溅刀头五步遥。下手虎狼须惨毒,灰心兰蕙自焚烧。最难屠贼从容死,彤史千秋姓字标。

7. 鸡台梦

卅六封书写恨深,无多行乐苦相侵。痴情犹作昏昏语,顾影常怀汲汲心。人鬼周旋原变幻,江山歌舞近销沈。阿麻无分长城老,一霎雷塘风雨阴。

8. 浯溪中兴颂

澄清拭目望中原,勋业尤关不朽言。金石揄扬皆纪实,江湖漫浪尚铭恩。收功灵武夸当代,咏德元和启后昆。独惜小臣非侍从,无因拜献达天阍。

9. 郑公乡

当时北海多名望,冠冕群儒懿德称。闭户退居消党祸,升堂讲学继宾兴。公超市乐生徒盛,元礼门夸声价增。化尽黄巾皆避道,铿铿岂独说经能。

10. 万石君

五公七相耀西京,冠盖何如一姓荣。闾里竞夸门阀贵,起居争喜板舆迎。积功行本由醇笃,娱老时方致太平。文学未兴尚恭谨,藉君家法树先声。

11. 李茂贞皇后园

剥将膏血换名区,出入芳园警跸趋。冻雀时无生处乐,濯龙制竟内家逾。大难节度开门应,不数夫人夹寨呼。入洛赧颜作臣妾,将军前后不相符。

12. 佛狸祠

江花江草自年年,六镇河山隔眼前。战垒平临京口渡,行宫犹指广陵烟。南朝乱后巢春燕,北使来时拜杜鹃。莫问元家兴废事,神鸦数点戍楼边。

长江终古天为限,胡虏何时庙食传。烽火曾惊南下势,轺车不逞北来年。空余瓜步栖魂魄,回望桑乾有墓田。笑煞吴儿多信鬼,平城王气冷如烟。

13. 萍

茵溷随风不自聊,杨花历劫更魂销。可怜草草浮生聚,何苦年年浪迹飘。南浦相逢牵别绪,春波无限长愁苗。渡江采撷偕兰芷,楚客吟中伴寂寥。

自别东风又几朝,星星万点碧波摇。文章在水春如活,生世无根质易消。芳草一般随意绿,落花何处不魂销。昨宵池馆肥梅雨,更漾晴光上画桥。

14. 题易安居士集

南宋词宗独擅场,讥弹声病到苏黄。清吟唱和香闺乐,善本搜罗秘阁藏。自诩才名动流辈,却堪身世历沧桑。半生长物归灰烬,迟暮还多哀艳章。

15. 花朝

好月圆时动绮怀,群芳佳日谱新排。艳园金带香如海,醉坐琼筵酒似淮。九十韶光刚及半,万千红紫浩无涯。绿章乞驻东皇驾,挈伴嬉春士女偕。

——(清)叶大遒、曾宗彦《榕荫堂律集》,清光绪福州林士灿刻本。

二十一、叶在畬:诗13组。

1. 鱼朝恩子弟

辅国已除元振放,中兴灵武业无几。中官妄冀为卿例,大历成均付一欷。

2. 脂井

心肝叔宝全无久,辱井留名底足豪。若把南朝论北地,燕支还让一山高。

3. 严子陵加足帝腹

披裘五月故人来,并卧君臣例一开。请看同床知异梦,先生咄咄帝恢恢。

4. 徐五生祭曹石仓

闻变南中泪一弹,屠沽来祭路人看。草间劝汝休偷活,圆碣梅村总寡欢。

5. 请君入瓮

痴人瓮算总成空,功罪都归一瓮中。在否醯鸡方笑汝,覆盆多少可怜虫。

6. 万岁菊

看取秋花念至尊,此花长寿至今存。义熙甲子从头记,最是陶潜不忍言。

7. 东坡以檀香观音寿子由

寿相贻将我佛雕,颍滨儋耳路迢迢。生生寿骨为檀越,荆树杨枝两不桃。

8. 酒令

灞上棘门儿戏耳,何如酒令不调停。朱虚一喝锄非种,诸吕当筵尚未醒。

9. 栏杆

丁字分明亚字环,鸦叉了鸟护花湾。不知十二谁亭院,倚遍东风一髻鬟。

(以上卷三)

10. 市虎

入城灾异俨明文,渡去河流岂复闻。我欲埋轮人传翼,六街伥鬼已成群。

一路风生闻所闻,啸声侻影卷尘氛。南州今日无城郭,食肉飞来恼煞君。

11. 无弦琴

要自适其适,何曾闻所闻。辨宁烦蔡女,挑不动文君。此调沈流水,相知渺暮云。一丝无挂碍,六律忒嚣纷。

12. 蔓金台(东晋元帝时外国所贡,见《拾遗记》)

小草来中国,拾遗稽晋元。通宵如阆苑,布地即祇园。风雨应难蚀,珠犀可并论。波斯当日贡,抹丽至今存。

13. 扁螺

薯蓣呼山乐,君亲讳敢干。生来同马甲,嗜者甚猪肝。丰歉年中念,方圆物外观。蟊蜞不曾食,旧氏若齐观。

孝子意难安,讳名翻食单。蛤蜊忘世事,螃蟹胜州官。语为同音避,形应不类看。何如海瓜子,互物佐登盘。(卷四逸社联吟七绝)

——林孝箴等辑《闽百三十人诗存》,民国十八年(1929年)福州逸社铅印本。

参 考 文 献

一

叶观国修,叶大焯续修,叶在玑重修《三山叶氏祠录》,清光绪十六年(1890)福州叶氏祠堂刻本。

叶观国修,叶大焯续修,叶在玑再修《三山叶氏族谱》,民国二十三年(1934)三山叶氏南昌铅印本。

叶于曦、叶于晖等《三山叶氏族谱》,1986年上海手稿本。

叶观国撰《绿筠书屋诗钞》十八卷,乾隆五十七年(1792)刊本。

叶申芗撰《小庚诗存》一卷,《小庚词存》一卷,清道光八年(1828)福州叶景昌写刻本二册。

叶申芗撰《天籁轩五种》二十二卷,清道光福州叶氏天籁轩刻本20册。

叶申芗撰《小庚词存》四卷,清道光十四年(1834)叶氏天籁轩刻本(天籁轩五种);光绪甲午春天籁轩存轩板。

叶申芗辑《天籁轩词选》六卷,清道光十九年(1839)福州叶氏天籁轩刻本。

叶申芗辑《闽词钞》四卷,清道光十四年(1834)叶氏天籁轩刻本。

叶申芗编《天籁轩词谱》五卷,《天籁轩词韵》一卷,清道光十一年(1831)福州叶氏天籁轩刻本(天籁轩五种);民国三年(1914)上海扫叶山房石印本。

叶申芗辑《本事词》二卷,清道光十二年(1832)叶氏天籁轩刻本。

（天籁轩五种）

叶仪昌撰《永阳游草》一卷,清同治三年(1864)叶滋钧写刻本。

叶滋瀼辑《明史言行录》七卷、《杞菊山房随笔》一卷,抄本。

叶大焯编《补拙斋藏书目》一卷,民国七年(1918)福建修志局钞本。

叶大焯撰《补拙斋文钞》一卷,民国福建通志局钞本。

叶大焯撰《补拙斋杂录》一卷,民国福建通志局钞本。

叶大庄撰《写经斋初稿》四卷;《续稿》二卷;附《小玲珑阁词》一卷。清光绪二十一年(1895)刻本。

叶大庄撰《诂经丛话》四卷 民国五年(1916)抄本。

叶大庄撰《闽中金石记》,民国十五年(1926)福建修志局抄本。

叶大庄撰《丧服经传补疏》二卷,清光绪玉屏山庄刻本一册。

叶大庄撰《大戴礼记审议》二卷,清光绪二十一年(1895)玉屏山庄刻本。

叶大庄撰《闽碑考》十卷,稿本。

叶大庄撰《闽中石刻记》,稿本。

叶大遒、曾宗彦等撰《榕荫堂律集》三十集,清光绪福州林士灿刻本。

叶在琦撰《穉恺诗钞》(《叶侍御诗钞》)一卷,民国间福州铅印本。

叶在琦等撰《叶大焯行状》一卷,清光绪闽县叶氏福州刻本。

叶在畲撰《罗山咏事诗》一卷,1962年传抄本。

叶在衍撰《唐风集》一卷,清光绪二十三年(1897)三山叶氏福州林士灿刻本。

叶滋森修、褚翔等纂《光绪靖江县志》(中国地方志集成),南京:江苏古籍出版社据清光绪五年刻本影印,1991年。

叶滋澜修,李临驯纂《上犹县志》,光绪十九年(1893)刻本。

叶在均编《刑法》(朝阳大学法律讲义十八种),朝阳大学编,民国油印本。

叶在均撰《刑事特别法》,法官训练所,民国铅印本。

叶在均、叶于绍编《刑事诉讼法要义》,上海昌明书屋,1947 年 12 月。

叶在均、林鼎章合编《民事疑判》,司法行政部法官训练所编,民国 线装本。

叶振发主编,叶树凡审订,世界叶氏联谊总会《中华叶氏研究》编 辑部编《叶姓史牒文萃》(第一集),香港:香港人民出版社,2006 年。

二

陈衍等纂,魏应麟续纂《(民国)福建通志》,民国间修印本。

李厚基等修,沈瑜庆、陈衍等纂《(民国)福建通志》,民国二十七 年(1938)刻本。

徐景熹、张天禄纂《福州府志》,福州:海风出版社,2001 年。

朱景星、郑祖庚纂《闽县乡土志·侯官县乡土志》,福州:海风出版 社,2001 年。

福建省地方志编纂委员会编《福建省志·人物志》,北京:中国社 会科学出版社,2003 年。

福建省地方志编纂委员会福州市志人物志编辑组《福州市志·人 物志》,北京:方志出版社,1989 年。

张天禄主编,福州市地方志编纂委员会编纂《福州姓氏志》,福州: 海潮摄影艺术出版社,2005 年。

郭柏苍、刘永松纂辑,黄宗彝、郭柏芗参订《乌石山志》,福州:海风 出版社,2001 年。

林枫著、郭柏苍辑、郭白阳撰,张天禄主编,福州市地方志编纂委 员会整理《榕城考古略·竹间十日话·竹间续话》,福州:海风出版社, 2001 年。

何振岱纂,福州市地方志编纂委员会整理《西湖志》,福州:海风出 版社,2001 年。

张天禄主编,福州市地方志编纂委员会整理《鼓山艺文志》,福州:海风出版社,2001年。

福州市鼓楼区地方志编纂委员会编《鼓楼区志》,北京:方志出版社,2001年。

福建省政协文史资料委员会编《文史资料选编》(第1卷),福州:福建人民出版社,2000年。

中国人民政治协商会议福建省委员会文史资料委员会《福建文史资料选辑》(第5辑),福州:福建人民出版社,1981年。

董天工《武夷山志》,道光丙午年(1846)重刊五夫尺木轩藏板。

周学曾等纂修,晋江县地方志编纂委员會整理《晋江县志》,福州:福建人民出版社,1990年。

刘宁颜总纂,台湾文献委员会编《重修台湾省通志·文教志·教育行政篇》第6卷,台湾省文献委员会,1994年。

郑业崇等修,许汝韶等纂《(广东)茂名县志》,光绪十四年(1888)刻本。

中国人民政治协商会议番禺县委员会文史资料研究委员会编《番禺文史资料》(第5期),1987年。

陈兰彬等《高州府志》卷十二,台湾:成文出版社,1967年。

高要县地方志编纂委员会编《高要县志》,广州:广东人民出版社,1996年。

刘景毛等点校《新纂云南通志》,昆明:云南人民出版社,2007年。

方国瑜编《云南史料目录概说》,北京:中华书局,1984年。

云南省文山县志编纂委员会编纂《文山县志》,昆明:云南人民出版社,1999年。

云南省洱源县志编纂委员会编纂《洱源县志》,昆明:云南人民出版社,1996年。

杨敬怀、杨文高主编,洱源县民族宗教事务局编《洱源县民族宗教志》,昆明:云南民族出版社,2006年。

杨成彪主编《楚雄彝族自治州旧方志全书·姚安卷》,昆明:云南人民出版社,2005 年。

昭通市志办编《昭通旧志汇编》(二),昆明:云南人民出版社,2006 年。

浙江省社会科学院编著《浙江人物志》,杭州:浙江人民出版社,1986 年。

范樟友主编,桐庐县志编纂委员会编《桐庐县志》,杭州:浙江人民出版社,1991 年。

建德县志编纂办公室《建德县志》,杭州:浙江人民出版社,1986 年。

金华县志编纂委员会编《金华县志》,杭州:浙江人民出版社,1992 年。

韩佩金等修《奉贤县志》(中国方志丛书),台北:成文出版社,1970 年。

臧承宣等修《(光绪)分水县志》,台湾:成文出版社,1975 年。

长兴县志编纂委员会编《长兴县志》,上海:上海人民出版社,1992 年。

丁兴国、陈新宇主编《马洲印记:靖江地名文化撷萃》,北京:中国文史出版社, 2006 年。

黄占梅修,程大璋纂《(广西)桂平县志》,台湾:成文出版社,1968 年。

陈庆元著《福建文学发展史》,福州:福建教育出版社,1996 年。

陈庆元著《文学:地域的观照》,上海:上海远东出版社、三联书店,2003 年。

曾意丹、徐鹤苹著《福州世家》,福州:福建人民出版社,2001 年。

郭白阳《闽藏书家考略》,抄本,福建省图书馆藏。

王长英、黄兆郸编著《福建藏书家传略》,福州:福建教育出版社,2007 年。

福州市政协文史资料委员会、福州市文物管理局编《福州名人故居》，北京：中国社会出版社，2004年。

卢美松编著《福州名园史影》，福州：福建美术出版社，2007年。

刘德城、刘煦赞纂，福建省文史研究馆编《福建图书馆事业志》，北京：方志出版社，2006年。

李秉干编《福建文献书目》（增订本），2003年。

黄荣春编著《闽越源流考略》，福州：海潮摄影艺术出版社，2002年。

福建省炎黄文化研究会，中共福州市委宣传部编《闽都文化研究》（上册），福州：海峡文艺出版社，2006年。

赵麟斌主编《闽台民俗散论》，北京：海洋出版社，2006年。

李乡浏主编《福州诗咏》，厦门：鹭江出版社，1999年。

陈子奋著《福建画人传》，福建省博物馆印，1975年。

梁桂元著《闽画史稿》，天津：天津人民美术出版社，2001年。

张作兴主编《三坊七巷》，福州：海潮摄影艺术出版社，2006年。

北北著《三坊七巷》，长春：时代文艺出版社，2005年。

郑丽生辑《福州竹枝词》，郑丽生自写本，1992年辑写，福建师范大学图书馆藏。

李景铭编《闽中会馆志》，民国二十三年（1934）闽中会馆铅印本。

陈世镕纂《福州西湖宛在堂诗龛征录》（下册），福州：福建人民出版社，2007年。

杨庆琛等辑《击钵吟》（一至七集），清道光二十五年（1845）刊本十二册；清光绪年间闽人辑本六卷五册，均藏于福建师范大学图书馆。

林孝曾辑《闽百三十人诗存》（八册），民国十八年（1929）逸社铅印本。

郑杰《国朝全闽诗录初集》，光绪八年（1882）刻本。

朱珪著《知足斋文集》，北京：中华书局，1985年。

谢章铤著,陈庆元主编《谢章铤集》,长春:吉林文史出版社,2009 年。

高澍然撰,陈宝琛编《抑快轩文抄》,民国三十七年(1948)陈氏沧趣楼选本铅印本。

萨察伦《珠光集》,清宣统二年(1910)福州萨氏一砚斋刊本。

易顺鼎著,王飚校点《琴志楼诗集》(下),上海:上海古籍出版社,2004 年。

孙星衍著《孙渊如先生全集》(王云五主编《万有文库》第二集),北京:商务印书馆,1935 年。

陶澍著《陶澍集》,长沙:岳麓书社,1998 年。

袁枚著,王英志主编《袁枚全集》,南京:江苏古籍出版社,1993 年。

来新夏《林则徐年谱新编》,天津:南开大学出版社,1997 年。

杨国桢著《林则徐传》,北京:人民出版社,1995 年。

林则徐全集编辑委员会编《林则徐全集》,福州:海峡文艺出版社,2002 年。

陈立鸥、张允侨著《闽县陈公宝琛年谱》。

郭嗣蕃编《兰石公年谱》,《北京图书馆藏珍本年谱丛刊》(第 138 册),北京图书馆。

林东源著《坚守在荒寒之路:陈衍评传》,福州:福建教育出版社,2006 年。

王章涛著《阮元年谱》,黄山:黄山书社,2003 年。

熊澄宇著《蒋士铨剧作研究》,北京:中国戏剧出版社,1988 年。

李喜所、元青著《梁启超传》,北京:人民出版社,1993 年。

王章涛著《凌廷堪传》,扬州:广陵书社,2007 年。

陈锋、张笃勤主编《张之洞与武汉早期现代化》,《人文论丛》特辑,北京:中国社会科学出版社,2004 年。

蒋英豪著《黄遵宪师友记》,上海:上海书店出版社,2002 年。

陈铮编《黄遵宪全集》,北京:中华书局,2005年。

劳祖德整理《郑孝胥日记》(第1册),北京:中华书局,1993年。

李星沅著,袁英光、童浩整理《李星沅日记》,北京:中华书局,1987年。

《雁门萨氏族谱》卷五,《北京图书馆藏家谱丛刊》闽粤(侨乡)卷第50册,据民国二十年(1931)铅印本。

萨伯森《萨伯森文史丛谈》,福州:海风出版社,2007年。

上海图书馆编《汪康年师友书札》(三),上海:上海古籍出版社,1986年。

郭绍虞、钱仲联、王蘧常编《万首论诗绝句》,北京:人民文学出版社,1991年。

徐世昌编,闻石点校《晚晴簃诗汇》,北京:中华书局,1990年。

钱仲联编著《近代诗钞》,南京:江苏古籍出版社,2001年。

陈乃乾辑《清名家词》,上海:上海书店影印本,1982年。

叶恭绰编《全清词钞》,北京:中华书局,1982年。

丁绍仪《清词综补(附续编)》,北京:中华书局,1986年。

林葆恒辑,张璋整理《词综补遗》,上海:上海古籍出版社,2005年。

严迪昌编著《近代词钞》,南京:江苏古籍出版社,1996年。

严迪昌著《清词史》,南京:江苏古籍出版社,2001年。

王易著《词曲史》,南京:江苏教育出版社,2005年。

刘毓盘《词史》,上海:上海书店影印本,1985年。

唐圭璋编《词话丛编》(第三册),北京:中华书局,1986年。

钱仲联主编《清诗纪事·同治朝卷》(第17册),南京:江苏古籍出版社,1989年。

沙先一著《清代吴中词派研究》,北京:人民文学出版社,2004年。

李孝友著《清代云南民族竹枝词诗笺》,昆明:云南美术出版社,2005年。

邓乔彬主编《词学》第十八辑,上海:华东师范大学出版社,2007 年。

马兴荣、邓乔彬主编《词学》第二十辑,上海:华东师范大学出版社,2008 年。

《第一届词学国际研讨会论文集》,台北:台北中研院文研所筹备处,1994 年。

陈衍著,郑朝宗、石文英校点《石遗室诗话》,北京:人民文学出版社,2004 年。

钱仲联编校《陈衍诗论合集》(上),福州:福建人民出版社,1999 年。

汪国垣《光宣诗坛点将录》,(沈云龙主编:《近代中国史料丛刊续辑》第 29 册,台湾文海出版社影印。

李家瑞撰《停云阁诗话》,清咸丰五年(1855)侯官李氏刊本。

法式善著,许征整理《梧门诗话》,乌鲁木齐:新疆大学出版社,2006 年。

杨钟羲撰集,刘承干点校《雪桥诗话三集》,北京:北京古籍出版社,1989 年。

梁章钜著,陈居渊校点《制艺丛话·试律丛话》,上海:世纪出版集团 上海书店出版社,2001 年。

梁章钜著,于亦时校点《归田琐记》,北京:中华书局,1981 年。

朱彭寿撰,何双生点校《旧典备征》,北京:中华书局,1982 年。

徐珂编撰《清稗类钞》,北京:中华书局,1984 年。

法式善等撰,张伟点校《清秘述闻三种》,北京:中华书局,1982 年。

王家相等,钱维福撰《清秘述闻续·清秘述闻补》,上海:上海古籍出版社,1996 年。

陈康祺撰,褚家伟、张文玲点校《郎潜纪闻四笔》,北京:中华书局,1990 年。

张鸣珂著,丁羲元校点《寒松阁谈艺琐录》,上海:上海人民美术出版社,1988年。

何德刚著《话梦集·春明梦录》,北京:北京古籍出版社,1995年。

郭则沄著《旧德述闻》,民国二十五年(1936)蛰园刻本。

李伯元《南亭四话》,上海书店影印本,1985年。

赵之恒、朱耕、巴图主编《大清十朝圣训之清仁宗圣训》,北京:北京燕山出版社,1998年。

上海古籍出版社编《清代笔记小说大观》(五),上海:上海古籍出版社,2007年。

严羽著,郭绍虞校释《沧浪诗话校释》,北京:人民文学出版社,1983年。

郑樵撰,王树民点校《通志二十略》,北京:中华书局,1995年。

张次溪编《清代燕都梨园史料》,台湾:台湾学生书局,1986年。

赵尔巽等撰《清史稿》,北京:中华书局,1977年。

江庆柏编著《清代人物生卒年表》,北京:人民文学出版社,2005年。

顾廷龙主编《清代朱卷集成》(61),台湾:成文出版社。

福建省图书馆辑《福建人乡试朱卷履历汇订》,清刊本,福建省图书馆藏。

柯愈春著《清人诗文集总目提要》,北京:北京古籍出版社,2002年。

朱保炯、谢沛森编《明清进士题名碑录索引》,上海:上海古籍出版社,1980年。

中国第一历史档案编《纂修四库全书档案》,上海:上海古籍出版社,1997年。

潘光旦著《潘光旦文集》(第10卷),北京:北京大学出版社,2000年。

茅海建著《戊戌变法史事考》,上海:三联书店,2005年。

张杰著《清代科举家族》,北京:社会科学文献出版社,2003 年。

商衍鎏著《清代科举考试述录及有关著作》,天津:百花文艺出版社,2004 年。

杨萌芽著《清末民初宋诗派文人群体活动年表》,开封:河南大学出版社,2008 年。

魏泉著《士林交游与风气变迁:19 世纪宣南的文人群体研究》,北京:北京大学出版社,2008 年。

杨廷福、杨同甫编《清人室名别称字号索引》,上海:上海古籍出版社,2001 年。

赵禄祥主编《中国美术家大辞典》(上册),北京:北京出版社,2007 年。

谭正璧编《中国文学家大辞典》,上海:上海书店,1981 年。

季啸风主编《中国书院辞典》,杭州:浙江教育出版社,1996 年。

冯天瑜主编《中华文化辞典》,武汉:武汉大学出版社,2001 年。

吴恭亨撰,喻岳衡校注《对联话》杂缀二,长沙:岳麓书社,2003 年。

裴国昌主编《中国楹联大辞典》,南京:江苏科学技术出版社,1991 年。

解维汉编选《中国祠庙陵墓楹联精选》,西安:陕西人民出版社,2006 年。

吴恭亨撰,喻岳衡校注《对联话》杂缀二,长沙:岳麓书社,2003 年。

梁章钜等编著,白化文、李鼎霞点校《楹联丛话全编》,北京:北京出版社,1996 年。

荣斌主编《中国名联辞典》,济南:山东大学出版社,1990 年。

卓斌青主编,福州市政协文史资料委员会编《福州古今楹联集》,福州:海风出版社,2005 年。

肖志华、严昌洪主编《武汉掌故》,武汉:武汉出版社,2000 年。

刘国铭主编《中国国民党百年人物全书》,北京:团结出版社,2005 年。

三

张泉《试析中国区域文学史的现状及意义——兼谈北京区域文学史》,《北京社会科学》,2008 年第 1 期。

林国玉、王民《李景铭与〈闽中会馆记〉》,《福建学刊》,1991 年第 3 期。

陈庆元《谈叶申芗词作及词学》,《福建教育学院学报》,1994 年第 2 期。

陈庆元《区域文学史建构刍议》,《江海学刊》,1994 年第 4 期。

马重奇《福建语言研究文字概述》,《福建论坛》(文史哲版),1998 第 2 期。

陈水云《论清代词选的编纂及其意义》,《沧州师范专科学校学报》,2002 年第 1 期。

王澈编选《乾隆中晚期科举考试史料》(上),中国第一历史档案馆《历史档案》,2002 年第 3 期。

陈文新《中国古代四大诗学流别的纵向考察》,《文学遗产》,2003 年第 3 期。

龚红林《〈本事词〉考论》,《湖北成人教育学院学报》,2005 年第 4 期。

孙克强《清代词学文献的整理和研究 》,《河南大学学报》(社会科学版),2005 年第 4 期。

李剑亮《词本事与词诠释之关系及其评价》,《南京师范大学文学院学报》,2004 年第 4 期。

袁志成《〈天籁轩词谱〉研究》,《广西大学学报》(哲学社会科学版),2008 年第 5 期。

邱美琼、胡建次《中国古代词选的承传》,《宁夏社会科学》,2005 年第 6 期。

赵黎娴《竹枝词中的"叶榆"、"僰子"及其他》,《中央民族大学学报》(哲社版),2006 年。

祁见春、吕文奎《谢章铤的性情说》,《东岳论丛》,2000 年第 3 期。

袁志成《论谢章铤性情说的独特内涵》,《佛山科学技术学院学报》,2007 年第 4 期。

黄明《近代诗文集编目偶得》,《上海高校图书情报工作研究》,2006 年第 3 期。

贺国强、魏中林《论清初闽派宗宋诗风的衍生》,《江西社会科学》,2006 年第 3 期。

杨琳《从五杂俎诗到杂俎文——谈杂俎体诗文的发展过程》,《古籍整理研究学刊》,2006 年第 4 期。

朱隆泉、孙光二《造船巨擘叶在馥》,《上海造船》,2007 年第 4 期。

陈丽《孟超然生平及其著述考》,《青年文学家》,第 3 期。

龚红林《〈本事词〉考》,湖北大学 1999 年硕士学位论文。

李睿《清代词选研究》,华东师范大学 2006 年博士论文。

袁志成《近代闽中词学研究》,中山大学人文科学学院 2008 年博士学位论文。

官桂铨《福州现存的藏书楼》,《福州晚报》,2003 年 7 月 1 日。

方彦寿《清末闽县刻书家叶大庄》,《福州晚报》,2007 年 3 月 30 日。

曾意丹《科举史上的奇迹》,《福州晚报》,2007 年 10 月 15 日。

管新《光禄坊的古代慈善设施》,《福州晚报》,2007 年 10 月 29 日。

后 记

这本书是在我博士论文的基础上稍作修改而成。我的导师陈庆元教授多年来致力于福建区域文学和文献研究,先后出版了《福建文学发展史》、《蔡襄集校注》、《文学:地域的观照》、《谢章铤集》等著作。"三山叶氏家族及其文学研究"这一选题得益于陈老师在该领域的深厚积淀。之前,我对福建文学接触不多,开始着手时心存疑虑,担心研究对象过于"冷落",甚至在古典文学研究领域不为人知。陈老师耐心与我交流了研究心得,告诉我不要因"区域"特点而束缚研究视角,"区域"是相对于"全国"而言,"全国"是由各"区域"组成,每个文学家都兼具"区域"与"全国"两种因素。许多地方文学家不为人熟知,并不代表不具研究价值,恰因许多地方文献少人阅读而未被发现。他为我解开了心结,理清了思路。在研究过程中,他又不断提醒我,要注意前人的评述,要利用地区优势去探寻叶氏家族的遗迹,甚至写作态度要认真细致等等。陈老师温和儒雅的长者风度,执着细致的学术态度使我深深敬佩。我常常叹恨自己未能尽心尽力,在陈老师面前感到惭愧,但他总是温和鼓励,理解包容,并提醒我保持平和的心态。这一切,都将让我铭记!没有陈老师的指导与帮助,这一课题的完成是难以想象的。

研究的过程是一个不断发现与收获的过程,也是一个自我成长的过程。从查找《三山叶氏族谱》、《三山叶氏祠录》开始到搜集叶氏家族各成员的文集著作,从各种文献勾沉有关他们的记录到探寻叶氏家族在福州各地的遗迹,从阅读到写作,不仅仅是学术的提升、知识的收获,这个家族也带给我许多的感动与思索。他们的勤勉谨慎,时代风云动荡中不能自主的命运与执着的追求,后人对先人的追思,保留的文化积淀让我感慨。在此期间,福州的三坊七巷改造工程逐步推进,南后街的叶在琦故居以叶氏民居的面貌修葺一新,文儒坊的叶观国故居尚在整修中,每每带友人游览三坊七巷,我总要驻足自豪地介绍一番。这个课题也让我进一步加深了对福州这座城市的了解与热爱,我深刻地感受到,文化就在身边,原来我们脚下的每一寸土地都有她深厚的不可抹去的历史。当我充满期待前往法海路的叶观国故居,未曾想所见破败杂乱,屋檐上荒草丛生,地上朽木堆积,散发着轻微腐臭的气息。一群民工正围坐打牌,对周围一切漠然处之。我心中不禁震动,这是当年被称为"世翰林府"之处啊,这是宋代名儒刘砥、刘砺的居所啊!走出故居,面对熙熙攘攘的人车之流,回想叶观国诗中对迁居的美好描绘,一种强烈的今昔对比,物是人非的沧桑感袭来,我不禁哽咽……

　　2009年暑期,我无意中结识了叶氏家族后人叶于敏(女)、叶于曦、叶于晖、叶于春四位姐弟。与他们相识是一种难得的可贵缘份!我常往福建省图书馆古籍部查阅资料,在那里工作的同学方挺给了我许多帮助。一天,他打电话告诉我,有四位叶氏后人来查阅族谱。见面后得知他们分别来自北京、上海、南京,是五房叶申苞之孙叶滋熊一支的后代,奉父亲叶在开遗愿来闽寻根,他们欣喜而真诚地与我交流了有关三山叶氏的记忆。与他们的相识拉近了我与叶氏家族的距离,也增加了我对研究对象的自豪感。此后,在上海的于曦和于晖与我保持着联系,他们提供了所知资料,不时关心我论文的进展,对我论文写作提供了很大的帮助。在此一并表示我衷心的感谢!

我的本科、硕士、博士求学生涯都是在福建师范大学文学院度过的,感谢母校让我成长。在这里,我度过了十年最青春的岁月,一个懵懵懂懂的小女孩慢慢独立、坚强。感谢所有尊敬的老师,您们不仅赋予我知识的力量,也给予我人生的指引。我要感谢博士论文的评阅人及答辩委员:山东大学袁世硕教授、郑州大学俞绍初教授、安徽大学朱万曙教授、漳州师范学院林继中教授、福建师范大学李小荣教授、王汉民教授、郭丹教授、齐裕焜教授,他们给我的论文提了许多宝贵意见。让我的学术之路有了良好的开端。我要感谢我的学生,漳州师范学院中文系07级师范本科的同学们,担任你们的辅导员是我一生难以忘怀的记忆!感谢我的同学们钟希明、侯艳、黄胜江、肖满省、卢翠婉、郑珊珊,谢谢你们陪我走过难忘的求学生涯!感谢我的好朋友们,方挺、林群、许莹、胡鸿影、黄新通给予我莫大的支持!感谢我最亲爱的家人,你们的爱永远是温暖的力量伴我一路前行!

阮　娟
2010 年 10 月于福州

跋

先父讳在开字乃展公逝世已十二周年。时间能移去悲痛,然思念从未减少。忆及家中藏有"三山叶氏"印章两枚,它是父亲自己刻的,父亲生前曾多次对我们讲,叶氏的祖籍是"三山"。可我们姊弟对家族的渊源知之甚少,随着岁月流逝,我们姊弟也相继步入晚年,对了解"三山叶氏"印章的寓意及寻根问祖的心愿亦日益强烈。因为祖籍标志着一个家族的繁衍生息,一代又一代的人来到世上,他们不仅是为了生存,还应为社会尽一份责任,体现人生价值,以留下各种不同色彩的记忆。

带着探祖的愿望,姊弟们率下一代于 2009 年金秋走访祖籍地三山——福州市。十分庆幸的是在世兄刘德康先生的热情引导下,我们寻到了三山叶氏世祖观国公的故居,地处福州市三坊七巷。又承福建师范大学方宝川教授悉心帮助,从省图书馆借阅《三山叶氏族谱》和《三山叶氏祠录》等重要族谱文献珍本。更令我们欣喜的是福建师范大学陈庆元教授正指导其学生阮娟开展对三山叶氏家族的文学研究,诸多幸事似是冥冥之中有先人在助佑我们。

阮娟女士的博士论文《三山叶氏家族及其文学研究》,广泛搜集档案、地方文献、别集、专集等大量资料,系统地论述了三山叶氏家族的兴起繁衍、家族的基本人生价值观及对闽省文化社会的影响。论文不仅揭示三山叶氏在文学上的建树和对闽中文化的影响,还深刻归纳了作为一个文化家族其形成及稳定的特征:有鲜明的家族意识和修谱的传统;有以勤勉谨慎、律己宽人的人生态度,如观国公所撰"申昌滋大、在于树德,唯勤与恭、乃可保宗"三山叶氏辈序即可证之;有嗜书好学家风与著述的传统。这些对我们三山叶氏后裔有着教育和激励的重大影响。本书出版的同时《三山叶氏族谱补阙》线装本也已付印。这也印证了阮娟博士所归纳的:我三山叶氏家族有鲜明的家族意识和修谱的传统。

在尘嚣繁纷的环境下,浮躁张扬炒作做秀的潮流中,阮娟却能潜心静坐书斋,查阅堆积如山的古文资料,写下洋洋数十万言的论述,我们姊弟和三山叶氏的后裔们都感谢她的辛勤研究,感谢陈庆元教授的悉心指导。对重视及关心本书出版的叶树尧先生和赵斌先生及上海古籍出版社的有关人士表示衷心的谢意。

三山叶氏观国公七世孙叶于曦

2010 年仲秋